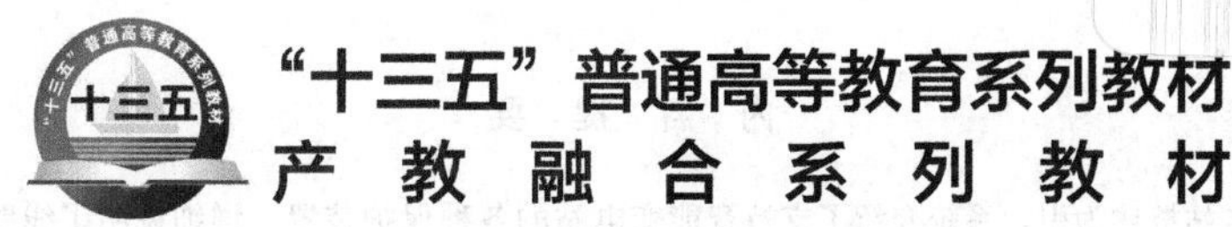

智能变电站综合调试指导书

ZHINENG BIANDIANZHAN
ZONGHE TIAOSHI ZHIDAOSHU

主　编　芮新花
副主编　赵珏斐　潘家骏
主　审　袁宇波

中国电力出版社
CHINA ELECTRIC POWER PRESS

内 容 提 要

本书以智能变电站概述为引，系统介绍了支持智能变电站的各种保护装置，详细说明了线路保护、变压器保护、母线保护及数据合并单元的调试方法，内容翔实，指导明确，可操作性强。

本书共9章，主要内容为智能变电站概述，线路保护装置调试，变压器保护装置调试，母线保护装置调试，合并单元调试，智能变电站运行、检修及异常处理，智能变电站二次系统现场调试及验收，智能变电站中保护的测试项目，智能变电站保护调试典型案例。附录A为智能变电站测试仪器简介，附录B为常规变电站调试案例。

本书可作为高等学校电气工程及其自动化、自动化等相关专业智能变电站调试的教材及实习指导书，也可作为从事电力系统智能变电站安装与调试的工程技术人员自学或培训参考书。

图书在版编目（CIP）数据

智能变电站综合调试指导书/芮新花主编．—北京：中国电力出版社，2018.9（2025.3重印）

“十三五”普通高等教育规划教材．产教融合系列教材

ISBN 978-7-5198-1589-9

Ⅰ.①智…　Ⅱ.①芮…　Ⅲ.①智能系统－变电所－调试技术－高等学校－教材　Ⅳ.①TM63-39

中国版本图书馆CIP数据核字（2018）第164670号

出版发行：中国电力出版社

地　　址：北京市东城区北京站西街19号（邮政编码100005）

网　　址：http://www.cepp.sgcc.com.cn

责任编辑：陈　硕（010－63412532）

责任校对：黄　蓓　郝军燕

装帧设计：王红柳

责任印制：吴　迪

印　　刷：固安县铭成印刷有限公司

版　　次：2018年9月第一版

印　　次：2025年3月北京第三次印刷

开　　本：787毫米×1092毫米　16开本

印　　张：17.75

字　　数：433千字

定　　价：46.00元

前　言

2017 年 12 月 19 日国务院办公厅发布了《关于深化产教融合的若干意见》，党的十八大以来，随着创新驱动发展战略的深入实施，教育和人才改革发展面临前所未有的新形势、新任务、新要求。产教融合已成为近年来促进职业教育、高等教育发展，加强创新型人才和技术技能人才培养的一项重要方针，是统筹推进教育综合改革的一项重要制度安排。深化产教融合，促进教育链、人才链与产业链、创新链有机衔接，是当前推进人力资源供给侧结构性改革的迫切要求，对新形势下全面提高教育质量、扩大就业创业、推进经济转型升级、培育经济发展新动能具有重要意义。深化产教融合，构建教育和产业统筹融合发展格局，不断提高人才培养和社会需求的契合度，主动应对以新技术、新产业、新业态和新模式为特征的新经济发展迫切需求。

智能电网是世界电网发展的方向和战略选择，是当前国内外电力系统技术研究的热点。智能变电站是智能电网中的枢纽和核心，是智能电网的重要组成部分。随着新原理、新技术在数字式继电保护中的应用，继电保护装置测试所涉及的知识越来越广泛，测试手段越来越多，而智能站的调试与以往常规站的调试有着较大的区别。编者结合多年智能变电站调试的经验以及智能变电站二次系统教学与工程实践的心得，在本书中对智能变电站调试、运行、检修、验收等方面内容进行了系统性介绍，重点阐述了智能变电站线路、主变及母线等继电保护装置和合并单元、智能终端等过程层设备原理及测试方法，并详细介绍了智能变电站相关调试工具的使用方法，并辅以智能变电站保护调试典型案例的实例说明，对智能变电站集成测试和现场调试等方面工作具有很好的指导意义。在本书编写过程中，注重实用性、适用性和可读性，紧密与电力系统现场实际相联系。本书附录介绍了常用智能变电站测试仪器；同时为了给读者以比较，特收录了常规变电站中 110kV 线路保护装置 RCS - 941A 和 35kV 线路保护装置 RCS - 9611C 型的调试典型案例。

本书第 1 章由北京博电新力电气股份有限公司潘家骏编写；第 2、3 章由南京工程学院芮新花编写；第 4、6 章由神华物资集团有限公司田军先编写；第 5、7 章及附录 B 由南京供电公司赵珏斐编写；第 8 章由江苏方天电力技术有限公司李阳编写；第 9 章及附录 A 由江苏海能电力设计咨询有限责任公司梁雯编写。全书由芮新花担任主编并统稿，赵珏斐和潘家骏担任副主编。国网江苏电力科学研究院袁宇波担任本书主审。

本书编写过程中，参阅了国内外许多单位的有关资料，南京希尼尔通信技术有限公司吴淮宁、南京工程学院陶莉、南京供电公司芮铭欢等为本书的编写提出了许多宝贵意见和建议，并在统稿和校核过程中做出了大量的工作，在此表示衷心的感谢！

限于作者水平有限，书中难免存在错误和疏漏之处，恳请读者批评指正。

编　者

2018 年 6 月

目　录

第1章　智能变电站概述

智能变电站一直处于不断发展和变化中，目前对智能变电站的定义一般为：采用先进、可靠、集成和环保的智能设备，以全站信息数字化、通信平台网络化、信息共享标准化为基本要求，自动完成信息采集、测量、控制、保护、计量和检测等基本功能，同时，具备支持电网实时自动控制、智能调节、在线分析决策和协同互动等高级功能的变电站。其特征是：一次设备智能化、二次设备网络化、通信平台标准化、高级应用互动化、自我诊断实时化。智能变电站的关键技术包括以下几点：IEC 61850 标准体系、电子式互感器的应用、GOOSE 传输技术、网络通信技术应用、分层结构化类模型构架。

1.1　智能变电站基本架构

智能变电站一般采用层架构，根据功能可以将智能变电站分成站控层（主控层）、间隔层、过程层三层，如图 1-1 所示。

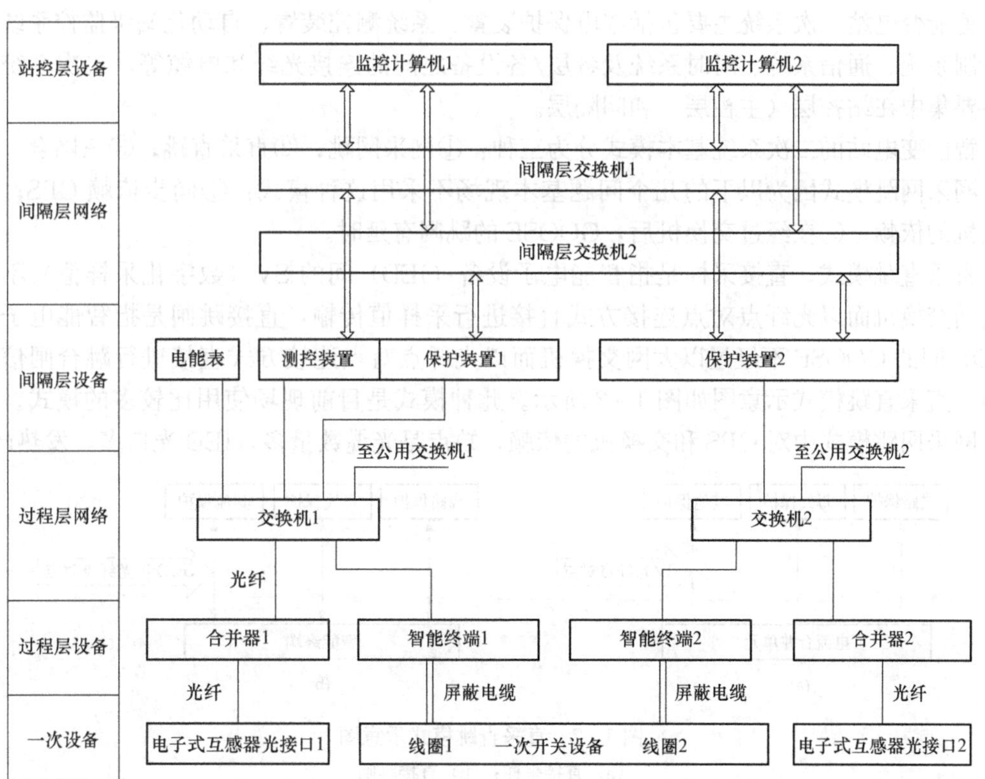

图 1-1　智能变电站层架构示意图

1.1.1 一次系统

智能变电站的一次系统主要包括变压器、断路器、隔离开关、电流/电压互感器等一次设备及其所属的智能终端、合并单元及在线监测装置，一次系统的设备基本都集中在过程层。

智能变电站的一次设备为智能一次设备，其定义为：具有自动测量、自动控制、自动调节、自身状态监测、预警及通信功能的变电站高压电器设备。作为智能变电站的关键技术，智能一次设备是智能化特征的突出体现，也是智能变电站在数字化变电站基础上的重要突破和显著进步。智能一次设备技术的发展对实现一次设备的信息化、自动化和互动化，提高电气设备制造水平，以及整个智能变电站结构的最优设计具有重要的意义，是智能变电站技术发展的基础和关键。

智能一次设备主要由电气部分和信息部分组成，电气部分包括一次设备本体及其操动机构、互感器、传感器，一次设备本体及其操动机构和常规一次设备功能作用相同，互感器和传感器加装在一次设备上采集一次设备的状态和特征信息。信息部分包括智能组件及其内部所配置的智能终端，智能组件是智能终端的应用平台，为智能终端提供信息处理、通信和执行等基础性服务，智能终端是具体智能化技术的应用终端，具有计算处理、分析和决策的能力。

1.1.2 二次系统

智能变电站二次系统主要包括继电保护装置、系统测控装置、自动化站级监控系统、站域控制系统、通信系统、对时系统及各层/各设备之间的连接光纤和电缆等，二次系统的设备主要集中在站控层（主控层）和间隔层。

智能变电站的二次系统基本模式分为三种：①网采网跳；②直采直跳；③三网合一。

网采网跳模式因为以下的几个问题基本现场不采用这种模式：①同步依赖 GPS；②对交换机的依赖；③在经过交换机后，GOOSE 的跳闸有延时。

直采直跳模式，直接采样是指智能电子设备（IED）间的 SV（数字化采样值）不经过以太网交换机而以光纤点对点连接方式直接进行采样值传输，直接跳闸是指智能电子设备（IED）间的 GOOSE 不经过以太网交换机而以光纤点对点连接方式直接进行跳合闸信号的传输。直采直跳模式示意图如图 1-2 所示。此种模式是目前现场使用比较多的模式。它克服了网采网跳模式中对 GPS 和交换机的依赖，缺点是光缆数量多，IED 光口多，发热严重。

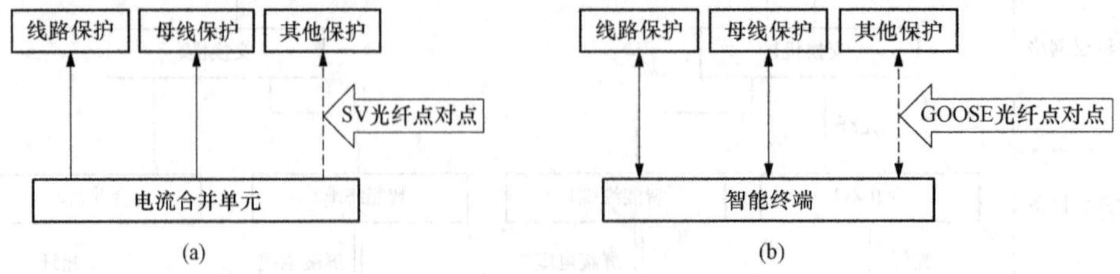

图 1-2 直采直跳模式示意图

（a）直接采样；（b）直接跳闸

三网合一模式，网络结构最简洁，光纤、光口数量最少，此种模式代表着智能站发展的一个方向。

1.2　智能变电站的新发展

1.2.1　新一代智能变电站

我国智能化变电站的建设和发展目前规划了三个阶段。第一阶段：2009—2011年（规划试点阶段），主要任务是制定规范、标准，试点完成2～3座330kV及以上智能变电站的建设或改造，100座左右66～220kV变电站的建设或改造；第二阶段：2012—2015年（全面建设阶段），主要任务是实现新建变电站智能化率达到30%～50%，原有重要变电站智能化改造率达到10%，1000～1500座变电站完成智能化改造；第三阶段：2016—2020年（引领提升阶段），主要任务是实现新建重要变电站智能化率达到100%，原有重要变电站智能化改造率达到30%～50%，改造原有变电站5000座左右。

新一代智能变电站的特点：采用隔离式断路器等新型一次设备，优化主接线设计及总平面布局，采用稳定可靠的电子互感器技术，采用就地化装置，实现站域后备保护和站域智能控制策略，构建一体化监控系统，深化高级应用功能。

智能高压设备：具有测量数字化、控制网络化、状态可视化、功能一体化和信息互动化等技术特征的高压设备，由高压设备本体、集成于高压设备本体的传感器和智能组件组成。

隔离断路器：断路器端口满足隔离开关端口要求，取消线路侧隔离开关，集成线路侧接地隔离开关，可采用同步控制技术实现智能灭弧。减少了外露设备，提高设备可现场检修工艺。

智能变压器：实现有载调压、冷却的网络化控制，监测传感器与本体集成，实现多种在线监测功能。

测量数字化：传统测量全部就地数字化测量，重要参量由触点信息转化为连续测量信息，增加测点（如底层油温）。

控制网络化：通过电缆实施的控制升级为IEC 61850的网络化控制，主要参量控制转变为基于多参量聚合的智能控制。

状态可视化：设备控制状态、运行状态、可靠性状态的可视化分析。

信息互动化：设备内测量、控制、计量、监测、保护IED间的信息互动，智能设备与变电站监控系统的互动。

1.2.2　新一代智能变电站的继电保护系统

新一代智能变电站的继电保护系统为层次化保护控制体系结构，如图1-3所示。层次化保护控制由就地级保护控制、站域级保护控制和广域级保护控制三个层次组成。三层保护协调配合，构成以就地级保护为基础，站域级保护和广域级保护为补充的多维度层次化继电保护系统，有效提升了继电保护系统总体的可靠性、选择性、灵敏性和速动性。

就地级保护面向单个被保护对象，利用被保护对象自身信息独立决策，从而实现可靠、快速地切除故障。保护按间隔独立、分散配置，采用直采直跳，结合GOOSE网络实现联锁功能。就地级保护装置宜靠近被保护设备进行安装。就地级保护是整个保护系统的基础，包括面向间隔的线路保护、电容器和电抗器保护，以及跨间隔的母线、变压器保护。就地级保护不受站域级保护、广域级保护的控制和影响，也不依赖于站域层和广域层的网络。新一代智能变电站对就地级保护设备的新要求主要有以下两方面：保护级相关二次设备增加状态检

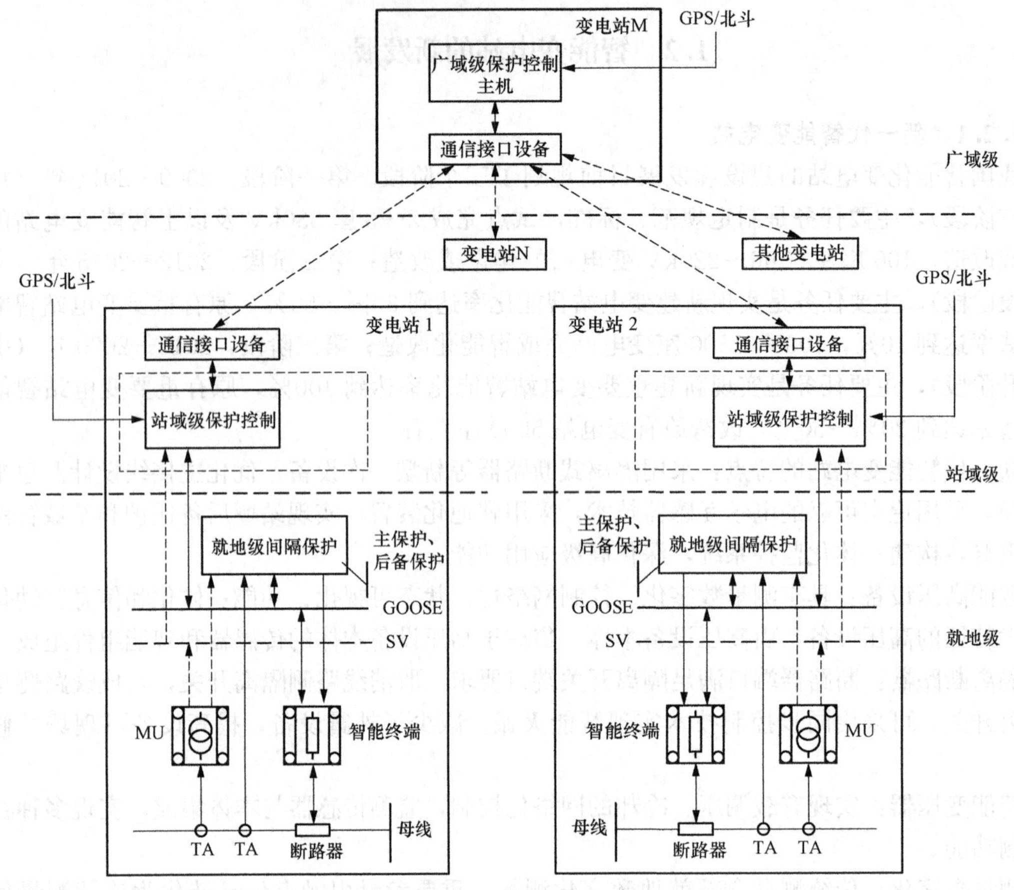

图1-3 层次化保护控制体系结构示意图

测与智能诊断功能；中低压间隔保护采用“多合一”装置。

“多合一”装置主要应用于10～35（66）kV电压等级的间隔设备中，包括馈线、电容器、电抗器、分段、站用变压器和接地变压器等设备。“多合一”装置将原保护装置（线路保护、分段保护、备用电源自投装置、配电变压器保护、电容器保护、电抗器保护）、测控装置、操作箱、非关口计量表、合并单元和智能终端等六种功能集中优化在一个装置内实现，提高了装置的集成度，减少了电缆和二次接线，简化了变电站设备配置。

1.3 智能变电站与常规变电站的区别

1.3.1 变电站二次系统结构的区别

智能变电站二次系统采用三层两网结构，“三层”为站控层、间隔层、过程层，“两网”为站控层网络和过程层网络。

站控层设备包括监控主机、数据通信网关、数据服务器、综合应用服务器、操作员站、工程师工作站、PMU数据集中器和计划管理终端等。间隔层设备包括：继电保护装置、测控装置、故障录波装置、网络记录分析仪及稳控装置等。过程层设备包括：合并单元、智能终端、智能组件等。

站控层网络是间隔层设备和站控层设备之间的网络，实现站控层内部及站控层和间隔层之间的数据传输。过程层网络是间隔层设备和过程层设备之间的网络，实现间隔层设备和过程层设备之间的数据传输。间隔层设备之间的通信，在物理上可以映射到站控层网络，也可以映射到过程层网络。

常规变电站和智能变电站的二次系统结构图分别如图1-4和图1-5所示。

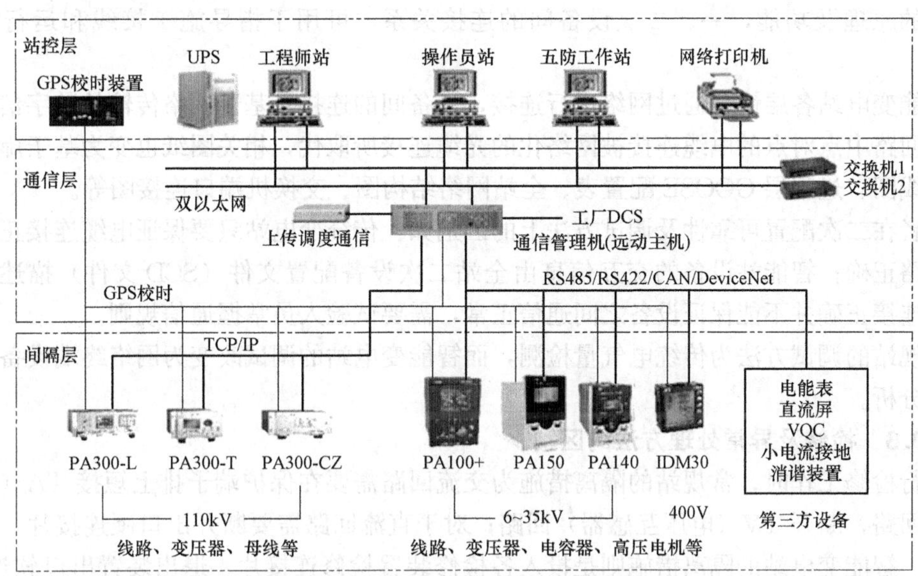

图1-4　常规变电站二次系统结构图

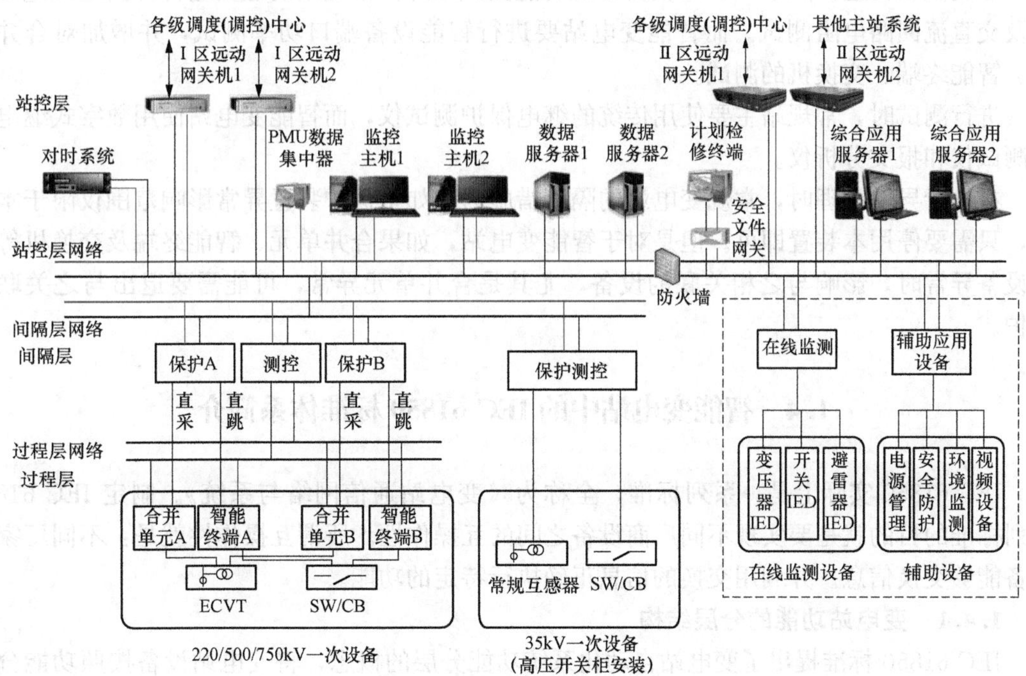

图1-5　智能变电站二次系统结构图

1.3.2 变电站设备及二次回路的区别

与常规站相比，智能站增加了合并单元、智能终端、网络交换机等，传统的电流、电压互感器被电子式电流、电压互感器取代。

常规站大量电缆直连回路，电气二次图含电流电压回路图、控制信号回路图、端子排图、电缆清册等，所有不同设备间的连接从端子到端子的电缆连接实现。这些图纸反映了二次设备的原理及功能，一、二次设备间的连接关系，可用于指导施工接线和运行的检修维护。

智能变电站各层设备通过网络进行连接，设备间的连接是基于网络传输的数字信号，原有二次回路中点对点的电缆连接被网络化的光缆连接所取代，相关图纸也变为基于虚端子的二次接线图、过程层 GOOSE 配置表、全站网络结构图、交换机端口连接图等。

两者在二次配置可靠性及调试方法上的区别如：传统变电站只要保证电缆连接正确就可保证回路正确；智能站设备的交互信息由全站二次设备配置文件（SCD 文件）描述，仅保证光纤连接正确并不能保证设备之间通信正常，需要试验人员掌握通信规则。

常规站的调试方法为传统电气量检测，而智能变电站的调试改变为网络终端设备抓取报文进行分析。

1.3.3 检修及异常处理方法的区别

进行检修工作时，常规站的隔离措施为交流回路需要在保护端子排上短接 TA（电流互感器）回路，断开 TV（电压互感器）回路；对于直流回路需要断开出口硬连接片、解除电缆接线。智能变电站的隔离措施则是投入各检修装置检修连接片、退出装置出口软连接片，断开相应光纤回路。

在测试项目上，除了一、二次设备的功能测试以外，常规站的还要进行屏内电缆绝缘检查及交直流回路电阻测试。而智能变电站要进行智能设备端口功率测试，并增加对合并单元、智能终端、交换机的测试。

进行测试时，常规站主要使用传统的继电保护测试仪，而智能变电站使用数字式继电保护测试仪和报文分析仪。

在进行异常处理时，常规变电站的隔离措施为：如果保护装置异常影响范围仅限于本装置，只需要停用本装置即可。但是对于智能变电站，如果合并单元、智能终端及交换机等公用设备异常时，影响与之相关联的设备，尤其是合并单元异常，可能需要退出与之关联的保护。

1.4 智能变电站中的 IEC 61850 标准体系简介

IEC 61850 实际上是一系列标准，全称为《变电站通信网络与系统》。制定 IEC 61850 系列标准的目的就是要实现不同厂商设备之间的互操作性。所谓互操作性就是：不同厂家的设备能够交换信息。并利用交换的信息正确执行特定的功能。

1.4.1 变电站功能的分层结构

IEC 61850 标准提出了变电站自动化系统功能分层的概念，将变电站设备按照功能分为过程层、间隔层、站控层三层，如图 1-6 所示。

过程层主要功能是将交流模拟量、直流模拟量、状态量就地转化为数字信号提供给上层，并接受和执行上层下发的控制命令。过程层设备包括一次设备及其智能组件。

间隔层主要功能是采集本间隔一次设备的信号，控制操作一次设备，并将相关信息上送给站控层设备和接收站控层设备的命令。间隔层设备由每个间隔的控制、保护、监视装置组成。

站控层主要功能是实现对全站一、二次设备进行监视、控制及与远方控制中心通信。站控层设备包括监控主机、远动工作站、操作员工作站、对时系统等。

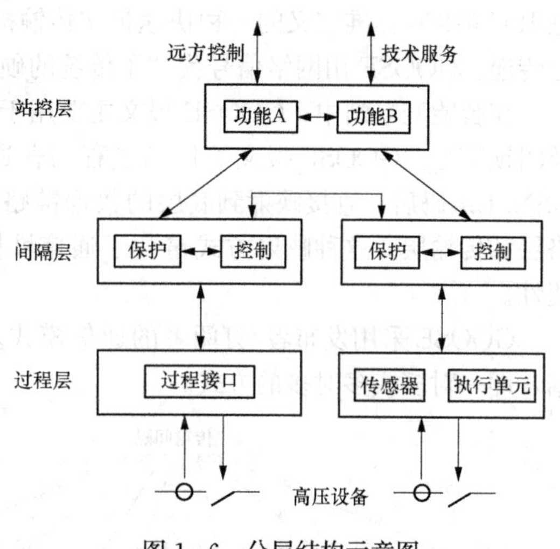

图1-6 分层结构示意图

逻辑接口可以采用几种不同的方法映射到物理接口。一般可用站级总线覆盖逻辑接口1、3、6、9，采用过程总线覆盖逻辑接口4、5。间隔间通信接口8可以映射到两者总线的任意一种。逻辑接口映射示意图如图1-7所示。

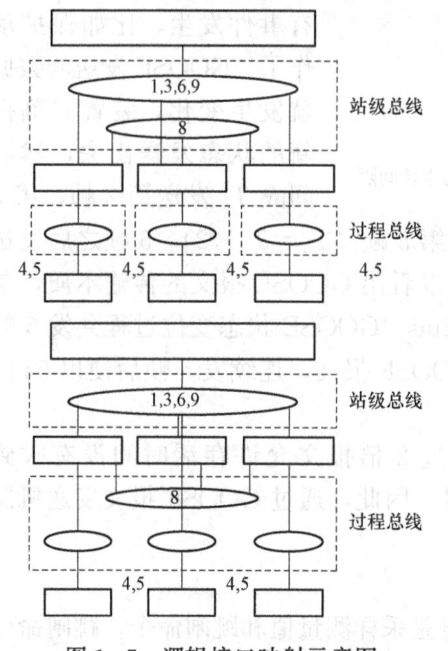

图1-7 逻辑接口映射示意图

1.4.2 MMS协议

MMS（GBT 16720.2—2005《工业自动化系统制造报文规范》）是一种实时通信机制，61850 MMS制造报文系统和GOOSE报文通信是基于61850数字化变电站的通信基础。

MMS的目的是为了规范工业领域具有通信能力的智能传感器、智能电子设备（IED）、智能控制设备的通信行为，使出自不同制造商的设备之间具有互操作性（interoperation），使系统集成变得简单、方便。MMS规范分为五部分即服务规范、通信协议、工业机器人通信规范、过程控制通信规范、数字控制通信规范。MMS的特点是通过使用MMS使工业系统具有互操作性和独立性。其中互操作性是制定MMS的初衷，即为设备和应用定义一套标准通信机制，使其在此通信体制下具有高度互操作性。独立性是指MMS不同于很多只适用于特定产品的专用通信系统，它是一个通用的、独立于专用设备的国际标准体系，即它为用户提供了一个独立于所完成功能的通用通信环境。MMS提供了通过网络进行对等（peer-to-peer）实时通信的一套服务集。MMS可以支持多种通信方式，包括以太网、RS-232C、OSI、TCP/IP、MiniMAP等，MMS也可通过网桥、路由器或网关连接到其他系统上。IEC 61850作为IECTC57制定的关于变电站自动化系统计算机通信网络和系统的标准，采用分层、面向对象建模等多种新技术，其底层也直接映射到MMS上。

1.4.3 GOOSE传输机制及其特点

GOOSE（Generic Object Oriented Subsation Event）即“通用面向对象的变电站事件”。

是IEC 61850标准定义的一种快速报文传输机制，被广泛应用到间隔闭锁和保护功能间的信号传递。GOOSE用网络信号代替了传统的硬接线通信方式，简化了变电站二次接线。

在智能变电站中，GOOSE报文主要用于IED设备传送开关量状态信号、保护跳闸信号及闭锁信号。GOOSE报文的传输过程与普通的网络报文不同，它是从应用层经过表示层ASN.1编码后，直接映射到底层的数据链路层和物理层，而不经TCP/IP协议，即不经网络层和传输层。这种映射方式避免了通信堆栈造成的传输延时，从而保证了报文传输的快速性。

GOOSE采用发布者/订阅者的通信模式。一个或多个发布者可以向多个订阅者发送数据，即一对多或多对多的方式。

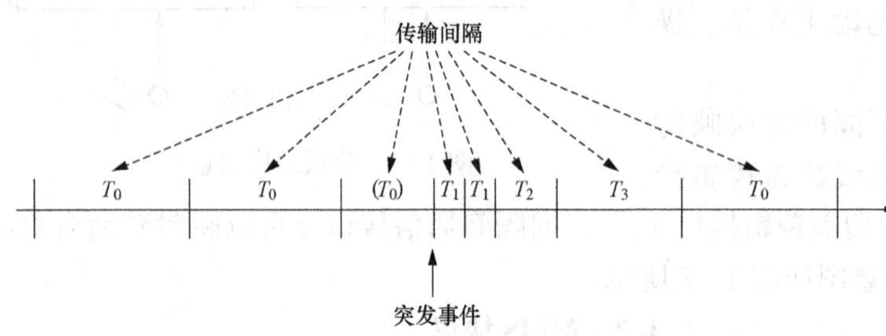

图1-8 GOOSE报文的发送规律图

T_0—稳定条件下，心跳报文传输间隔；

(T_0)—稳定条件下，心跳报文传输可能被事件打断；

T_1—事件发生后，最短的重传间隔；T_2、T_3—直至获得稳定条件的重传间隔

GOOSE报文的发送按照图1-8所示规律进行。其中T_0又称心跳时间，装置平时每隔T_0时间发送一次当前状态，也就是常说的“心跳报文”。当装置中有事件发生，比如保护动作了，GOOSE发送的数据就发生变化，装置立刻把新的状态发送出去，然后间隔T_1发送第2帧、第3帧，间隔T_2发送第4帧（$T_2=T_1\times2$），间隔T_3发送第5帧（$T_3=T_2\times2$），5帧之后发送间隔再次增加到T_0，报文再次成为心跳报文。所以可以看出GOOSE报文的传输本质，是事件驱动的。工程应用中，T_0设置为5s，T_1设置为2ms。GOOSE状态变位过程共发5帧数据，即以2ms—2ms—4ms—8ms的时间间隔重发GOOSE报文，连续发5帧后便以5s的时间间隔变成心跳报文。

报文允许存活的时间为$2\times T_0$，接收方如果超过2倍报文允许存活时间没有收到GOOSE报文即判断为中断，发GOOSE断链告警信号。因此，通过GOOSE报文发送机制也可以检测装置间二次回路的通断状态。

1.4.4 SV报文

在过程层和间隔层之间传输的最为重要的两类信息是采样测量值和跳闸命令。跳闸命令是通过GOOSE报文传输的。那么采样值则是通过SV报文传输的。

SV报文也是采用发布者/订阅者的通信结构。SV报文是一种时间驱动的通信方式，即每隔一个固定时间发送一次采样值。其最主要的传输要求是实时性、快速性。当由于网络原因导致报文传输丢失时，发布者（电流、电压传感器）应继续采集最新的电流、电压信息，而订阅者（如保护装置）必须能够检测出来。这可以通过SV报文中的采样计数器参数SmpCnt来解决。

SV报文检修处理机制是：

(1) 当合并单元装置检修连接片投入时，发送采样值报文中采样值数据的品质Q的Test位应置True。

（2）SV接收端装置应将接收的SV报文中的Test位与装置自身的检修连接片状态进行比较，只有两者一致时才将该信号用于保护逻辑，否则应不参加保护逻辑的计算。对于状态不一致的信号，接收端装置仍应计算和显示其幅值。

（3）若保护配置为双重化，保护配置的接收采样值控制块的所有合并单元也应双重化。两套保护和合并单元在物理和保护上都完全独立，一套合并单元检修不影响另一套保护和合并单元的运行。

1.5　智能变电站站级监控系统“四遥”简介

监控系统是变电站综合自动化的核心系统。“四遥”即遥测、遥信、遥控、遥调。“四遥”功能是监控系统最基本、最重要的一个功能。

1.5.1　遥测

遥测就是将变电站内的交流电流、电压、功率、频率，直流电压，主变压器温度、挡位等信号进行采集，上传到监控后台，便于运行人员进行工况监视。

1. 采集方式

整站的遥测量采集方式主要有两种：

（1）扫描方式。将站内所有遥测量每个扫描周期采集更新一次，并存入数据库。扫描周期为3～8s。

（2）越阈值方式。每个遥测量设定一个阈值，按扫描周期采集。如果一个遥测量与上次测量值的差大于阈值，则将该遥测量上传监控后台显示，并存入数据库。如果差小于阈值则不上传更新。这样扫描周期可缩短，一般不大于3s。

2. 电流电压遥测量的采集

外部电流电压模拟量经过TA/TV转换后，强电压、电流量转换为相应的弱电电压信号。经过低通滤波和A/D转换，进入CPU。经过CPU处理，按照一定的规约格式组成遥测量，通过通信口上送到监控后台。

图1-9为简单的电流电压采集回路的示意图。

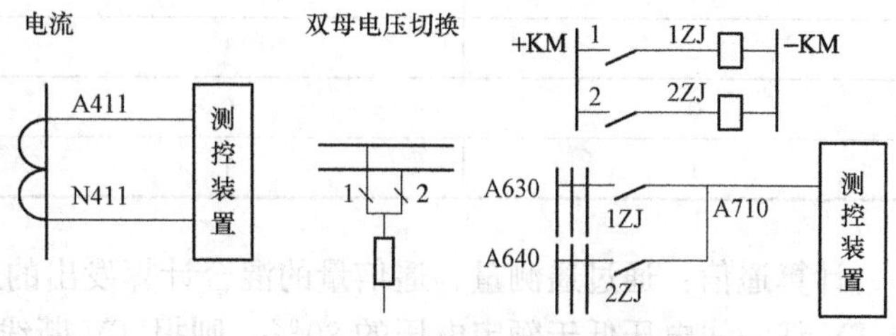

图1-9　电流电压采集回路示意图

3. 遥测越限

对于一些重要的遥测数据，可以通过设置遥测越限进行重点监视。运行中监控系统后台遥测数据超过越限设定值后，经过整定延时后，计算机报越限告警。通常变电站的母线电压、直流电压、主变压器温度、主变压器功率、重要线路的功率等都应该设置遥测越限监视。

4. 智能变电站的遥测

智能变电站中，采用电子式电流电压互感器，电流、线路电压在远端模块完成由模拟量到数字量的转换，通过光纤上送到继保室线路保护屏合并单元，在合并单元完成三相电流、电压的合并并打上时间标志，上传SV网络，电压切换功能在合并单元完成。采用常规母线电压互感器，母线二次电压通过电缆引接到常规电压互感器接口屏，完成电压重动过程，再送到数字接口屏合并单元，在合并单元完成三相电压的合并并打上时间标志，上传 SV 网络，电压并列功能由常规电压互感器接口屏完成。

1.5.2 遥信

遥信，即状态量，是为了将断路器、隔离开关、中央信号等位置信号上送到监控后台。综自系统应采集的遥信包括：断路器状态、隔离开关状态、变压器分接头信号、一次设备告警信号、保护跳闸信号、预告信号等。

1. 遥信的分类

(1) 实遥信、虚遥信。

实遥信：大部分遥信采用光电隔离方式输入系统，通过这种方式采集的遥信称为实遥信。保护闭锁告警、保护装置异常、直流屏信号等重要设备的故障异常信号，必须通过实遥信方式输出。

虚遥信：另一部分通过通信方式获取的遥信称为虚遥信。比如一些合成信号、计算遥信。

(2) 全遥信、变位遥信。

全遥信：如果遥信状态没有发生变化，测控装置每隔一定周期，定时向监控后台发送本站所有遥信状态信息。

变位遥信：当某遥信状态发生改变，测控装置立即向监控后台插入发送变位遥信的信息。后台收到变位遥信报文后，与遥信历史库比较后发现不一致，于是提示该遥信状态发生改变。

(3) 单位置遥信、双位置遥信、计算遥信。

单位置遥信：从断路器辅助装置上取一对动合触点，值为 1 或 0 的遥信，比如隔离开关位置。

双位置遥信：从断路器辅助装置上取两对动合/动断触点，值为 10、01、00、11 的遥信。其分为主遥信、副遥信，如断路器位置状态，见表 1-1。

表 1-1　　断路器状态

主遥信	副遥信	断路器位置状态
1	0	合
0	1	分
0	0	断路器异常或控回断线
1	1	断路器异常

计算遥信：通过遥测量、遥信量的混合计算发出的遥信。比如 TV 断线，判别条件为母线 TV 任一线电压低于额定电压的 80%，则报 TV 断线遥信。

2. 遥信的采集

光电隔离遥信输入原理图如图 1-10 所示，触点闭合，光耦二极管导通，光信号转换成数字信息发送给 CPU。为了取得良好的抗干扰性能，信号量的开入通常采用 DC 220V/110V 直流电压强电输入。

3. 遥信防抖的概念

遥信输入是带时限的，就是说某一状态变位后，在一定时限内不应再发生变位，如果短时间内发生变位将不被确认。这是为了防止遥信受干扰发生瞬时变位，导致遥信误报，这就是防抖的概念。防抖时限一般设为 20～40ms。防抖时限设得太短，易造成误报，设得太长，可能导致遥信丢失。

需要注意的是，对于“断路器控制回路断线”信号，防抖时间不可以设得太短。因为“断路器控制回路断线”由 KCP（合闸位置继电器）、KTP（跳闸位置继电器）动断触点串联而成。断路器在分合过程中总有一个交叠时间，KTP、KCP 都处于闭合状态，若防抖时限小于这个交叠时间，就会误报“控制回路断线”信号。

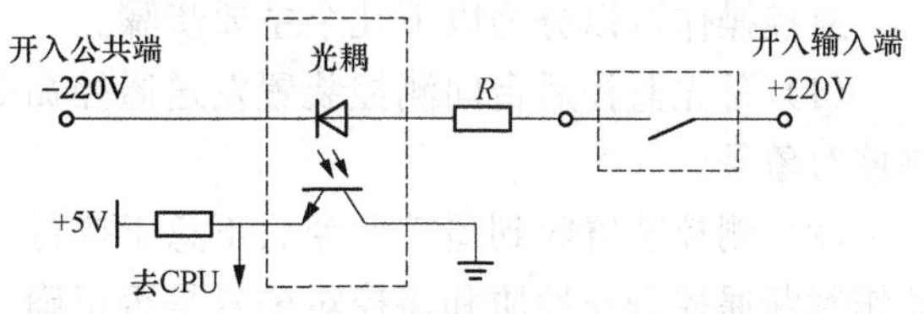

图 1-10　光电隔离遥信输入原理图

4. SOE 的概念

SOE 即事件顺序记录。为了分析系统故障，需要掌握遥信变位动作的先后顺序及准确时间。SOE 由测控装置产生，遥信发生变位时，测控装置确认遥信变位，通过报文的形式将该信息上送到监控后台。报文包含了遥信变位的具体时刻，精确到秒。

5. 智能变电站的遥信

智能变电站中，一次设备本体信号的采集直接在一次设备场地完成，然后通过智能终端转变为 GOOSE 信号，通过光纤上送给交换机。测控装置再从交换机中获得 GOOSE 信号，转变为 MMS 信号送到站端后台和远动机。一次设备本体信号的采集在智能变电站中省去了很多电缆的连接，大大降低了信号采集回路的故障概率。同时，GOOSE 信号采用广播模式，各种装置都可以从 GOOSE 网络上获得信号，避免了信号的重复采集。智能变电站的二次设备采用智能终端实现操作箱和部分测控装置功能，采用合并单元实现电压切换箱和部分测控装置功能。同时，由于过程层采用 GOOSE 网和 SV 连接，增加了网络交换机，光纤配线器等设备，由于采用电子式电流电压互感器，增加了终端模块等设备。智能化变电站只采集装置闭锁和装置告警的硬触点信号，大大降低了电缆的数量。智能单元的装置闭锁和装置告警信号互相采集，然后通过 GOOSE 网上传。

1.5.3　遥控

遥控定义：由监控后台发布命令，要求测控装置合上或断开某个断路器或隔离开关。

1. 遥控操作过程

首先了解一下“遥控返校”。遥控操作是一项非常重要的操作，为了保证可靠，通常需要反复核对操作性质和操作对象。这就是遥控返校。

断路器遥控的操作回路如图 1-11 所示。

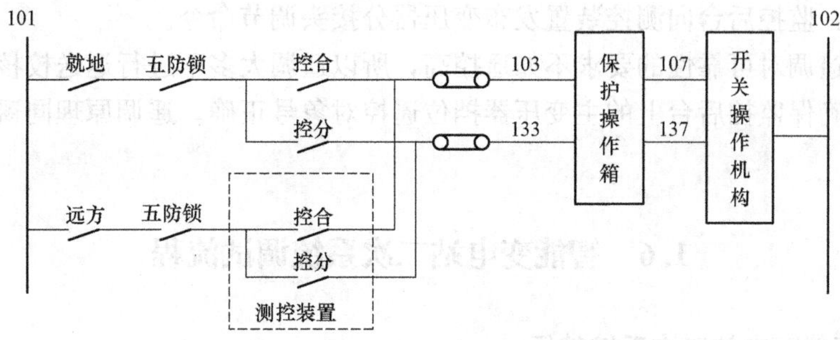

图 1-11　断路器遥控的操作回路图

遥控操作可以分为以下几个主要步骤。

(1) 首先监控后台向测控装置发送遥控命令。遥控命令包括遥控操作性质（分/合）和遥控对象号。

(2) 测控装置收到遥控命令后不急于执行，而是先驱动遥控性质继电器，并根据继电器动作判断遥控操作性质和遥控对象号是否正确。

(3) 测控将判断结果回复给后台校核。

(4) 监控后台在规定时间内，如果判断收到的遥控返校报文与原来发的遥控命令完全一致，就发送遥控执行命令。

(5) 测控装置规定时间内，测控装置收到遥控执行命令后，驱动遥控执行继电器动作。

(6) 如果二次回路与断路器操动机构正确连接，则完成遥控操作。

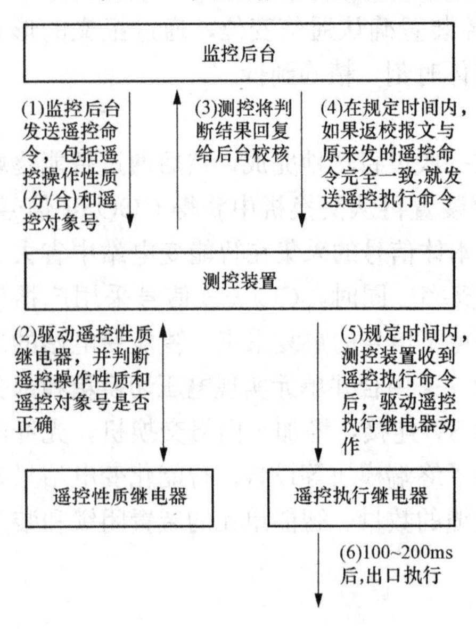

图 1-12　遥控操作主要步骤示意图

遥控操作主要步骤示意图如图 1-12 所示。

2. 遥控失败的原因

在上述步骤（4）中，如果监控后台未收到返校报文，经延时提示“遥控超时”；如果返校报文不正确，提示“遥控返校出错”。

在上述步骤（5）中，如果测控装置规定时间内未收到执行命令，则使已动作的遥控性质继电器返回，取消本次遥控操作，并清除原遥控命令。

在遥控操作中，如果报遥信超时，应重点检查监控后台到相应测控装置间的通信是否正常；如果遥控返校正确而无法出口，应重点检查外部回路（如遥控连接片、切换开关）是否正确；如果遥控返校报错，应重点检查相应测控装置出口板或电源板是否故障。

3. 智能变电站的遥控

智能变电站中，智能终端具备了操作箱的功能。操作箱与测控装置取消了电缆的连接，操作电源直接下移到一次设备场地智能终端柜，避免了操作电源的长距离传输。

1.5.4　遥调

遥调定义：监控后台向测控装置发布变压器分接头调节命令。

一般认为遥调对可靠性的要求不如遥控高，所以遥调大多不进行返送校核。因此，变电站改造时需要确保监控后台上的主变压器挡位遥控对象号正确。遥调原理同遥控类似，就不再赘述。

1.6　智能变电站二次系统调试流程

1.6.1　智能变电站二次系统特征

智能变电站二次系统特征为：①虚回路代替实回路；②光纤连接代替了电缆连接；③ SCD文件代替了二次回路图；④ GOOSE 报文传输代替了硬触点及跳闸信号；⑤ SV 代

替模拟量采集与输出；⑥ SV、GOOSE 输入、输出软连接片代替硬连接片；⑦过程层网络实现数据的交换与共享，交换机成为变电站关键设备；⑧站控层 IEC 61850-8 规约代替 IEC 60870-5-103、104 规约。

1.6.2 智能变电站主要测试仪器

智能变电站二次系统调试需要主要的测试仪器有：①光数字继电保护测试仪；②模拟式继电保护测试仪；③手持光数字测试仪（光万用表）；④电子互感器校验仪（合并单元测试仪）；⑤防误闭锁逻辑及顺序控制测试仪；⑥智能变电站网络及压力测试仪；⑦网络报文记录分析装置；⑧数字化故障录波装置；⑨时钟测试仪；⑩光功率计、光衰耗计、光源、光笔。

1.6.3 智能变电站二次系统调试流程

参照 Q/GDW 689—2012《智能变电站调试规范》。智能变电站标准化调试流程：组态配置→系统测试→系统动模→现场调试→投产试验。

1. 组态配置

实现 SCD 文件的配置、CID 文件的提取与下装；实现交换机的配置。

组态配置中 SCD 文件配置宜由用户完成，也可指定系统集成商完成后经用户认可。设备下装与配置工作宜由相应厂商完成，也可在厂商的引导下由用户完成。

2. 系统测试

系统测试分为单体调试与分系统调试。

单体调试：为保证 IED 功能和配置正确性而对单个装置进行试验。单个装置包括：互感器及其合并单元、智能终端、继电保护和安全自动装置、测控装置、状态监测装置、电能表、PMU、对时系统、一体化电源。

分系统调试：为保证分系统功能和配置正确性而对分系统上关联的多个装置进行试验。调试包括：后台人机界面检验、后台遥控功能检验、AV（Q）C 功能检验、防误操作功能检验、智能告警功能检验、保护故障信息功能检验、电能量采集功能检验、故障录波及网络记录分析功能检验、后台双击冗余切掉检查、网络试验。

系统测试宜在集成商厂家集中进行，但必须由用户或用户指定的第三方监督完成。系统测试也可在用户组织指定的场所进行，如电试院或变电站现场。与一次本体联系的智能变电站设备，如电子式互感器，其单体调试和相关的分系统调试也可在现场完成；其他智能设备可将智能接口装置，如智能终端、常规互感器合并单元等集中做系统测试。部分分系统调试，如防误操作功能检验也可在现场调试步骤进行。

3. 系统动模

为验证继电保护等整体（含电子式互感器、智能终端等）的性能和可靠性进行的变电站动态模拟实验。

系统动模实验为可选步骤，应在变电站工程初设阶段明确是否需要，可根据以下条件有选择地进行：

(1) 工程采用的系统结构首次应用。

(2) 工程虽采用已做过系统动模的典型系统结构，但局部更改明显。

(3) 工程采用的设备厂商与以往工程差异化明显。

4. 现场调试

为保证设备及系统现场安装连接与功能正确性而进行的试验。

现场调试主要包括回路、通信链路检验及传动试验。辅助系统（含视频监控、安防等）调试宜在现场调试阶段进行。

5. 投产试验

设备投入运行时，用一次电流及工作电压加以检验和判定的试验。

投产试验包括一次设备启动试验、核相与带负荷试验。

第 2 章　线路保护装置调试

2.1　线路保护的基本知识

2.1.1　线路保护的分类

35kV 及以下的输电线路一般配置过电流和速断（或限时速断）保护及三相一次重合闸装置。当有两个及以上电源需并列运行时，为了满足选择性的要求，一般配置过电流保护和速断保护，且需带方向性，即方向过电流保护和方向速断保护。

反映线路短路故障的保护分为主保护和后备保护，必要时还要增设辅助保护。这些保护均动作于断路器跳闸。

主保护是能满足电力系统稳定及设备安全的需要，有选择地切除被保护设备和线路故障的保护。通常采用的主保护有：电流保护、电压速断保护、距离保护、零序电流电压保护、差动保护、高频保护、行波保护等。

后备保护是当主保护或断路器拒动时，用以切除故障的保护，它分为远后备及近后备两种方式，近远后备的近远是指地理位置的近远。例如，三段式电流保护的Ⅱ段既是本线Ⅰ段的近后备，也是下线Ⅰ段的远后备。

辅助保护是为弥补主保护和后备保护的缺陷（如死区）而增设的简单保护。通常采用无时限电流速断保护作为辅助保护。

2.1.2　系统的运行方式

在进行保护的整定计算时，为保证选择性，通常根据系统最大运行方式来确定保护的整定值；在灵敏度的校验时，应根据系统最小运行方式来进行校验。对某些保护（电流电压联锁速断保护和电流速断保护），在整定计算时，还要按正常运行方式来决定动作值或校验灵敏度。

（1）最大运行方式。它是指被保护线路末端发生故障时，系统的等值阻抗最小，能产生最大短路电流的系统运行方式，一般以电力系统中的发电设备全部投入运行（或大部分投入运行）及选定的接地中性点全部接地的系统运行方式称为最大运行方式。

（2）最小运行方式。它是指被保护线路发生故障时，系统的等值阻抗最大，能产生最小短路电流的系统运行方式，一般为投入与之相适应的发电设备且系统中性点只有少部分接地的运行方式。

（3）正常运行方式。它是指系统按经济运行或正常负荷的需要，投入与之相适应数量的发电机、变压器和线路的运行方式。这种运行方式在一年之内的运行时间最长。

2.2　线路保护装置的保护配置及原理

本章以南京南瑞继保电气有限公司的 PCS-931 型保护装置为例，该装置包括以分相电流差动和零序电流差动为主体的快速主保护，由工频变化量距离元件构成的快速Ⅰ段保护，由三段式相间和接地距离及多个零序方向过电流构成的全套后备保护。PCS-931 型保护装置可分相出口，配有自动重合闸及选相功能，对单或双母线接线的断路器实现单相重合、三相重合和综合重合闸。下面分别介绍保护装置各元件的工作原理。

2.2.1 装置总启动元件

启动元件的主体以反映相间工频变化量的过电流继电器实现，同时配以反应全电流的零序过电流继电器作补充。反应工频变化量的启动元件采用浮动门槛，正常运行及系统振荡时变化量的不平衡输出均自动构成自适应式的门槛，浮动门槛始终略高于不平衡输出，在正常运行时由于不平衡分量很小，而装置有很高的灵敏度。当系统振荡时，自动降低灵敏度，不需要设置专门的振荡闭锁回路。因此，装置有很高的安全性，启动元件有很高的灵敏度而又不会频繁启动，测量元件则不会误测量。

1. 电流变化量启动元件

$$\Delta I_{\phi\phi\max} > 1.25\Delta I_{T} + \Delta I_{ZD}$$

式中 $\Delta I_{\phi\phi\max}$——相间电流的半波积分的最大值；

ΔI_{ZD}——可整定的固定门槛；

ΔI_{T}——浮动门槛，随着变化量的变化而自动调整，取 1.25 倍可保证门槛始终略高于不平衡输出。

该元件动作并展宽 7s，去开放出口继电器正电源。

2. 零序过电流启动元件

当外接和自产零序电流均大于整定值时，零序启动元件动作并展宽 7s，去开放出口继电器正电源。

3. 纵联差动或远跳（远方其他保护动作）启动元件

发生区内三相故障，弱电源侧电流启动元件可能不动作，此时若收到对侧的差动保护允许信号，则判别差动继电器动作相关相的相间电压，若小于 65%额定电压，则辅助电压启动元件动作，去开放出口继电器正电源 7s。当本侧收到对侧的其他保护动作信号且定值中“远跳受启动元件控制”置“0”时，去开放出口继电器正电源 7s。

4. Z_3 阻抗辅助启动元件

为避免冲击性负荷造成保护频繁启动（电流变化量启动元件频繁启动），对电流变化量启动元件增加了 Z_3 阻抗辅助启动功能。电流变化量启动逻辑框图如图 2-1 所示。

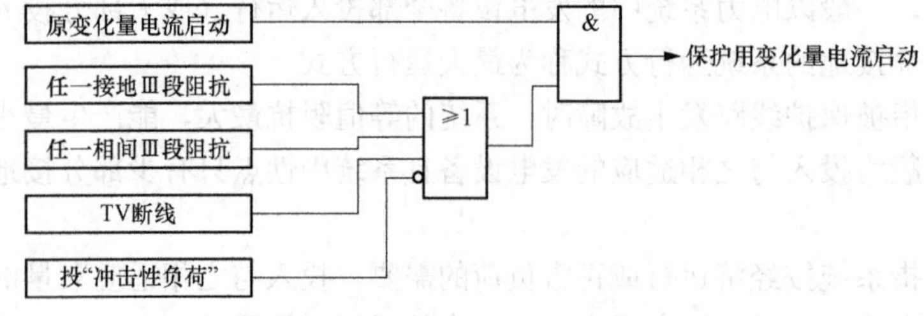

图 2-1 Z_3 阻抗辅助启动逻辑框图

TV 断线或控制字“冲击性负荷”不投入的情况下，变化量电流启动直接启动；否则，需要任一接地Ⅲ段阻抗或任一相间Ⅲ段阻抗动作，变化量电流启动才有效。

2.2.2 电流差动保护

电流差动保护由变化量相差动继电器、稳态相差动继电器、零序差动继电器和差动联跳继电器四部分组成。

1. 变化量相差动继电器

动作方程为

$$\begin{cases}\Delta I_{CD\phi} > 0.75\Delta I_{R\phi} \\ \Delta I_{CD\phi} > I_H \\ \phi = A,B,C\end{cases}$$

式中 $\Delta I_{CD\phi}$——工频变化量差动电流，$\Delta I_{CD\phi}=|\Delta \dot{I}_{M\phi}+\Delta \dot{I}_{N\phi}|$ 即为两侧电流变化量矢量和的幅值；

$\Delta I_{R\phi}$——工频变化量制动电流；$\Delta I_{R\phi}=\Delta I_{M\phi}+\Delta I_{N\phi}$ 即为两侧电流变化量的标量和。

当电容电流补偿投入时，I_H 为 1.5 倍差动电流定值（整定值）和 1.5 倍实测电容电流的大值；当电容电流补偿不投入时，I_H 为 1.5 倍差动电流定值（整定值）和 4 倍实测电容电流的大值。实测电容电流由正常运行时未经补偿的差流获得。

2. 稳态Ⅰ段相差动继电器

动作方程为

$$\begin{cases}I_{CD\phi} > 0.6I_{R\phi} \\ I_{CD\phi} > I_H\end{cases}$$

$$\phi = A,B,C$$

式中 $I_{CD\phi}$——差动电流，$I_{CD\phi}=|\dot{I}_{M\phi}+\dot{I}_{N\phi}|$，即为两侧电流矢量和的幅值；

$I_{R\phi}$——制动电流；$I_{R\phi}=|\dot{I}_{M\phi}-\dot{I}_{N\phi}|$，即为两侧电流矢量差的幅值。

I_H 定义与变化量相差动继电器相同。

3. 稳态Ⅱ段相差动继电器

动作方程为

$$\begin{cases}I_{CD\phi} > 0.6I_{R\phi} \\ I_{CD\phi} > I_M\end{cases}$$

$$\phi = A,B,C$$

$I_{CD\phi}$、$I_{R\phi}$ 定义与稳态Ⅰ段相差动继电器相同。当电容电流补偿投入时，I_M 为差动电流定值（整定值）和 1.25 倍实测电容电流的大值；当电容电流补偿不投入时，I_M 为差动电流定值（整定值）和 1.5 倍实测电容电流的大值。稳态Ⅱ段相差动继电器经 25ms 延时动作。

4. 零序差动继电器

对于经高过渡电阻接地故障，采用零序差动继电器具有较高的灵敏度，由零序差动继电器，通过低比率制动系数的稳态差动元件选相，构成零序差动继电器，经 40ms 延时动作。其动作方程为

$$\begin{cases}I_{CD0} > 0.75\ I_{R0} \\ I_{CD0} > I_L \\ I_{CD\phi} > 0.15\ I_{R\phi} \\ I_{CD\phi} > I_L\end{cases}$$

式中 I_{CD0}——零序差动电流，$I_{CD0}=|\dot{I}_{M0}+\dot{I}_{N0}|$，即为两侧零序电流矢量和的幅值；

I_{R0}——零序制动电流，$I_{R0}=|\dot{I}_{M0}-\dot{I}_{N0}|$，即为两侧零序电流矢量差的幅值。

$I_{CD\phi}$、$I_{R\phi}$ 定义与稳态Ⅰ段相差动继电器相同。

无论电容电流补偿是否投入，I_L 均为差动电流定值（整定值）和 1.25 倍实测电容电流的大值。

5. 差动联跳继电器

为了防止长距离输电线路出口经高过渡电阻接地时，近故障侧保护能立即启动，但由于助增电流的影响，远故障侧可能故障量不明显而不能启动，差动保护不能快速动作。针对这种情况，增加了差动联跳继电器：本侧任何保护动作元件动作（如距离保护、零序保护等）后立即发对应相联跳信号给对侧，对侧收到联跳信号后，启动保护装置，并结合差动允许信号联跳对应相。

2.2.3 距离保护

1. 工频变化量距离保护

电力系统发生短路故障时，其短路电流、电压可分解为故障前负荷状态的电流电压分量和故障分量，反应工频变化量的保护只考虑故障分量，不受负荷状态的影响。

工频变化量距离保护测量工作电压的工频变化量的幅值，其动作方程为

$$|\Delta U_{OP}| > U_Z$$

对相间故障为

$$U_{OP\phi\phi} = U_{\phi\phi} - I_{\phi\phi} Z_{ZD}$$

对接地故障为

$$U_{OP\phi} = U_{\phi} - (I_{\phi} + K \times 3I_0) Z_{ZD}$$

其中

$$\phi\phi = AB, BC, CA$$

$$\phi = A, B, C$$

式中 Z_{ZD}——整定阻抗，一般取 0.8～0.85 倍线路阻抗；

U_Z——动作门槛，取故障前工作电压的记忆量。

正、反方向故障时，工频变化量距离保护动作特性如图 2-2、图 2-3 所示。

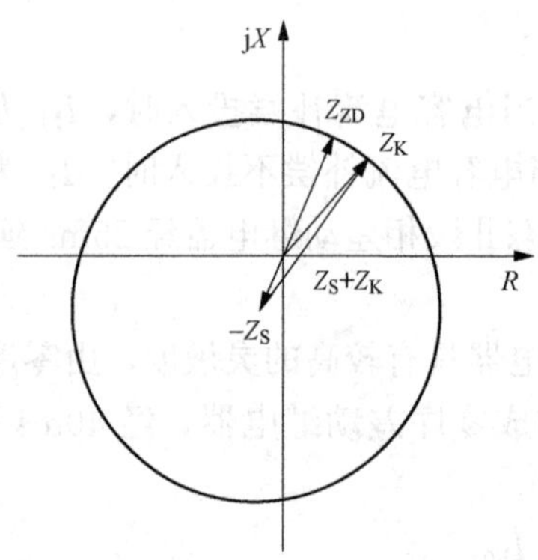

图 2-2 正方向短路动作特性图

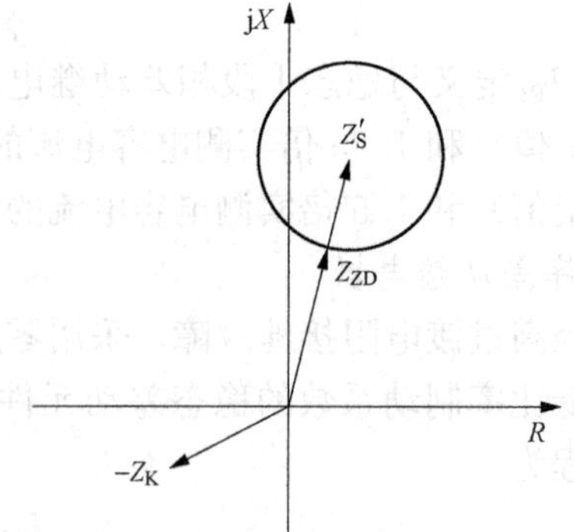

图 2-3 反方向短路动作特性图

正方向故障时，测量阻抗 $-Z_K$ 在阻抗复数平面上的动作特性是以矢量 $-Z_S$ 为圆心，以 $|Z_S + Z_{ZD}|$ 为半径的圆，当 Z_K 矢量末端落于圆内时动作，可见这种阻抗继电器有大的允许过渡电阻能力。当过渡电阻受对侧电源助增时，由于 ΔI_N 一般与 ΔI 是同相位，过渡电阻上的压降始终与 ΔI 同相位，过渡电阻始终呈电阻性，与 R 轴平行，因此，不存在由于对侧电流助增所引起的超越问题。

对反方向短路，测量阻抗 $-Z_K$ 在阻抗复数平面上的动作特性是以矢量 Z'_S 为圆心，以 $|Z'_S - Z_{ZD}|$ 为半径的圆，动作圆在第一象限，而因为 $-Z_K$ 总是在第三象限，因此，阻抗元件有明确的方向性。

2. 距离继电器

保护装置设有三阶段式相间和接地距离继电器，继电器由正序电压极化，因而有较大的测量故障过渡电阻的能力；当用于短线路时，为了进一步扩大测量过渡电阻的能力，还可将Ⅰ、Ⅱ段阻抗特性向第Ⅰ象限偏移；接地距离继电器设有零序电抗特性，可防止接地故障时继电器超越。

正序极化电压较高时，由正序电压极化的距离继电器有很好的方向性；当正序电压下降至10%以下时，进入三相低压程序，由正序电压记忆量极化，Ⅰ、Ⅱ段距离继电器在动作前设置正的门槛，保证母线三相故障时继电器不可能失去方向性；继电器动作后则改为反门槛，保证正方向三相故障继电器动作后一直保持到故障切除。Ⅲ段距离继电器始终采用反门槛，因而三相短路Ⅲ段稳态特性包含原点，不存在电压死区。

当用于长距离重负荷线路，常规距离继电器整定困难时，可引入负荷限制继电器，负荷限制继电器和距离继电器的交集为动作区，有效防止了重负荷时测量阻抗进入距离继电器而引起的误动。

(1) 低压距离继电器。当正序电压小于 $10\%U_n$ 时，进入低压距离程序，此时只可能有三相短路和系统振荡两种情况；系统振荡由振荡闭锁回路区分，这里只需考虑三相短路。三相短路时，因三个相阻抗和三个相间阻抗性能一样，所以仅测量相阻抗。

一般情况下各相阻抗一样，但为了保证母线故障转换至线路构成三相故障时仍能快速切除故障，所以对三相阻抗均进行计算，任一相动作跳闸时选为三相故障。

低压距离继电器比较工作电压和极化电压的相位：

工作电压为

$$U_{OP\phi} = U_{\phi} - I_{\phi} Z_{ZD}$$

极化电压为

$$U_{P\phi} = -U_{1\phi M}$$

其中

$$\phi = A, B, C$$

式中 $U_{OP\phi}$——工作电压；

$U_{P\phi}$——极化电压；

Z_{ZD}——整定阻抗；

$U_{1\phi M}$——记忆故障前正序电压。

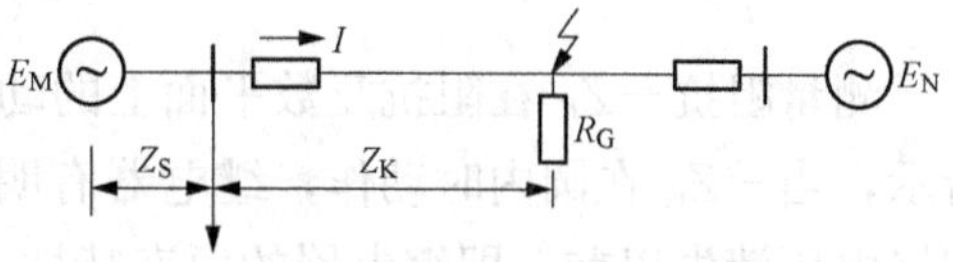

图 2-4 正方向故障系统图

正方向故障时，故障系统图如图 2-4 所示。

$$U_{\phi} = I_{\phi} Z_K$$

在记忆作用消失前

$$U_{1\phi M} = E_{M\phi} e^{j\delta}$$

$$E_{M\phi} = (Z_S + Z_K) I_{\phi}$$

因此

$$U_{OP\phi} = (Z_K - Z_{ZD}) I_{\phi}$$

$$U_{P\phi} = -(Z_S + Z_K) I_{\phi} e^{j\delta}$$

继电器的比相方程为

$$-90^\circ < \arg\frac{U_{OP\phi}}{U_{P\phi}} < 90^\circ$$

则

$$-90^\circ < \arg\frac{Z_K - Z_{ZD}}{-(Z_S + Z_K)e^{j\delta}} < 90^\circ$$

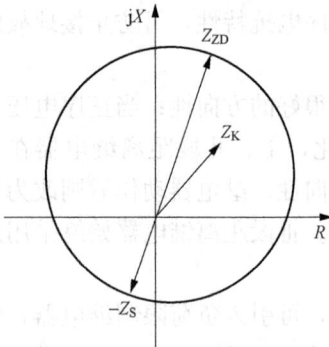

设故障线母线电压与系统电动势同相位 $\delta=0$，其暂态动作特性如图 2-5 所示。

图 2-5　正方向故障时暂态动作特性图

测量阻抗 Z_K 在阻抗复数平面上的动作特性是以 Z_{ZD} 至 $-Z_S$ 连线为直径的圆，动作特性包含原点表明正向出口经或不经过渡电阻故障时都能正确动作，并不表示反方向故障时会误动作；反方向故障时的动作特性必须以反方向故障为前提导出。当 δ 不为零时，将是以 Z_{ZD} 到 $-Z_S$ 连线为弦的圆，动作特性向第Ⅰ或第Ⅱ象限偏移。

反方向故障时，故障系统图如图 2-6 所示。

$$U_\phi = -I_\phi Z_K$$

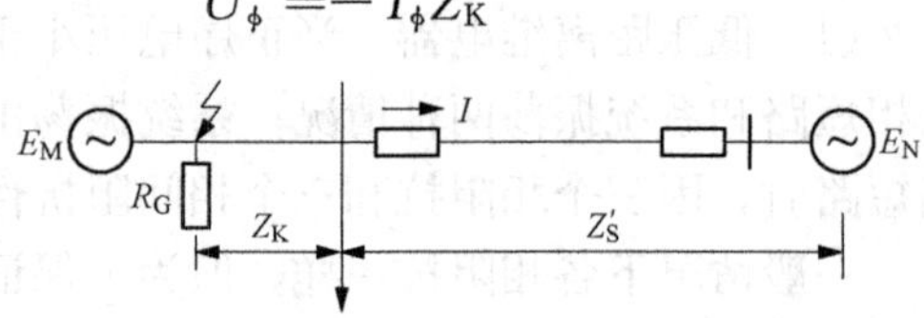

图 2-6　反方向故障的计算用图

在记忆作用消失前

$$U_{1\phi M} = E_{N\phi}e^{j\delta}$$
$$E_{N\phi} = -(Z'_S + Z_K)I_\phi$$

因此

$$U_{OP\phi} = -(Z'_K + Z_{ZD})I_\phi$$
$$U_{P\phi} = (Z'_S + Z_K)I_\phi e^{j\delta}$$

继电器的比相方程为

$$-90^\circ < \arg\frac{U_{OP\phi}}{U_{P\phi}} < 90^\circ$$

则

$$-90^\circ < \arg\frac{-(Z_K + Z_{ZD})}{(Z'_S + Z_K)\times e^{j\delta}} < 90^\circ$$

测量阻抗 $-Z_K$ 在阻抗复数平面上的动作特性是以 Z_{ZD} 与 Z'_S 连线为直径的圆，如图 2-7 所示，当 $-Z_K$ 在圆内时动作，继电器有明确的方向性，不可能误判方向。以上的结论是在记忆电压消失以前，即继电器的暂态特性，当记忆电压消失后：

正方向故障时

$$U_{1\phi M} = I_\phi Z_K$$
$$U_{OP} = (Z_K - Z_{ZD})I_\phi$$
$$U_{P\phi} = -I_\phi Z_K$$
$$-90^\circ < \arg\frac{Z_K - Z_{ZD}}{-Z_K} < 90^\circ$$

反方向故障时

$$U_{1\phi M} = -I_\phi Z_K$$

$$U_{OP} = (-Z_K - Z_{ZD})I_\phi$$
$$U_{P\phi} = -I_\phi(-Z_K)$$
$$-90° < \arg\frac{Z_K + Z_{ZD}}{-Z_K} < 90°$$

正方向故障时，测量阻抗 Z_K 在阻抗复数平面上的动作特性如图 2-5 所示，反方向故障时，$-Z_K$ 动作特性如图 2-7 所示。如图 2-8 所示，当发生三相短路时，由于动作特性经过原点，所以母线和出口故障时，继电器处于动作边界；为了保证母线故障，特别是经弧光电阻三相短路时不会误动作，因此，对Ⅰ、Ⅱ段距离继电器设置了门槛电压，其幅值取最大弧光压降。同时，当Ⅰ、Ⅱ段距离继电器暂态动作后，将继电器的门槛倒置，相当于将特性圆包含原点，以保证继电器动作后能保持到故障切除。为了保证Ⅲ段距离继电器的后备性能，Ⅲ段距离元件的门槛电压总是倒置的，其特性包含原点。

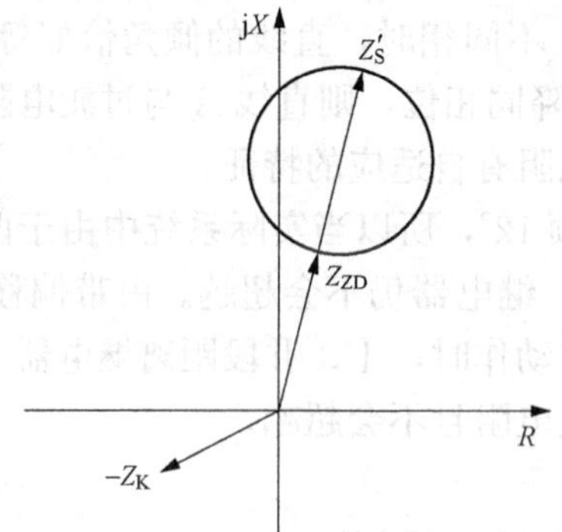

图 2-7 反方向故障时暂态动作特性图

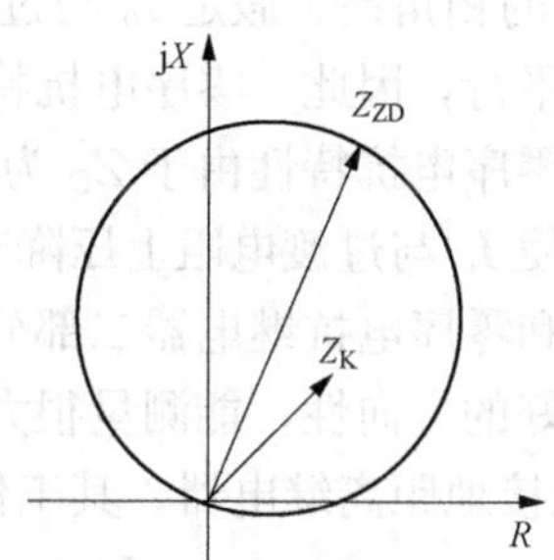

图2-8 三相短路时稳态特性图

(2) 接地距离继电器。

1) Ⅰ、Ⅱ段接地距离继电器。

由正序电压极化的方向阻抗继电器，其工作电压为

$$U_{OP\phi} = U_\phi - (I_\phi + K \times 3I_0)Z_{ZD}$$

极化电压为

$$U_{P\phi} = -U_{1\phi}e^{j\theta_1}$$

Ⅰ、Ⅱ段极化电压引入移相角 θ_1，其作用是在短线路应用时，将方向阻抗特性向第Ⅰ象限偏移，以扩大允许故障过渡电阻的能力。其正方向故障时继电器特性如图 2-9 所示。θ_1 取值范围为 0°、15°、30°。

由图 2-9 可见，该继电器可测量很大的故障过渡电阻，但在对侧电源助增下可能超越，因而引入了第二部分零序电抗继电器以防止超越。

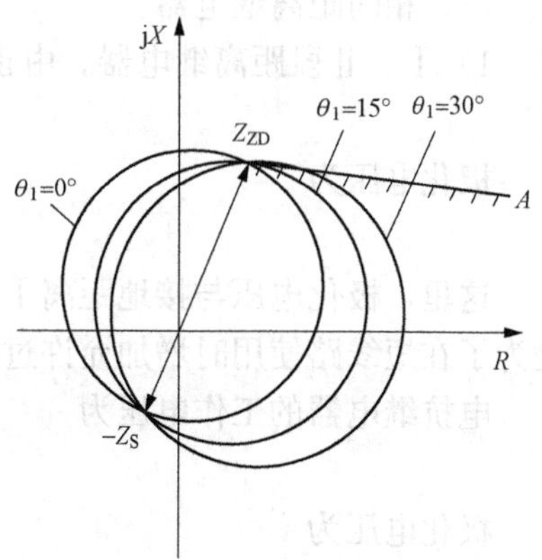

图 2-9 正方向故障时继电器动作特性图

零序电抗继电器的工作电压为

$$U_{OP\phi} = U_\phi - (I_\phi + K \times 3I_0)Z_{ZD}$$

极化电压为

$$U_{P\phi} = -I_0 Z_D$$

式中　Z_D——模拟阻抗。

比相方程为

$$-90^\circ < \arg \frac{U_\phi - (I_\phi + K \times 3I_0)Z_{ZD}}{-I_0 Z_D} < 90^\circ$$

正方向故障时

$$U_\phi = (I_\phi + K \times 3I_0)Z_K$$

则

$$-90^\circ < \arg \frac{(I_\phi + K \times 3I_0)(Z_K - Z_{ZD})}{-I_0 Z_D} < 90^\circ$$

$$90^\circ + \arg Z_D + \arg \frac{I_0}{I_\phi + K \times 3I_0} < \arg(Z_K - Z_{ZD}) < 270^\circ + \arg Z_D + \arg \frac{I_0}{I_\phi + K \times 3I_0}$$

上式为典型的零序电抗特性，如图 2-9 中直线 A 所示。

当 I_0 与 I_ϕ 同相位时，直线 A 平行于 R 轴，不同相时，直线的倾角恰好等于 I_0 相对于 $I_\phi + K \times 3I_0$ 的相角差。假定 I_0 与过渡电阻上压降同相位，则直线 A 与过渡电阻上压降所呈现的阻抗相平行，因此，零序电抗特性对过渡电阻有自适应的特征。

实际的零序电抗特性由于 Z_D 为 78°而要下倾 12°，所以当实际系统中由于两侧零序阻抗角不一致而使 I_0 与过渡电阻上压降有相位差时，继电器仍不会超越。由带偏移角 θ_1 的方向阻抗继电器和零序电抗继电器二部分结合，同时动作时，Ⅰ、Ⅱ段距离继电器动作，该距离继电器有很好的方向性，能测量很大的故障过渡电阻且不会超越。

2）Ⅲ段接地距离继电器。其工作电压为

$$U_{OP\phi} = U_\phi - (I_\phi + K \times 3I_0)Z_{ZD}$$

极化电压为

$$U_{P\phi} = -U_{1\phi}$$

$U_{P\phi}$采用当前正序电压，非记忆量，这是因为接地故障时，正序电压主要由非故障相形成，基本保留了故障前的正序电压相位，因此，Ⅲ段接地距离继电器的特性与低压时的暂态特性完全一致，继电器有很好的方向性。

（3）相间距离继电器。

1）Ⅰ、Ⅱ段距离继电器。由正序电压极化的方向阻抗继电器，其工作电压为

$$U_{OP\phi\phi} = U_{\phi\phi} - I_{\phi\phi} Z_{ZD}$$

极化电压为

$$U_{P\phi\phi} = -U_{1\phi\phi} e^{j\theta_2}$$

这里，极化电压与接地距离Ⅰ、Ⅱ段一样，较Ⅲ段增加了一个偏移角 θ_2，其作用也同样是为了在短线路使用时增加允许过渡电阻的能力。θ_2 的整定可按 0°、15°、30°三挡选择。

电抗继电器的工作电压为

$$U_{OP\phi\phi} = U_{\phi\phi} - I_{\phi\phi} Z_{ZD}$$

极化电压为

$$U_{P\phi\phi} = -I_{\phi\phi} Z_D$$

式中　Z_D——模拟阻抗。

正方向故障时

$$U_{OP\phi\phi} = I_{\phi\phi} Z_K - I_{\phi\phi} Z_{ZD}$$

比相方程为

$$-90° < \arg\frac{Z_K - Z_{ZD}}{-Z_D} < 90°$$

$$90° + \arg Z_D < \arg(Z_K - Z_{ZD}) < 270° + \arg Z_D$$

当 Z_D 阻抗角为 90°时，该继电器为与 R 轴平行的电抗继电器特性，实际的 Z_D 阻抗角为 78°。因此，该电抗特性下倾 12°，使送电端的保护受对侧助增而过渡电阻呈容性时不致超越。

以上方向阻抗与电抗继电器二部分结合，增强了在短线上使用时允许过渡电阻的能力。

2）Ⅲ段相间距离继电器。其工作电压为

$$U_{OP\phi\phi} = U_{\phi\phi} - I_{\phi\phi}Z_{ZD}$$

极化电压为

$$U_{P\phi\phi} = -U_{1\phi\phi}$$

继电器的极化电压采用正序电压，不带记忆。因相间故障其正序电压基本保留了故障前电压的相位；故障相的动作特性与低压时的暂态特性完全一致，继电器有很好的方向性。

三相短路时，由于极化电压无记忆作用，其动作特性为一过原点的圆，由于正序电压较低时，由低压距离继电器测量，因此，这里既不存在死区也不存在母线故障失去方向性问题。

（4）负荷限制继电器。为保证距离继电器躲开负荷测量阻抗，保护装置设置了接地、相间负荷限制继电器，其动作特性如图 2-10 所示。继电器两边的斜率与正序灵敏角 ϕ 一致，R_{ZD}为负荷限制电阻定值，直线 A 和直线 B 之间为动作区。

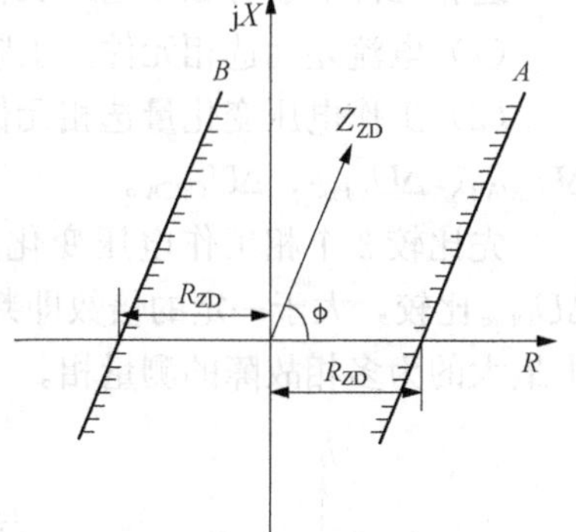

图 2-10　负荷限制继电器动作特性图

线路保护装置能够自动识别系统过负荷特征，通过对接地和相间距离元件增加限制条件，以防止线路过负荷导致距离保护不正确动作；同时在各种故障情况下，该限制条件能够可靠开放，保证正确切除故障。

2.2.4　重合闸和选相元件

1. 重合闸

保护装置重合闸为一次重合闸方式，可实现单相重合闸或三相重合闸；可根据故障的严重程度引入闭锁重合闸的方式。重合闸的启动方式可以是由保护动作启动或断路器位置不对应启动。

三相重合时，可采用检线路无压重合闸或检同期重合闸，也可采用快速直接重合闸方式，检无压时，检查线路电压或母线电压小于 30V；检同期时，检查线路电压和母线电压大于 40V，且线路和母线电压间相位差在整定范围内。正常运行时，保护检测线路电压与母线 A 相电压的相角差，设为 ϕ，检同期时，检测线路电压与母线 A 相电压的相角差是否在（φ-定值）至（φ+定值）范围内，因此不管线路电压用的是哪一相电压还是哪一相间电压，保护能够自动适应。

重合闸方式由控制字决定，其功能见表 2-1。

表 2-1 重合闸方式

序号	重合闸方式	整定方式	备注
1	单相重合闸	0，1	单相跳闸单相重合闸方式
2	三相重合闸	0，1	三相跳闸三相重合闸方式
3	禁止重合闸	0，1	仅放电，禁止本装置重合，不沟通三跳
4	停用重合闸	0，1	既放电，又闭锁重合闸，并沟通三跳

单相重合闸、三相重合闸、禁止重合闸和停用重合闸有且只能有一项置“1”。

当系统选择单相重合闸方式时，在单相故障时开放单相重合闸。当仅单相跳开，即装置单相跳闸并当跳闸触点返回时或者当单相 KTP 动作且满足单相 KTP 启动重合条件时，启动单重（单相重合）时间。若装置三跳或三相 KTP 动作，则不启动单重（单相重合）时间。

当系统选择三相重合闸方式时，单相故障或多相故障，保护均三跳，当无闭锁重合闸信号时开放三相重合闸。当三相跳闸并当跳闸触点返回时或者当三相 KTP 动作且满足三相 KTP 启动重合条件时，启动三重（三相重合）时间。

对于智能变电站保护装置，在 3/2 断路器接线时，不配置重合闸功能。

2. 选相元件

选相元件一般有工作电压变化量选相元件、差动选相元件和 $\dot{I}_0$ 与 $\dot{I}_{2A}$ 比相的选相元件。

（1）电流差动选相元件。工频变化量和稳态差动继电器动作时，动作相选为故障相。

（2）工作电压变化量选相元件。保护有 6 个测量选相元件，即 ΔU_{OPA}、ΔU_{OPB}、ΔU_{OPC}、ΔU_{OPAB}、ΔU_{OPBC}、ΔU_{OPCA}。

先比较 3 个相工作电压变化量，取最大相 $\Delta U_{OP\varphi max}$，与另两相的相间工作电压变化量 $\Delta U_{OP\varphi\varphi}$ 比较，大于一定的倍数即判为最大相单相故障；若不满足则判为多相故障，取 $\Delta U_{OP\varphi\varphi}$ 中最大的为多相故障的测量相。

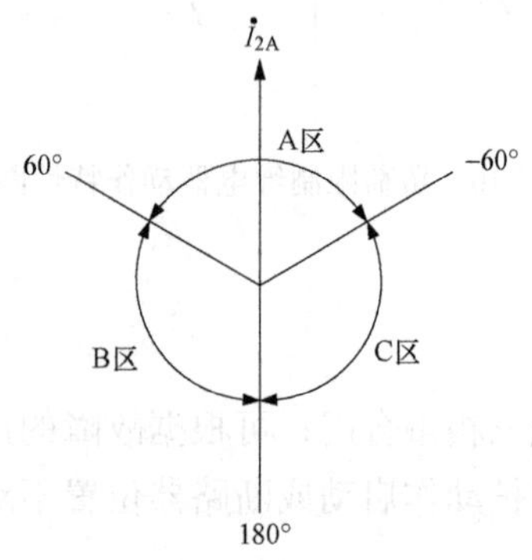

图 2-11 选相区域示意图

（3）$\dot{I}_0$ 与 $\dot{I}_{2A}$ 比相的选相元件。选相程序首先根据 $\dot{I}_0$ 与 $\dot{I}_{2A}$ 之间的相位关系，确定三个选相区之一，如图 2-11 所示。

当 $-60° < \arg\frac{\dot{I}_0}{\dot{I}_{2A}} < 60°$ 时选 A 区；$60° < \arg\frac{\dot{I}_0}{\dot{I}_{2A}} < 180°$ 时选 B 区；$180° < \arg\frac{\dot{I}_0}{\dot{I}_{2A}} < 300°$ 时选 C 区。

单相接地时，故障相的 $\dot{I}_0$ 与 $\dot{I}_{2A}$ 同相位；A 相接地时，$\dot{I}_0$ 与 $\dot{I}_{2A}$ 同相；B 相接地时，$\dot{I}_0$ 与 $\dot{I}_{2A}$ 相差在 120°；C 相接地时，$\dot{I}_0$ 与 $\dot{I}_{2A}$ 相差 240°。

两相接地时，非故障相的 $\dot{I}_0$ 与 $\dot{I}_{2A}$ 同相位；BC 相间接地故障时，$\dot{I}_0$ 与 $\dot{I}_{2A}$ 同相；CA 相间接地故障时，$\dot{I}_0$ 与 $\dot{I}_{2A}$ 相差 120°；AB 相间接地故障时，$\dot{I}_0$ 与 $\dot{I}_{2A}$ 相差 240°。

2.2.5 采样数据无效和采样数据检修的处理

当数字化变电站采用电子式互感器（ECVT）采样时，要判断保护装置实时检测接收到的采样数据是否无效。保护装置中，保护逻辑用的电压、电流称为保护电压、保护电流；启动

24V 正电源用的电压、电流称为启动电压、启动电流；用于重合闸检定的单相电压称为保护同期电压、启动同期电压。装置判断电气量的品质发生无效、失步（SV 延时变化或超过 3ms）时，会选择性的闭锁相关的保护元件。另外，当电子式互感器 ECVT 或合并单元 MU 处于检修状态时，会给保护装置发相应的信号，保护装置会有相应报警信息，在保护接收软连接片投入的情况下，如果本地检修和发送方检修位不一致时，装置报警且闭锁相关保护。

为了防止单一通道数据无效、失步或采样数据检修不一致导致保护装置被闭锁，按照光纤数据通道的无效位选择性地闭锁相关的保护元件，具体原则如下。

（1）保护电流 SV 采样无效，保护电流 SV 采样失步，闭锁与电流相关的保护（如差动、距离、零序过电流、TV 断线过电流、过负荷）。

（2）保护电压 SV 采样无效，处理同保护 TV 断线，即闭锁与电压相关的保护（如距离保护、过电压保护），退出方向元件（如零序过电流自动退出方向），自动投入 TV 断线过电流等。

（3）保护电流电压 SV 采样失步，闭锁与电压、电流相位有关的保护（如距离保护），退出方向元件（如零序过电流自动退出方向），自动投入 TV 断线过电流等。

（4）保护同期电压 SV 采样无效，保护同期电压 SV 采样失步，不闭锁保护，当重合闸检定方式与同期电压无关时（如不检重合），不报同期电压数据无效。当同期电压数据无效时，闭锁与同期电压相关的重合检定方式（如检同期），即处理方式同同期 TV 断线。

（5）启动电流 SV 采样无效，启动电流 SV 采样失步时，闭锁与电流相关的启动元件。

（6）启动电压 SV 采样无效时，闭锁与电压相关的启动元件。

（7）启动电流电压 SV 采样失步，闭锁与电压、电流相位有关的启动元件。

（8）保护同期电压 SV 采样无效，启动同期电压 SV 采样无效时，闭锁检同期重合闸功能。

（9）保护装置面板上的跳闸和重合闸信号灯经启动板的总启动控制，即保护板跳合闸信号和启动板启动信号均动作时才亮灯。仅保护板动作，只出报文不亮灯。

2.3　线路保护装置中各保护的逻辑框图及说明

1. 电流差动保护（见图 2-12）

（1）差动保护投入指屏上“主保护连接片”、连接片定值“投主保护连接片”和定值控制字“投纵联差动保护”同时投入。

（2）“A 相差动元件”“B 相差动元件”“C 相差动元件”包括变化量差动、稳态量差动Ⅰ段或Ⅱ段、零序差动，只是各自的定值有差异。

（3）三相断路器在跳开位置或经保护启动控制的差动继电器动作，则向对侧发差动动作允许信号。

（4）TA 断线瞬间，断线侧的启动元件和差动继电器可能动作，但对侧的启动元件不动作，不会向本侧发差动保护动作信号，从而保证纵联差动不会误动。若 TA 断线时发生故障或系统扰动导致启动元件动作，由保护控制字来决定是否闭锁断线相的电流差动保护，非断线相电流差动保护不受影响。

（5）本侧跳闸分相联跳对侧功能。本侧任何保护动作元件动作后立即发对应相远跳信号

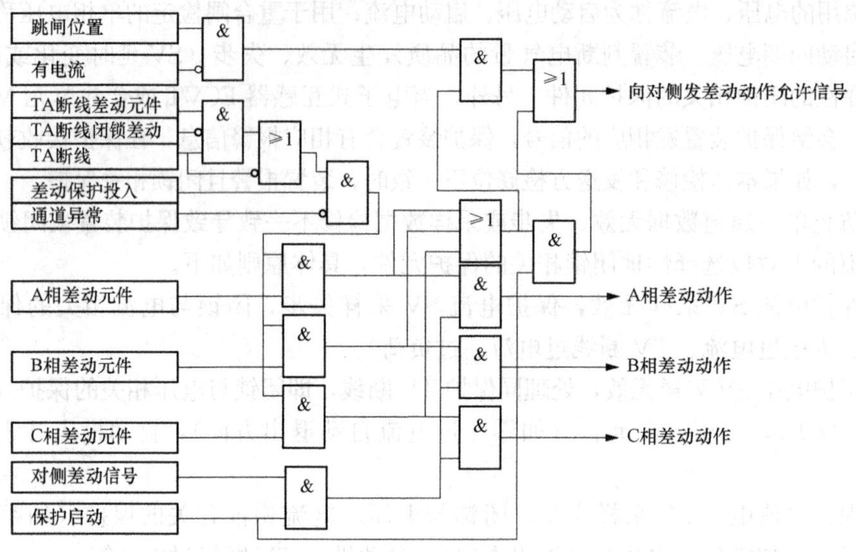

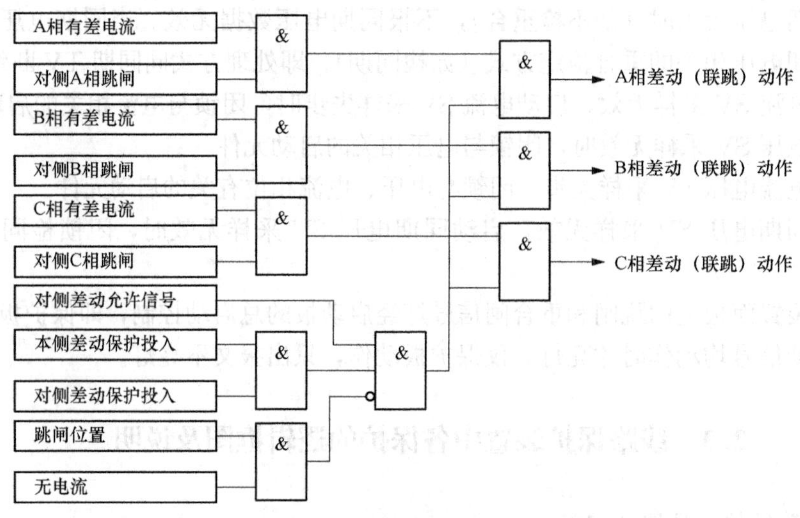

图 2-12　电流差动保护逻辑框图

给对侧，对侧收到联跳信号后，启动保护装置，结合差动允许信号联跳对应相。

2. 距离保护（见图 2-13）

（1）若选择“负荷限制距离”，则Ⅰ、Ⅱ、Ⅲ段的接地和相间距离元件需经负荷限制继电器闭锁。

（2）保护启动时，如果按躲过最大负荷电流整定的振荡闭锁过电流元件尚未动作或动作不到 10ms，则开放振荡闭锁 160ms，不对称故障开放元件、对称故障开放元件和非全相运行振荡闭锁开放元件任一元件开放则开放振荡闭锁，由保护控制字控制三个元件是否投入。

（3）合闸于故障线路时三相跳闸有两种方式：一是受振荡闭锁控制的Ⅱ段距离继电器在合闸过程中三相跳闸；二是在三相合闸时，还可选择“三重加速距离保护Ⅱ段”、“三重加速距离保护Ⅲ段”、由不经振荡闭锁的Ⅱ段或Ⅲ段距离继电器加速跳闸。手动合闸时总是加速

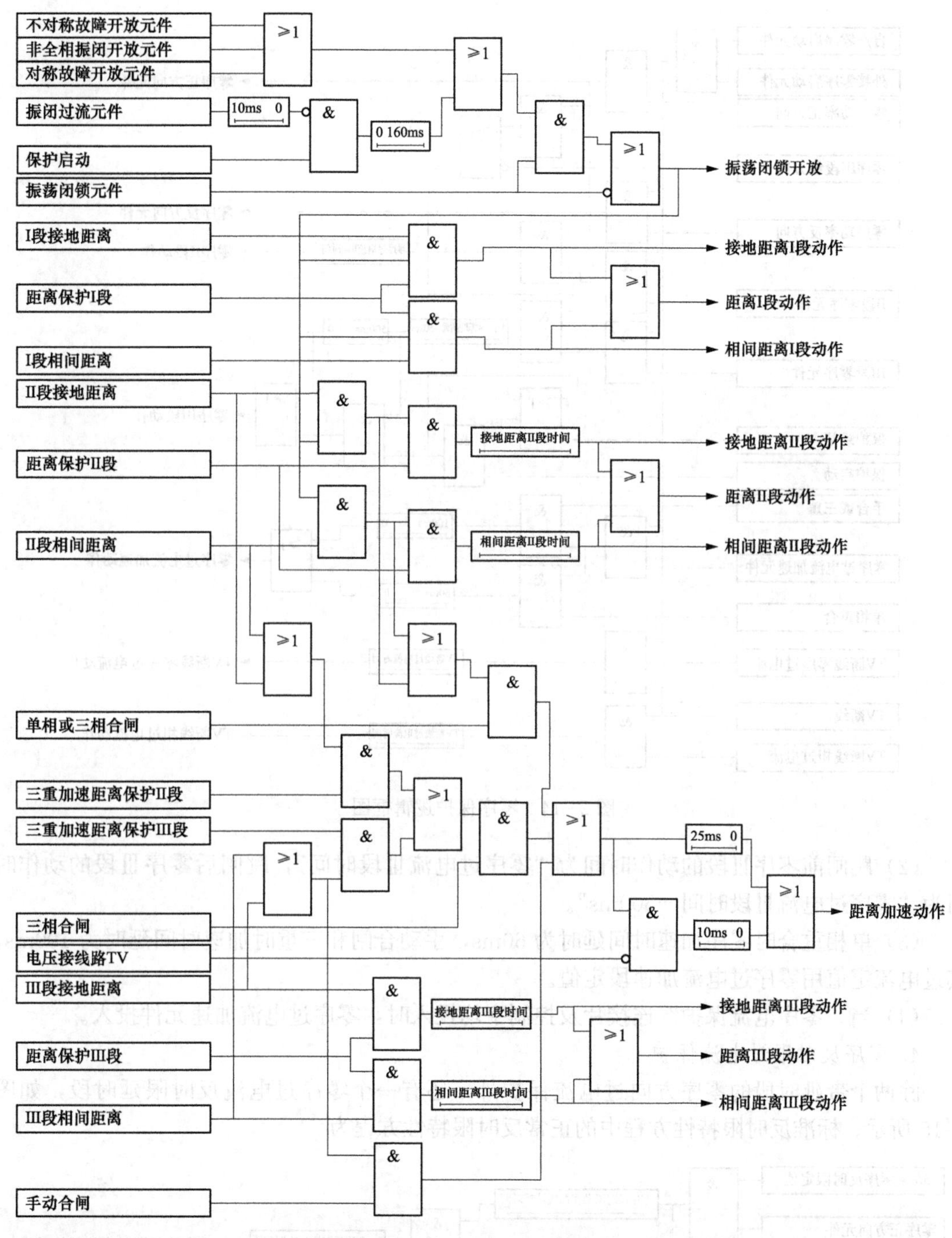

图 2-13 距离保护逻辑框图

Ⅲ段距离保护。

(4) 当距离保护连接片投入且有距离Ⅰ、Ⅱ、Ⅲ段控制字投入时，距离加速元件投入。

3. 零序过电流保护（见图 2-14）

(1) 设置了两个带延时段的零序方向过电流保护，不设置速跳的Ⅰ段零序过电流。Ⅱ段零序保护受零序正方向元件控制，Ⅲ段零序保护则由控制字控制经或不经方向元件控制。

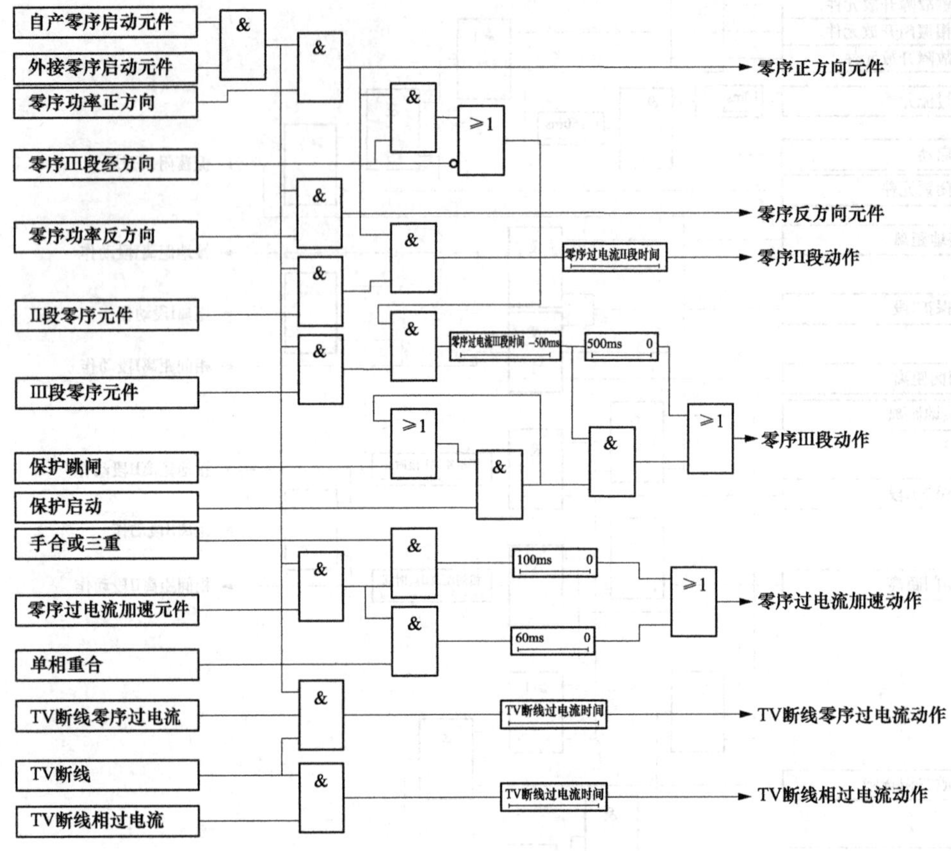

图 2-14 零序保护逻辑框图

(2) 跳闸前零序Ⅲ段的动作时间为“零序过电流Ⅲ段时间”，跳闸后零序Ⅲ段的动作时间为“零序过电流Ⅲ段时间－500ms”。

(3) 单相重合时零序加速时间延时为 60ms，手动合闸和三重时加速时间延时为 100ms，其过电流定值用零序过电流加速段定值。

(4) 当“零序电流保护”连接片及控制字均投入时，零序过电流加速元件投入。

4. 零序反时限过电流保护

除两个带延时段的零序方向过电流保护外，还有一个零序过电流反时限延时段，如图 2-15 所示。标准反时限特性方程中的正常反时限特性方程为

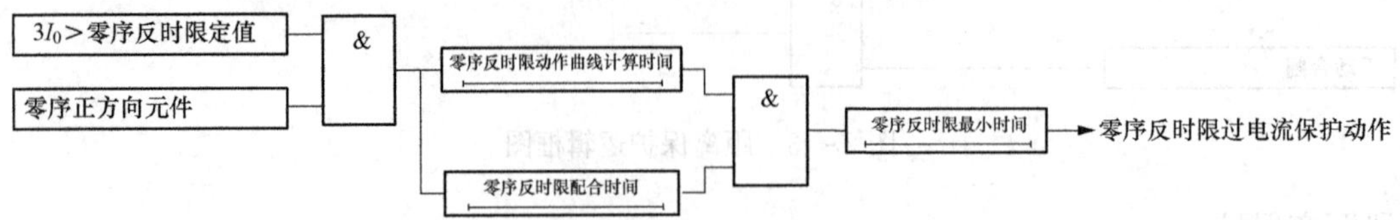

图 2-15 零序反时限过电流保护逻辑框图

$$t(3I_0)=\frac{0.14}{\left(\frac{3I_0}{I_P}\right)^{0.02}-1}T_P$$

式中 I_P——电流基准值，对应“零序反时限过电流定值”；

T_P——时间常数，对应“零序反时限时间”定值。

零序电流反时限保护动作三跳并闭锁重合闸；零序反时限过电流定值应大于零序启动电流定值。对于具备零序反时限功能的保护，当“零序电流保护”连接片投入并且“零序反时限”或者“零序电流保护”中任一控制字投入时，零序过电流加速元件投入。

5. 三相不一致保护

不一致保护可由控制字投退，并可经控制字选择是否经零负序电流闭锁。

三相不一致保护采用三个跳位 KTPA、KTPB、KTPC 及各相有流条件综合判别结果来启动。

当有 KTP 开入且对应相有流时保护装置经 1s 延时报警（报警信号为“KTP 异常”），并作为不一致保护的闭锁条件；当有 KTP（一相或两相）时，则经 10s 延时报警（报警信号为“KTP 异常”），但不闭锁不一致保护。不一致保护逻辑如图 2-16 所示。

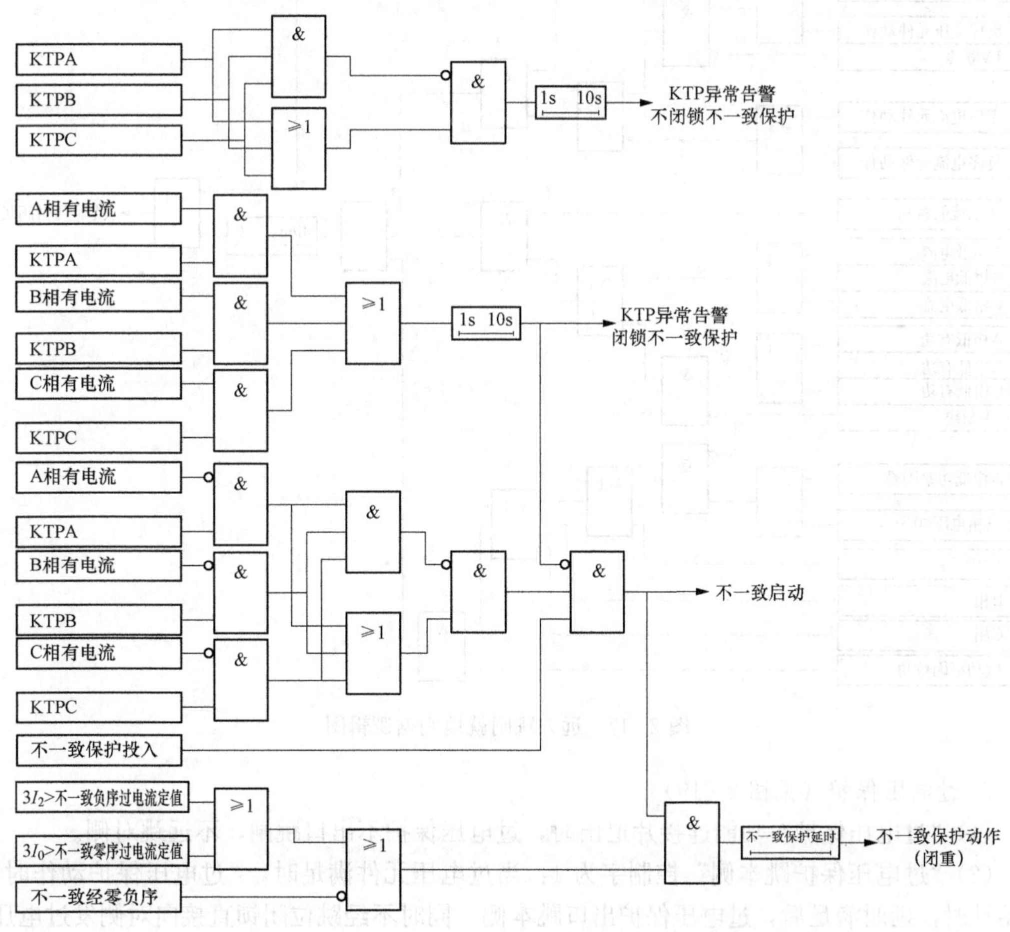

图 2-16 不一致保护逻辑框图

当不一致保护投入，断路器分相跳闸位置满足一相或两相有 KTP 且无流的条件，同时无不一致闭锁条件，则启动不一致保护。不一致保护可经控制字控制是否经零、负序过电流闭锁。不一致动作条件满足时，经不一致时间定值延时动作。不一致保护动作的同时闭锁重合闸。

不一致保护现场运行时要注意：

(1) 不一致零序和负序过电流开放条件为：3倍零序电流和3倍负序电流大于不一致零负序过电流定值。

(2) 对于智能站3/2断路器接线方式，不配置三相不一致保护。

6. 远方跳闸保护

图2-17为远方跳闸就地判据逻辑图，图2-18为远方跳闸逻辑图。T_{abn}为max（远跳经故障判据时间，远跳不经故障判据时间）+2s。

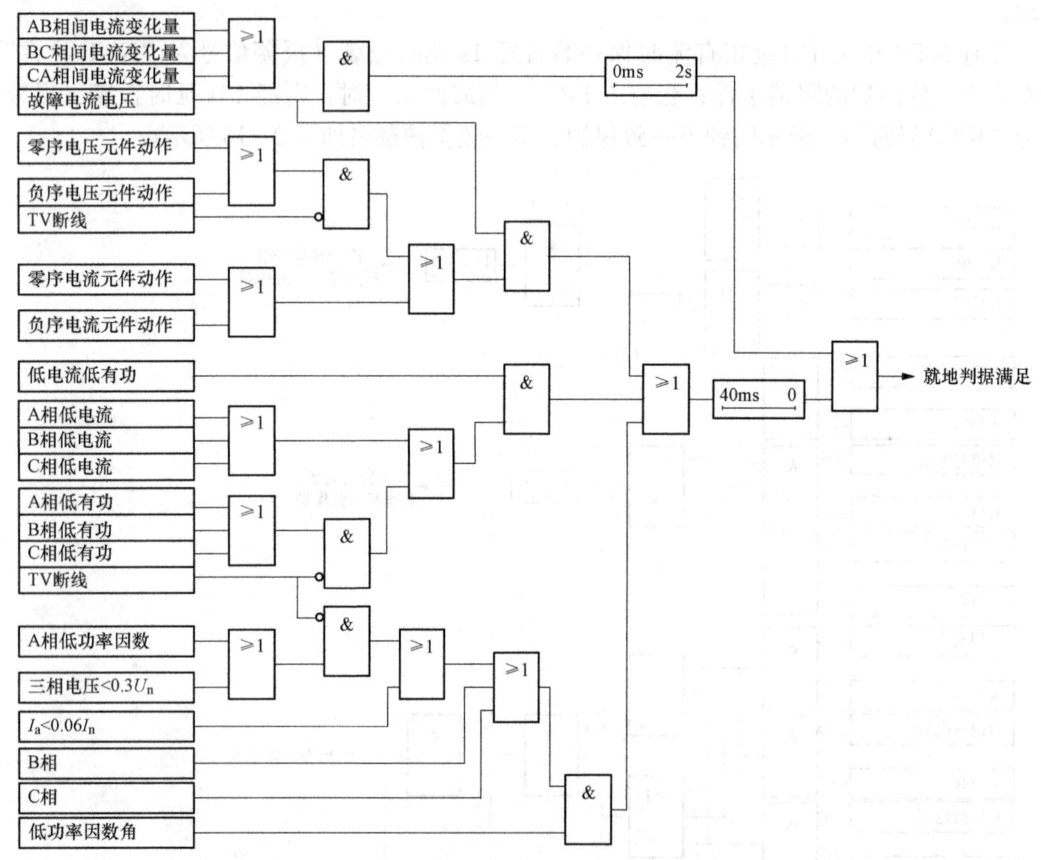

图2-17 远方跳闸就地判据逻辑图

7. 过电压保护（见图2-19）

(1) “过电压保护”功能连接片退出时，过电压保护不出口跳闸，不远跳对侧。

(2) “过电压保护跳本侧”控制字为1：当过电压元件满足时，“过电压保护动作时间”开始计时，延时满足后，过电压保护出口跳本侧，同时不经跳位闭锁直接向对侧发过电压远跳信号。

(3) “过电压保护跳本侧”控制字为0：当“过电压元件”和“本侧跳位”均满足要求时，“过电压保护动作时间”开始计时，延时满足后，过电压保护不跳本侧仅向对侧发过电压远跳信号。但是，是否经本侧跳位闭锁发信由“过电压远跳经跳位闭锁”控制字整定。

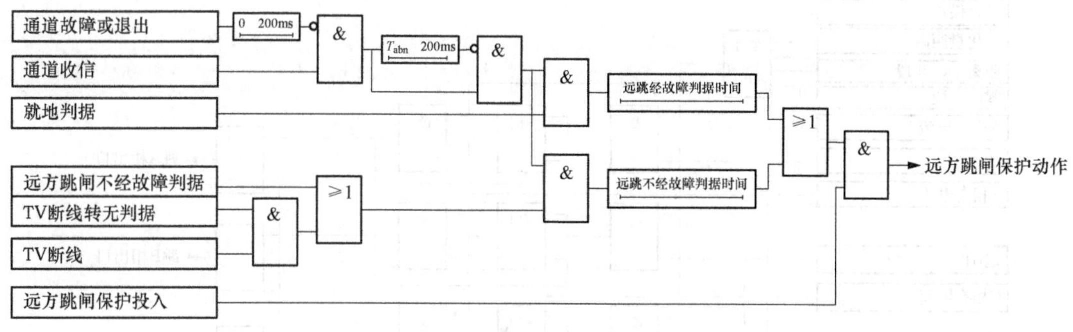

图 2-18 远方跳闸逻辑框图

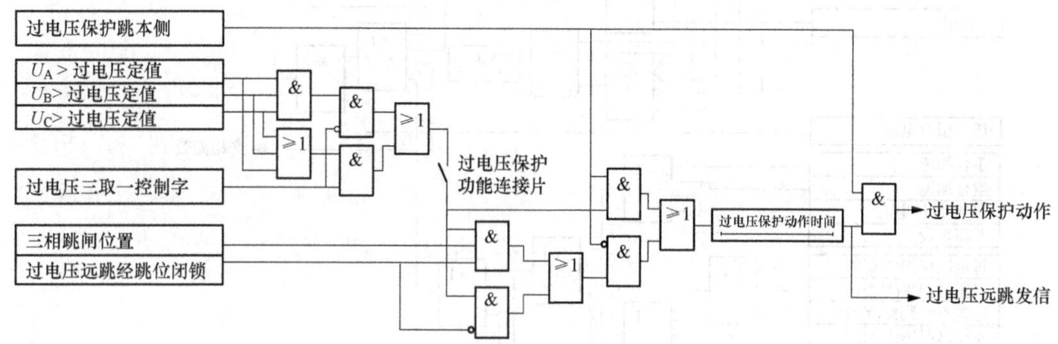

图 2-19 过电压跳闸逻辑框图

8. 加速联跳功能（见图 2-20）

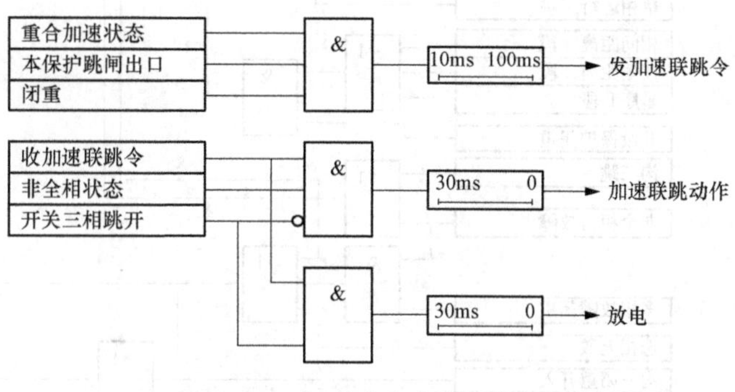

图 2-20 加速联跳功能逻辑框图

设置加速联跳功能目的在于合于故障的先合侧通过加速联跳功能使后合侧不重合，以降低对系统的冲击。当一侧装置重合于故障加速动作时，向对侧装置发加速联跳令。对侧装置收加速联跳令后，若重合闸未动作且断路器位于非全相状态，则加速联跳并闭重；若断路器已处于三相分位，则仅放电不重合。加速联跳功能仅在装置启动后投入。

9. 保护跳闸逻辑（见图 2-21）

（1）分相差动继电器动作，则该相的选相元件动作。

（2）工频变化量距离、纵联差动、距离Ⅰ段、距离Ⅱ段、零序Ⅱ段动作时经选相跳闸；若选相失败而动作元件不返回，则经 200ms 延时发选相无效三跳命令。

（3）零序Ⅲ段、零序反时限延时段、过电压保护、远跳经判据、远跳不经判据、过负荷跳闸、远方其他保护动作、相间距离Ⅲ段、接地距离Ⅲ段、合闸于故障线路、非全相运行再故障、TV 断线过电流、选相无效延时 200ms、单跳失败延时 150ms、单相运行延时 200ms 直接跳三相。

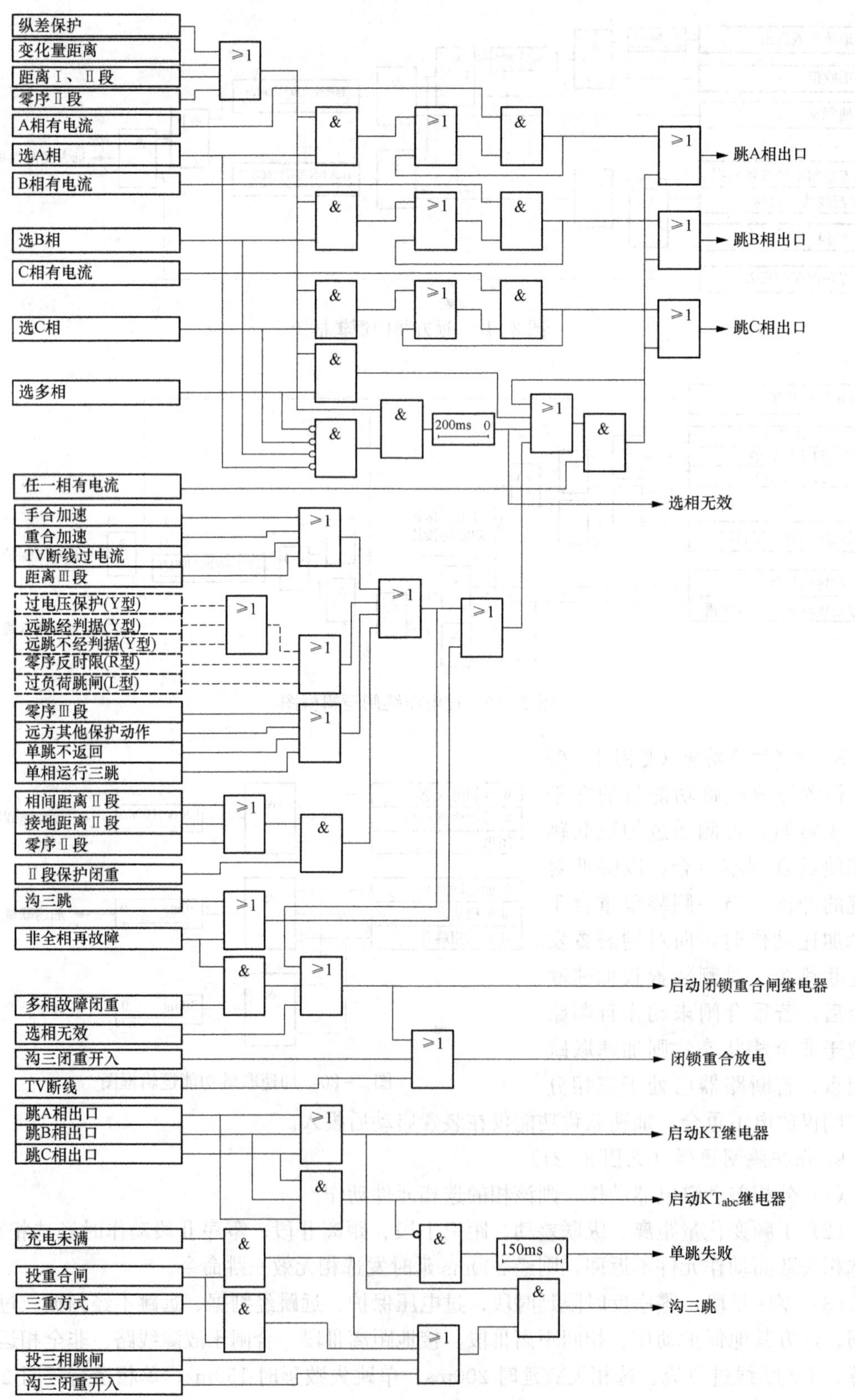

图 2-21 保护跳闸逻辑框图

(4) 发单跳令后若该相持续有电流（$>0.06I_n$），经 150ms 延时发单跳失败三跳命令。

(5) 选相达两相及以上时跳三相。

(6) 采用三相跳闸方式、有闭锁重合闸投入、重合闸投入时充电未完成或处于三重方式时，任何故障三相跳闸。

(7) 严重故障时，如零序Ⅲ段跳闸、零序反时限延时段跳闸、过电压保护跳闸、远跳经判据跳闸、远跳不经判据跳闸、过负荷跳闸、远方其他保护动作、Ⅲ段距离跳闸、手合或合闸于故障线路跳闸、单跳不返回三跳、单相运行三跳、TV 断线时跳闸等闭锁重合闸。

(8) Ⅱ段保护（Ⅱ段零序、相间距离、接地距离），可以经控制字选择是否闭锁重合闸。

(9) 选相无效时保护固定三跳闭重。可以经控制字选择两相以上故障三跳时是否闭锁重合闸。

10. 重合闸逻辑（见图 2-22）

(1) KTPA、KTPB、KTPC 分别为 A、B、C 三相的跳闸位置继电器的触点输入。

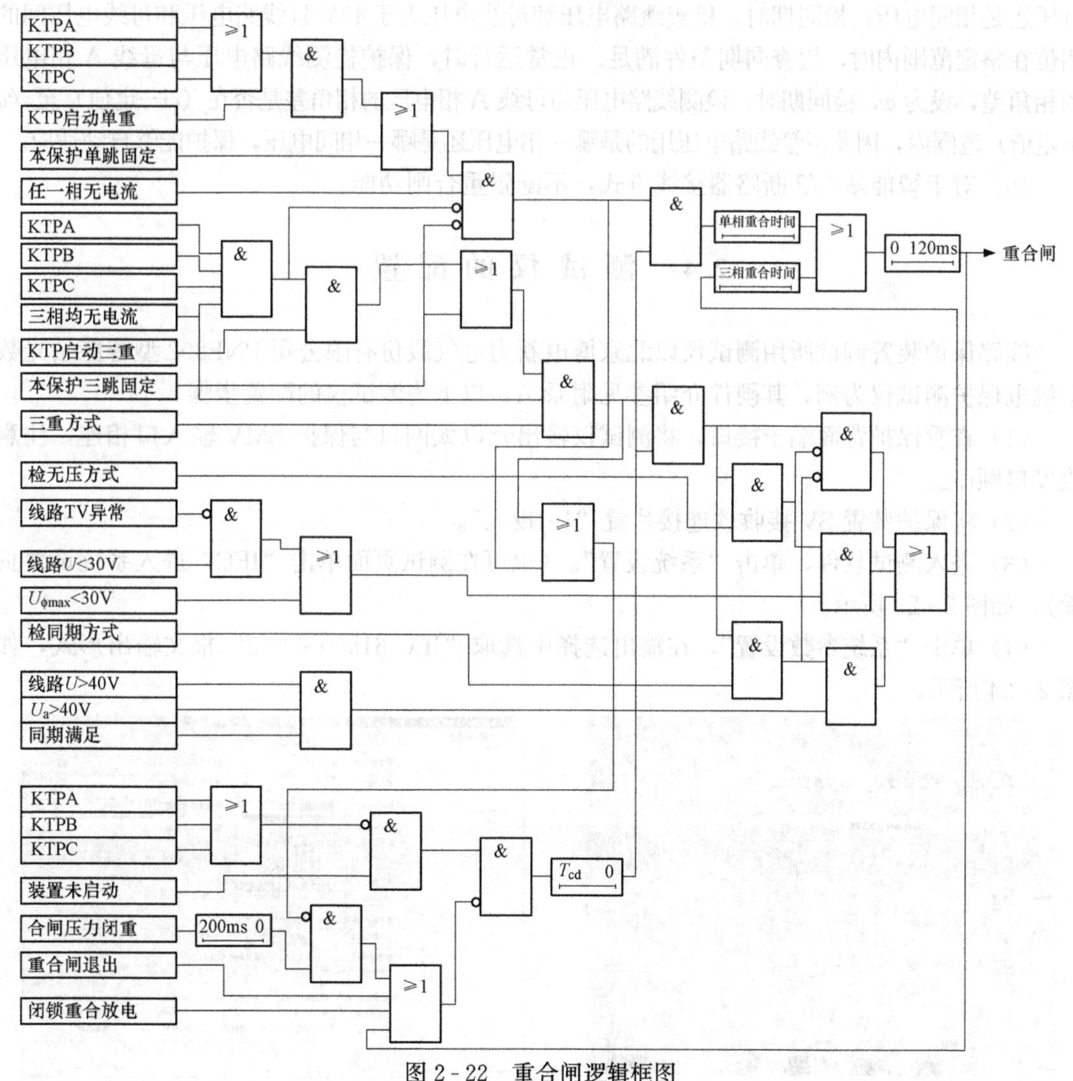

图 2-22 重合闸逻辑框图

（2）保护单跳固定、保护三跳固定为本保护动作跳闸形成的跳闸固定，单相故障，故障相无电流时该相跳闸固定动作，三相跳闸，三相电流全部消失时三相跳闸固定动作。

（3）要实现保护重合闸停用，需将“停用重合闸控制字”“停用重合闸软连接片”“闭锁重合闸硬连接片”三者任一投上。

（4）差动保护投入并且通道正常，当采用单重或三重不检方式，TV 断线时不放电；差动退出或纵联通道异常时，不管哪一种重合方式，TV 断线都要放电。

（5）重合闸充电在正常运行时进行，重合闸投入、无 KTP、无压力低闭重输入、无 TV 断线放电和其他闭重输入经 15s 后充电完成。

（6）重合闸的启动方式有本保护跳闸启动、不对应启动。

（7）若断路器三跳，如 TG_{abc} 动作或三相 KTP 动作，则不启动单重。

（8）三相重合闸可选用检线路无压重合闸、检同期重合闸及不检而直接重合闸三种方式。检无压时，检查线路电压或母线电压小于 30V 时，检无压条件满足，而不管线路电压用的是相电压还是相间电压；检同期时，检查线路电压和母线电压大于 40V 且线路电压和母线电压间的相位在整定范围内时，检查同期条件满足。正常运行时，保护检测线路电压与母线 A 相电压的相角差，设为 φ，检同期时，检测线路电压与母线 A 相电压的相角差是否在（φ—定值）至（φ+定值）范围内，因此不管线路电压用的是哪一相电压还是哪一相间电压，保护能够自动适应。

（9）对于智能站 3/2 断路器接线方式，不配置重合闸功能。

2.4　测 试 仪 的 配 置

线路保护装置调试所用测试仪以北京博电新力电气股份有限公司 PNF802 型智能站光数字继电保护测试仪为例，其硬件介绍参见附录 A，以下为测试仪的配置步骤。

（1）查看保护背面端子接口，将测试仪输出光以太网口与保护 SMV 输入口相连，注意收发口顺序。

（2）将保护装置 SV 接收软连接片置“1 - 投入”。

（3）进入测试软件，单击“系统设置”。（也可在测试页面单击“IEC”进入系统设置页面），如图 2 - 23 所示。

（4）单击“系统参数设置”，在输出选择中选取“IEC 61850 - 9 - 2”报文输出形式，如图 2 - 24 所示。

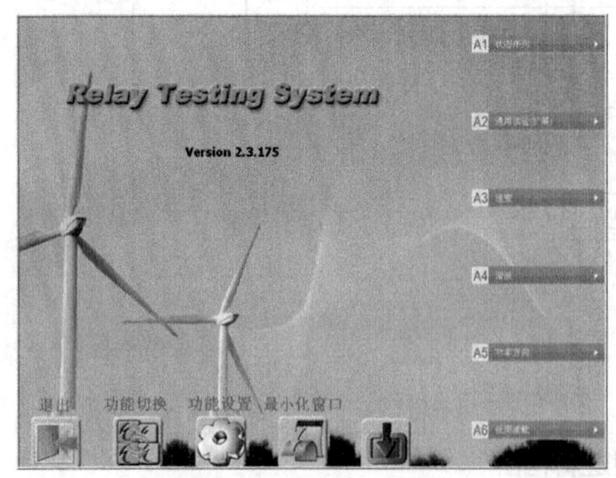

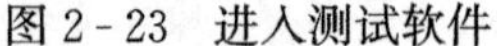
图 2 - 23　进入测试软件

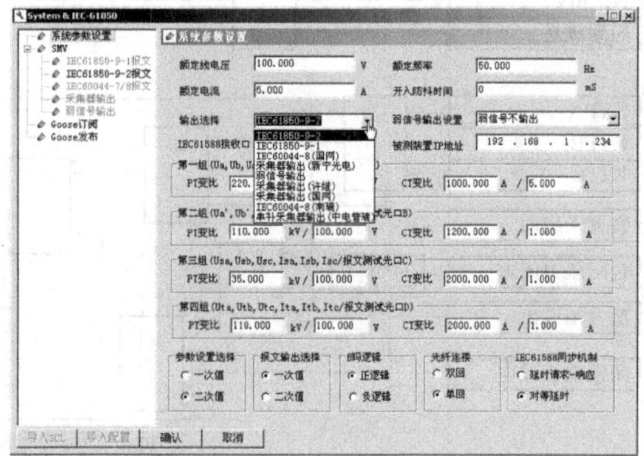

图 2 - 24　系统参数设置

（5）因为在系统参数设置中选择了“IEC 61850-9-2”的报文输出格式，在SMV菜单中“IEC 61850-9-2报文”才可选。将整站SCD文件存于测试仪D盘内，单击“导入SCL”，将dxb.scd文件导入。（注：必须放在测试仪D盘，否则会被系统还原，使文件丢失），如图2-25所示。

（6）找到当前线路保护（以PSL603U为例），单击“SMV Inputs”，如当前保护未配置通道，找到相应的合并单元，单击“SMV Outputs”。勾选以后单击“配置SMV”，之后单击“确定”，如图2-26所示。

图2-25　导入SCL

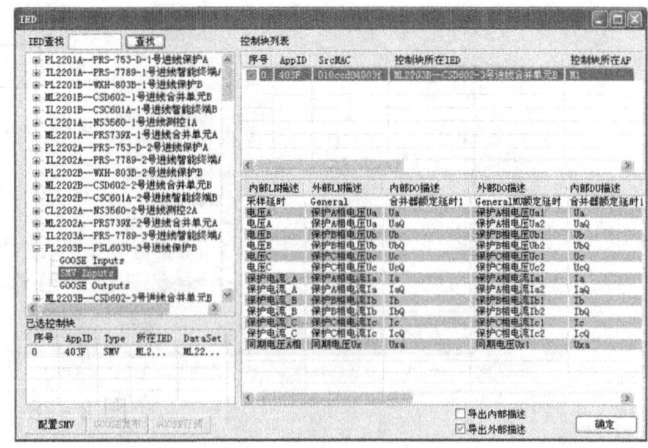

图2-26　配置SMV

（7）默认通道配置映射到第一组，可以手动修改。（注：此步骤会从选择组别开始，依次覆盖替换原有SMV通道配置信息，如无特别需要，默认第一组），如图2-27所示。

（8）选择输出口（默认输出口为1口）。单击“确认”。如图2-28所示。

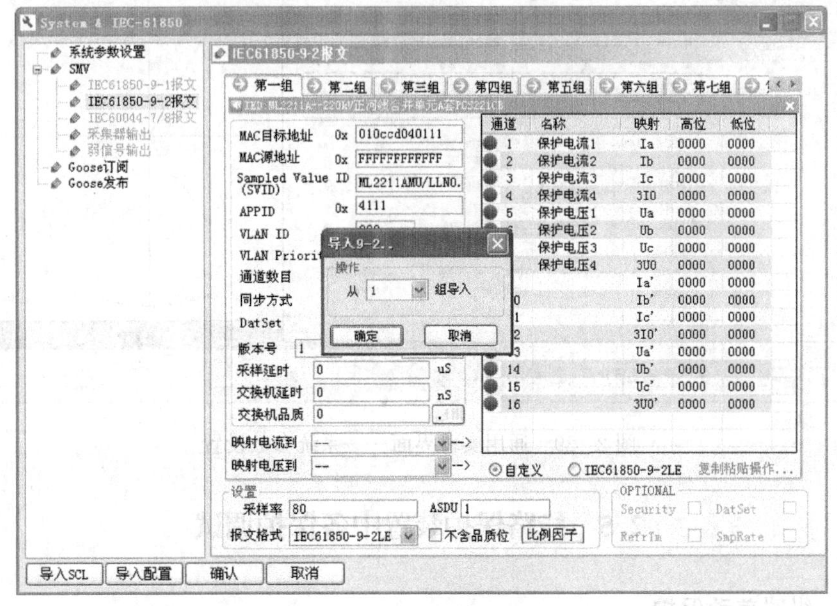

图2-27　通道配置映射

（9）打开“通用实验界面”。点击“IEC”进入系统参数设置页面，设置TV、TA变

图 2-28 选择输出口

比，需要与保护装置保持一致，如图 2-29 所示。

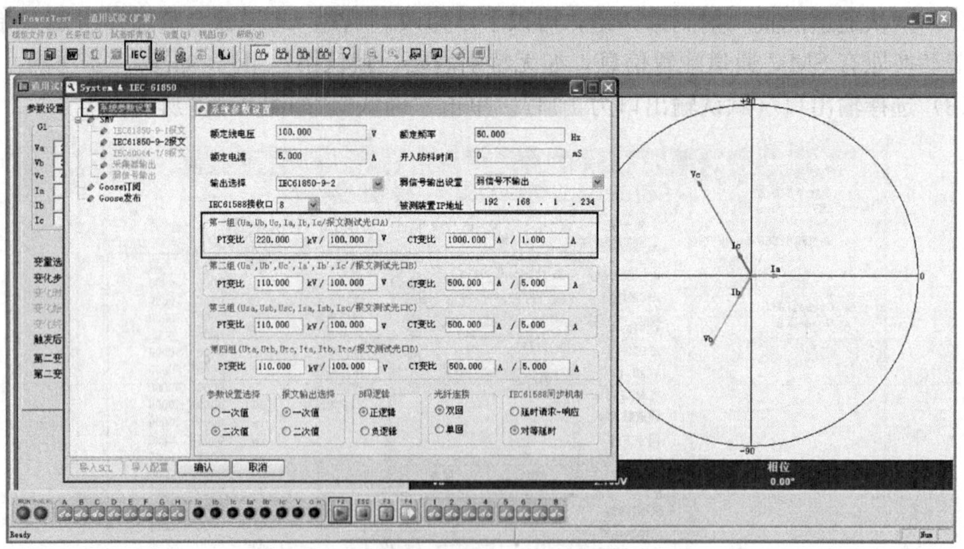

图 2-29 通用实验界面——系统参数设置

2.5 线路保护装置中各保护调试

2.5.1 纵联差动保护

1. 逻辑判定条件

下列试验中 I_{cdqd} 为差动动作电流定值。

(1) 差动保护Ⅰ段试验。

模拟对称或不对称故障，使故障电流为 $I=m\times0.5\times1.5\times I_{cdqd}$。

$m=0.95$ 时差动保护Ⅱ段动作，动作时间 40ms 左右。

$m=1.05$ 时差动保护Ⅰ段能动作。

$m=1.2$ 时测试差动保护Ⅰ段的动作时间（20ms 左右）。

(2) 差动保护Ⅱ段试验。

模拟对称或不对称故障，使故障电流为 $I=m\times0.5\times I_{cdqd}$。

$m=0.95$ 时差动保护应不动作。

$m=1.05$ 时差动保护能动作。

$m=1.2$ 时测试差动保护的动作时间（40ms 左右）。

(3) 零序差动保护试验。

模拟故障前状态：三相加大小为 $0.9\times0.5\times I_{cdqd}$ 的电流。

模拟单相故障：A 相电流增大为 $1.25\times0.5\times I_{cdqd}$，B、C 相电流为零，持续 100ms。差动保护 A 相跳闸，动作时间约 50ms。动作时间说明是零差保护动作。

2. 具体试验步骤

以差动保护Ⅰ段试验为例。

(1) 装置定值 $I_{cdqd}=1A$。

(2) 将 NR1213 插件上单模光纤的接收 Rx 和发送 Tx 用尾纤短接，构成自发自收方式；将通道一差动保护、通道 1 通信内时钟、单相重合闸控制字均置 1，电流补偿控制字置 0，本侧识别码和对侧识别码整定为相同。

(3) 将测试仪与保护装置用光纤相连接，导入相应的 SCD 文件并完成相应设置，以保证保护装置采样无异常；具体步骤详见 2.4 节内容。

(4) 以差动保护Ⅰ段为例，故障电流为 $I=m\times0.5\times1.5\times1=0.75m$。

(5) 为了让Ⅰ段充分动作，设置 $m\geqslant1.05$，故实际故障电流 $I=0.8A$。

(6) 打开状态序列测试模块，第一态（常态）正常电压，各相电流为 0；第二态（故障态）正常电压，I_a、I_b、I_c 中任意一相设置为故障电流 0.8A，实际持续时间大于 20ms，即可测出差动Ⅰ段动作时间。

2.5.2 距离保护及重合闸

装置定值如下：

接地距离Ⅰ段：7Ω

接地距离Ⅱ段：12Ω，时间：0.5s

接地距离Ⅲ段：20Ω，时间：1.2s

相间距离Ⅰ段：7Ω

相间距离Ⅱ段：12Ω，时间：0.5s

相间距离Ⅲ段：20Ω，时间：2s

阻抗角：78°

重合闸时间：0.8s

以接地距离Ⅰ段为例，试验步骤如下：

(1) 保护定值中距离保护Ⅰ段控制字置 1，单相重合闸控制字置 1，三相跳闸方式置 0，无关控制字全部置 0（如做三相跳闸，三相重合需把三相跳闸方式置 1，三相重合控制字置 1，其他无关置 0）。

（2）将测试仪输出口与保护装置 SMV 采样口用光纤相连接，导入相应的 SCD 文件并完成相应设置，确保保护装置可以正确采样，具体方法详见 2.4 测试仪的配置。

（3）打开测试仪软件，单击进入距离保护测试界面，选择故障类型为单相接地 A 相接地，短路电流为额定电流 5A，阻抗角为保护定值 78°，最大故障时间设为 $T_{eset1}+0.05$（注：界面中 0.95 表示电流倍数，Z_{eset1} 为Ⅰ段定值，T_{eset1} 为Ⅰ段定值时间，如需要做Ⅱ段、Ⅲ段，把数字改成 2 和 3 即可与软件整定值里的数据自动关联），如图 2-30 所示。

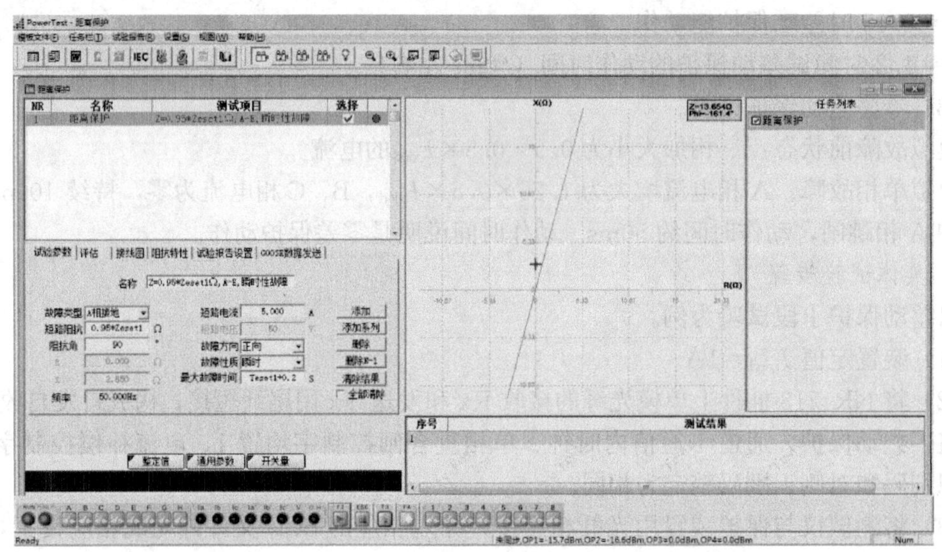

图 2-30　距离保护测试参数设置

（4）然后单击整定值，进入定值设定界面。相应参数修改为跟保护定值一样后单击确定，如图 2-31 所示。

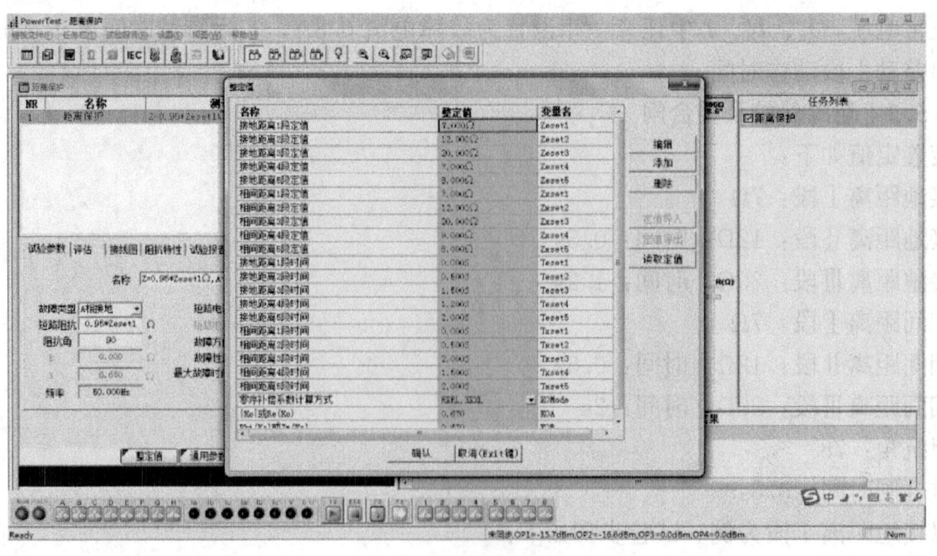

图 2-31　距离保护定值设置

（5）继续单击通用参数，故障前时间设定为30s，此时间是为了保证保护TV断线告警消失，充电完成灯亮，保护动作后持续时间设为0.005s，然后确定，如图2-32所示。

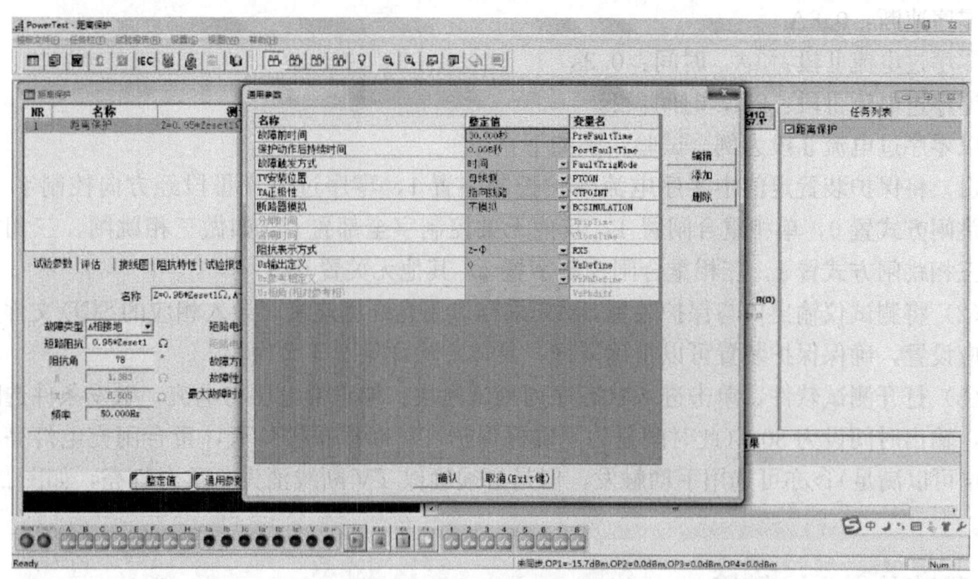

图2-32　距离保护通用参数设置

（6）单击开始运行软件，直至试验结束，观察保护动作现象与动作报告并记录相关数据，如图2-33所示。

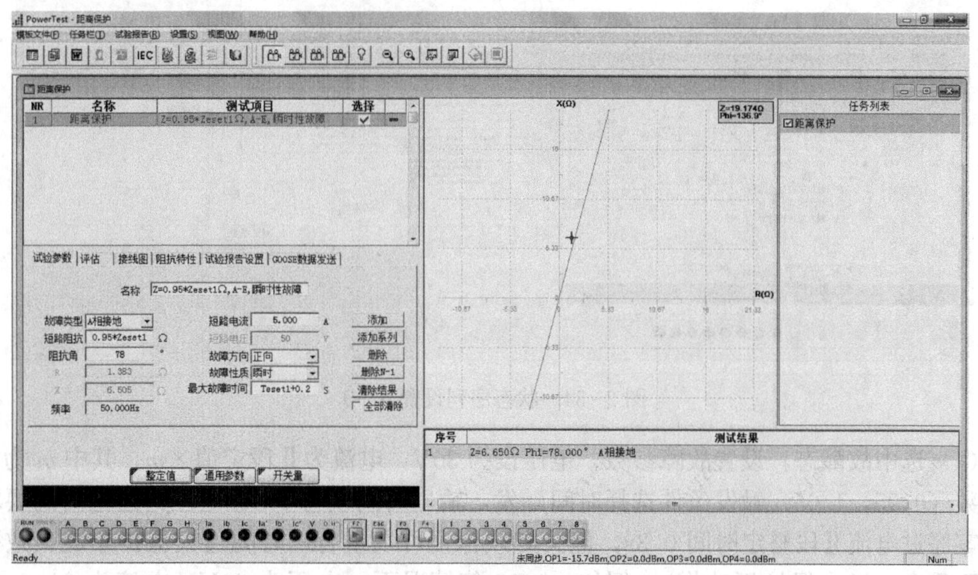

图2-33　距离保护实验结果

（7）结论。保护A相距离Ⅰ段动作，A相跳闸出口，重合闸出口。

（8）上述试验时测试电流倍数为0.95倍的A相接地的试验，如需做1.05倍或者其他相接地和相间接地，或者距离Ⅱ段、Ⅲ段相关试验，只需修改相应参数重复上述步骤即可。

2.5.3 零序保护及重合闸

装置定值如下：

零序速断：0.8A

零序过电流Ⅱ段：3A，时间：0.3s

零序过电流Ⅲ段：2A，时间：2s

以零序过电流Ⅱ段为例，试验步骤如下：

（1）将保护装置定值中零序电流保护控制字置1，零序过电流Ⅲ段经方向控制字置1，三相跳闸方式置0，单相重合闸置1，其他无关控制字全部置0（如做三相跳闸，三相重合需把三相跳闸方式置1，三相重合闸控制字置1，其他无关置0）。

（2）将测试仪输出口与保护装置SMV采样口用光纤相连接，导入相应的SCD文件并完成相应设置，确保保护装置可以正确采样，具体方法详见2.4节内容。

（3）打开测试软件，单击进入状态序列测试模块；加正常电压与电流，触发条件选时间触发，输出时间设为30s（此时间是为了确保保护TV断线报警灯灭，重合闸充电灯亮，一般30s可以满足）；亦可选用手动触发，但是必须确保TV断线消失，重合灯亮，如图2-34所示。

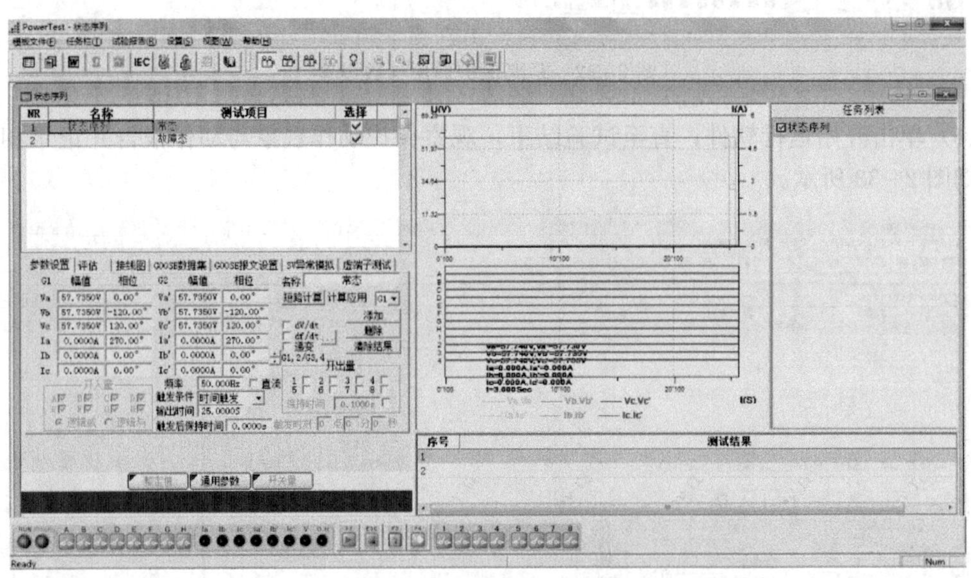

图2-34 状态序列设置（一）

（4）选中故障态，设置故障参数，电压设为30V，电流为Ⅱ段定值×m，其中m为相应的倍数（0.95，1.05）触发条件选择时间触发，输出时间设为0.35s（注：这里时间要求稍大于零序过电流Ⅱ段整定时间0.3s，但又必须保证可以重合，时间过大保护单跳失败引起三跳不重合，过小保护不动作）。例如，0.95倍情况下，电压为30V，电流为3×0.95＝2.85A，如图2-35所示。

（5）单击运行按键，开始试验，直至全部试验结束，观察保护装置并记录相关数据。

（6）当m为1.05倍时重复上述步骤，修改相应数据进行试验即可。

（7）结论：0.95倍情况下，保护启动但不动作；1.05倍情况下，保护A相零序过电流Ⅱ段动作，A相跳闸出口，重合闸出口。

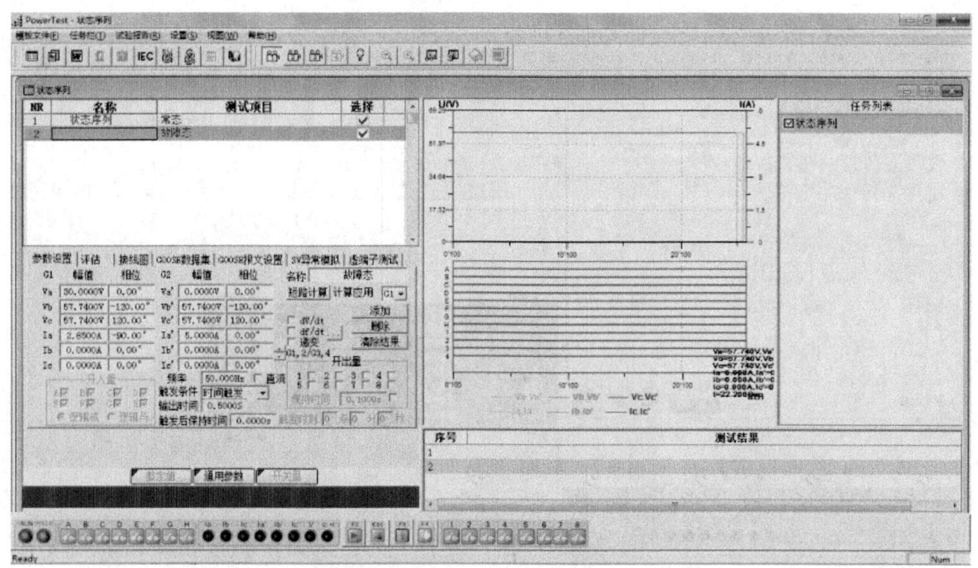

图 2-35　状态序列设置（二）

（8）零序过电流Ⅲ段，速断同零序过电流Ⅱ段一样，只需修改相对应的参数即可。

2.5.4　TV 断线相过电流保护、TV 断线零序过电流保护

装置定值如下：

TV 断线相过电流：0.6A

TV 断线零序过电流：0.6A

TV 断线过电流时间：2s

以 TV 断线相过电流保护为例，试验步骤如下：

（1）将保护装置定值中距离保护Ⅰ、Ⅱ、Ⅲ段任一控制字置 1，其他无关控制字置 0。

（2）将测试仪输出口与保护装置 SMV 采样口用光纤相连接，导入相应的 SCD 文件并完成相应设置，确保保护装置可以正确采样，具体方法详见 2.4 节内容。

（3）打开测试仪软件，进入通用试验界面，设置故障参数，电压为 0，确保 TV 断线告警灯亮，故障电流为 $m\times$TV 断线相过电流定值，即 0.6m，当 m 为 1.05 倍时，故障电流为 0.63A，如图 2-36 所示。

（4）开始试验，观察保护装置并记录相关数据。

（5）当 m 为 0.95 倍时，重复上述步骤，修改相应参数进行试验并观察保护装置记录数据。

（6）当 m 为 1.2 倍时，重复上述步骤，修改相应参数进行试验并观察保护装置记录数据。

（7）结论：当 m 为 1.05 倍时，TV 断线相过电流可靠动作；当 m 为 0.95 倍时，TV 断线相过电流不动作。

（8）TV 断线零序过电流保护试验重复上述步骤，修改相应参数即可。

2.5.5　测量动作时间的距离保护及重合闸

装置定值如下：

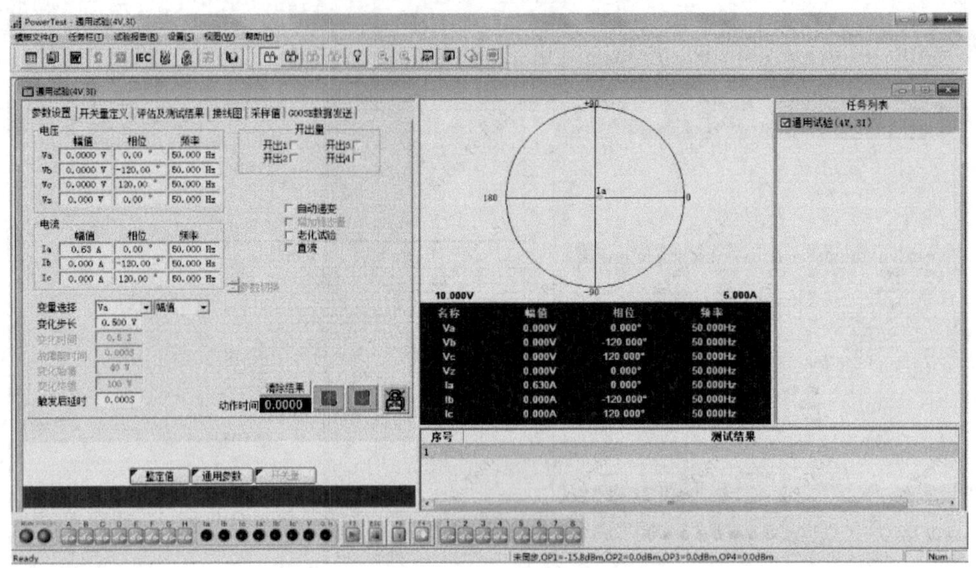

图 2-36 故障参数设置

接地距离Ⅰ段：7Ω

接地距离Ⅱ段：12Ω，时间：0.5s

接地距离Ⅲ段：20Ω，时间：1.2s

相间距离Ⅰ段：7Ω

相间距离Ⅱ段：12Ω，时间：0.5s

相间距离Ⅲ段：20Ω，时间：2s

阻抗角：78°

重合闸时间：0.8s

以相间距离Ⅰ段保护为例，试验步骤如下：

（1）保护定值中距离保护Ⅰ段控制字置1，单相重合闸控制字置1，三相跳闸方式置0，无关控制字全部置0。

（2）将测试仪输出口与保护装置SMV采样口用光纤相连接，导入相应的SCD文件并完成相应设置，确保保护装置可以正确采样，具体方法详见2.4测试仪的配置。

（3）由于GOOSE跳闸命令信号是保护装置通过光口传输给智能终端，测试仪想要测出保护装置的动作时间，必须用另一根光纤将测试仪的任一光口与保护装置的GOOSE输出口相连接，再进行相关的配置，测试仪才能正确反映出保护装置的实际动作报文，具体步骤为：先打开测试仪软件，进入测试软件，单击“系统设置”（也可在实验页面单击“IEC”进入系统设置页面）。

（4）单击“GOOSE订阅”，导入SCD文件，找到当前线路保护PCS-931GMM-D-3号进线保护A，单击“GOOSE outputs”，勾选以后单击“GOOSE订阅”，然后“确定”，如图2-37所示。

（5）默认通道配置映射到第一组，可以手动修改（注：此步骤会从选择组别开始，依次覆盖替换原有GOOSE通道配置信息，如无特别需要，默认第一组），如图2-37所示。

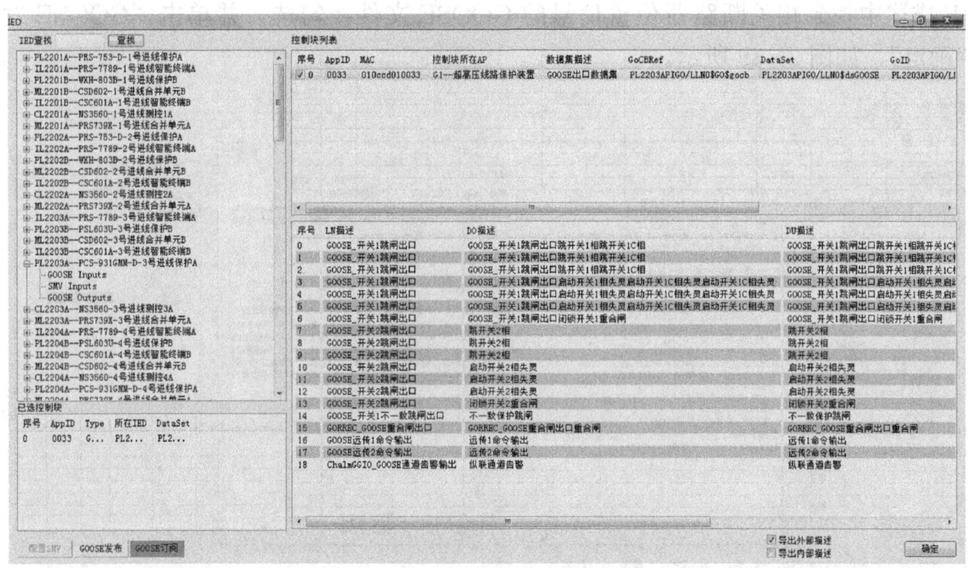

图2-37　GOOSE订阅

（6）将跳闸出口分别绑定到测试仪软件的开入量A、B、C上，将重合闸绑定到D上，具体为：单击GOOSE第一行跳A的GOOSE，再单击绑定的第一行。依次把A、B、C及重合闸D全部绑定好，再选择测试仪光口接收口为2口（测试仪和保护装置连接光纤在几口就设几口，这里以2口举例，下同），单击“确认”，如图2-38所示。

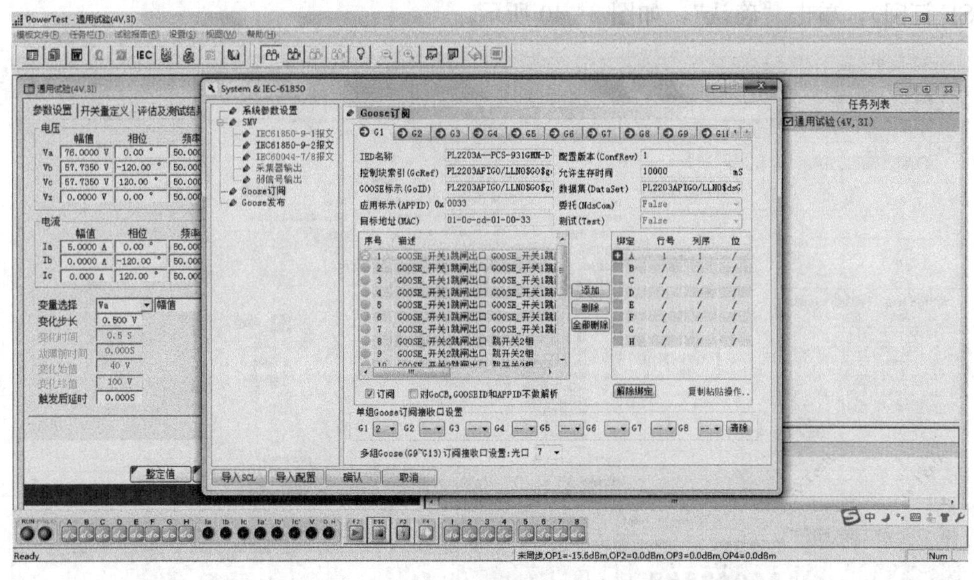

图2-38　跳闸出口绑定

（7）此时，由于保护装置和智能终端的GOOSE传输光纤被拔掉，无法接收到智能终端反馈的实时断路器位置信号，重合闸无法完成充电，必须由测试仪给定一个合位信号方能完成重合闸充电，具体操作为：单击软件界面中的IEC按钮，选中GOOSE发布，导入SCD文件，找到当前线路保护PCS-931GMM-D-3号进线保护A，单击“GOOSE Inputs”，在

GOOSE描述中找到相关断路器位置信号的GOOSE文件，勾选，并单击“GOOSE发布”，然后“确定”，如图2-39所示。

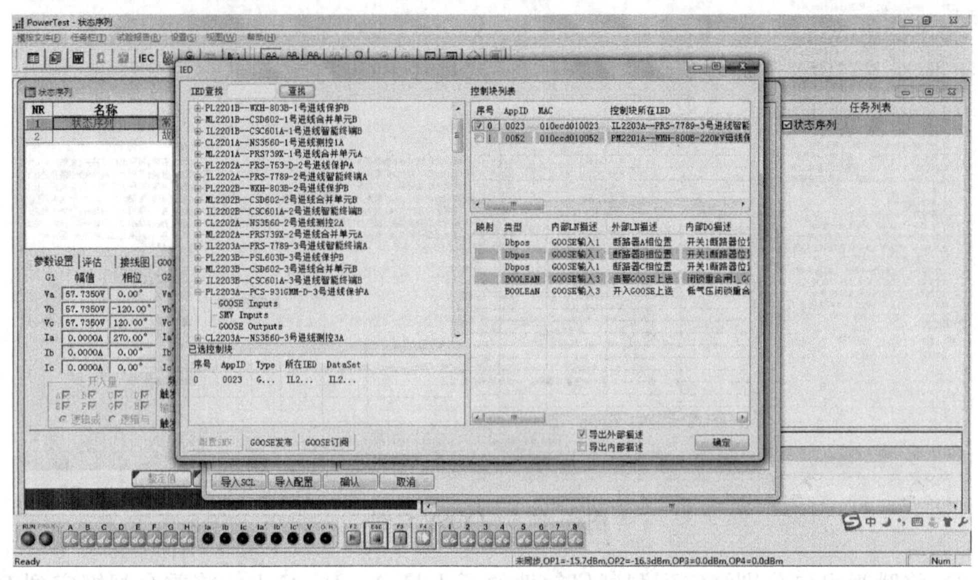

图2-39 GOOSE发布

默认通道配置映射到第一组，可以手动修改（注：此步骤会从选择组别开始，依次覆盖替换原有GOOSE发布通道配置信息，如无特别需要，默认第一组）选择发送光口2（同GOOSE订阅），单击“确认”，如图2-40所示。

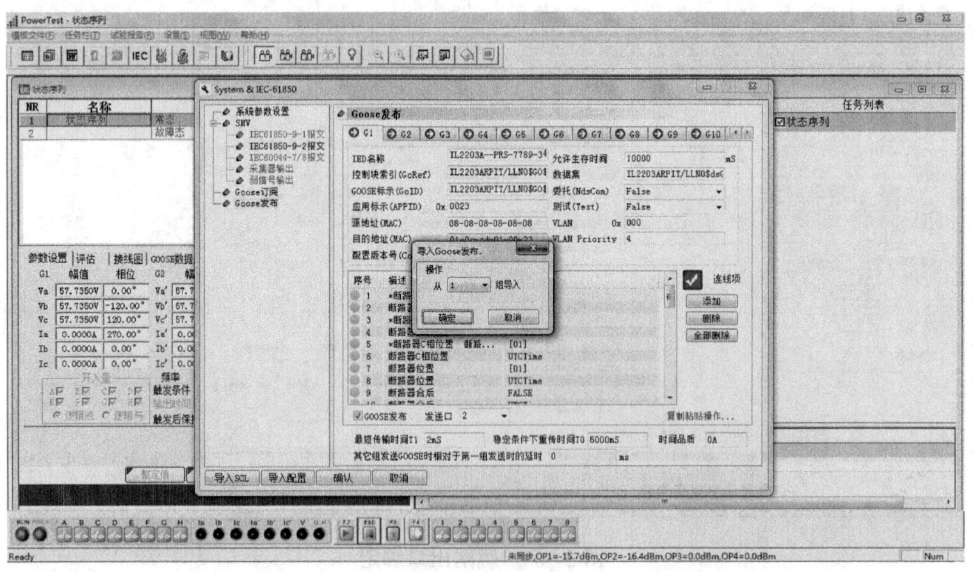

图2-40 通道配置映射

在软件参数界面中，选中常态，选中GOOSE数据集，单击“导入SCL”，替换掉上一次实验的GOOSE数据集，并将其中的断路器A、B、C三相和总断路器位置由01改为10（01代表分位，10代表合位）。

(8) 打开测试仪软件，进入状态序列模块，加正常电压与电流，触发条件选时间触发，输出时间设为30s（此时间是为了确保保护TV断线报警灯灭，重合闸充电灯亮，一般30s可以满足）；亦可选用手动触发，但是必须确保TV断线消失，重合闸允许，如图2-41、图2-42所示。

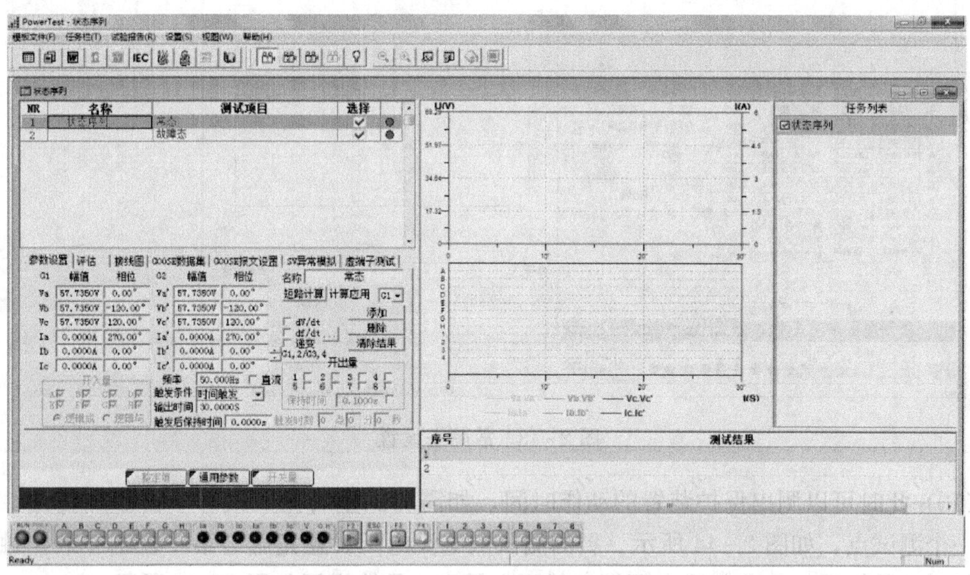

图2-41 状态序列设置（一）

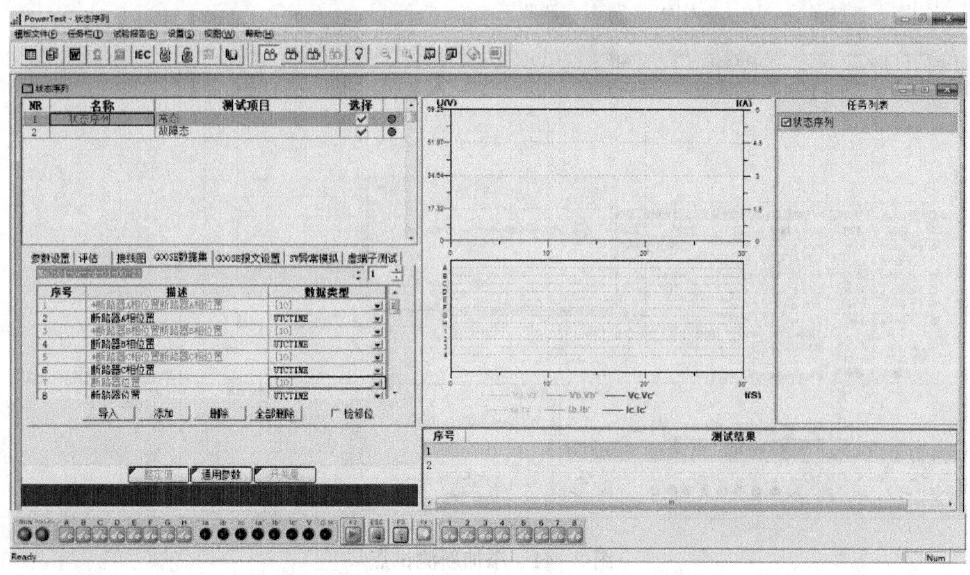

图2-42 状态序列设置（二）

(9) 选中故障态，设置故障线电压$U=(m\times 2\times I_n\times Z_{zd1})/1.732$，其中$m$为倍数，$I_n$为额定电流5A，$Z_{zd1}$为Ⅰ段距离整定值。故障电流为额定电流5A，触发条件选择开入量触发，勾选开入量A、B、C、D；假设要做0.95倍情况下的保护实验，测试参数设置如图2-43所示。

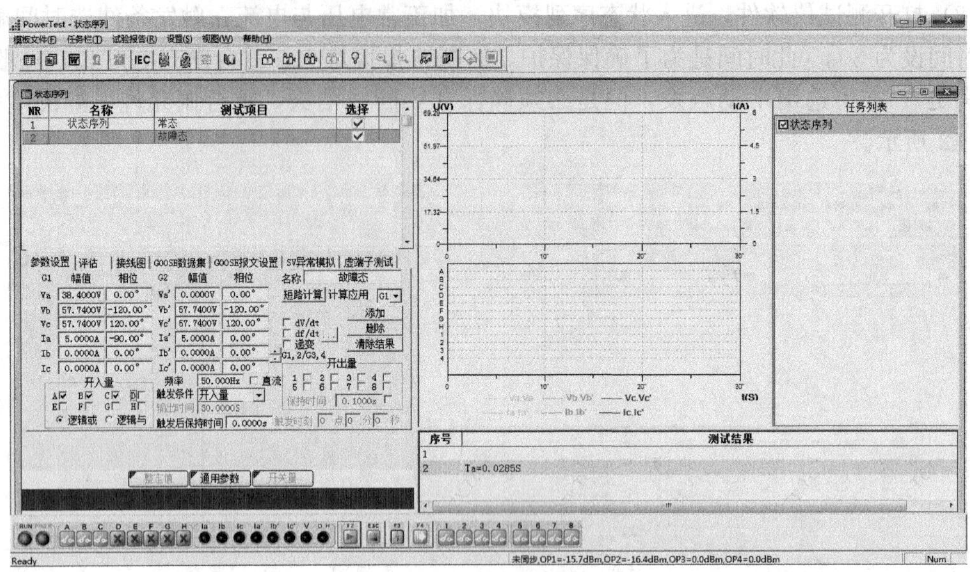

图 2-43　故障态设置

（10）此时可以测出保护装置的动作时间，如需测试重合闸时间，单击添加按键，添加新的一个测试点，如图 2-44 所示。新的测试点电流电压设置完全与第一状态一致，触发方式选择开入量触发，勾选与重合闸绑定的开入量 D，具体设置如图 2-45 所示。

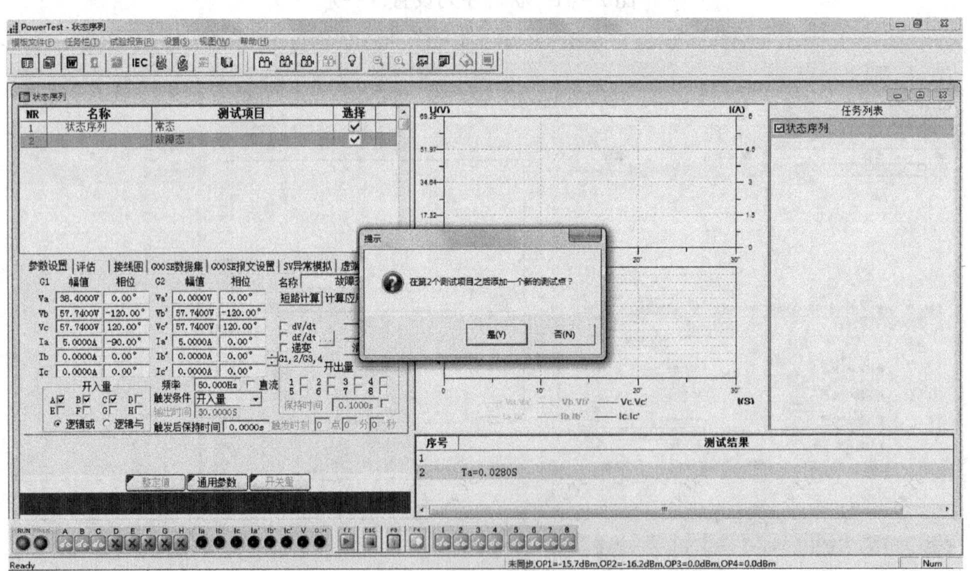

图 2-44　添加新测试点

（11）单击运行键，开始试验，直至全部试验结束，观察保护装置并记录相关数据与测试仪时间对比。

（12）当 m 为 1.05 倍时重复上述步骤，修改相应数据进行试验即可。

（13）结论：0.95 倍情况下，保护启动但不动作；1.05 倍情况下，保护距离Ⅰ段动作，A 相跳闸出口，A 相重合闸出口。

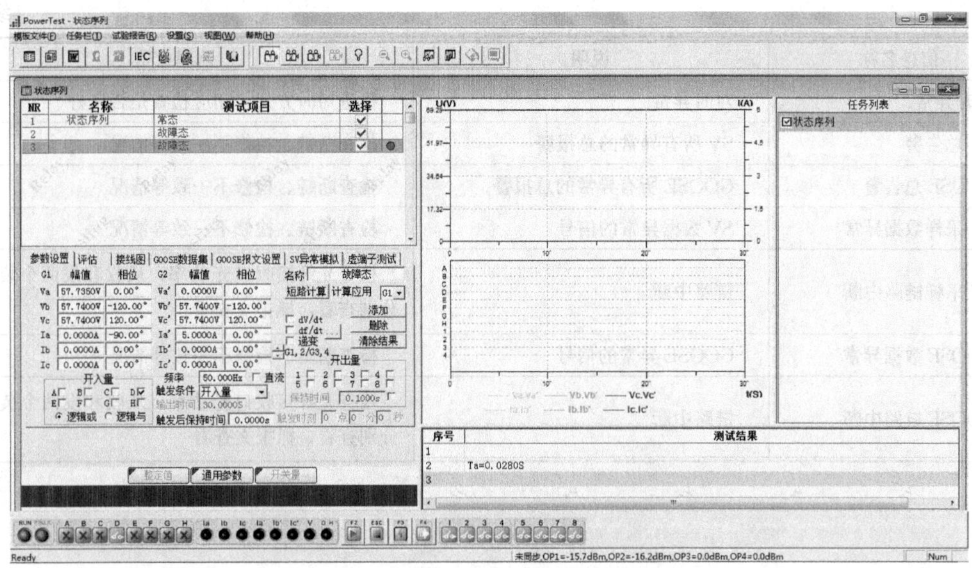

图 2-45 新测试点设置

(14) 距离保护Ⅱ段、Ⅲ段与Ⅰ段一样，只需修改相对应的参数即可。

2.5.6 线路保护告警信息释义及处理意见（见表 2-2）

表 2-2 **线路保护告警信息释义及处理意见**

信息名称	说明	处理意见
保护 CPU 插件异常	保护 CPU 插件出现异常	通知厂家
管理 CPU 插件异常	管理 CPU 插件出现异常	通知厂家
TV 断线	保护用的三相电压回路异常	检查三相电压回路
同期电压异常	同期判断用的电压回路断线，通常为单相电压	检查同期电压回路（500kV 一般不检查同期）
TA 断线	电流回路断线	检查电流回路
长期有差流	差流长时间大于门槛值	检查采样值：差流，本侧电流，对侧电流，两侧电流夹角
TA 异常	TA 回路异常	检查电流回路
TV 异常	TV 回路异常	检查电压回路
过负荷告警	过负荷	检查电流采样值
开入异常	开入回路发生异常	检查开入电源正及负公共端，开入回路
电源异常	直流电源异常	检查电源
两侧差动投退不一致	两侧差动保护装置的差动保护功能连接片投入不一致	检查装置开入中的连接片状态，检查连接片投入情况
载波通道异常	载波通道发生异常	检查载波通道
通道故障	通道发生异常	检查光纤通道，测光功率，自环测试等
重合方式整定出错	重合闸控制字整定出错	检查控制字整定情况

续表

信息名称	说明	处理意见
对时异常	对时异常	检查对时方式，相应检查是否良好
SV 总告警	SV 所有异常的总报警	检查断链、检修不一致等情况
GOOSE 总告警	GOOSE 所有异常的总报警	检查断链、检修不一致等情况
SV 采样数据异常	SV 数据异常的信号	检查断链、检修不一致等情况
SV 采样链路中断	链路中断	检查光纤接收口光功率，从收和发两个装置侧分别查看，抓报文查看
GOOSE 数据异常	GOOSE 异常的信号	检查断链、检修不一致等情况
GOOSE 链路中断	链路中断	检查光纤接收口光功率，从收和发两个装置侧分别查看，抓报文查看

第3章　变压器保护装置调试

3.1　变压器保护的基本知识

变压器在电力系统中应用非常普遍，占有很重要的地位。因此，提高变压器工作可靠性，对保证电力系统安全运行具有十分重要的意义。在实际运行中，考虑到有发生各种故障和不正常情况的可能性，因此必须根据变压器的容量和重要程度设置专用的保护装置。

3.1.1　变压器故障种类

1. 变压器的故障

变压器的故障可分为内部故障和外部故障两种。

(1) 内部故障。变压器内部故障是指变压器油箱里发生的故障，主要包括绕组相间短路、绕组匝间短路及中性点接地系统绕组接地短路和单相接地（碰壳）等。这些故障危害很大，因为短路电流产生的高温电弧不仅会烧毁绕组绝缘和铁芯，还会使绝缘材料和变压器油分解而产生大量气体，有可能使变压器油箱局部变形、破裂，甚至发生油箱爆炸事故。因此，当变压器发生内部故障时，必须迅速将变压器各侧的断路器分断。

(2) 外部故障。变压器外部故障主要是变压器套管和引出线上发生的相间短路和接地短路。发生这类故障时，也应迅速将变压器各侧的断路器分断，以尽量减少短路电流对变压器的冲击。

2. 变压器的不正常运行状态

变压器处于不正常运行状态时，继电器应根据其严重程度，发出警告信号，使运行人员及时发现并采取相应措施，以确保安全。

变压器不正常运行状态主要有：

(1) 由于外部短路引起的过电流。

(2) 由于电动机自启动或并联工作的变压器被断开及尖峰负荷等原因引起的过负荷。

(3) 外部接地短路引起的中性点过电压。

(4) 油箱漏油引起的油面降低或冷却系统故障引起的温度升高。

(5) 大容量变压器在过电压或低频等异常运行工况下会导致变压器过励磁，引起铁芯和其他金属构件过热。

3.1.2　变压器保护的设置原则

根据上述故障种类和不正常运行状态，变压器应装设以下保护。

(1) 瓦斯保护。反应变压器内部油箱故障和油面降低，瞬时作用于信号或跳闸。

(2) 差动保护和电流速断保护。反应变压器内部故障和引出线的相间短路、接地短路，瞬时作用于跳闸。

(3) 过电流保护。反应外部相间短路而引起的短路电流，并作用于上述的后备保护，带时限动作于跳闸。

(4) 过负荷保护。反应因过载引起的过电流，这种保护只有在变压器确实有可能过载时才装设，一般作用于信号。

（5）零序电流保护。反应中性点直接接地电网中，外部接地短路而引起的过电流，瞬时动作于跳闸。

（6）温度信号。监视变压器温度升高和油冷却系统的故障，作用于信号。

3.2 变压器保护装置的保护配置及原理

本章以南京南瑞继保电气有限公司的PCS-978型保护装置为例，其可提供一台变压器所需要的全部电量保护，主保护和后备保护可共用同一组TA。这些保护包括：纵差稳态比率差动保护、纵差差动速断保护、纵差工频变化量比率差动保护、复合电压闭锁方向过电流保护、零序方向过电流保护、零序过电压保护、间隙零序过电流保护。另外，还包括异常告警功能：过负荷报警、启动冷却器、过负荷闭锁有载调压、差流异常报警、差动回路TA断线告警、TA异常报警和TV异常报警。

PCS-978型保护装置配置情况见表3-1。

表3-1 PCS-978型保护装置功能配置表

对象	保护类型	段数	每段时限数	备注
主保护	纵差差动速断	—	—	
	纵差差动保护	—	—	
	工频变化量比例差动	—	—	
高压侧	过电流	2	2/Ⅰ，1/Ⅱ	Ⅰ/Ⅱ段可经复合电压闭锁，Ⅰ段可经方向闭锁
	零序过电流	2	2/Ⅰ，1/Ⅱ	Ⅰ段可经方向闭锁
	零序过电压	1	1	
	间隙零序过电流	1	1	
	*过负荷	1	1	
	*启动风冷	1	1	
	*闭锁调压	1	1	
中压侧	过电流	2	3/Ⅰ，3/Ⅱ	可经复合电压闭锁
	*过负荷	1	1	
低压侧1分支	过电流	2	3/Ⅰ，3/Ⅱ	可经复合电压闭锁
	*过负荷	1	1	采用低压侧和电流
低压侧2分支	过电流	2	3/I，3/II	可经复合电压闭锁

* 表示异常报警功能。

3.2.1 装置启动元件

装置启动板设有不同的启动元件，启动后开放出口正电源，同时开放保护板相应的保护元件。只有在启动板相应的启动元件动作，同时保护板对应的保护元件动作后才能跳闸出口，否则无法跳闸。启动板的启动元件未动作，而保护板对应的保护元件动作，装置会报警，不会出口跳闸。各启动元件的原理如下。

1. 差流启动元件

（1）稳态差流启动。

$$|I_{d\phi max}| > I_{cdqd} \tag{3-1}$$

式中　$|I_{d\phi max}|$——三相差动电流最大值；

I_{cdqd}——差动电流启动整定值。

此启动元件动作开放稳态比率差动保护和差动速断保护。

（2）工频变化量差流启动。

$$\begin{cases}\Delta I_d > 1.25\Delta I_{dt} + I_{dth} \\ \Delta I_d = |\Delta \dot{I}_1 + \Delta \dot{I}_2 + \cdots + \Delta \dot{I}_m|\end{cases} \tag{3-2}$$

式中　ΔI_{dt}——浮动门槛，随着变化量输出增大而逐步自动提高，取1.25倍可保证门槛电流始终略高于不平衡输出；

$\Delta\dot{I}_1$、$\Delta\dot{I}_2+\cdots+\Delta\dot{I}_m$——变压器各侧电流的工频变化量。

ΔI_d——差流的半周积分值。

I_{dth}——固定门槛。工频变化量差流启动元件不受负荷电流影响，灵敏度很高，启动定值由装置内部设定，无须用户整定。

此启动元件用来开放工频变化量比率差动保护。

2. 电流启动元件

（1）相电流启动。当三相电流最大值大于电流整定值时动作。此启动元件用来开放相应侧的过电流保护。

（2）零序电流启动。当零序电流大于整定值时动作。此启动元件用来开放相应侧的零序过电流保护。

（3）间隙零序电流启动。当间隙零序电流大于整定值时动作。此启动元件用来开放相应侧的间隙零序过电流保护。

（4）工频变化量相间电流启动。

$$\Delta I > 1.25\Delta I_t + I_{th} \tag{3-3}$$

式中　ΔI_t——浮动门槛，随着变化量输出增大而逐步自动提高，取1.25倍可保证门槛定值始终略高于不平衡输出；

ΔI——相间电流的半周积分值；

I_{th}——固定门槛。

该启动元件用来开放相应侧的阻抗保护。

（5）负序电流启动。当负序电流I_2大于$0.2I_n$时动作，此启动元件用来开放相应侧的阻抗保护。

3. 零序电压启动

当开口三角零序电压大于整定值时动作。此启动元件用来开放相应侧的零序过电压保护。

3.2.2　差动保护

1. 稳态比率差动保护

（1）保护原理。稳态比例差动保护用来区分差流是由于内部故障还是不平衡输出（特别是外部故障时）引起的。稳态比率差动动作方程为

$$\begin{cases} I_{\mathrm{d}} > 0.2I_{\mathrm{r}} + I_{\mathrm{cdqd}}, I_{\mathrm{r}} \leqslant 0.5I_{\mathrm{N}} \\ I_{\mathrm{d}} > K_{\mathrm{bl}}[I_{\mathrm{r}} - 0.5I_{\mathrm{N}}] + 0.1I_{\mathrm{N}} + I_{\mathrm{cdqd}}, 0.5I_{\mathrm{N}} \leqslant I_{\mathrm{r}} \leqslant 6I_{\mathrm{N}} \\ I_{\mathrm{d}} > 0.75[I_{\mathrm{r}} - 6I_{\mathrm{N}}] + K_{\mathrm{bl}}[5.5I_{\mathrm{N}}] + 0.1I_{\mathrm{N}} + I_{\mathrm{cdqd}}, I_{\mathrm{r}} > 6I_{\mathrm{N}} \\ I_{\mathrm{r}} = \frac{1}{2}\sum_{i=1}^{m} |I_i| \\ I_{\mathrm{d}} = \left|\sum_{i=1}^{m} I_i\right| \end{cases} \tag{3-4}$$

$$\begin{cases} I_{\mathrm{d}} > 0.6[I_{\mathrm{r}} - 0.8I_{\mathrm{N}}] + 1.2I_{\mathrm{N}} \\ I_{\mathrm{r}} > 0.8I_{\mathrm{N}} \end{cases} \tag{3-5}$$

式中 I_{N}——变压器额定电流；

I_1，I_2，…，I_m——变压器各侧电流；

I_{cdqd}——稳态比率差动启动定值；

I_{d}——差动电流；

I_{r}——制动电流；

K_{bl}——比率制动系数整定值（$0.2<K_{\mathrm{bl}}<0.75$），装置中固定设为 $K_{\mathrm{bl}}=0.5$。

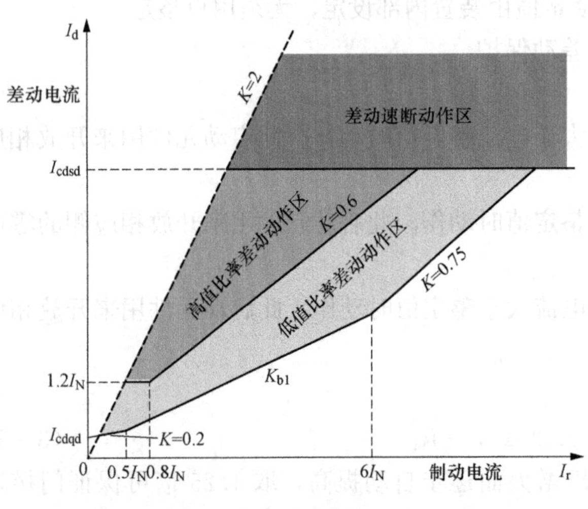

图 3-1 稳态比率差动保护的动作特性图

稳态比率差动保护按相判别，满足以上条件时动作。式（3-4）所描述的比率差动保护经过 TA 饱和判别，TA 断线判别（可选择），励磁涌流判别后出口。它可以保证灵敏度，同时由于 TA 饱和判据的引入，区外故障引起的 TA 饱和不会造成误动。式（3-5）所描述的比率差动保护只经过 TA 断线判别（可选择），励磁涌流判别即可出口。它利用其比率制动特性抗区外故障时 TA 的暂态和稳态饱和，而在区内故障 TA 饱和时能可靠正确动作。稳态比率差动保护的动作特性图如图 3-1 所示。

（2）其动作逻辑框图如图 3-2 所示。

2. 差动速断保护

为了防止在较高短路电流水平时，由于电流互感器饱和时产生的高次谐波量增加，产生极大的制动力矩而使差动保护拒动，于是设置差动速断保护，当短路电流达到 4～10 倍额定电流时，速断元件快速出口。当任一相差动电流大于差动速断整定值时瞬时动作跳开变压器各侧断路器。

3. 工频变化量比率差动保护

（1）保护原理。工频变化量比率差动保护的动作方程为

$$\begin{cases} \Delta I_{\mathrm{d}} > 1.25\Delta I_{\mathrm{dt}} + I_{\mathrm{dth}} \\ \Delta I_{\mathrm{d}} > 0.6\Delta I_{\mathrm{r}}, \Delta I_{\mathrm{r}} < 2I_{\mathrm{N}} \\ \Delta I_{\mathrm{d}} > 0.75\Delta I_{\mathrm{r}} - 0.3I_{\mathrm{N}}, \Delta I_{\mathrm{r}} < 2I_{\mathrm{N}} \end{cases} \tag{3-6}$$

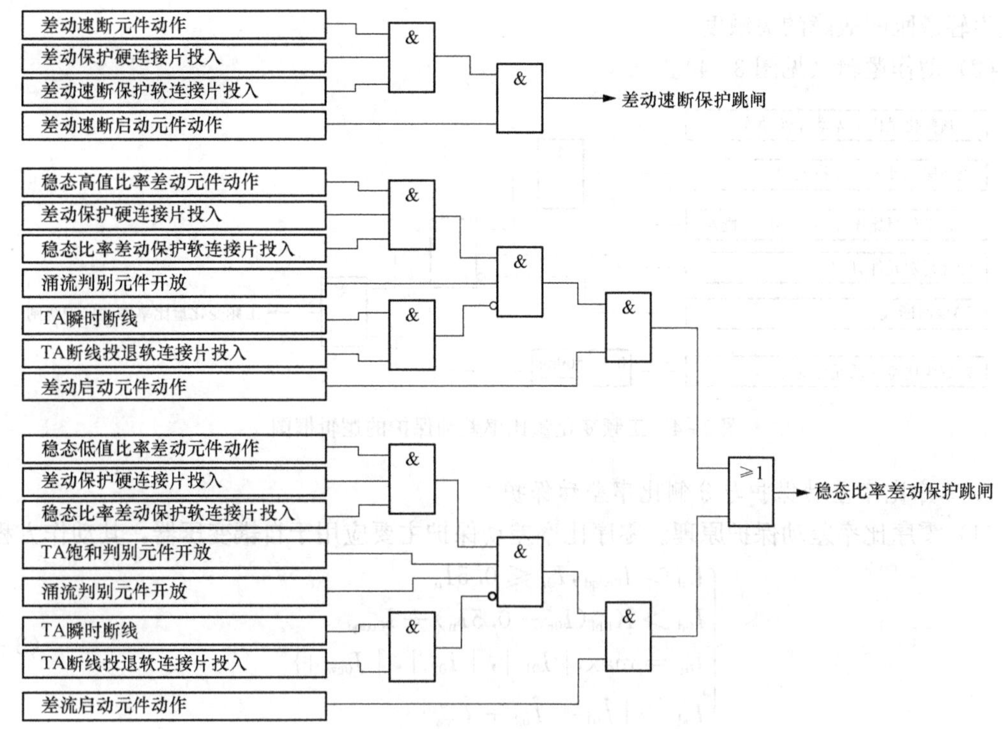

图 3-2　稳态比率差动保护的逻辑框图

$$\Delta I_r = \max\{|\Delta I_{1\phi}| + |\Delta I_{2\phi}| + \cdots + |\Delta I_{m\phi}|\} \tag{3-7}$$

$$\Delta I_d = |\Delta \dot{I}_1 + \Delta \dot{I}_2 + \cdots + \Delta \dot{I}_m| \tag{3-8}$$

式中　ΔI_{dt}——浮动门槛，随着变化量输出增大而逐步自动提高。取 1.25 倍可保证门槛电压始终略高于不平衡输出，保证在系统振荡或频率偏移情况下，保护不误动。

$\Delta\dot{I}_1$，$\Delta\dot{I}_2$，…，$\Delta\dot{I}_m$——变压器各侧电流的工频变化量。

ΔI_d——差动电流的工频变化量。

I_{dth}——固定门槛。

ΔI_r——制动电流的工频变化量，取最大相制动。

m——参与工频变化量差动保护计算的差动分支数。

保护装置依次按相判别，当满足以上条件时，工频变化量比率差动动作，工频变化量比率差动保护经过涌流判别元件闭锁后出口。由于工频变化量比率差动的制动系数可取较高的数值，其本身的特性在抗区外故障时 TA 的暂态和稳态饱和的能力较强，动作特性图如图 3-3 所示。所以，工频变化量比率差动元件提高了装置在变压器正常运行时内

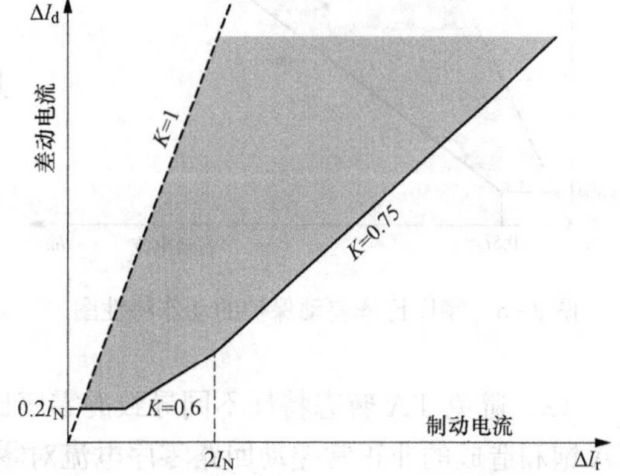

图 3-3　工频变化量比率差动保护的动作特性图

部发生轻微匝间故障的灵敏度。

（2）动作逻辑（见图 3-4）。

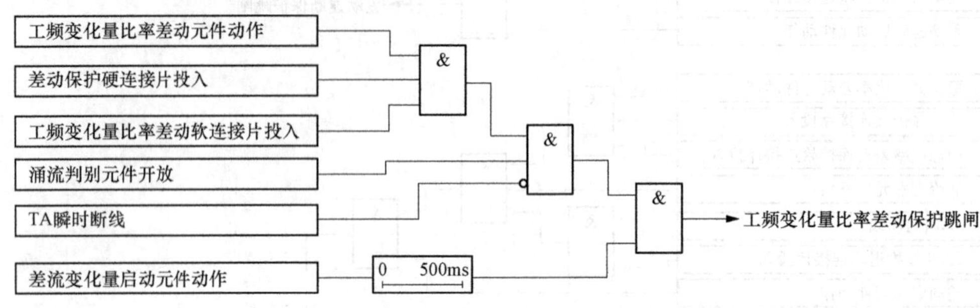

图 3-4 工频变化量比率差动保护的逻辑框图

4. 零序比率差动保护与分侧比率差动保护

（1）零序比率差动保护原理。零序比率差动保护主要应用于自耦变压器，其动作方程为

$$\begin{cases} I_{0d} > I_{0cdqd}, I_{0r} \leqslant 0.5I_n \\ I_{0d} > K_{0bl}(I_{0r} - 0.5I_n) + I_{0cdqd} \\ I_{0r} = \max\{|I_{01}|, |I_{02}|, |I_{0cw}|\} \\ I_{0d} = |\dot{I}_{01} + \dot{I}_{02} + \dot{I}_{0cw}| \end{cases} \tag{3-9}$$

式中 I_{01}，I_{02}，I_{0cw}——高压侧、中压侧和公共绕组侧零序电流；

I_{0cdqd}——零序比率差动启动定值；

I_{0d}——零序差动电流；

I_{0r}——零序差动制动电流；

K_{0bl}——零序差动比率制动系数整定值，固定整定为 0.5；

I_n——TA 二次额定电流。

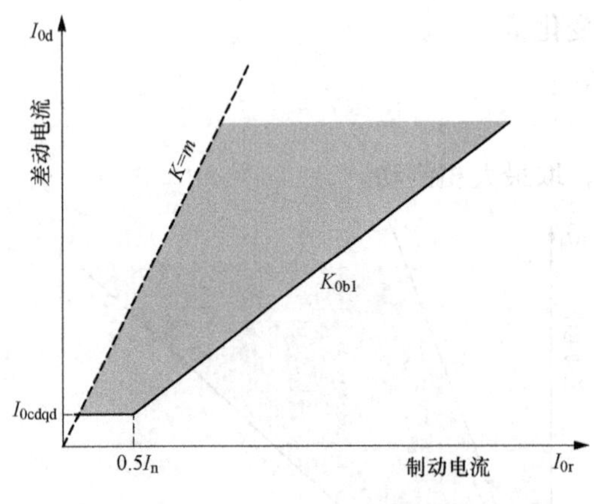

图 3-5 零序比率差动保护的动作特性图

当满足以上条件时，零序比率差动动作。零差各侧零序电流通过装置自产得到，这样可避免各侧零序 TA 极性校验问题。

零序比率差动保护的动作特性如图 3-5 所示。

若零序比率差动启动定值 $I_{0cdqd} > 0.5I_n$，则其拐点电流自动设定为 I_n，即动作方程为

$$\begin{cases} I_{0d} > I_{0cdqd}, I_{0r} \leqslant I_n \\ I_{0d} > K_{0bl}(I_{0r} - I_n) + I_{0cdqd} \\ I_{0r} = \max\{|I_{01}|, |I_{02}|, |I_{0cw}|\} \\ I_{0d} = |\dot{I}_{01} + \dot{I}_{02} + \dot{I}_{0cw}| \end{cases} \tag{3-10}$$

（2）避免 TA 暂态特性不同导致的零序比率差动误动。为避免由于 TA 暂态特性差异和 TA 饱和造成的非正常差动回路零序电流对零序比率差动的影响，装置采用正序电流制动的闭锁判据和 TA 饱和判据来避免。正序电流制动的原理是，零差各侧的零序电流大于其正序

电流的β_0倍时，认为零序电流由故障造成。其表达式为

$$I_0 > \beta_0 I_1 \tag{3-11}$$

式中　I_0——某侧的零序电流；

I_1——对应侧的正序电流；

β_0——比例常数。

（3）分侧比率差动保护原理。分侧比率差动保护也主要应用于自耦变压器，其动作方程为

$$\begin{cases} I_d > I_{fcdqd}, I_r \leqslant 0.5 I_n \\ I_d > K_{fbl}(I_r - 0.5 I_n) + I_{fcdqd} \\ I_r = \max\{|I_1|, |I_2|, |I_{cw}|\} \\ I_d = |\dot{I}_1 + \dot{I}_2 + \dot{I}_{cw}| \end{cases} \tag{3-12}$$

式中　I_1，I_2，I_{cw}——高压侧、中压侧和公共绕组侧电流；

I_{fcdqd}——分侧比率差动启动定值；

I_d——分侧比率差动电流；

I_r——分侧比率差动制动电流；

K_{fbl}——分侧比率差动比率制动系数整定值，推荐整定为0.5；

I_n——TA二次额定电流。

装置中依次按相判别，当满足以上条件时，分侧比率差动动作。分侧比率差动各侧TA二次电流由软件调整平衡。

分侧比率差动保护的动作特性如图3-6所示。

若分侧比率差动启动定值$I_{fcdqd} > 0.5 I_n$，则其拐点电流自动设定为I_n，即动作方程为

$$\begin{cases} I_{fd} > I_{fcdqd}, I_r \leqslant I_n \\ I_d > K_{fb1}(I_r - I_n) + I_{fcdqd} \\ I_r = \max\{|I_1|, |I_2|, |I_{cw}|\} \\ I_d = |\dot{I}_1 + \dot{I}_2 + \dot{I}_{cw}| \end{cases} \tag{3-13}$$

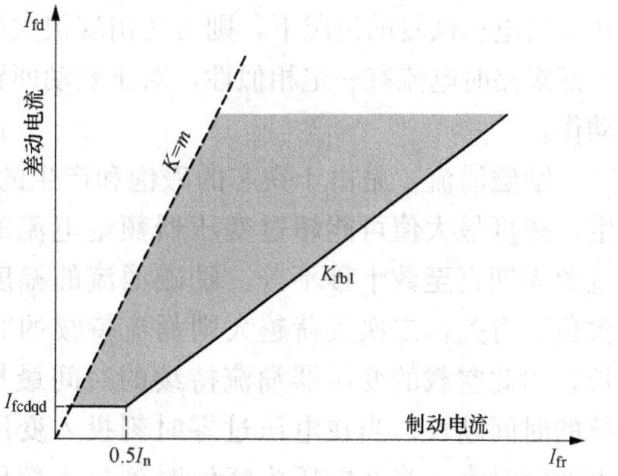

图3-6　分侧比率差动保护的动作特性图

（4）零序和分侧比率差动的逻辑框图如图3-7和图3-8所示。

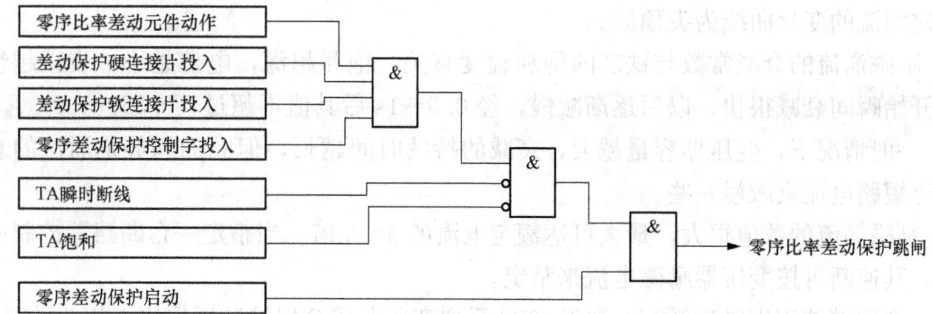

图3-7　零序比率差动保护的逻辑框图

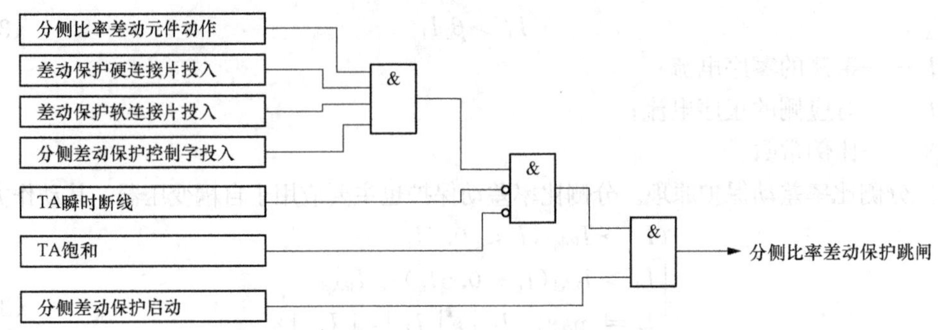

图 3-8 分侧比率差动保护的逻辑框图

3.2.3 影响差动保护的几种情况

1. 励磁涌流的识别

变压器励磁电流（激磁电流）仅流经变压器的某一侧，因此通过电流互感器反映到差动回路中将形成不平衡电流。稳态运行时，变压器的励磁电流不大，只有额定电流的 2%～5%。在差动范围外发生故障时，由于电压降低，励磁电流减小。所以这两种情况下所形成的不平衡电流都很小，对变压器的差动保护影响不大。但是，当变压器空载投入和外部故障切除后电压恢复的情况下，则可能出现很大的励磁电流即励磁涌流。由于变压器励磁涌流与内部短路时电流有一定相似性，对于差动回路而言都是不平衡电流，可能会引起差动保护误动作。

励磁涌流，是由于铁芯的磁饱和产生的，励磁涌流通常在接通电源 1/4 周期后开始产生，幅度最大值可能超过变压器额定电流的几倍甚至几十倍，持续时间较长，从数十个电源周期直至数十秒不等。励磁涌流的幅度与变压器的二次负荷无关，但持续时间与二次负荷有关，二次负荷越大则涌流持续的时间越短，二次负荷越小则涌流持续的时间越长，因此空载的变压器涌流持续的时间最长。变压器的容量越大，涌流的幅度越大，持续的时间越长。当在电压过零时刻投入变压器时，会产生最严重的磁饱和现象，因此励磁涌流最大。当在电压为峰值时刻投入变压器时，不会产生磁饱和现象，因此不会出现励磁涌流。

（1）励磁涌流的特点。

1）涌流含有数值很大的高次谐波分量（主要是 2 次和 3 次谐波），主要是偶次谐波，因此，励磁涌流的变化曲线为尖顶波。

2）励磁涌流的衰减常数与铁芯的饱和程度有关，饱和越深，电抗越小，衰减越快。因此，在开始瞬间衰减很快，以后逐渐减慢，经 0.5～1s 后其值不超过（0.25～0.5）I_n。

3）一般情况下，变压器容量越大，衰减的持续时间越长，但总的趋势是涌流的衰减速度往往比短路电流衰减慢一些。

4）励磁涌流的数值很大，最大可达额定电流的 6～8 倍。当整定一台断路器控制一台变压器时，其速断可按变压器励磁电流来整定。

（2）利用谐波识别励磁涌流。PCS-978 系列变压器成套保护装置采用三相差动电流中 2 次、3 次谐波的含量来识别励磁涌流，判别方程为

$$\begin{cases} I_{2nd} > K_{2xb} I_{1st} \\ I_{3rd} > K_{3xb} I_{1st} \end{cases} \tag{3-14}$$

式中　I_{2nd}，I_{3rd}——每相差动电流中的2次谐波和3次谐波；

I_{1st}——对应相的差流基波；

K_{2xb}，K_{3xb}——2次谐波和3次谐波制动系数整定值，K_{2xb}可整定，K_{3xb}固定为0.2。

当三相中某一相被判别为励磁涌流，只闭锁该相比率差动元件。

(3) 利用波形畸变识别励磁涌流。故障时，差流基本上是工频正弦波。而励磁涌流时，有大量的谐波分量存在，波形发生畸变、间断、不对称。利用算法识别出这种畸变，即可识别出励磁涌流。

故障时，判别方程为

$$\begin{cases} S > k_b S_+ \\ S > S_t \end{cases} \tag{3-15}$$

式中　S——差动电流的全周积分值；

S_+——"差动电流的瞬时值+差动电流半周前的瞬时值"的全周积分值；

k_b——某一固定常数；

S_t——门槛定值。

S_t的表达式为

$$S_t = \alpha I_d + 0.1 I_n \tag{3-16}$$

式中　I_d——差电流的全周积分值；

α——比例常数；

I_n——TA二次额定值。

当三相中的某一相不满足（3-15），被判别为励磁涌流，只闭锁该相比率差动元件。

2. TA饱和的识别方法

TA饱和可分为两类：一类是大容量短路稳态对称电流引起的饱和，称为稳态饱和；另一类是短路电流中含有非周期分量和铁芯存在剩磁而引起的暂态饱和，称为暂态饱和。

稳态饱和：当电流互感器通过的稳态对称短路电流产生的二次电动势超过一定值时，互感器铁芯将开始出现饱和。这种饱和情况下的二次电流特点是，畸变的二次电流呈脉冲形，正负半波大体对称。对于反应电流值的保护，如过电流保护和阻抗保护等，饱和将使保护灵敏度降低。对于差动保护，差电流取决于两侧互感器饱和特性的差异。

暂态饱和：短路电流一般含有非周期分量，这将使电流互感器的传变特性严重恶化。原因是电流互感器的励磁特性是按工频设计的，在传变等效频率很低的非周期分量时，铁芯磁通（励磁电流）需要大大增加。非周期分量导致互感器暂态饱和时二次电流波形是不对称的，开始饱和的时间较长。但铁芯有剩磁时，将加重饱和程度和缩短开始饱和时间。

为防止在变压器区外故障等状态下TA的暂态与稳态饱和所引起的稳态比率差动保护误动作，装置利用二次电流中的2次和3次谐波含量来判别TA是否饱和，所用的表达式为

$$\begin{cases} I_{\phi 2} > k_{\phi 2xb} I_{\phi 1} \\ I_{\phi 3} > k_{\phi 3xb} I_{\phi 1} \end{cases} \tag{3-17}$$

式中　$I_{\phi 2}$——电流中的2次谐波；

$I_{\phi 3}$——电流中的3次谐波；

$I_{\phi1}$——电流中的基波；

$k_{\phi2xb}$，$k_{\phi3xb}$——比例常数。

当与某相差动电流有关的电流满足式（3-17）即认为此相差流为TA饱和引起，闭锁稳态比率差动保护。此判据在变压器处于运行状态才投入。

3. 差回路的异常情况判别

保护装置将差回路的异常情况分为两种：未引起差动保护启动和引起差动保护启动。

（1）未引起差动保护启动的差回路异常报警。当任一相差流大于差流越限定值的时间超过10s时发出差流越限报警信号，不闭锁差动保护。当检测到差电流异常后，如果同时检测到参与本差动的电流三相不平衡，延时10s后报该分支TA断线。

（2）引起差动保护启动的差回路异常报警。差动保护启动后满足以下任一条件认为是故障情况，开放差动保护，否则认为是差回路TA异常造成的差动保护启动。

1）任一侧任一相间工频变化量电压元件启动。

2）任一侧负序相电压大于6V。

3）启动后任一侧任一相电流比启动前增加。

4）启动后最大相电流大于$1.1I_n$。

通过“TA断线闭锁差动保护”控制字，引起差动启动的差回路异常可只发报警信号，或额定负荷下闭锁差动保护，或任何情况下闭锁差动保护。当“TA断线闭锁差动保护”整定为0时，比率差动不经过TA断线和短路闭锁。当“TA断线闭锁差动保护”整定为1时，低值比率差动经过TA断线和短路闭锁。工频变化量比率差动保护始终经过TA断线和短路闭锁。

由于上述判据采用了电压量与电流量相结合的方法，使得差回路TA二次回路断线与短路判别更准确、更可靠。

TA断线在满足以下条件后延时10s自动返回：

1）差动启动、差流越限报警返回；

2）差回路电流无品质异常；

3）各支路无不平衡；

4）无其他差动存在TA断线。

不论是异常报警是否引起差动保护启动，均说明差动回路存在问题，或定值存在问题，应该受到同等重视。如当差回路断线时，在轻负荷情况下不会引起差动启动，但会引起差流报警，如果此时及时处理，就可以避免负荷增加后或者区外故障引起的差动保护动作（在不闭锁情况下）。

4. 过励磁判别

由于在变压器过励磁时，变压器励磁电流将激增，可能引起差动保护误动作。因此应该判断出这种情况，闭锁差动保护。保护装置中采用差电流中5次谐波的含量作为对过励磁的判断。其判据为

$$I_{5th} > k_{5xb} I_{1st} \tag{3-18}$$

式中 I_{1st}，I_{5th}——每相差动电流中的基波和5次谐波；

k_{5xb}——5次谐波制动系数。

3.2.4　后备保护

当主保护因为各种原因没有动作，在延时很短时间后（延时时间根据各回路的要求），另一个保护将启动并动作，将故障回路跳开。这个保护就是后备保护。变压器的后备保护包括：阻抗保护、复合电压闭锁方向过电流保护、零序方向过电流保护、间隙保护等。

1. 阻抗保护

（1）相间阻抗保护。相间阻抗保护主要作为变压器相间故障的后备保护。通过整定指向变压器和指向母线的阻抗定值确定阻抗保护的动作特性。

接入装置的 TA 正极性端在母线侧。阻抗元件的动作特性如图 3-9 所示。阻抗元件灵敏角固定为 80°。

阻抗元件的动作方程为

$$90° < \arg\left(\frac{\dot{U}-\dot{I}Z_{\mathrm{P}}}{\dot{U}+\dot{I}Z_{\mathrm{n}}}\right) < 270° \qquad (3-19)$$

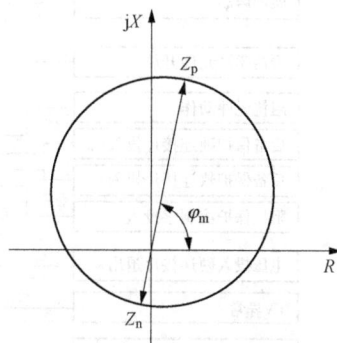

图 3-9　阻抗元件动作特性图
Z_{P}—指向变压器阻抗整定值；
Z_{n}—指向母线阻抗整定值

阻抗保护的启动元件采用相间电流工频变化量启动和负序电流启动，启动元件启动后开放 500ms，其间若阻抗元件动作则保持。启动元件的动作方程为

$$\begin{cases}\Delta I > 1.25\Delta I_{\mathrm{t}} + I_{\mathrm{th}} \\ I_2 > 0.2I_{\mathrm{n}}\end{cases} \qquad (3-20)$$

式中　ΔI——浮动门槛，随着变化量输出增大而逐步自动提高，取 1.25 倍可保证门槛定值始终略高于不平衡输出，保证在系统振荡和频率偏移情况下，保护不误启动；

I_{th}——固定门槛；

I_2——负序电流。

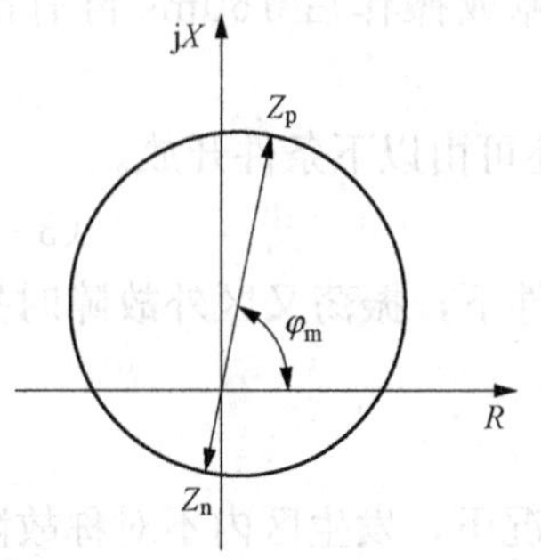

图 3-10　接地阻抗元件动作特性图
Z_{P}—指向变压器阻抗整定值；
Z_{n}—指向母线阻抗整定值

（2）接地阻抗保护。接入装置的 TA 正极性端在母线侧。阻抗元件的动作特性如图 3-10 所示。阻抗元件灵敏角固定为 80°。

接地阻抗元件的比相方程为

$$90° < \arg\frac{\dot{U}_{\phi}-(\dot{I}_{\phi}+k3I_0)Z_{\mathrm{P}}}{\dot{U}_{\phi}+(\dot{I}_{\phi}+k3I_0)Z_{\mathrm{n}}} < 270° \qquad (3-21)$$

式中　k——零序补偿系数，$k=\dfrac{Z_0-Z_1}{3Z_1}$，整定值范围一般为 0～2（推荐：若接地阻抗指向本侧母线，则 k 值一般取 0.6；若指向变压器，则 k 值一般取很小值 0～0.1，其视具体情况而定）。

接地阻抗保护的启动元件采用相间电流工频变化量启动和负序电流启动，启动元件启动后开放 500ms，其间若接地阻抗元件动作则保持。启动元件的动作方程和相间阻抗保护相同。

接地阻抗保护固定经振荡闭锁；TV 断线或异常以及本侧电压连接片退出对接地阻抗保护的影响也同相间阻抗保护是一致的。接地阻抗保护中的零序补偿系数只对指向母线的阻抗有效。

（3）阻抗保护逻辑框图（见图3-11）。

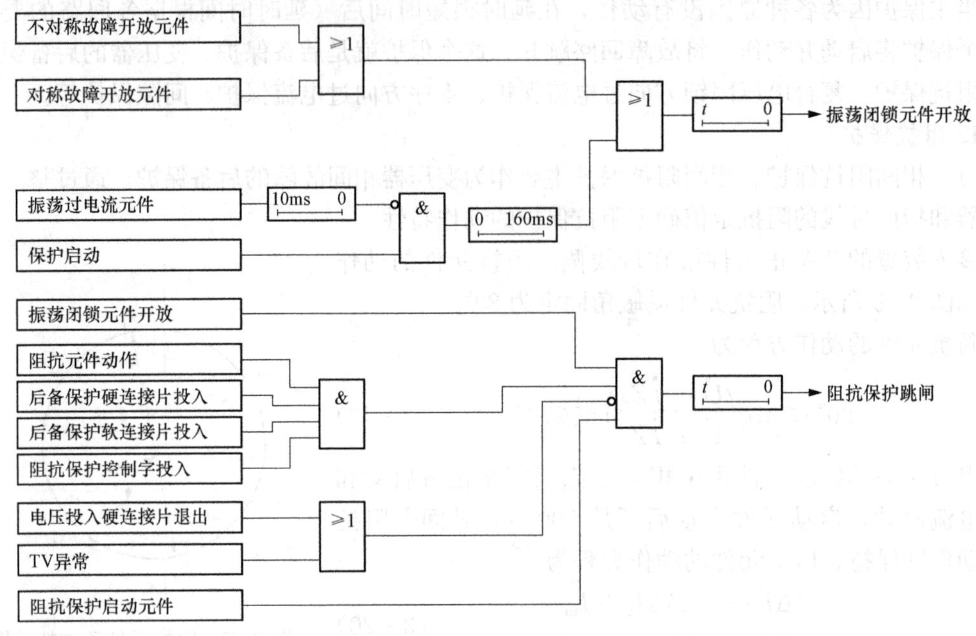

图3-11 阻抗保护逻辑框图

（4）振荡闭锁。阻抗保护固定经振荡闭锁。阻抗元件的振荡闭锁分三部分。

1）在启动元件动作起始160ms以内。启动元件开放瞬间，若按躲过变压器最大负荷整定的正序过电流元件不动作或动作时间尚不到10ms，则将振荡闭锁开放160ms。该元件在正常运行突然发生故障时立即开放160ms，当系统振荡时，正序过电流元件动作，其后再有故障时，该元件已被闭锁，另外当区外故障或操作后160ms再有故障时也被闭锁。

2）不对称故障开放元件。不对称故障时，振荡闭锁回路还可由以下条件开放。

$$|I_0|+|I_2|>m|I_1| \tag{3-22}$$

式中 m——固定比例常数，取值是根据最不利的系统条件下，振荡又区外故障时振荡闭锁不开放为条件验算，并留有相当裕度的；

I_1，I_2，I_0——正序、负序和零序电流。

采用不对称故障开放元件保证了在系统已经发生振荡的情况下，发生区内不对称故障时瞬时开放振荡闭锁以切除故障，振荡或振荡又区外故障时则可靠闭锁保护。

3）对称故障开放元件。在启动元件开放160ms以后或系统振荡过程中，如发生三相故障，则上述二项开放措施均不能开放保护。因此，装置中另外设置了专门的振荡判别元件，其测量的振荡中心电压为

$$U_{OS}=U_1\cos\varphi_1 \tag{3-23}$$

式中 φ_1——正序电流电压的夹角；

U_1——正序电压。

由图3-12假定系统联系阻抗的阻抗角为90°，则电流向量垂直于E_M、E_N连线，与振荡中心电压同相。在系统正常运行或系统振荡时，$U_1\cos\varphi_1$恰好反应振荡中心的正序电压。

在三相短路时，设线路阻抗角为90°，则$U_1\cos\varphi_1$是弧光电阻上的压降，三相短路时过渡电阻是弧光电阻，弧光电阻上压降小于$5\%U_n$；实际系统线路阻抗角不为90°，因而可进行角度补偿，如图3-13所示。OD为测量电压，$U_1\cos\varphi_1=OB$，因而OB反应当线路阻抗角为90°时弧光电阻压降，实际的弧光压降为OA，与线路压降AD相加得到测量电压U。保护装置引入补偿角$\theta=90°-\varphi_1$，得到$\varphi=\varphi_1+\theta$，式（3-22）变为$U_{OS}=U\cos\varphi$，三相短路时，$U_{OS}=OC\leqslant OA$，可见$U\cos\varphi$可反应弧光压降。

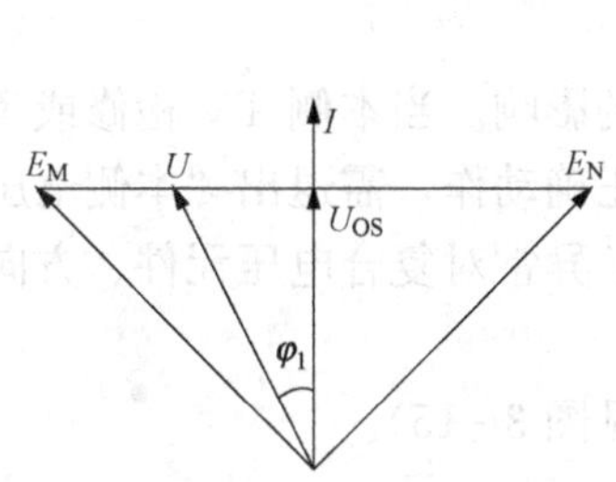

图3-12　系统电压向量图

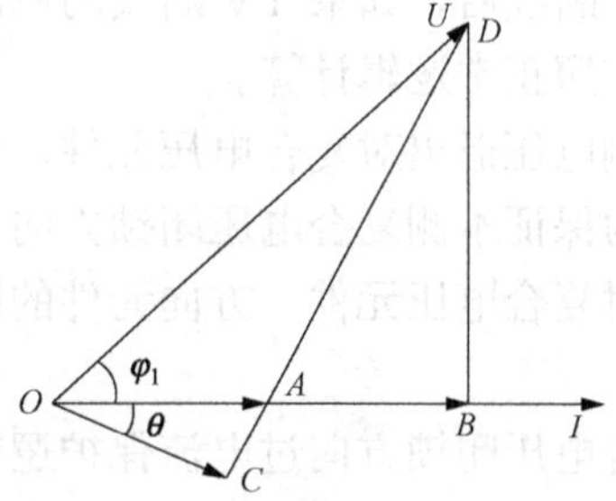

图3-13　短路电流电压向量图

保护装置采用的动作判据分两部分：

(a) $-0.03U_n<U_{OS}<0.08U_n$，延时150ms开放；

(b) $-0.1U_n<U_{OS}<0.25U_n$，延时500ms开放。

4) TV对阻抗保护的影响。

(a) 当装置判断出本侧TV断线或异常时，自动退出阻抗保护。

(b) 当本侧TV检修或旁路代路未切换TV时，为避免阻抗保护的误动作，需退出“本侧电压投入”连接片，此时自动退出阻抗保护。

2. 复合电压闭锁方向过电流保护

复合电压闭锁方向过电流保护主要作为变压器相间故障的后备保护。

(1) 方向元件。方向元件采用正序电压，并带有记忆，近处三相短路时方向元件无死区，接线方式为0°接线方式。TA的正极性端在母线侧，当方向指向变压器，灵敏角为45°；当方向指向系统，灵敏角为225°。方向元件的动作特性如图3-14所示，阴影区为动作区。

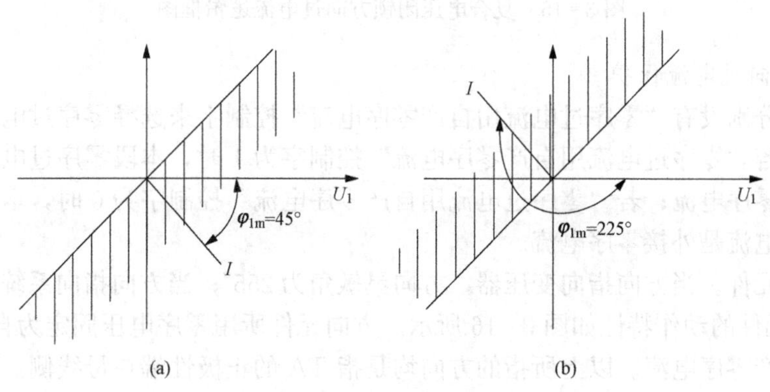

图3-14　相间方向元件动作特性图

(a) 方向指向变压器；(b) 方向指向系统

(2) 复合电压元件。复合电压指相间电压低或负序电压高。对于变压器某侧复合电压元件可经其他侧的电压作为闭锁电压，也可能只经本侧闭锁。

(3) TV异常对复合电压元件、方向元件的影响。本侧TV断线后，该侧复压闭锁过电流保护，受其他侧复压元件控制；低压侧TV断线后，本侧（或本分支）复压闭锁过电流保护不经复压元件控制；对于低压侧总后备保护，当两分支电压均断线或退出时，复压闭锁过电流保护不经复压元件控制。

本侧TV断线后，如果TV断线的原因是正序电压过低，则方向元件始终满足，否则方向元件依然按照正常逻辑计算。

(4) 本侧电压退出对复合电压元件、方向元件的影响。当本侧TV检修或旁路代路未切换TV时，为保证本侧复合电压闭锁方向过电流的正确动作，需退出"本侧电压投入"连接片，此时它对复合电压元件、方向元件的影响与TV异常对复合电压元件、方向元件的影响是一样的。

(5) 复合电压闭锁方向过电流保护逻辑框图（见图3-15）。

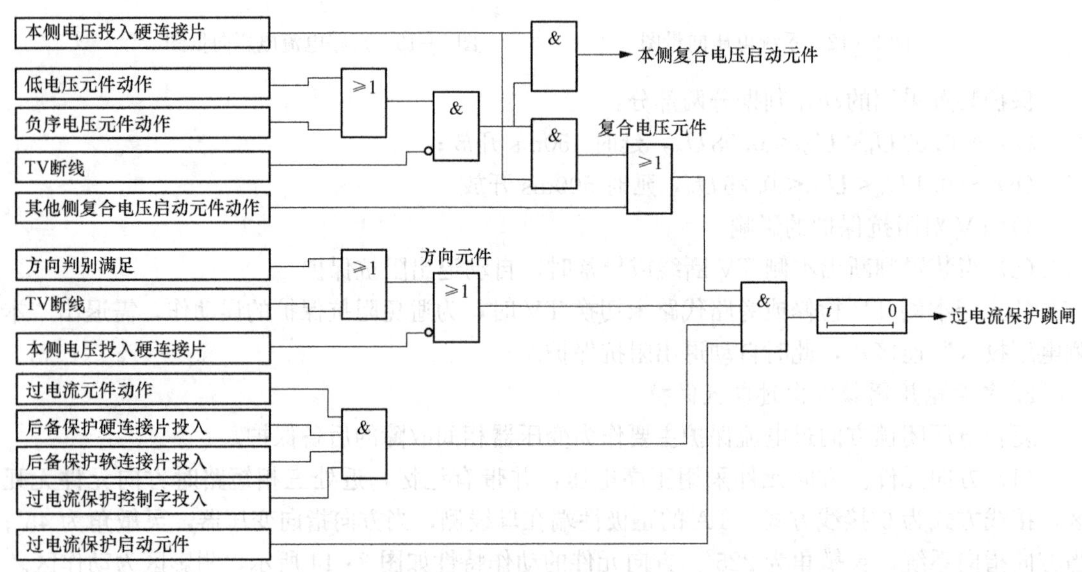

图3-15 复合电压闭锁方向过电流逻辑框图

3. 零序方向过电流保护

保护装置分别设有"零序过电流用自产零序电流"控制字来选择零序过电流各段所采用的零序电流。若"零序过电流用自产零序电流"控制字为1时，本段零序过电流所采用的零序电流为自产零序电流；若"零序过电流用自产零序电流"控制字为0时，本段零序过电流所采用的零序电流是外接零序电流。

(1) 方向元件。当方向指向变压器，方向灵敏角为255°；当方向指向系统，方向灵敏角为75°。方向元件的动作特性如图3-16所示。方向元件所用零序电压固定为自产零序电压，电流固定为自产零序电流。以上所指的方向均是指TA的正极性端在母线侧。

(2) 零序过电流保护逻辑框图（见图3-17）。

4. 间隙保护

由于220kV及以上的变压器高压侧常为不接地系统，装置设有零序过电压和间隙过电

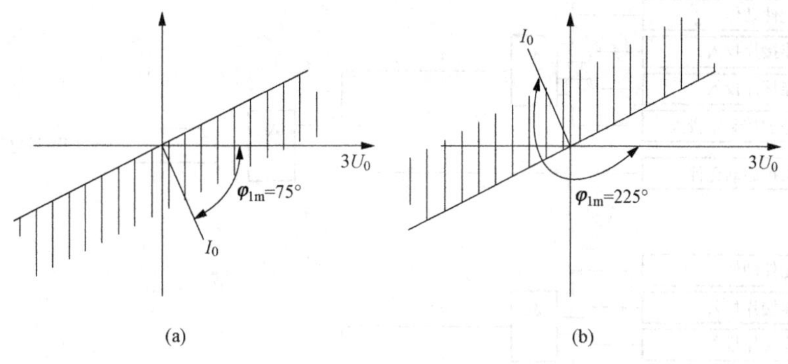

图 3-16　零序方向元件动作特性图

(a) 方向指向系统；(b) 方向指向变压器

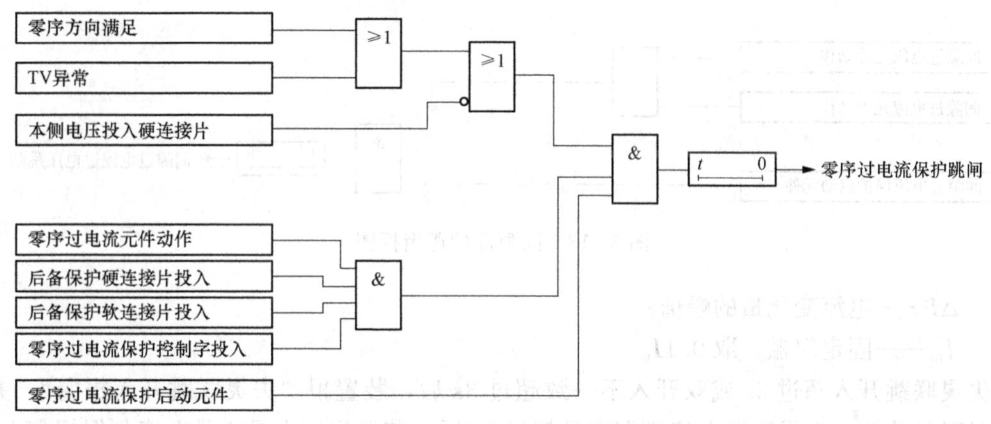

图 3-17　零序过电流保护逻辑框图

流保护作为变压器低压侧接地故障保护。

间隙零序过电流保护、零序过电压保护动作并展宽一定时间后计时。考虑到在间隙击穿过程中，零序过电流和零序过电压可能交替出现，装置设有“间隙保护方式”控制字。当“间隙保护方式”控制字为1时，零序过电压和零序过电流元件动作后相互保持，此时间隙保护的动作时间整定值和跳闸控制字的整定值均以间隙零序过电流保护的整定值为准。间隙保护逻辑框图如图 3-18 所示。

3.2.5　变压器保护装置的辅助功能

1. 失灵联跳功能

装置设有高、中压侧失灵联跳功能，用于母差或其他失灵保护装置通过变压器保护跳主变压器各侧的方式；当外部保护动作触点经失灵联跳开入触点进入装置后，经过装置内部灵敏的、无须整定的电流元件并带 50ms 延时后跳变压器各侧断路器。

失灵联跳的电流元件判据为：高压侧相电流大于 1.1 倍额定电流，或零序电流大于 0.1 倍 I_n，或负序电流大于 0.1 倍 I_n，或电流突变量判据。其中，电流突变量判据动作方程为

$$\Delta I > 1.25\Delta I_t + I_{th} \tag{3-24}$$

式中　ΔI_t——浮动门槛，随着电流变化量增大而逐步自动提高，取 1.25 倍可保证动作门槛值始终略高于电流不平衡值；

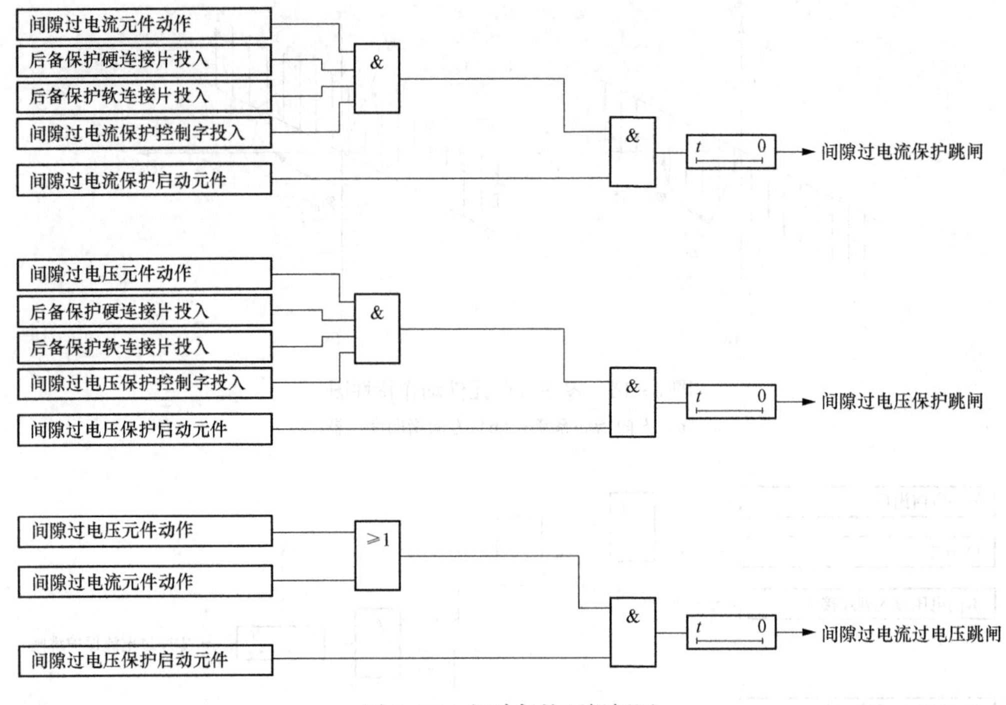

图 3-18 间隙保护逻辑框图

ΔI——电流变化量的幅值；

I_{th}——固定门槛，取 $0.1I_n$。

失灵联跳开入超过 3s 或双开入不一致超过 3s 后，装置报“失灵联跳开入报警”，并闭锁失灵联跳功能，失灵联跳电流判据满足超过 3s 后，装置报“失灵联跳电流判据报警”，不闭锁失灵联跳功能。失灵联跳逻辑框图如图 3-19 所示。

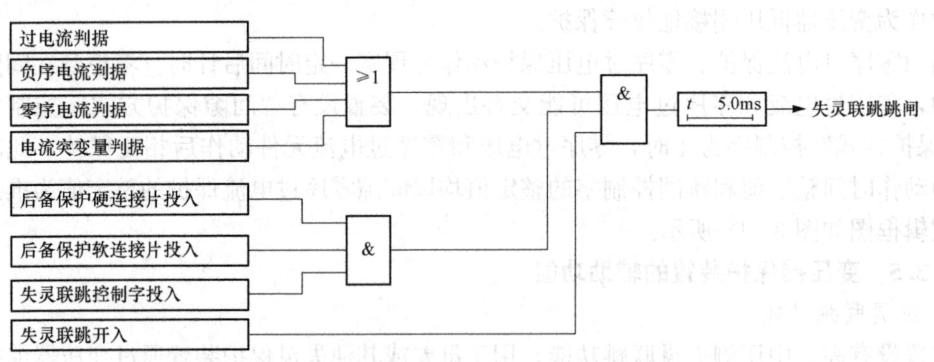

图 3-19 失灵联跳逻辑框图

2. TA、TV 异常判别原理

(1) TV 异常判别判据如下：

1) 正序电压小于 30V，且任一相电流大于 $0.04I_n$ 或断路器在合位状态；

2) 负序电压大于 8V；

3) 相电压中的 3 次谐波分量超过工频分量的 10%，用来检测 TV 的 N 线是否正常。

满足上述任一条件，同时保护启动元件未启动，延时 10s 报该侧母线 TV 异常（含有阻抗保护时 TV 断线延时为 1.25s），并发出报警信号，在电压恢复正常后延时 10s 恢复。在异常期间，根据整定控制字选择是退出经方向或电压闭锁的各段过电流保护还是暂时取消方向和电压闭锁，当某侧电压退出时，该侧 TV 异常判别功能自动解除。

（2）TA 异常判别判据。当零序电流大于 $0.06I_n$ 或负序电流大于 $0.1\ I_n$后延时 10s 报该侧 TA 异常，同时发出报警信号，在电流恢复正常后延时 10s 恢复。

3. 电流补偿

由于变压器各侧电流互感器变比和接线方式的不同，电力变压器在运行时，各侧电流大小及相位也不同，在构成继电器前必须消除这些影响。现在的数字式变压器保护装置，都利用数字的方法对变比与相移进行补偿。

（1）平衡系数的计算。

1）计算变压器各侧一次额定电流为

$$I_{1N} = \frac{S_N}{\sqrt{3}\,U_{1N}} \tag{3-25}$$

式中　S_N——变压器最大额定容量；

U_{1N}——变压器一次额定电压。

2）计算变压器各侧二次额定电流为

$$I_{2n} = \frac{I_{1N}}{n_{LH}} \tag{3-26}$$

式中　I_{1N}——变压器计算侧一次额定电流；

n_{LH}——变压器计算侧 TA 变比。

3）计算变压器各侧平衡系数为

$$K_{ph} = \frac{I_{2n\_min}}{I_{2n}} K_b \tag{3-27}$$

$$K_b = \min\left(\frac{I_{2n\_max}}{I_{2n\_min}}, 2.95\right)$$

式中　I_{2n}——变压器计算侧二次额定电流；

I_{2n_min}——变压器各侧二次额定电流值中最小值；

I_{2n_max}——变压器各侧二次额定电流值中最大值。

平衡系数的计算方法即以变压器各侧中二次额定电流为最小的一侧为基准，其他侧依次放大。若最大二次额定电流与最小二次额定电流的比值大于 2.95，则取放大倍数最大的一侧倍数为 2.95，其他侧依次减小；若最大二次额定电流与最小二次额定电流的比值小于 2.95，则取放大倍数最小的一侧倍数为 1，其他侧依次放大。装置为了保证准确度，所能接受的最小系数K_{ph}=2.95/32，因此差动保护各侧电流平衡系数调整范围最大可达 32 倍。

（2）电流相位差的补偿。变压器各侧电流互感器采用星形接线，二次电流直接接入装置。电流互感器各侧的极性都以母线侧为极性端。变压器各侧 TA 二次电流相位由软件调整，装置采用△－Y 变化调整差流平衡，这样可明确区分涌流和故障的特征，大大加快保护的动作速度。对于 Y0/d-11 的接线，其校正方法如下。

Y0 侧：

$$\dot{I}'_{A} = (\dot{I}_{A} - \dot{I}_{0})$$

$$\dot{I}'_{B} = (\dot{I}_{B} - \dot{I}_{0})$$

$$\dot{I}'_{C} = (\dot{I}_{C} - \dot{I}_{0})$$

D 侧：

$$\dot{I}'_{a} = (\dot{I}_{a} - \dot{I}_{c})/\sqrt{3}$$

$$\dot{I}'_{b} = (\dot{I}_{b} - \dot{I}_{a})/\sqrt{3}$$

$$\dot{I}'_{c} = (\dot{I}_{c} - \dot{I}_{b})/\sqrt{3}$$

式中　$\dot{I}_{a}$，$\dot{I}_{b}$，$\dot{I}_{c}$——d 侧 TA 二次电流；

$\dot{I}'_{a}$，$\dot{I}'_{b}$，$\dot{I}'_{c}$——d 侧校正后的各相电流；

$\dot{I}_{A}$，$\dot{I}_{B}$，$\dot{I}_{C}$——Y0 侧 TA 二次电流；

$\dot{I}'_{A}$，$\dot{I}'_{B}$，$\dot{I}'_{C}$——Y0 侧校正后的各相电流。

3.3　测试仪的配置

主变压器保护调试以北京博电 PNF802 智能站光数字继电保护测试仪为例，其硬件介绍请参考附录一，以下为测试仪配置步骤。

（1）查看保护背面端子接口，将测试仪输出光以太网口 1、2、3 分别与保护高压侧 SV 输入口、低压侧 SV 输入口、GOOSE 输出口相连（以高低侧差动为例）。后面对测试仪 3 个光口的定义将与此相对应。

（2）在保护装置上设置：主菜单→定值设置→软连接片→SV 接收软连接片，将试验侧的 SV 接收软连接片置“1 - 投入”。如做高、低压侧差动，就将高压侧、低压侧 SV 接收软连接片置 1。

（3）在保护装置上设置：主菜单→定值设置→软连接片→功能软连接片，将要测试的保护控制字置“1 - 投入”。如测试主保护，即将“投主保护”控制字置 1。

（4）进入测试软件，单击“系统设置”（也可在实验页面单击“设置”→“IEC 报文设置”进入系统设置页面），如图 3 - 20 所示。

（5）单击“系统参数设置”，在输出选择中选取“IEC 61850 - 9 - 2”报文输出形式，如图 3 - 21 所示。

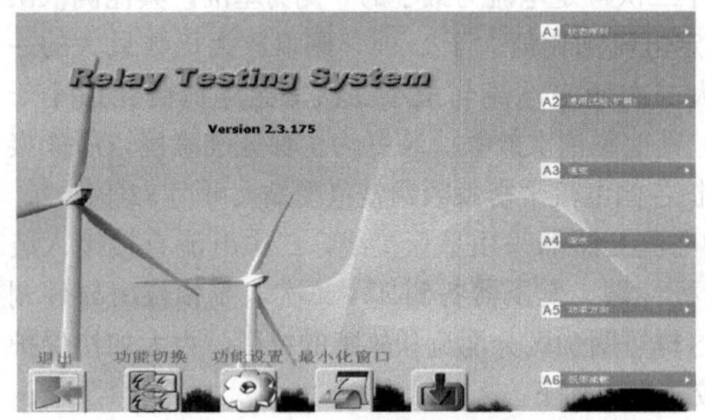

图 3 - 20　进入测试软件

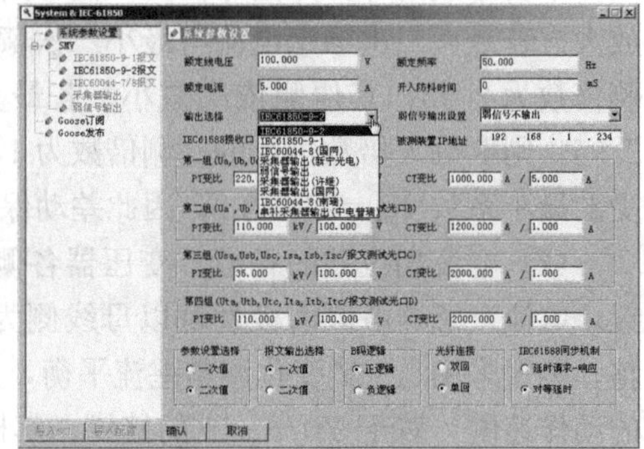

图 3 - 21　系统参数设置

(6) 在系统参数设置中选择了“IEC 61850-9-2”的报文输出格式，在SV菜单中“IEC 61850-9-2报文”才可选。将整站SCD文件存于测试仪D盘内，单击“导入SCL”，将dxb.scd文件导入（注：必须放在测试仪D盘，否则会被系统还原，文件丢失），如图3-22所示。

(7) 找到当前差动保护（以1号主变压器保护PCS-978为例），单击“SMV Inputs”，如当前保护未配置通道，还可通过找到相应的合并单元，单击“SMV Outputs”进行设置。勾选以后单击“配置SMV”，之后单击“确定”。如SCD文件较多，可在“IEC查找”栏输入“978”，然后单击“查找”按钮，快速查找和PCS978相关的配置文件。如果做差动，需要同时勾选变压器两侧的配置通道，如图3-23所示。

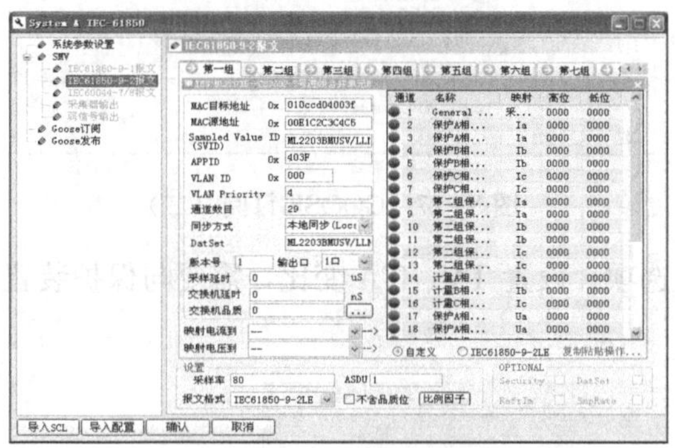

图3-22　导入SCL

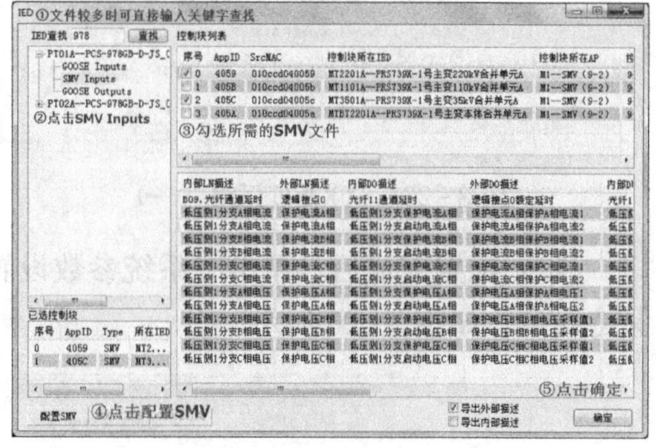

图3-23　配置SMV

(8) 默认通道配置映射从第一组开始，可以手动修改。如果做差动，在上一步选择了2组配置通道，在此步将会导入到第一组和第二组报文中（注：此步骤会从选择组别开始，依次覆盖替换原有SMV通道配置信息，如无特别需要，默认第一组），如图3-24所示。

(9) 选择输出口（第一组默认输出口为1口，第二组默认输出口为2口）。单击“确认”。如图3-25所示。

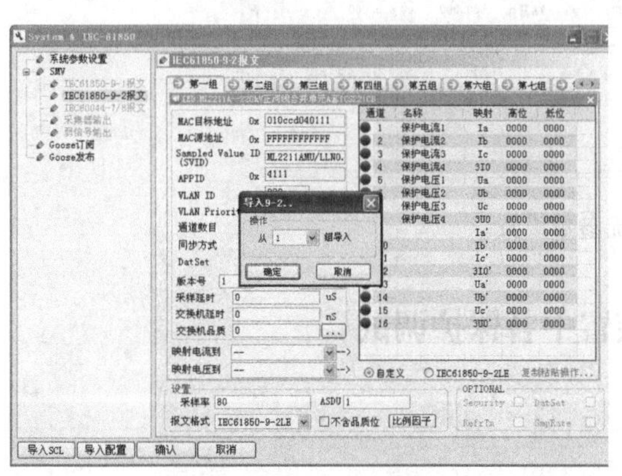

图3-24　通道配置映射

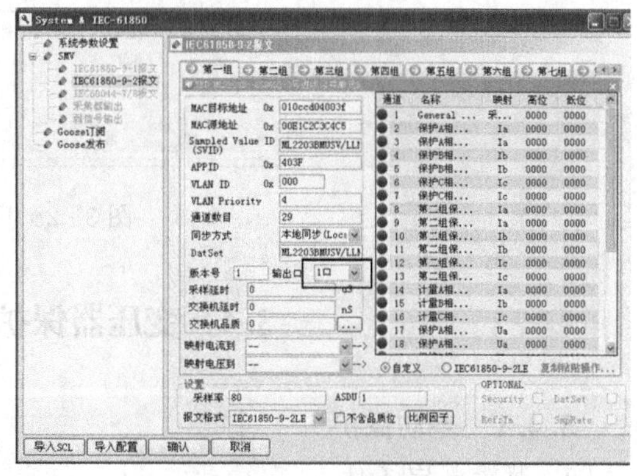

图3-25　选择输出口

(10) GOOSE订阅。测试仪要接收跳闸信息，必须先订阅GOOSE。

选择GOOSE订阅，单击“导入SCL”按钮，按照第7步的操作找到对应的配置文件，勾选以后单击“GOOSE订阅”，之后单击“确定”，如图3-26所示。

选择当前GOOSE订阅的光口，然后把所需要接收的GOOSE虚端子信号绑定到测试仪

(绑定过程，鼠标选中相应虚端子单击，然后再单击右边的 A～H 进行绑定，绑定后相应 GOOSE 变位即绑定后的开入量变位)，如图 3-27 所示。

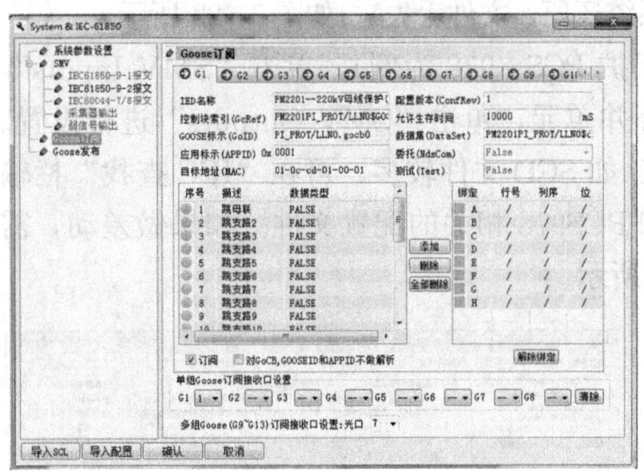

图 3-26　GOOSE 订阅（一）

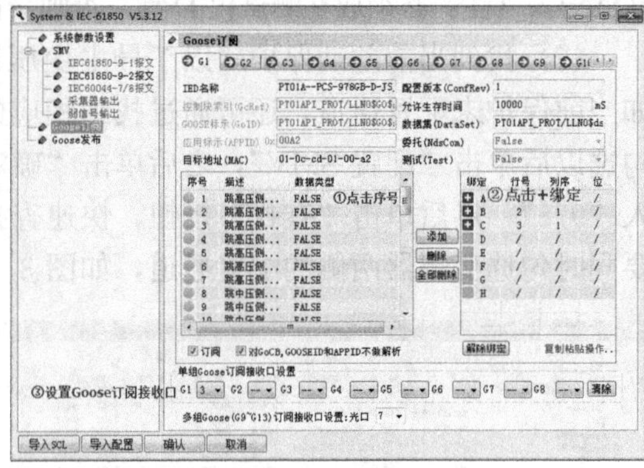

图 3-27　GOOSE 订阅（二）

(11) 配置完成后，单击“系统参数设置”选项，设置 TV、TA 变比，需要与保护装置保持一致，如图 3-28 所示。

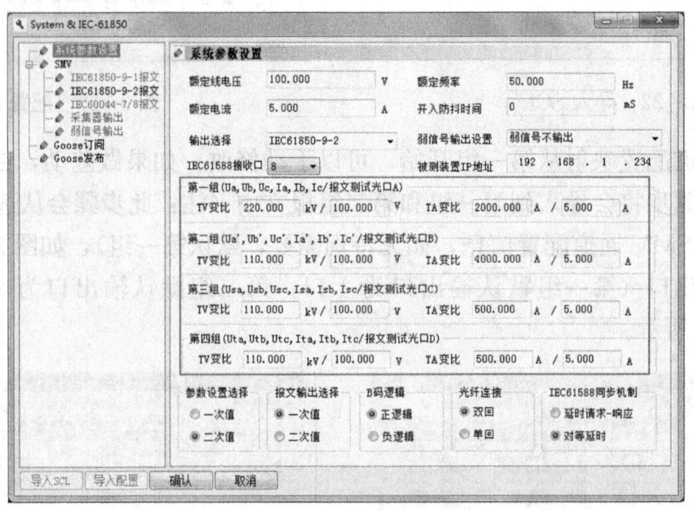

图 3-28　系统参数设置

3.4　变压器保护装置中各保护调试

3.4.1　差动保护

1. 逻辑判定条件

下列试验中 I_{cdqd} 为差动动作电流定值，I_{p1} 为第一个拐点电流，I_{p2} 为第二个拐点电流，K_{d0} 为启动段斜率 0.2，K_{d1} 为第一段斜率 0.5，K_{d2} 为第二段斜率 0.75。

如图 3-1 所示，稳态比率差动保护动作特性曲线上面是动作区，下面是非动作区。扫描线为跨越动作边界的一个线段，一端在动作区，另一端在非动作区，固定制动电流，变化动作电流进行扫描。

PCS-978为三角侧转角方式，稳态比例差动动作方程见式（3-4）。

2. 试验内容

（1）差动保护启动值试验。PCS-978的启动值部分为一段斜率0.2的线段，软件自动选取制动电流为$0.5I_{p1}$位置扫描动作边界。在I_{p1}值偏小的情况下，此位置可能会落在非动作区，可将选取倍数提高到$0.8I_{p1}$，将扫描位置后移到动作区进行扫描。

（2）差动保护Ⅰ段比率测试。在第一段斜率0.5段，软件自动根据定值选取两个点进行边界扫描，然后根据两个点的值自动计算本段斜率。扫描点也可以自己直接设置。

（3）差动保护Ⅱ段比率测试。在第二段斜率0.75段，软件自动根据定值选取两个点进行边界扫描，然后根据两个点的值自动计算本段斜率。扫描点也可以自己直接设置。

（4）差动保护速断值测试。大于速断值后不需要经过制动而直接动作，在速断部分自动选取或者手动选取一点进行边界扫描。

3. 具体试验步骤

（1）试验参数设置：在“差动”单元进行测试。在保护装置上：主菜单→定值设置→保护定值→差动保护定值。

纵差差动速断电流定值：$4I_n$。

纵差保护启动电流定值：$0.5I_n$。

2次谐波制动系数：0.15。

单击“整定值”按钮，打开整定值设置界面，按照整定值对相关参数进行修改，如图3-29所示。

在保护装置上：主菜单→定值设置→保护定值→设备参数定值。单击“通用参数”按钮打开通用参数设置界面，根据设备参数定值、差动动作方程、转角方式进行设置，如图3-30、图3-31所示。

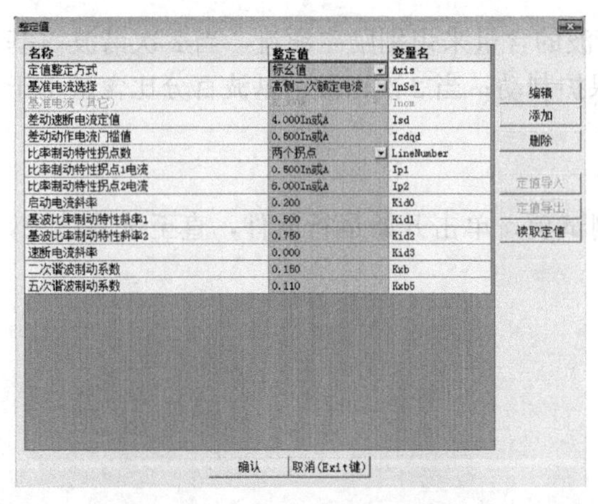

图3-29　保护定值设置

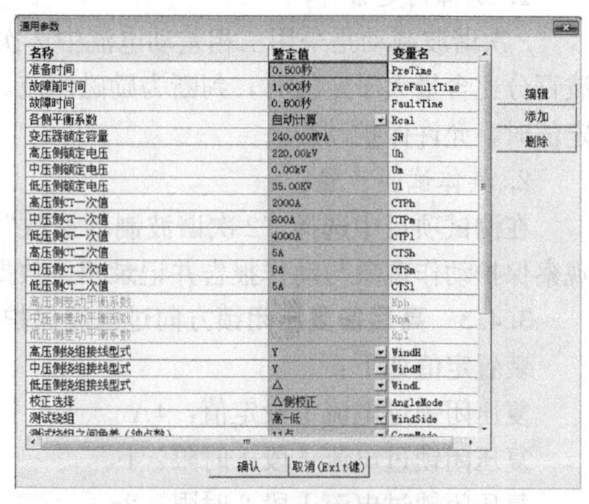

图3-30　设备参数设置

（2）试验接线。用LC-LC多模光纤把测试仪1口连接PCS-978的220kV侧SV采样，2口连接PCS-978的35kV侧SV采样，3口连接GOOSE任意直跳闸口，导入相应的SCD文件并完成相应设置，以保证保护装置采样无异常，具体步骤详见3.3测试仪的配置。

（3）保护相关设置。主菜单→定值设置→软连接片→SV接收软连接片，高压侧SV接收软连接片置“1-投入”，低压侧SV接收软连接片置“1-投入”，其他无关连接片置0。

主菜单→定值设置→软连接片→功能软连接片，“投主保护”控制字置 1，其他无关连接片置 0。

主菜单→定值设置→保护定值→差动保护控制字，差动速断控制字置 1，比例差动控制字置 1，2 次谐波制动控制字置 1，TA 断线闭锁差动保护控制字置 0。

(4) 选择测试项目，单击开始运行软件，直至试验结束，观察保护动作现象与动作报告并记录相关数据。如图 3-32 所示。

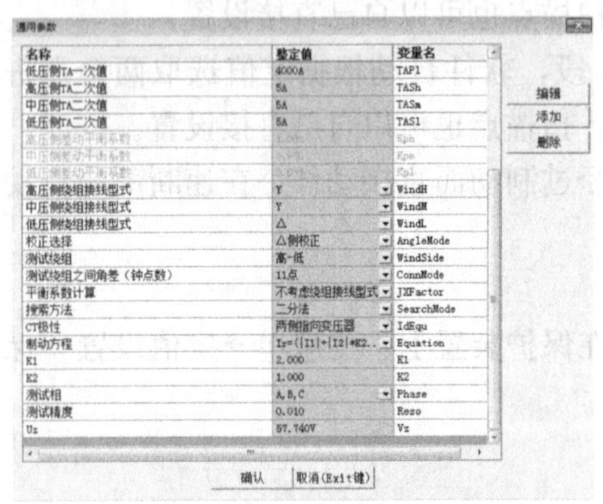

图 3-31 通用参数设置

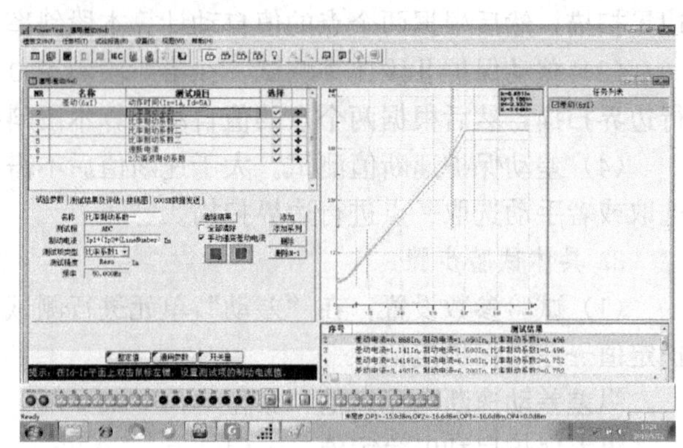

图 3-32 测试结果

3.4.2 2 次谐波制动系数测试

试验参数设置：同 3.4.1 差动保护。

装置接线：同 3.4.1 差动保护。

保护相关设置：同 3.4.1 差动保护。

1. 逻辑判定条件

2 次谐波制动是采用三相差动电流中 2 次谐波的含量来识别励磁涌流，当 2 次谐波占基波百分比含量大于定值时，判断为励磁涌流，保护制动；当 2 次谐波占基波百分比含量小于定值时，允许保护动作。

2. 具体试验步骤

在测试项目中选择“2 次谐波制动系数”测试项，单击开始运行软件，直至试验结束，观察保护动作现象与动作报告并记录相关数据。

3.4.3 高后备复压闭锁方向过电流保护

装置定值如下：

复压闭锁过电流Ⅰ段定值：4A

复压闭锁过电流Ⅰ段 1 时限：1s

复压闭锁过电流Ⅰ段 2 时限：2s

复压闭锁过电流Ⅱ段定值：3A

复压闭锁过电流Ⅱ段时间：3s

1. 保护相关设置

(1) 主菜单→定值设置→软连接片→功能软连接片，“高压侧后备保护”控制字置 1，其他无关连接片置 0。

(2) 主菜单→定值设置→软连接片→SV 接收软连接片，高压侧 SV 接收软连接片置 1，其他无关连接片置0。

（3）主菜单→定值设置→保护定值→高压侧后备保护控制字定值，复压过电流Ⅰ段指向母线置0，表示复压过电流Ⅰ段实际方向为指向变压器；复压闭锁过电流Ⅰ段1时限控制字置“1-投入”；复压闭锁过电流Ⅰ段2时限控制字置“1-投入”；复压闭锁过电流Ⅱ段控制字置“1-投入”。

（4）主菜单→定值设置→保护定值→跳闸矩阵定值，高后备复压过电流Ⅰ段1时限控制字0001，高后备复压过电流Ⅰ段2时限控制字0004，如图3-33所示。跳闸矩阵定值为十六进制数，整定方法是在需要跳闸的断路器位填“1”，其他位填“0”，则可得到该元件的跳闸方式。例如，中压侧后备保护的复压方向过电流1时限整定为跳中压侧母联，则在第3位填“1”，其他位填“0”，这样得到该元件的跳闸矩阵定值为0008。

位	15	14	13	12	11	10	9	8	7	6	5	4	3	2	1	0
功能	未定义	跳闸备用4	跳闸备用3	跳闸备用2	跳闸备用1	闭锁低压2分支备自投	闭锁低压1分支备自投	闭锁中压备自投	跳低压侧2分段	跳低压侧2分支	跳低压侧1分段	跳低压侧1分支	跳中压侧母联	跳中压侧断路器	跳高压侧母联	跳高压侧断路器

图3-33　跳闸矩阵定义图

2. 试验接线

用LC-LC多模光纤把测试仪1口连接PCS-978的220kV侧SV采样，2口连接GOOSE高压侧任直跳口，导入相应的SCD文件并完成相应设置，以保证保护装置采样无异常；具体步骤详见3.3节内容。

3. 具体试验步骤

（1）复压闭锁过电流Ⅰ段两个时限测试。把1时限和2时限分别映射到不同的跳闸矩阵后依次绑定到相应的虚端子上：0001对应虚端子1跳高压侧断路器，绑定到开入量A；0004对应虚端子7跳中压侧断路器，绑定到开入量B，如图3-34所示。

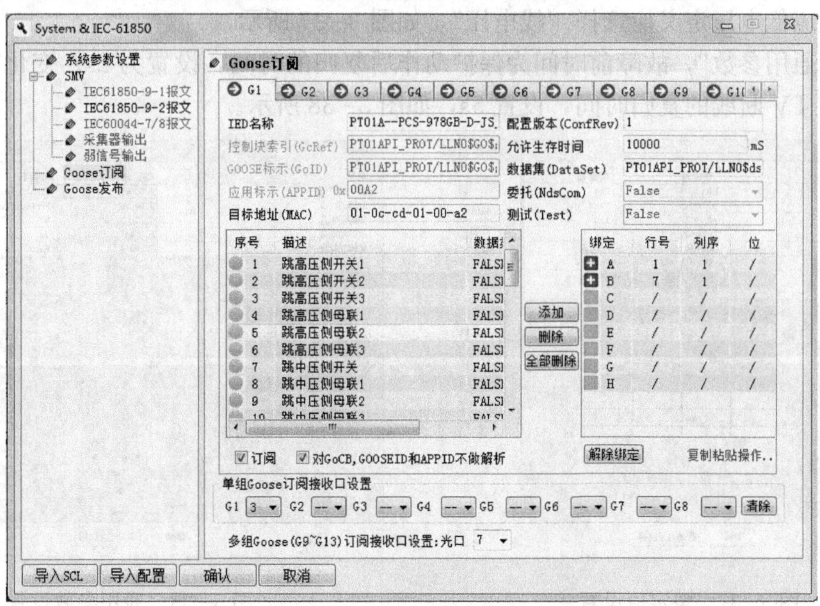

图3-34　绑定虚端子

打开状态序列测试界面，设置两个状态：

1）状态1为常态，即正常运行状态，电压为额定电压57.735V，三相正序，电流为0A，触发方式选择“时间触发”，输出时间5s，如图3-35所示。

2）状态2为故障状态（模拟任意故障，触发条件选择时间触发，让保护充分动作后依次记录两个不同时限）：单击“短路计算”按钮，选择A相短路，故障电流5A，按“确定”按钮完成故障参数设置；触发条件选择“时间触发”，输出时间5s（大于保护最长的动作时间），如图3-36所示。

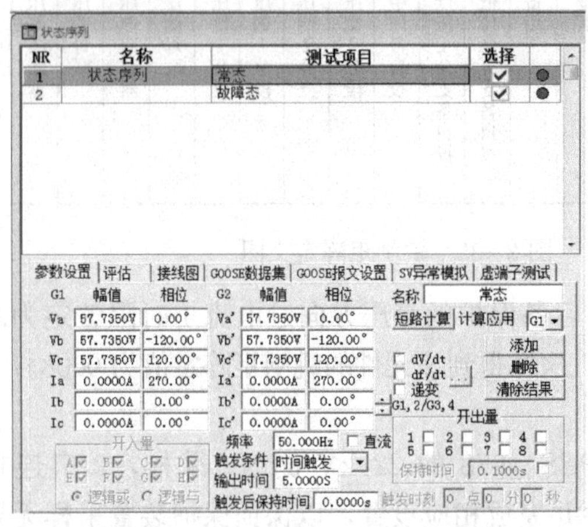

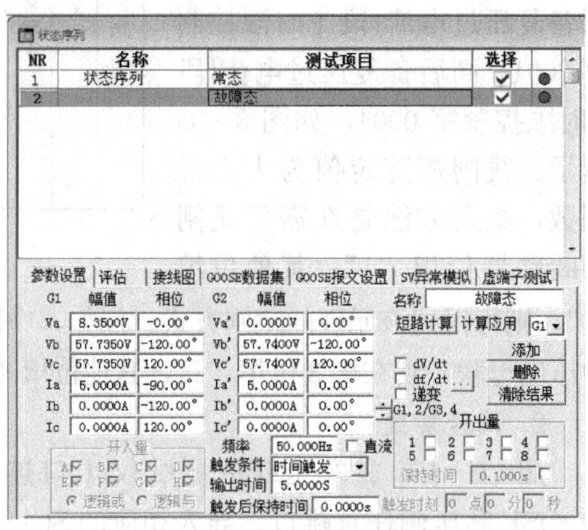

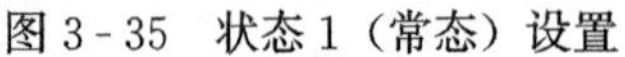

图3-35 状态1（常态）设置　　　　图3-36 状态2（故障态）设置

单击开始按钮，运行测试软件，在状态二自动记录两个动作时间。开入量A记录值为复压闭锁过电流Ⅰ段1时限，开入量B记录值为复压闭锁过电流Ⅰ段2时限。

（2）复压闭锁过电流Ⅰ段负序电压以及低电压定值测试。打开复压闭锁方向过电流模块，首先在“整定值”里面依次输入装置的保护定值。低电压定值如果选择线电压的70%，即70V，对应低电压定义应选择“线电压”，如图3-37所示。

打开“通用参数”，故障前时间为保护动作后复归的时间，设置为2s；变化前时间为了躲过第一次TV断线的复归时间，设置5s，如图3-38所示。

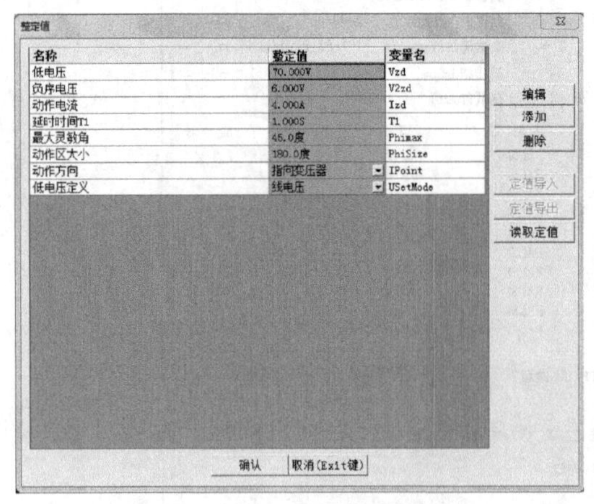

整定值

名称	整定值	变量名
低电压	70.000V	Vzd
负序电压	6.000V	V2zd
动作电流	4.000A	Izd
延时时间T1	1.000S	T1
最大灵敏角	45.0度	Phimax
动作区大小	180.0度	PhiSize
动作方向	指向变压器	IPoint
低电压定义	线电压	USetMode

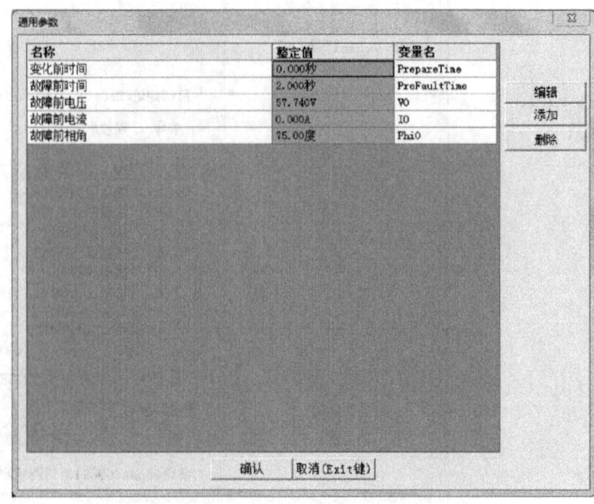

通用参数

名称	整定值	变量名
变化前时间	0.000秒	PrepareTime
故障前时间	2.000秒	PreFaultTime
故障前电压	57.740V	V0
故障前电流	0.000A	I0
故障前相角	75.00度	Phi0

图3-37 整定值设置　　　　图3-38 通用参数设置

设置完毕，勾选“低电压动作值”后运行软件，测试仪自动按照预先设置的步长通过递变的方式三相一起降电压（为了避免负序电压动作），测试出装置的低电压动作值，如图 3-39 所示。

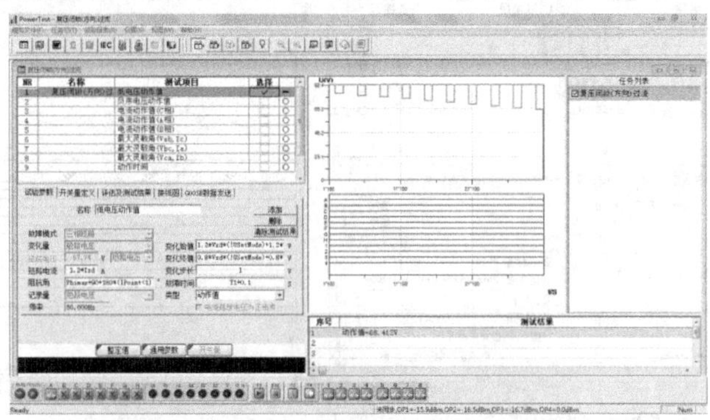

图 3-39　低电压动作值测试

勾选“负序电压动作值”后运行软件，测试仪按照预先设置的步长通过递变的方式两相一起降电压（为了避免低电压动作）增加负序电压，直至测试出负序电压动作值，如图 3-40 所示。

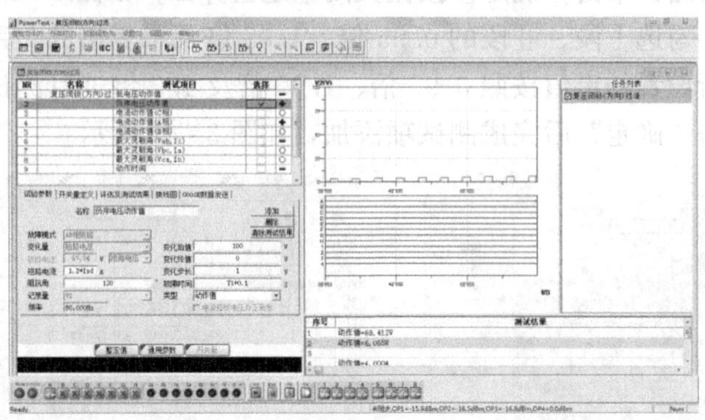

图 3-40　负序电压动作值测试

(3) 复压闭锁过电流Ⅰ段方向元件测试。由于 PCS-978 的复压闭锁的方向元件采用的是“零度接线方式”所以不能采用测试仪的复压闭锁的方向模块（该模块仅提供 90°接线方式的测试），故完成此试验需要采用测试仪的“零序方向模块”。

试验步骤：

1) 打开“整定值”界面，按照过电流方向的定值进行设置，完成后单击“确定”按钮，如图 3-41 所示。

2) 打开“通用参数”，设置变化前时间和故障前时间，完成后单击“确定”按钮，如图 3-42 所示。

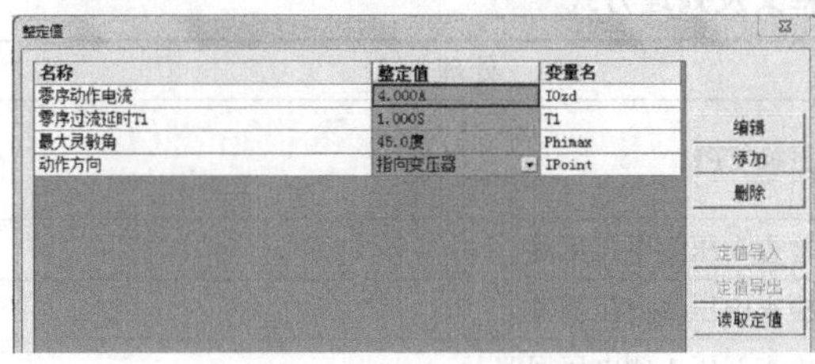

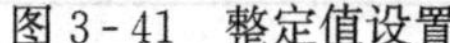

图 3-41　整定值设置

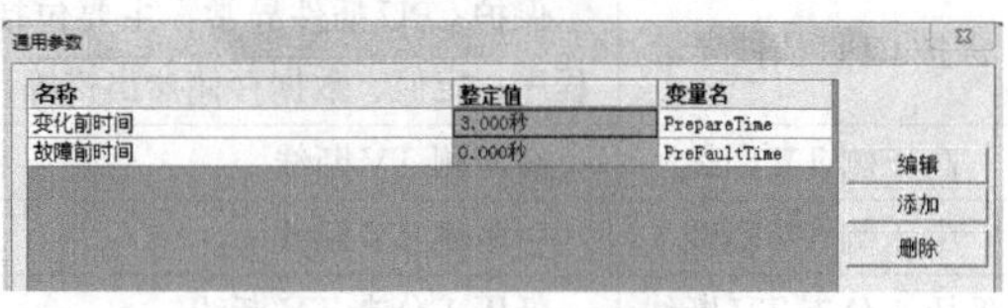

图 3-42　通用参数设置

3）设置完成后，在测试项目列表中选取测试项进行测试，如图 3-43 所示。

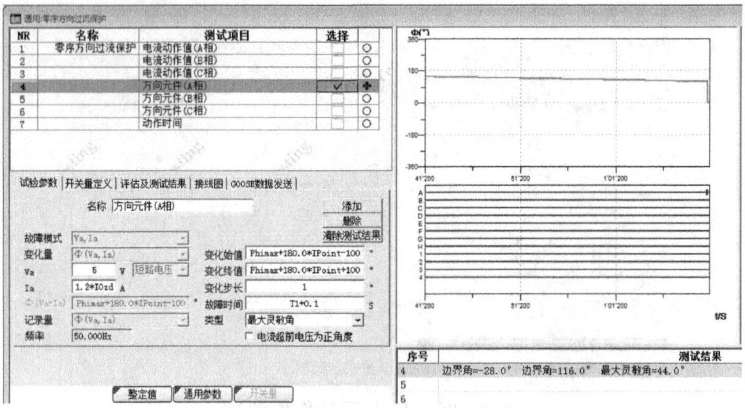

图 3-43 测试结果

（4）复压闭锁过电流Ⅰ段及Ⅱ动作值测试。打开过电流模块，整定值里设置好过电流Ⅰ段和Ⅱ段动作值及时间，单击“确定”按钮关闭整定值界面，如图 3-44 所示。

单击添加系列，勾选Ⅰ段、Ⅱ段的 0.95 倍、1.05 倍及 1.2 倍的关系，单击“确定”后软件自动通过刚才所设置的定值按照 0.95 倍、1.05 倍及 1.2 倍进行测试项添加，无须再次人工进行设置。单击“确定”后完成测试项添加，如图 3-45 所示。

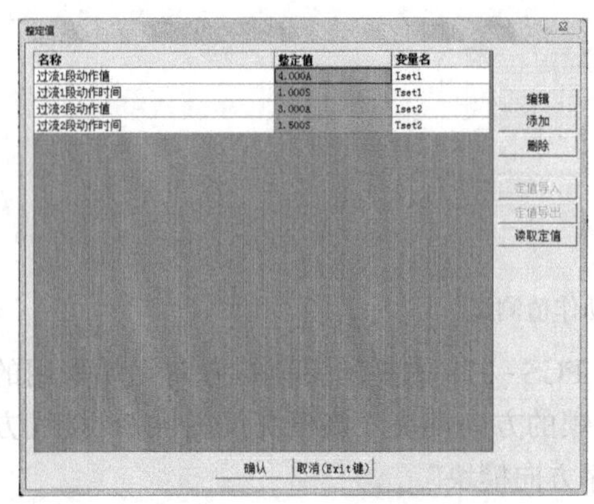

图 3-44 整定值设置

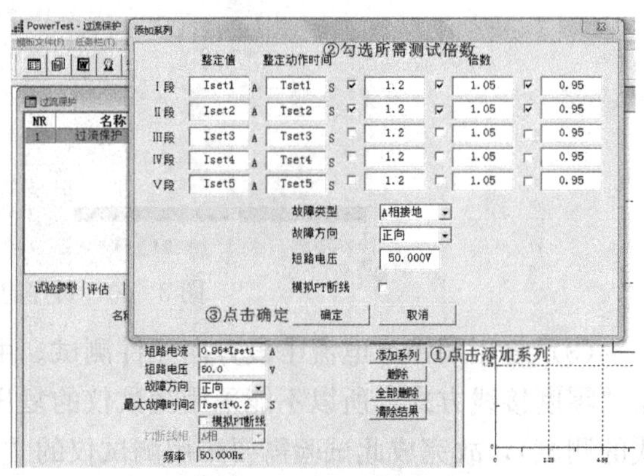

图 3-45 添加测试项

运行软件后一次性完成 0.95 倍可靠不动，1.05 倍可靠动作，1.2 倍可靠测试动作时间的测试。试验结果如图 3-46 所示。

3.4.4 变压器保护告警信息释义及处理方式（见表 3-2）

表 3-2　　变压器保护告警信息释义及处理方式

信息名称	含义说明	处理方式
保护 CPU 插件异常	保护 CPU 插件异常，主要包括程序、定值、数据存储器出错等	更换 CPU
高压侧 TV 断线	高压侧 TV 断线	检查高压侧电压回路
中压侧 TV 断线	中压侧 TV 断线	检查中压侧电压回路
低压 1 分支 TV 断线	低压 1 分支 TV 断线	检查低压 1 侧电压回路

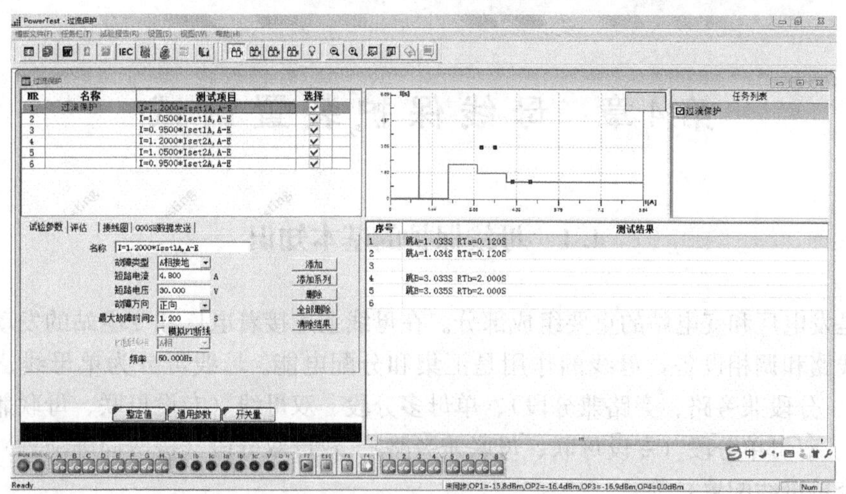

图 3-46　试验结果

续表

信息名称	含义说明	处理方式
低压 2 分支 TV 断线	低压 2 分支 TV 断线	检查低压 2 侧电压回路（500kV 低压不分 1、2 分支）
高压 1 侧 TA 断线	高压 1 侧 TA 断线	检查高压 1 侧电流回路
高压 2 侧 TA 断线	高压 2 侧 TA 断线	检查高压 2 侧电流回路
中压侧 TA 断线	中压侧 TA 断线	检查中压侧电流回路
低压 1 分支 TA 断线	低压 1 分支 TA 断线	检查低压 1 侧电流回路
低压 2 分支 TA 断线	低压 2 分支 TA 断线	检查低压 2 侧电流回路检查低压 2 侧电流回路（500kV 低压不分 1、2 分支）
公共绕组 TA 断线	公共绕组 TA 断线	检查公共绕组电流回路
差流越限	差流越限	检查参数定值与实际设备参数是否一致，检查二次回路
管理 CPU 插件异常	管理 CPU 插件上有关芯片出现异常	更换管理 CPU
开入异常	失灵 GOOSE 长期开入	检查失灵开入回路
高压侧过负荷	高压侧过负荷	—
中压侧过负荷	中压侧过负荷	—
低压侧过负荷	低压侧过负荷	—
公共绕组过负荷	公共绕组过负荷	—
对时异常	对时异常	检查对时源和对时插件
SV 总告警	SV 所有异常的总报警	查看具体报文，检查相关的保护，合并单元和光纤回路
GOOSE 总告警	GOOSE 所有异常的总报警	查看具体报文，检查相关的保护，合并单元，智能终端和光纤回路
SV 采样数据异常	SV 数据异常的信号	查看具体报文，检查相关的保护，合并单元和光纤回路
SV 采样链路中断	链路中断，任意链路中断均要报警	查看具体报文，检查相关的保护，合并单元和光纤回路
GOOSE 数据异常	GOOSE 异常的信号	查看具体报文，检查相关的保护，合并单元，智能终端和光纤回路
GOOSE 链路中断	链路中断	查看具体报文，检查相关的保护，合并单元，智能终端和光纤回路

第4章　母线保护装置调试

4.1　母线保护的基本知识

母线是发电厂和变电站的重要组成部分。在母线上连接着电厂和变电站的发动机、变压器、输电线路和调相设备，母线的作用是汇集和分配电能。母线可分为单母线、单母分段（专设分段、分段兼旁路、旁路兼分段）、单母多分段、双母线（专设母联、母联兼旁路、旁路兼母联）、双母单分段（专设母联、母联兼旁路）、双母双分段（按两面屏配置）及3/2接线（按两套单母线配置）等。

母线发生故障的概率较线路低，但如果母线的短路故障不能迅速被切除，将会引起事故扩大，破坏电力系统的稳定运行，造成电力系统的瓦解事故。这是因为母线上通常连有较多的电气元件，母线故障将使这些元件停电，从而造成大面积停电事故，并可能破坏系统的稳定运行，使故障进一步扩大，可见母线故障是最严重的电气故障之一。因此，利用母线保护清除和缩小故障造成的后果，是十分必要的。

母线保护总的来说可以分为两大类型：一是利用供电元件的保护来保护母线，二是装设母线保护专用装置。一般来说母线故障可以利用供电元件的保护来切除，但缺点是延时太长，当双母线或单母线时，无选择性。所以一般在110kV及以上双母线和单母线分段上均装设母线保护专用装置。

母线保护装置通俗地讲就是有选择地、灵敏地进行判断，快速、可靠地动作去切除母线故障的保护装置。母线保护应特别强调其可靠性，并尽量简化结构。对电力系统的单母线和双母线保护采用母线差动保护一般可以满足要求，所以得到广泛应用。

4.2　母线保护装置的保护配置及原理

本章以南京南瑞继保电气有限公司的PCS-915型母线保护装置为例。其设有母线差动保护、母联过电流保护、母联充电保护、母联非全相保护、母联死区保护、母联失灵保护及断路器失灵保护功能。

4.2.1　母线差动保护

母线差动保护由分相式比率差动元件构成，若支路TA同名端在母线侧，则母联TA同名端在Ⅰ母侧（装置内部只认母线的物理位置，与编号无关，如果母线编号的定义与本示意图不符，母联同名端的朝向以物理位置为准），如图4-1所示。差动回路包括母线大差回路和各段母线小差回路。母线大差是指除母联断路器和分段开关外所有支路电流所构成的差动回路。某段母线的小差是指该段母线上所连接的所有支路（包括

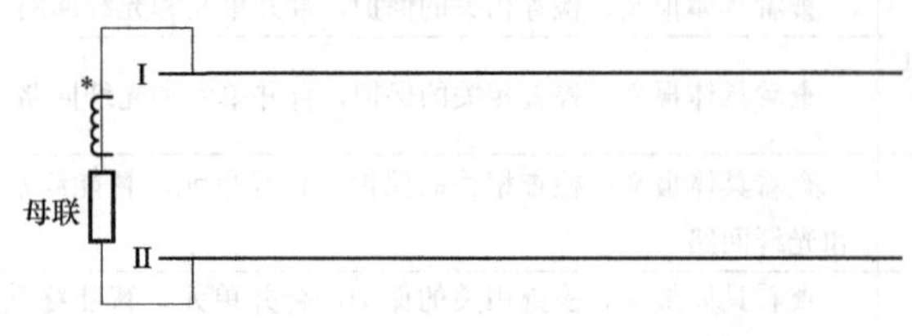

图4-1　母联TA极性示意图

母联和分段断路器）电流所构成的差动回路。母线大差比率差动用于判别母线区内和区外故障，小差比率差动用于故障母线的选择。

双母双分段的母线保护由两套保护装置来完成，每套装置的保护范围如图 4-2 所示。如分段断路器有两组电流互感器，则交叉分别接入两套装置，这时不存在分段死区问题；如果只有一组电流互感器，则存在分段死区问题。

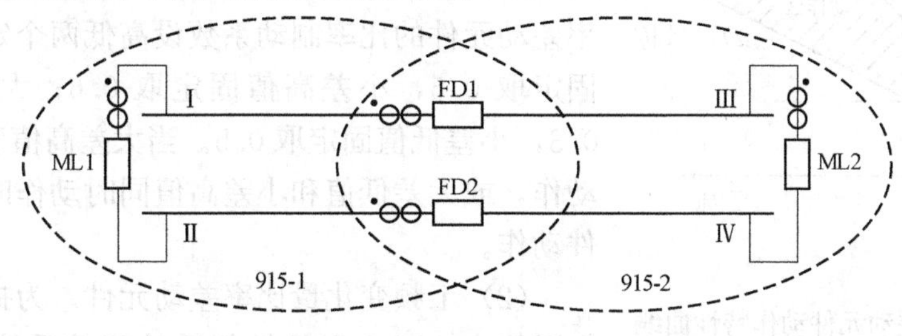

图 4-2 保护范围示意图

1. 启动元件

(1) 电压工频变化量元件。当两段母线任一相电压工频变化量大于门槛（由浮动门槛和固定门槛构成）时电压工频变化量元件动作，其动作判据为

$$\Delta u > \Delta U_{\mathrm{T}} + 0.05U_{\mathrm{N}} \tag{4-1}$$

式中 Δu——相电压工频变化量瞬时值；

$0.05U_{\mathrm{N}}$——固定门槛；

ΔU_{T}——浮动门槛，随着变化量输出变化而逐步自动调整。

在 TV 断线的情况下，自动退出该判据。

(2) 电流工频变化量元件。当制动电流工频变化量大于门槛（由浮动门槛和固定门槛构成）时电流工频变化量元件动作，其动作判据为

$$\Delta s_{\mathrm{I}} > \Delta SI_{\mathrm{T}} + 0.5I_{\mathrm{N}} \tag{4-2}$$

式中 Δs_{I}——制动电流工频变化量瞬时值；

$0.5I_{\mathrm{N}}$—固定门槛；

ΔSI_{T}——浮动门槛，随着变化量输出变化而逐步自动调整。

(3) 差流元件。当任一相差动电流大于差流启动值时差流元件动作，其动作判据为

$$I_{\mathrm{d}} > I_{\mathrm{cdzd}} \tag{4-3}$$

式中 I_{d}——大差动相电流；

I_{cdzd}——差动电流启动定值。

母线差动保护电压工频变化量元件或差流元件启动后展宽 500ms。

2. 比率差动元件

(1) 常规比率差动元件。其动作判据为

$$\begin{cases} \left|\sum_{j=1}^{m} I_j\right| > I_{\mathrm{cdzd}} \\ \left|\sum_{j=1}^{m} I_j\right| > K\sum_{j=1}^{m}\left|I_j\right| \end{cases} \tag{4-4}$$

式中 K——比率制动系数；

I_j——第 j 个连接元件的电流；

I_{cdzd}——差动电流启动定值。

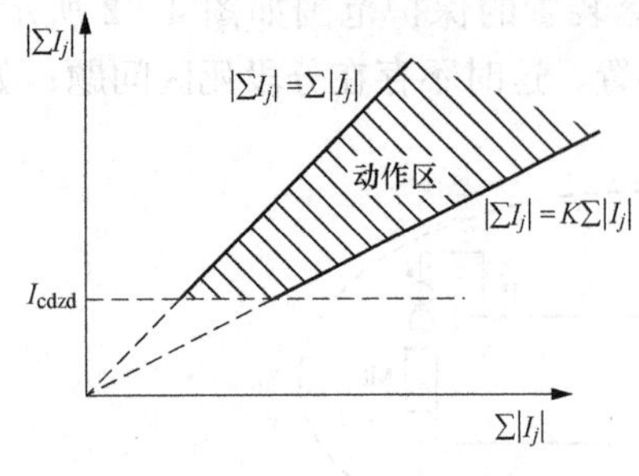

图 4-3 比率差动元件动作特性曲线

其动作特性曲线如图 4-3 所示。

为防止在母联断路器断开的情况下，弱电源侧母线发生故障时大差比率差动元件的灵敏度不够。因此，比率差动元件的比率制动系数设高低两个定值：大差高值固定取 0.5，小差高值固定取 0.6；大差低值固定取 0.3，小差低值固定取 0.5。当大差高值和小差低值同时动作，或大差低值和小差高值同时动作时，比率差动元件动作。

(2) 工频变化量比率差动元件。为提高保护抗过渡电阻能力，减少保护性能受故障前系统功角关系的影响，本保护除采用由差流构成的常规比率差动元件外，还采用工频变化量电流构成了工频变化量比率差动元件，与制动系数固定为 0.2 的常规比率差动元件配合构成快速差动保护。其动作判据为

$$\begin{cases} \left| \Delta \sum_{j=1}^{m} I_j \right| > \Delta DI_{\mathrm{T}} + \Delta DI_{\mathrm{cdzd}} \\ \left| \Delta \sum_{j=1}^{m} I_j \right| > K' \sum_{j=1}^{m} \left| \Delta I_j \right| \end{cases} \tag{4-5}$$

式中 ΔI_j——第 j 个连接元件的工频变化量电流；

ΔDI_{T}——差动电流启动浮动门槛；

$\Delta DI_{\mathrm{cdzd}}$——差流启动的固定门槛，由 I_{cdzd} 得出。

K'——工频变化量比率制动系数。

与稳态量比率差动类似，为解决不同主接线方式下制动系数灵敏度的问题，工频变化量比率差动元件的比率制动系数设高低两个定值：大差和小差高值固定取 0.65；大差低值固定取 0.3，小差低值固定取 0.5。当大差高值和小差低值同时动作，或大差低值和小差高值同时动作时，工频变化量比率差动元件动作。

(3) 故障母线选择元件。差动保护根据母线上所有连接元件电流采样值计算出大差电流，构成大差比例差动元件，作为差动保护的区内故障判别元件。

装置根据各连接元件的隔离开关位置开入计算出各条母线的小差电流，构成小差比率差动元件，作为故障母线选择元件。

当大差抗饱和母差动作（下述 TA 饱和检测元件二检测为母线区内故障），且任一小差比率差动元件动作，母差动作跳相关母线的联络开关；当小差比率差动元件和小差谐波制动元件同时开放时，母差动作跳开相应母线。

当一次系统两母线无法解列时，必须投入母线互联连接片确定母线的互联运行方式。当元件在倒闸过程中两条母线经隔离开关双跨，装置自动识别为互联运行方式。互联后两互联母线的小差电流均变为该两母线的全部连接元件电流（不包括互联两母线之间的母联或分段电流）之和。当处于互联的母线中任一段母线发生故障时，均将此两段母线同时切除（但实际动作于某条母线跳闸时还必须经过该母线的电压闭锁元件闭锁）。

当抗饱和母差动作，且无母线跳闸，为防止保护拒动，设置两时限后备保护段，其中第一时限切除有流且无隔离开关位置开入的支路及电压闭锁开放的母联（分段）断路器；第二时限切除所有支路电流大于 $2I_n$ 的支路，以最大限度降低对系统影响且尽可能减少不必要的切除。

另外，装置在比率差动连续动作 500ms 后将退出所有的抗饱和措施，仅保留比率差动元件（$\left|\sum_{j=1}^{m} I_j\right| > I_{cdzd}$，$\left|\sum_{j=1}^{m} I_j\right| > K\sum_{j=1}^{m}|I_j|$），若其动作仍不返回则跳相应母线。这是为了防止在某些复杂故障情况下保护误闭锁导致拒动，在这种情况下母线保护动作跳开相应母线对于保护系统稳定和防止事故扩大都是有好处的（而事实上真正发生区外故障时，TA 的暂态饱和过程也不可能持续超过 500ms）。

3. TA 饱和检测元件

为防止母线保护在母线近端发生区外故障时 TA 严重饱和的情况下发生误动，保护装置根据 TA 饱和波形特点设置了两个 TA 饱和检测元件，用以判别差动电流是否由区外故障 TA 饱和引起，如果是则闭锁差动保护出口，否则开放保护出口。

（1）TA 饱和检测元件一。采用成熟的自适应阻抗加权抗饱和方法，即利用电压工频变化量启动元件和电流工频变化量启动元件自适应地开放加权算法。当发生母线区内故障时，工频变化量差动元件 ΔBLCD、工频变化量电压元件 ΔU 和工频变化量电流元件 Δ_{S1} 基本同时动作，而发生母线区外故障时，由于故障起始 TA 尚未进入饱和，ΔBLCD 元件动作滞后于工频变化量电压元件和工频变化量电流元件。利用 ΔBLCD 元件和工频变化量电压元件、工频变化量电流元件动作的相对时序关系的特点，可得到抗 TA 饱和的自适应加权判据。由于此判据充分利用了区外故障发生 TA 饱和时差流不同于区内故障时差流的特点，具有极强的抗 TA 饱和能力，而且区内故障和一般转换性故障（故障由母线区外转至区内）时的动作速度很快。

（2）TA 饱和检测元件二。由谐波制动原理构成的 TA 饱和检测元件。这种原理利用了 TA 饱和时差流波形畸变和每周波存在线性传变区等特点，根据差流中谐波分量的波形特征检测 TA 是否发生饱和。以此原理实现的 TA 饱和检测元件同样具有很强抗 TA 饱和能力，而且在区外故障 TA 饱和后发生同名相转换性故障的极端情况下仍能快速切除母线故障。

图 4-4 所示为动模实验室实录的母线区外故障波形。由图可知，短路支路电流互感器极度饱和的情况下，差动保护也不会误动。

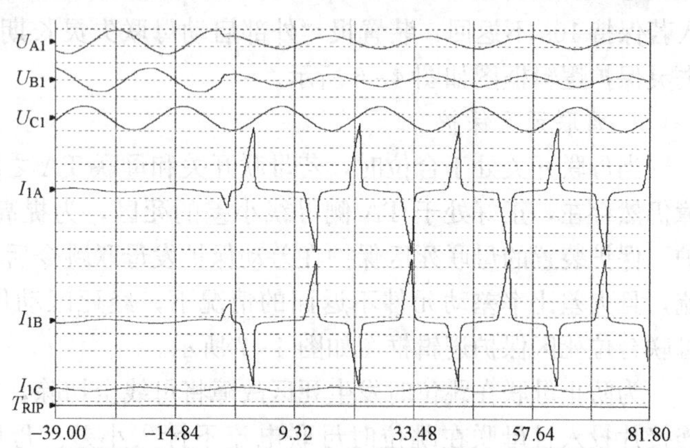

图 4-4　母线区外故障伴随电流互感器饱和的电流波形

4. 闭锁元件

（1）电压闭锁元件。闭锁元件电压闭锁判据为

$$\begin{aligned} U_\phi &\ll U_{bs} \\ 3U_0 &\gg U_{0bs} \\ U_2 &\gg U_{2bs} \end{aligned} \tag{4-6}$$

式中 U_{ϕ}——相电压；

$3U_0$——3 倍零序电压（自产）；

U_2——负序相电压；

U_{bs}——相电压闭锁值，固定为 $0.7U_n$；

U_{0bs}和U_{2bs}——零序、负序电压闭锁值，分别固定为 6V 和 4V。

以上三个判据任一个动作时，电压闭锁元件开放。在动作于故障母线跳闸时必须经相应的母线电压闭锁元件闭锁。

（2）充电闭锁元件。为防止母联充电到死区故障误跳运行母线，在充电预备状态下（母联 KTP 为 1 且两母线未全在运行状态），检测到母联合闸开入由 0 变 1，则从大差差动电流启动开始的 300ms 内闭锁差动跳母线，差动跳母联（分段）则不经延时。母联 KTP 返回大于 500ms 或母联合闸开入正翻转 1s 后，母差功能恢复正常。另外，如果充电过程中母联断路器有电流或者母联分列运行连接片投入说明不是充电到死区故障情况，应立即解除跳母线的延时。

5. 母差保护的逻辑框图

以Ⅰ母线为例，如图 4-5 所示。

4.2.2 母联保护

1. 母联失灵保护

当母差保护动作向母联发跳令后，经整定延时母联电流仍然大于母联失灵电流定值时，母联失灵保护经各母线电压闭锁分别跳相应的母线，母联失灵保护功能固定投入。

装置具备外部保护启动本装置的母联失灵保护功能，当装置检测到“外部启动母联失灵”开入后，经整定延时母联电流仍然大于母联失灵电流定值时，母联失灵保护分别经相应母线电压闭锁后经母联分段失灵时间切除相应母线上的分段开关及其他所有连接元件。该开入若保持 10s 不返回，装置报“外部启动母联失灵长期启动”，同时退出该启动功能。母联失灵保护逻辑框图如图 4-6 所示。

2. 母联死区保护

当母联开关处于合位时，若母联开关和母联 TA 之间发生故障，断路器侧母线跳开后故障仍然存在，正好处于 TA 侧母线小差的死区，为提高保护动作速度，专设了母联死区保护。保护装置的母联死区保护在差动保护发母联跳令后，母联开关已跳开而母联 TA 仍有电流，且大差比率差动元件不返回的情况下，经死区动作延时 150ms 将母联电流退出小差。母联合位死区保护逻辑框图如图 4-7 所示。

为防止母联在跳位时发生死区故障将母线全切除，当两母线处运行状态、母联分列运行连接片投入且母联在跳位时母联电流不计入小差。母联分位死区保护逻辑框图如图 4-8 所示。

双母线双分段主接线的分段断路器处于分位时，死区保护不需要判别母线运行条件，逻辑框图如图 4-9 所示。

3. 母联过电流保护

母联过电流保护有专门的启动元件。在母联过电流保护投入时，当母联电流任一相大于母联过电流整定值，或母联零序电流大于零序过电流整定值时，母联过电流启动元件动作去控制母联过电流保护部分。

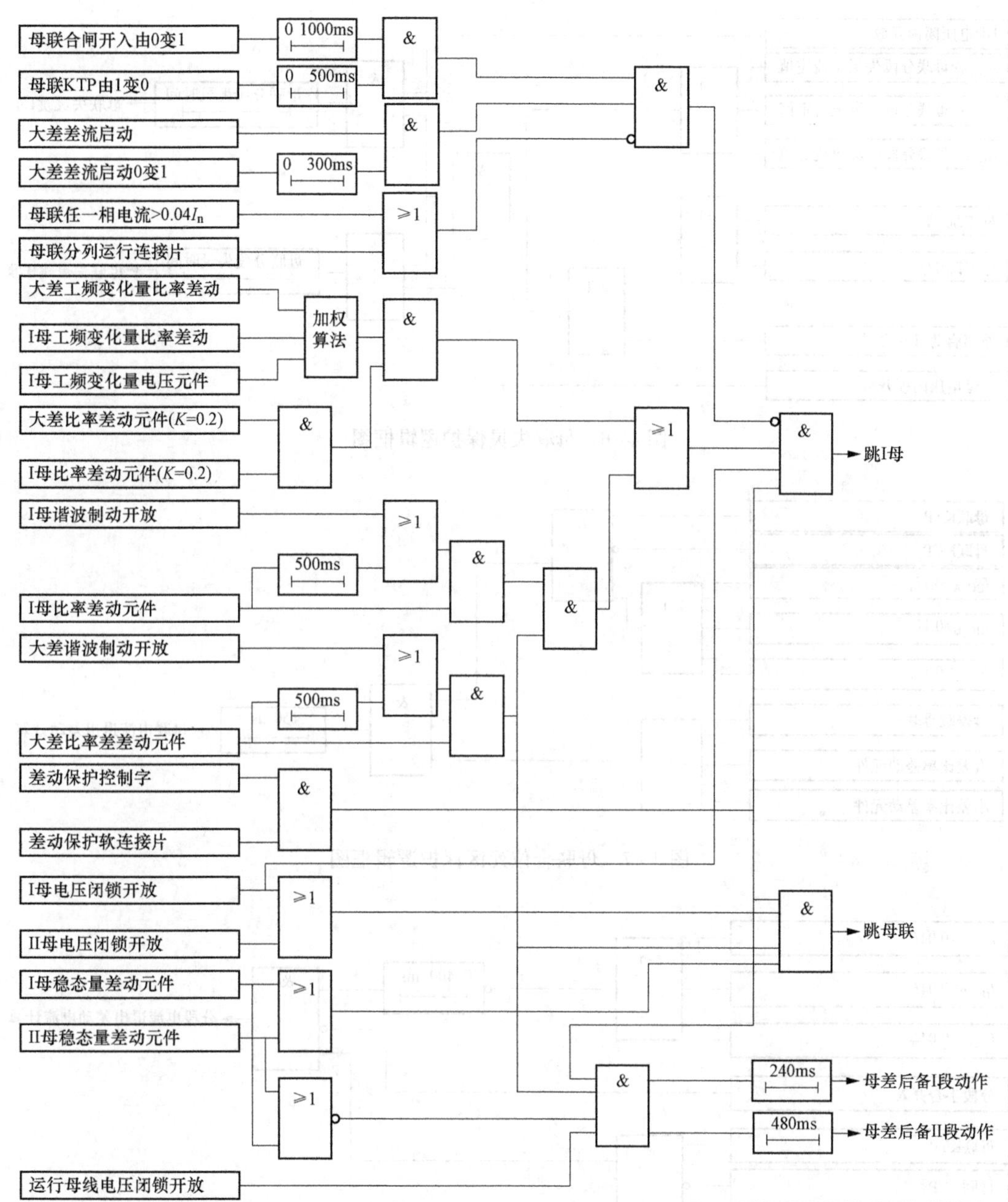

图 4-5 母差保护的逻辑框图（以Ⅰ母为例）

母联过电流保护在任一相母联电流大于过电流整定值，或母联零序电流大于零序过电流整定值时，经整定延时跳母联开关，母联过电流保护不经复合电压元件闭锁。母联过电流保护动作后启动母联失灵。

4. 母联非全相保护

当母联断路器某相断开，母联非全相运行时，可由母联非全相保护延时跳开三相。

非全相保护由母联 KTP 和 KCP 触点启动，并可采用零序和负序电流作为动作的辅助判据。在母联非全相保护投入时，有 KTP 和 KCP 开入且母联零序电流大于母联非全相零序电

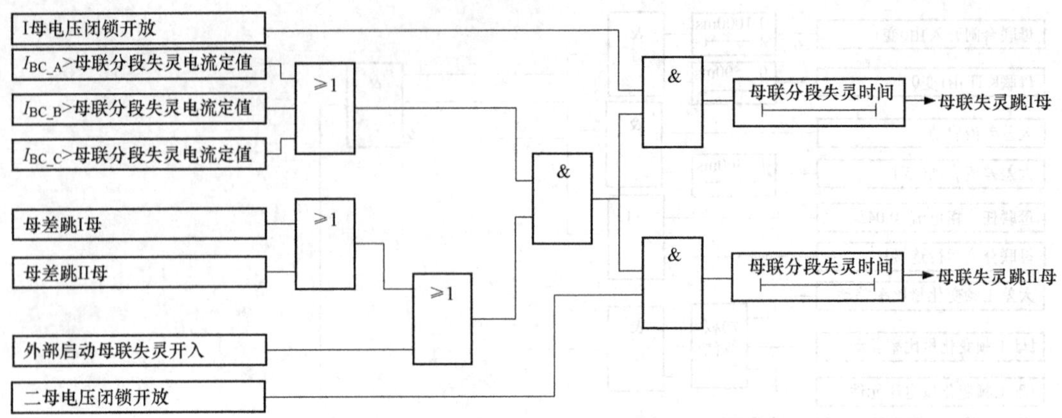

图 4-6　母联失灵保护逻辑框图

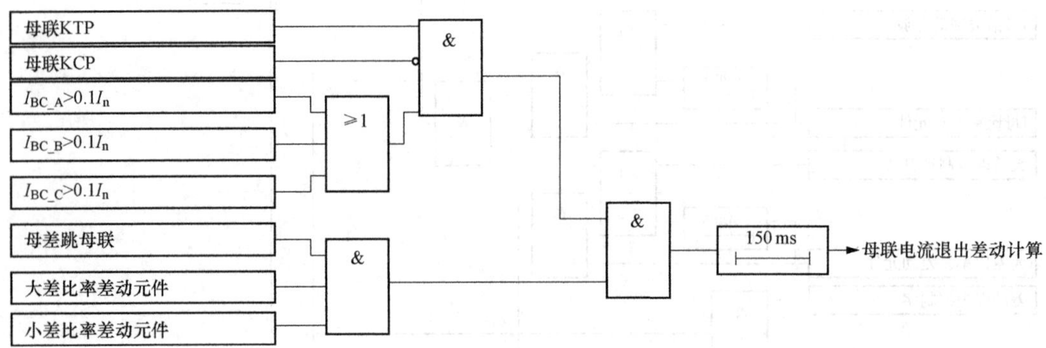

图 4-7　母联合位死区保护逻辑框图

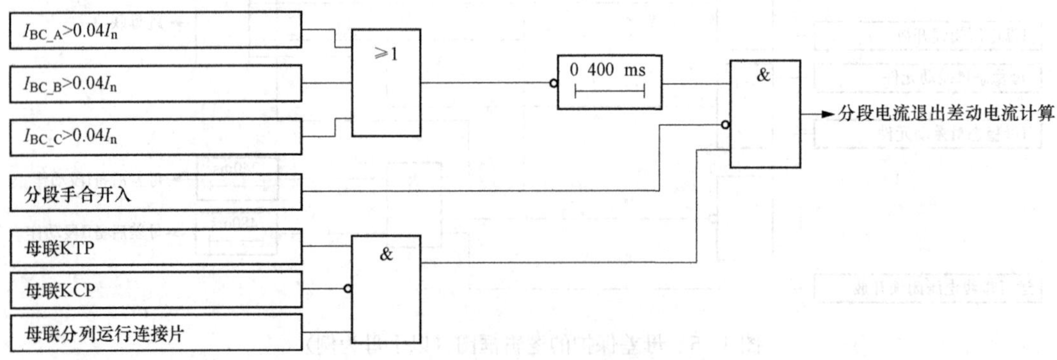

图 4-8　母联分位死区保护逻辑框图

流定值，或母联负序电流大于母联非全相负序电流定值，经整定延时跳母联断路器。逻辑框图如图 4-10 所示。

5. 母联充电保护

当任一组母线检修后再投入之前，利用母联断路器对该母线进行充电试验时可投入母联充电保护，当被试验母线存在故障时，利用充电保护切除故障。

母联充电保护有专门的启动元件。在母联充电保护投入时，当母联电流任一相大于母联

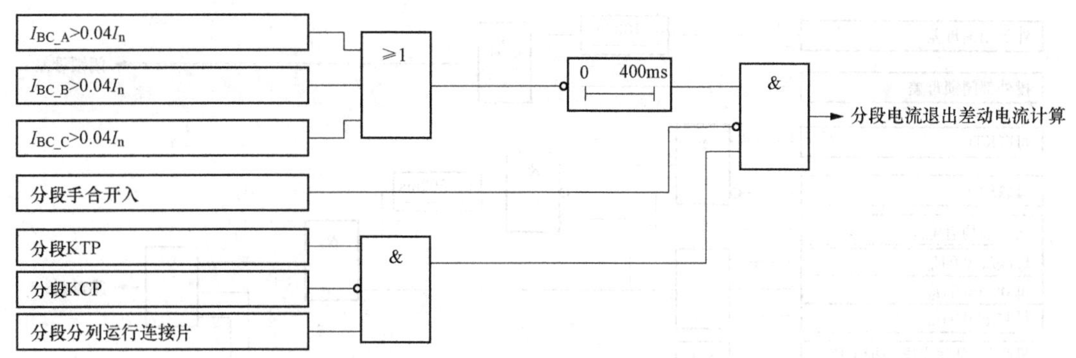

图 4-9　分段分位死区保护逻辑框图

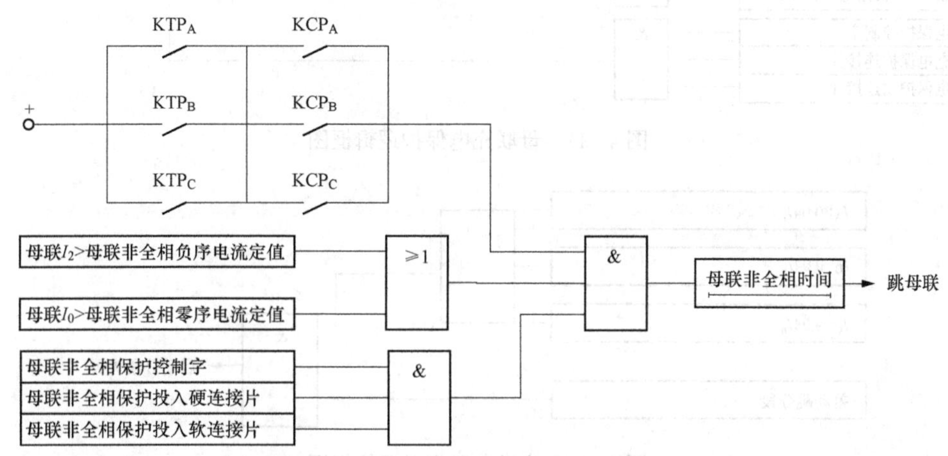

图 4-10　母联非全相保护逻辑框图

充电保护整定值时，母联充电保护启动元件动作去控制母联充电保护部分。

当母联断路器跳位继电器由 1 变为 0 或母联 KTP=1，母联 KCP=0，且由无电流变为有电流（大于 0.04I_n），或两母线变为均有电压状态，则开放充电保护 300ms。在充电保护开放期间，若母联电流大于充电保护整定电流，则将母联断路器切除。母联充电保护不经复合电压闭锁。

另外，可以经控制字来控制是否通过外部触点闭锁本装置母差保护。装置检测到外部“闭锁母差保护”开入后，闭锁母差保护。该开入若保持 1s 不返回，装置报“闭锁母差开入异常”，同时解除对母差保护的闭锁。母联充电保护逻辑框图如图 4-11 所示。

4.2.3　失灵保护

1. 启动分段失灵

启动分段失灵的条件为母差动作不返回，分段有电流(>0.04I_n)，两个条件都满足去启动另一套 915 的分段失灵保护，如图 4-12 所示。

2. 分段失灵保护

当启动分段失灵开入触点动作，经整定延时相应的分段电流仍然大于母联分段失灵电流定值时，分段失灵保护经相应母线电压闭锁后延时切除母联断路器及相应母线上所有连接元件，如图 4-13 所示。

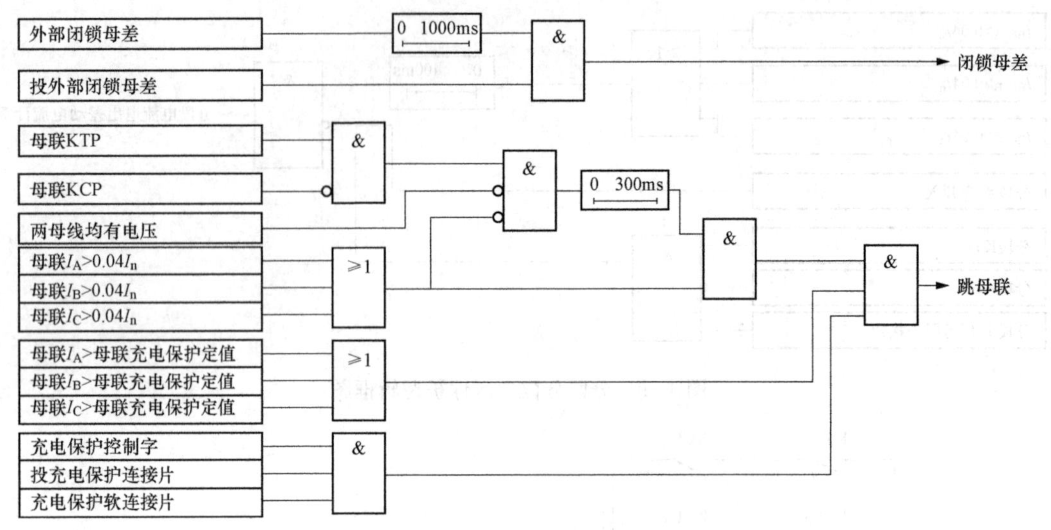

图 4-11 母联充电保护逻辑框图

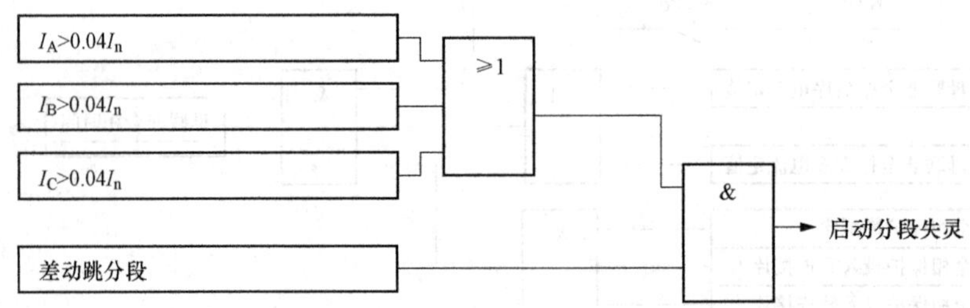

图 4-12 启动分段失灵逻辑框图

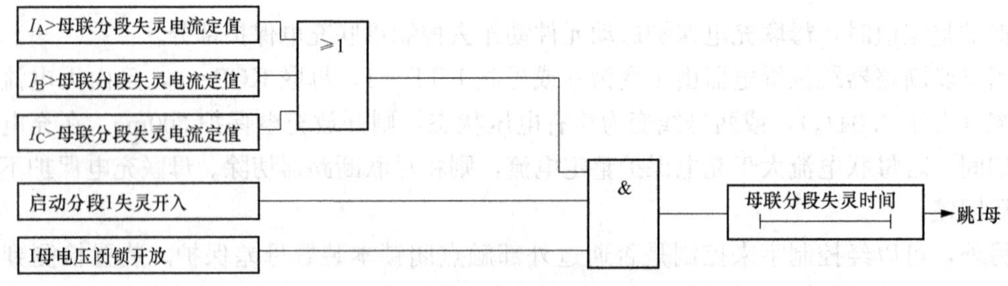

图 4-13 分段失灵保护逻辑框图

3. 断路器失灵保护

断路器失灵保护由各连接元件保护装置提供的保护跳闸触点启动。

对于线路间隔，当失灵保护检测到分相跳闸触点动作时，若该支路的对应相电流大于有流定值门槛（0.04I_n），且零序电流大于零序电流定值（或负序电流大于负序电流定值），则经过失灵保护电压闭锁后失灵保护动作跳闸；当失灵保护检测到三相跳闸触点均动作时，若三相电流均大于三相失灵相电流定值且任一相电流工频变化量动作（引入电流工频变化量元件的目的是防止重负荷线路的负荷电流躲不过三相失灵相电流定值导致电流判据长期开放），则经过失灵保护电压闭锁后失灵保护动作跳闸。其逻辑框图如图 4-14 所示。

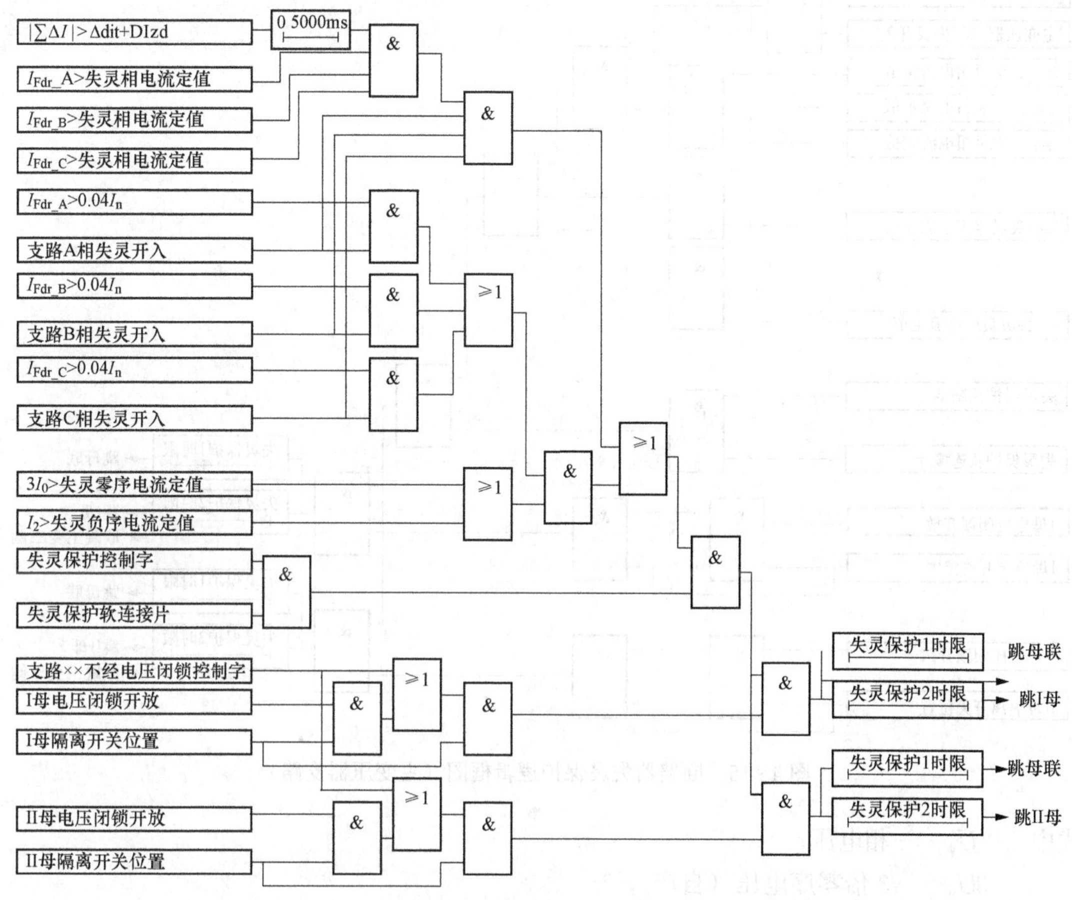

图 4-14　断路器失灵保护逻辑框图（线路支路）

对于主变压器间隔，当失灵保护检测到失灵启动触点动作时，若该支路的任一相电流大于三相失灵相电流定值，或零序电流大于零序电流定值（或负序电流大于负序电流定值），则经过失灵保护电压闭锁后失灵保护动作跳闸。其逻辑框图如图 4-15 所示。

失灵保护动作 1 时限跳母联（或分段）断路器，2 时限跳失灵断路器所在母线的全部连接支路。

母差保护动作后启动主变压器断路器失灵功能，采取内部逻辑实现，在母差保护动作跳开主变压器所在支路同时，启动该支路的断路器失灵保护。装置内固定支路 4、5、14、15 为主变压器支路。

任一支路失灵开入保持 10s 不返回，装置报“失灵长期启动”，同时将该支路失灵保护闭锁。

失灵保护电压闭锁判据为

$$\begin{aligned} U_{\phi} &\ll U_{sl} \\ 3U_0 &\gg U_{0sl} \\ U_2 &\gg U_{2sl} \end{aligned} \qquad (4-7)$$

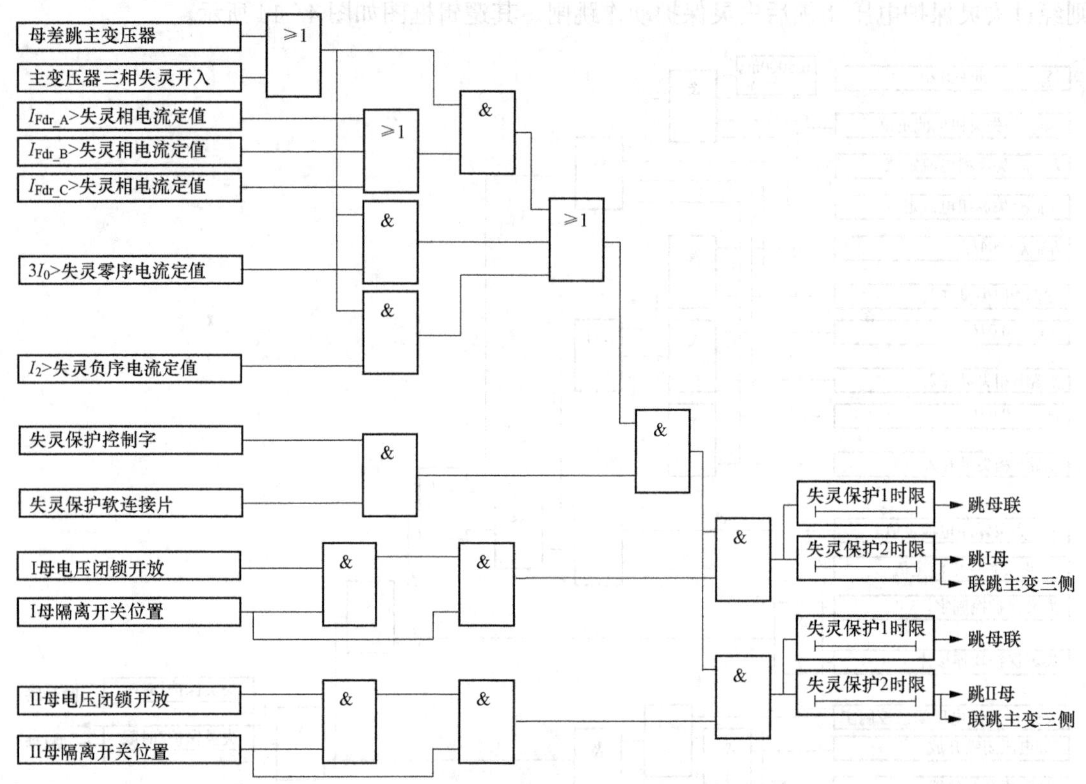

图 4-15 断路器失灵保护逻辑框图（主变压器支路）

式中 U_ϕ——相电压；

$3U_0$——3 倍零序电压（自产）；

U_2——负序相电压；

U_{sl}——相电压闭锁定值；

U_{0sl}，U_{2sl}——零序、负序电压闭锁定值。

以上三个判据任一动作时，电压闭锁元件开放。

为防止主变压器低压侧故障高压侧断路器失灵时，高压侧母线的电压闭锁灵敏度有可能不够的情况，当装置感受到主变压器支路失灵开入后，自动解除该主变压器支路的失灵电压闭锁。

4.2.4 母线运行方式识别

双母线上各连接元件在系统运行中需要经常在两条母线上切换，因此正确识别母线运行方式直接影响到母线保护动作的正确性。保护装置引入隔离开关辅助触点判别母线运行方式，同时对隔离开关辅助触点进行自检。在以下几种情况下装置会发出隔离开关位置报警信号：

(1) 当有隔离开关位置变位时，需要运行人员检查无误后按隔离开关位置确认按钮复归。

(2) 隔离开关位置出现双跨时，此时不响应隔离开关位置确认按钮。

(3) 当某条支路有电流而无隔离开关位置时，装置能够记忆原来的隔离开关位置，并根据当前系统的电流分布情况校验该支路隔离开关位置的正确性，此时不响应隔离开关位置确认按钮。

（4）因隔离开关位置错误产生小差电流时，装置会根据当前系统的电流分布情况计算出该支路的正确隔离开关位置。

（5）因隔离开关位置由 GOOSE 网络获得，装置提供软连接片用来强制隔离开关位置，当“支路××_强制使能”为1时，该支路的隔离开关由“支路××_1G 强制合”及“支路××_2G 强制合”确定；当“支路××_强制使能”为0时，隔离开关位置由外部 GOOSE 开入确定。

另外，为防止无隔离开关位置的支路拒动，当无论哪条母线发生故障时，将切除有流且无隔离开关位置的支路。

4.3　测试仪的配置

母线保护装置调试以北京博电 PNF802 型智能站光数字继电保护测试仪为例，其硬件介绍请参考附录 A，以下为测试仪配置步骤。

（1）查看保护背面端子接口，将测试仪输出光以太网口 1、2、3、4、5 分别与母联 SV 输入口、1号进线 SV 输入口、1号主变压器 SV 输入口、电压合并单元、母联智能终端 GOOSE 输出口相连（选择母联、1号进线、1号主变压器作为测试对象）。后面对测试仪 5 个光口的定义将与此相对应。

（2）在保护装置上：按“取消”键→整定→软连接片→SV 接收软连接片，将 1 中所选择的 SV 对应的 SV 接收软连接片置“投入”。做差动时，可将“TV_SV 接收软连接片”退出，避免报 TV 断线影响试验。

（3）在保护装置上：按“取消”键→整定→保护定值→控制字，将要测试的保护控制字置“1-投入”，退出无关保护。如退出失灵保护，即将“失灵保护”控制字置 0。

（4）进入测试软件，单击“系统设置”（也可在实验页面单击“设置”→“IEC 报文设置”进入系统设置页面），如图 4-16 所示。

（5）单击“系统参数设置”，在输出选择中选取“IEC 61850-9-2”报文输出形式，如图 4-17 所示。

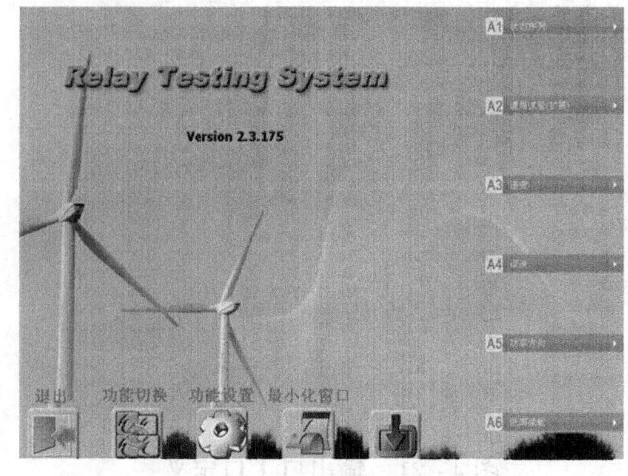

图 4-16　进入测试软件

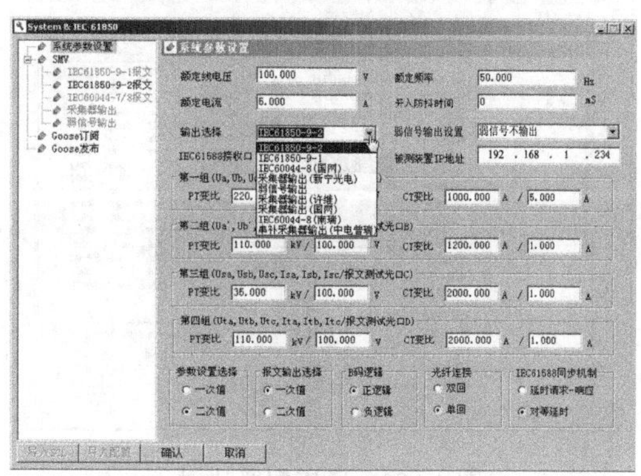

图 4-17　系统参数设置

（6）在系统参数设置中选择了“IEC 61850-9-2”的报文输出格式，在SV菜单中“IEC 61850-9-2报文”才可选。将整站SCD文件存于测试仪D盘内，单击“导入SCL”，将dxb.scd文件导入（注：必须放在测试仪D盘，否则会被系统还原，文件丢失），如图4-18所示。

（7）找到当前母线保护（以220kV母线保护A许继WMH-800B/G为例），单击“SMV Inputs”，如当前保护未配置通道，还可通过找到相应的合并单元，单击“SMV Outputs”进行设置。勾选以后单击“配置SMV”，之后单击“确定”。如SCD文件较多，可在“IEC查找”栏输入“800”，然后单击“查找”按钮，快速查找和WMH-800B/G相关的配置文件。如果做母线差动和后备，需要同时勾选母联SV输入口、1号进线SV输入口、1号主变压器SV输入口、电压合并单元的配置通道，如图4-19所示。

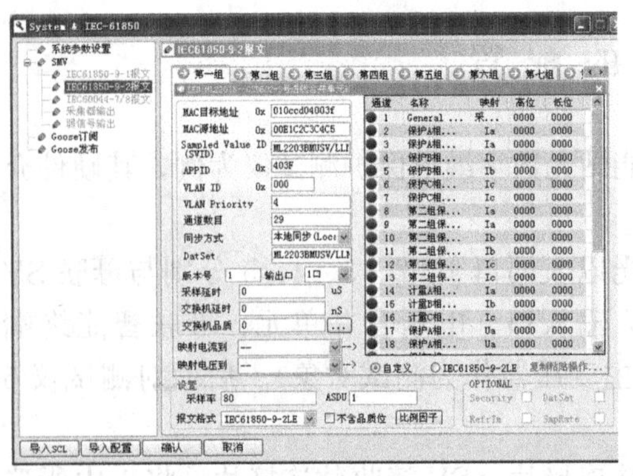

图4-18 导入SCL

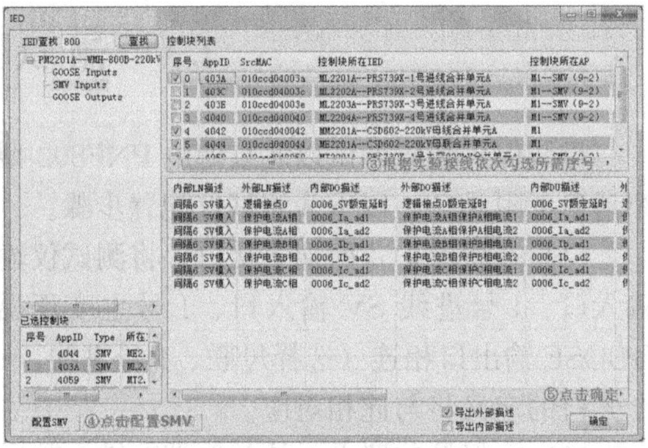

图4-19 配置SMV

（8）默认通道配置映射从第一组开始，可以手动修改。如果做差动，在上一步选择了4组配置通道，在此步将会导入到第一～第四组报文中（注：此步骤会从选择组别开始，依次覆盖替换原有SMV通道配置信息，如无特别需要，默认第一组）。如图4-20所示。

（9）选择输出口（第一组默认输出口为1口，第二组默认输出口为2口，第三组默认输出口为3口，第四组默认输出口为4口）。单击“确认”。如图4-21～图4-24所示。

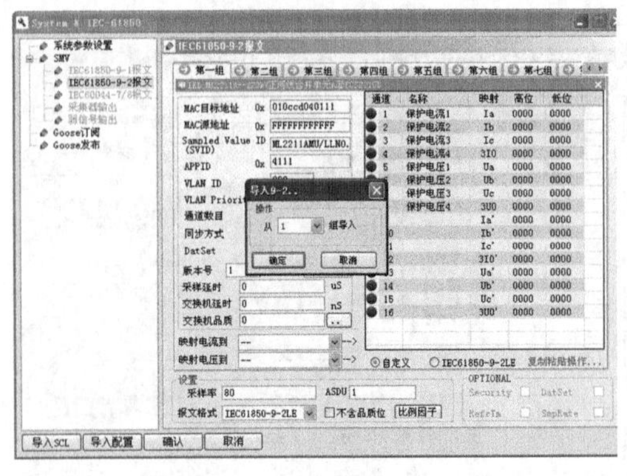

图4-20 通道配置映射

图4-21 输出口1口定义

1）1口定义为母联合并单元，对应的母联电压为U_a、U_b、U_c，母联电流为I_a、I_b、I_c。

图 4-22　输出口 2 口定义

图 4-23　输出口 3 口定义

2）2 口定义为 1 号进线合并单元，对应的 1 号进线电压为 U_a'、U_b'、U_c'，1 号进线电流为 I_a'、I_b'、I_c'。

3）3 口定义为 1 号主变压器合并单元，对应的 1 号主变压器电压为 U_{sa}、U_{sb}、U_{sc}，1 号主变压器电流为 I_{sa}、I_{sb}、I_{sc}。

4）4 口定义为母线合并单元，对应的母线电压为 U_a、U_b、U_c，母线电流为 I_a、I_b、I_c。

（10）GOOSE 订阅。测试仪要接收跳闸信息，必须先订阅 GOOSE。

选择 GOOSE 订阅，单击“导入 SCL”按钮，按照第 7 步的操作找到对应的配置文件，勾选以后单击“GOOSE 订阅”，之后单击“确定”。选择当前 GOOSE 订阅的光口，然后把所需要接收的 GOOSE 虚端子信号绑定到测试仪（绑定过程：鼠标选中相应虚端子单击，然后再单击右边的 A～H 进行绑定，绑定后相应 GOOSE 变位即绑定后的开入量变位），如图 4-25、图 4-26 所示。

图 4-24　输出口 4 口定义

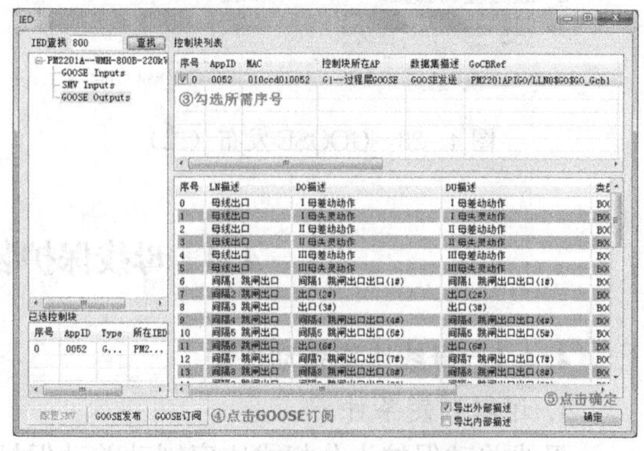

图 4-25　GOOSE 订阅（一）

（11）GOOSE 发布。测试过程中保护需要断路器位置信息进行判断运行方式，所以测试仪要断路器的 GOOSE 信息给保护。

1）在 GOOSE Inputs 中选择母联智能终端的配置文件，因为在实际运行中保护需要的断路器的位置信息是从对应的智能终端获得的，如图 4-27 所示。

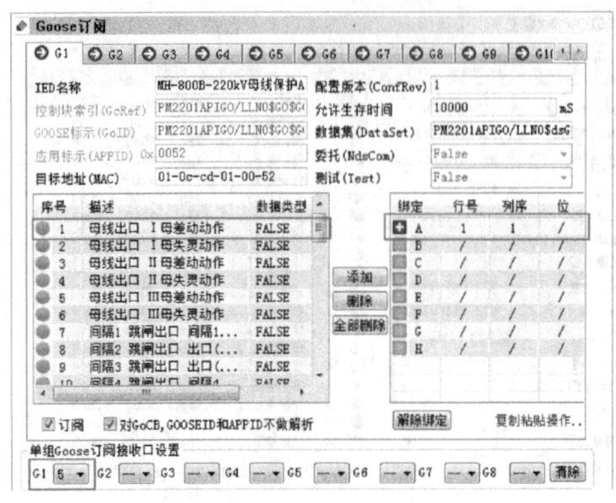

图 4-26　GOOSE 订阅（二）

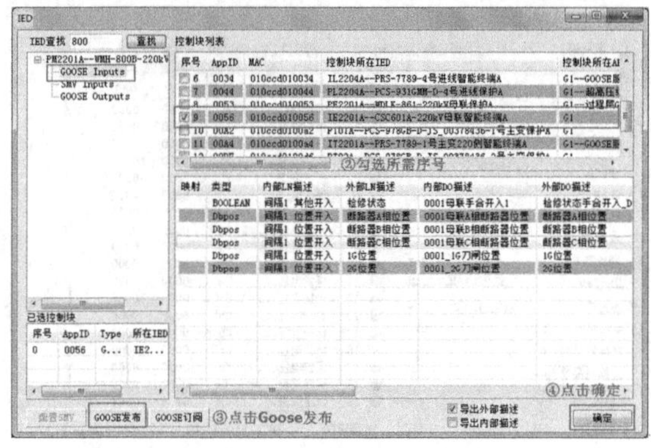

图 4-27　GOOSE 发布（一）

2）在 GOOSE 发布里面把相对应的母联位置置 10（合位），选择 5 口输出，与 GOOSE 订阅共用 5 口，完成后单击“确定”，如图 4-28 所示。

（12）配置完成后，单击“系统参数设置”选项，设置 TV、TA 变比，需要与保护装置保持一致，如图 4-29 所示。

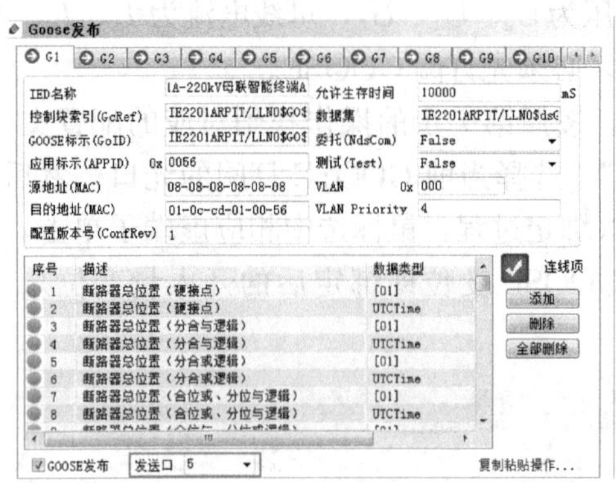

图 4-28　GOOSE 发布（二）

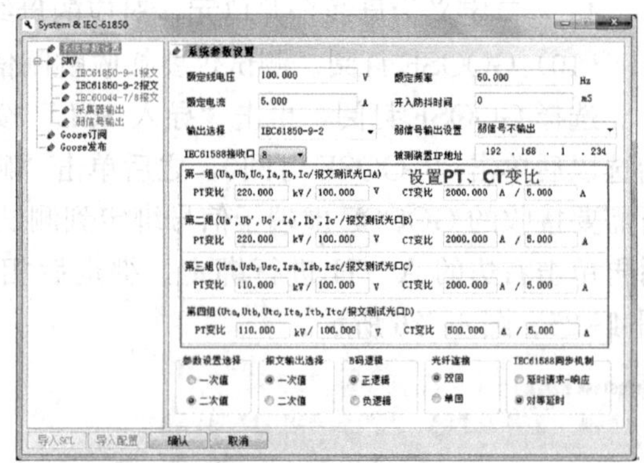

图 4-29　设置系统参数

4.4　母线保护装置中各保护调试

4.4.1　母线比率差动保护

1. 逻辑判定条件

母线差动保护为分相式比率制动差动保护，设置大差及各段母线小差。大差由除母联外母线上所有元件构成，每段母线小差由每段母线上所有元件（包括母联）构成。大差作为启动元件，用以区分母线区内外故障，小差为故障母线的选择元件。大差、小差均采用具有比率制动特性的分相电流差动算法，其动作方程为

$$\begin{cases} I_{\mathrm{d}} > I_{\mathrm{s}} \\ I_{\mathrm{d}} > kI_{\mathrm{r}} \end{cases} \tag{4-8}$$

$$I_{\mathrm{d}} = \left| \sum_{j=1}^{n} \dot{I}_j \right|, I_{\mathrm{r}} = \sum_{j=1}^{n} \left| \dot{I}_j \right|$$

式中　I_d——差动电流；

I_r——制动电流；

k——比率制动系数；

I_s——差动电流定值；

$\dot{I}_j$——各回路电流。

为防止在母联断开的情况下，弱电源侧母线发生故障时大差比率差动元件灵敏度不够，或双母单分段接线合环运行工况下母线故障小差比率差动元件可能灵敏度不够，制动系数设置了高、低两个制动特性。制动特性根据以下三个原则自适应取值。

(1) 母线并列运行或单母运行情况下大差制动系数取高制动特性 (0.5)，分列运行时取低制动特性 (0.3)。

(2) 双母单分段接线合环运行时小差制动系数取低制动特性，其他情况下小差制动系数均取高制动特性。

(3) 双母双分接线方式配置两套母差，本套母差不易识别另外一套母差所保护的母联断路器的状态，小差制动系数固定取高制动特性；当母联断路器为分位状态时，大差制动系数取低制动特性。

如果大差制动系数和某段小差制动系数都满足上式的动作方程，判为母线内部故障，母线保护动作，跳开故障母线上的所有断路器。对双母线接线，当某个元件在倒闸过程中两条母线经隔离开关双跨、投入母线互联软连接片或者相关母联 TA 断线时，双母线按单母方式运行，此时不再进行故障母线的选择，如果母线发生故障，则将两条母线同时切除。单母线分段母线互联时同样按单母线处理。图 4-30 所示为差动保护动作曲线图。

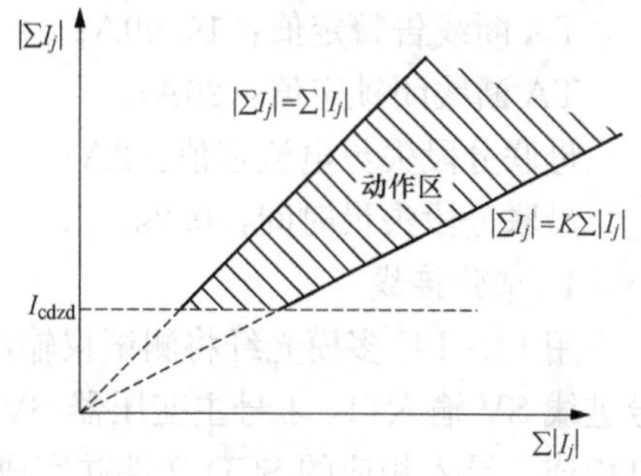

图 4-30　差动保护动作曲线图

2. 测试过程中母差保护运行方式的设置

分别测试以下两个项目：

(1) 母线并列运行或单母运行情况下大差制动系数取高制动特性 (0.5)；

(2) 分列运行时取低制动特性 (0.3)。

试验过程中关于母线并列运行、分列运行的设置（需要注意：母联 1 分列软连接片，母联Ⅰ-Ⅱ互联软连接片、母线断路器位置之间关系）。

母联分列/并列运行实际计算不判母线断路器位置，而是判“母联 1 分列软连接片”与“母联Ⅰ-Ⅱ互联软连接片”。如“母联 1 分列软连接片”投入、“母联Ⅰ-Ⅱ互联软连接片”退出——按照母联分列运行计算 (0.3)，如“母联 1 分列软连接片”退出、“母联Ⅰ-Ⅱ互联软连接片”投入——装置按照母线并列运行进行计算 (0.5)。

如果母线断路器位置跟“母联 1 分列软连接片”和“母联Ⅰ-Ⅱ互联软连接片”不对应，则装置报“位置异常”，但是不影响相关高制动特性跟低制动特性的选取。

如果母线断路器位置、“母联 1 分列软连接片”、“母联Ⅰ-Ⅱ互联软连接片”都不投，则需要母联断路器位置为合位，否则报“位置异常”告警信号。

3. 保护相关定值及控制字设置

(1) SV接收软连接片设置。在保护装置上，按“取消”键→整定→软连接片→SV接收软连接片，进入后会发现除了“TV_SV接收软连接片”外，其他都是编号的形式，参照表4-1对需要的、将需要用到的SV接收软连接片置“投入”。

表4-1　SV接收软连接片编号与实际间隔的对应关系表

SV接收软连接片编号	0001	0004	0005	0006	0007	0008	0009
对应间隔	母联	1号主变压器	2号主变压器	1号线路	2号线路	3号线路	4号线路

投入：0001SV接收软连接片、0004SV接收软连接片、0006SV接收软连接片。

(2) 保护控制字设置。在保护装置上：按“取消”键→整定→保护定值→保护控制字，投入差动保护，退出失灵保护。

差动保护：1

失灵保护：0

(3) 保护定值设置。在保护装置上，按“取消”键→整定→保护定值→差动保护定值。

差动保护启动电流定值：1A；

TA断线告警定值：19.99A；

TA断线闭锁定值：20A；

母联分段失灵电流定值：2A；

母联分段失灵时间：0.2s。

4. 试验接线

用LC-LC多模光纤将测试仪输出光以太网口1、2、3、4、5分别与母联SV输入口、1号进线SV输入口、1号主变压器SV输入口、电压合并单元、母联智能终端GOOSE输出口相连。导入相应的SCD文件并完成相应设置，以保证保护装置采样无异常。

5. 隔离开关强制

隔离开关可以通过实际智能终端提供，也可以通过装置进行强制，这里说明如何通过保护装置进行强制。

在保护装置上：按“取消”键→整定→软连接片→隔离开关强制软连接片。

(1)“0004_隔离开关强制投退—投，0004_Ⅰ母隔离开关—投”，对应SV接收软连接片编号与实际间隔的对应关系的表格，可以看到，0004代表1号主变压器，此操作即将1号主变压器连接到Ⅰ母上。

(2)“0006_隔离开关强制投退—投，0006_Ⅱ母隔离开关—投”，对应SV接收软连接片编号与实际间隔的对应关系的表格，可以看到，0006代表1号线路，此操作即将1号线路Ⅰ母连接到Ⅱ母上。

6. 母线并列运行高制动特性曲线差动测试

(1) 在保护软连接片中设置：母线Ⅰ-Ⅱ互联软连接片“投”，母联1分列软连接片“退”。此设置为Ⅰ母、Ⅱ母并列运行方式。

(2) SV接收软连接片：投入0001、0004、0006的SV接收软连接片，退出母线电压SV接收软连接片（避免试验过程中由于TV断线影响试验）。

(3) 在GOOSE发布里面把相对应的母联位置置10（合位），完成后单击“确定”。

（4）保护装置的母联极性为指向Ⅱ母，则采用母联电流映射与挂在Ⅰ母上的支路电流一样，这样在试验过程中由于大小相等方向相同Ⅰ母差流为0，一直不会动作，这样做出的就是母联与Ⅱ母的差动特性测试。

（5）本实验是Ⅱ母与母联之间的差动试验，所以测试仪GOOSE订阅需要订阅对应的“Ⅱ母动作出口”，如图4-31所示。

（6）试验参数设置：在“差动”单元进行测试。单击“整定值”按钮，打开整定值设置界面，按照整定值对相关参数进行修改。由于装置的比率制动曲线是采用过零点的，根据斜率（0.5），启动电流（1A），算出拐点1电流为2A。单击“通用参数”按钮打开通用参数设置界面，根据设备参数定值、差动动作方程、转角方式进行设置。母线差动不存在转角及平衡系数，所以平衡系数均为1，Yy接线无转角的方式进行设置。对应母差制定方程，在制动方程中选择系数K_1、K_2均为1，如图4-32～图4-34所示。

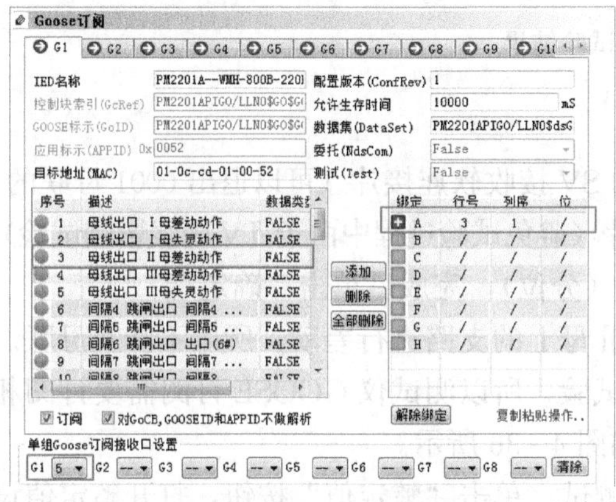

图4-31　GOOSE订阅

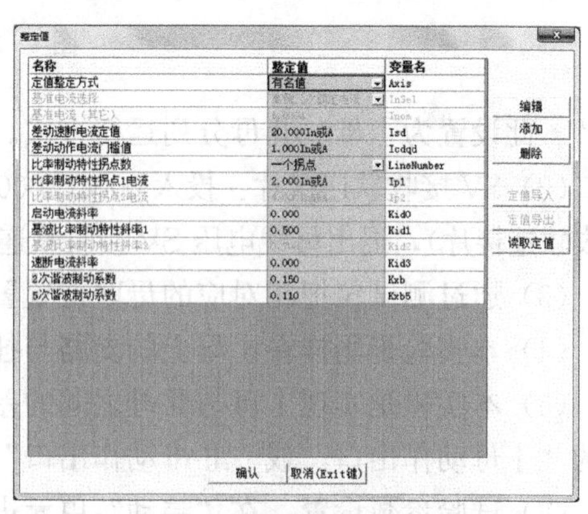

图4-32　试验参数设置（一）

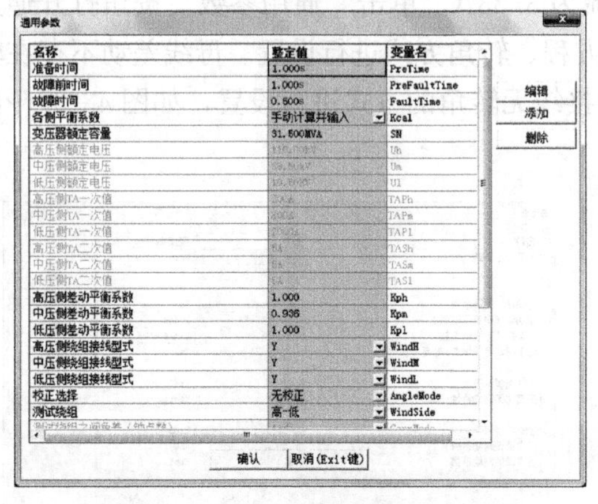

图4-33　试验参数设置（二）

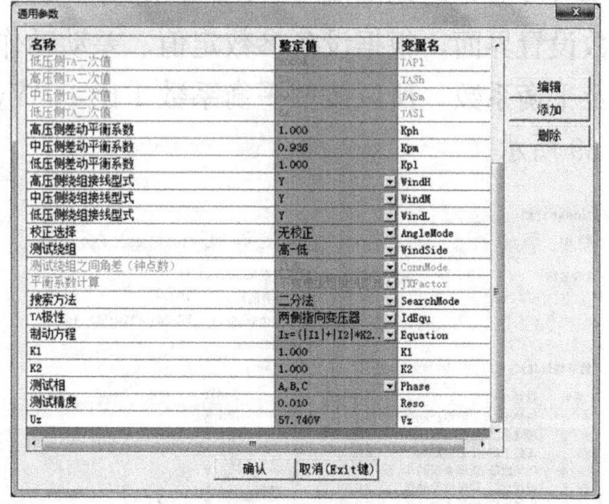

图4-34　试验参数设置（三）

（7）选择测试项目，单击开始运行软件，直至试验结束，观察保护动作现象与动作报告并记录相关数据，如图4-35所示。

7. 母线分列运行低制动特性曲线差动测试

（1）在保护软连接片中设置：母线Ⅰ-Ⅱ互联软连接片“退”，母联1分列软连接片

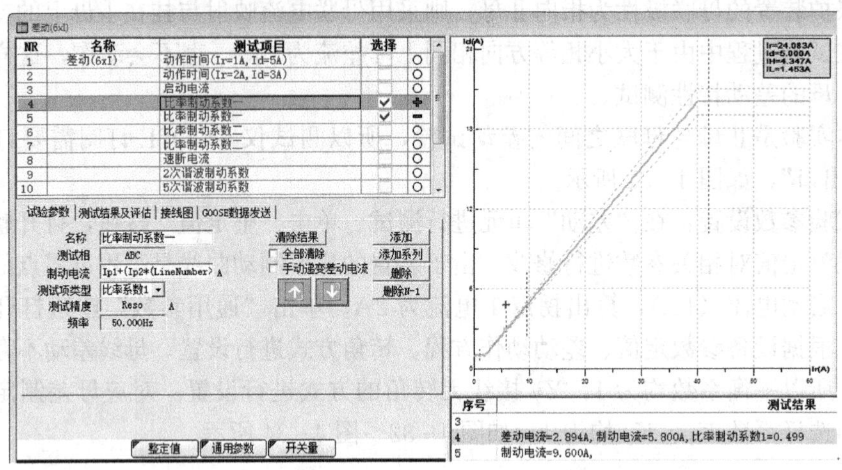

图 4-35 试验结果

“投”。此设置为Ⅰ母、Ⅱ母分列运行方式。

（2）SV 接收软连接片：投入 0004、0006 的 SV 接收软连接片（可以退出 0001 母联的 SV 接收软连接片），退出母线电压 SV 接收软连接片（避免试验过程中由于 TV 断线影响试验）。

（3）通过测试仪把相对应的母联位置置 01（分位），完成后单击“确定”。

（4）本实验是用挂在Ⅰ母上的支路与挂在Ⅱ母上的支路进行差动，所以不涉及母联。

（5）本实验是实现Ⅰ母与Ⅱ母之间的差动试验，所以测试仪 GOOSE 订阅需要订阅相对应的“Ⅰ母动作出口”或“Ⅱ母动作出口”，如图 4-36 所示。

（6）试验参数设置：在“差动”单元进行测试。单击“整定值”按钮，打开整定值设置界面，按照整定值对相关参数进行修改。由于装置的比率制动曲线是采用过零点的，则根据斜率（0.3），启动电流（1A），算出拐点 1 电流为 3.33A。单击“通用参数”按钮打开通用参数设置界面，根据设备参数定值、差动动作方程、转角方式进行设置。母线差动不存在转角及平衡系数，所以按照平衡系数 1 比 1，Yy 接线无转角的方式进行设置，如图 4-37～图 4-39 所示。

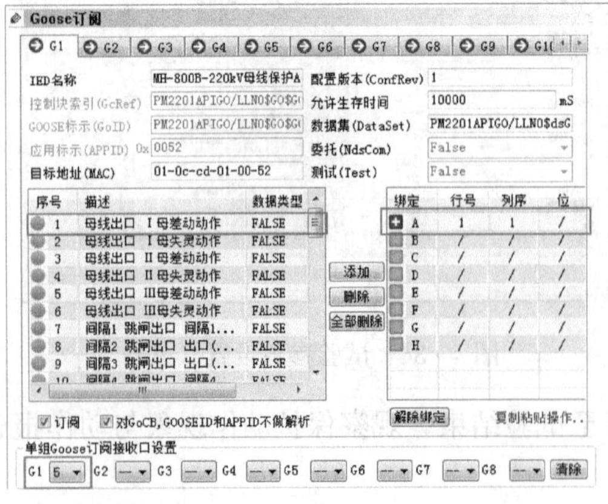

图 4-36 GOOSE 订阅

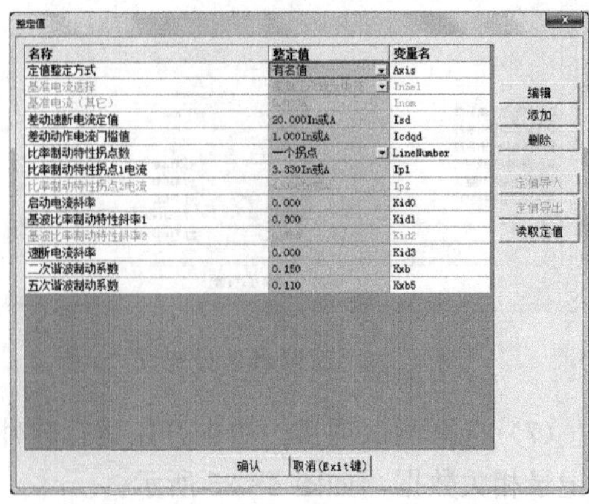

图 4-37 试验参数设置（一）

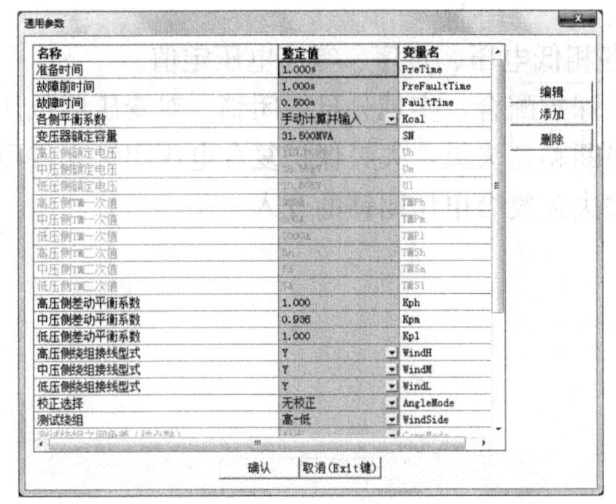

图 4-38 试验参数设置（二）

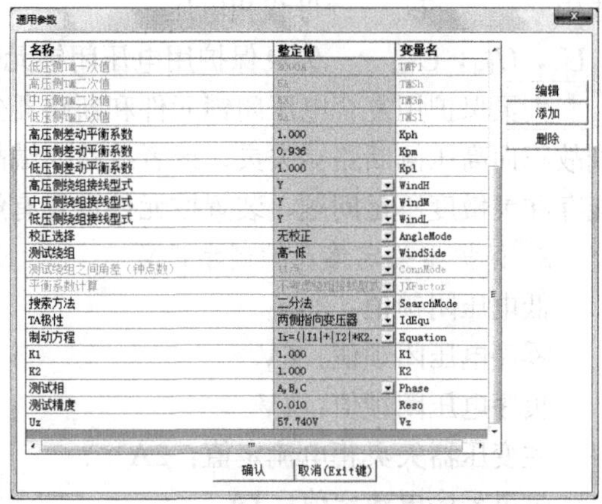

图 4-39 试验参数设置（三）

（7）选择测试项目，单击开始运行软件，直至试验结束，观察保护动作现象与动作报告并记录相关数据，如图 4-40 所示。

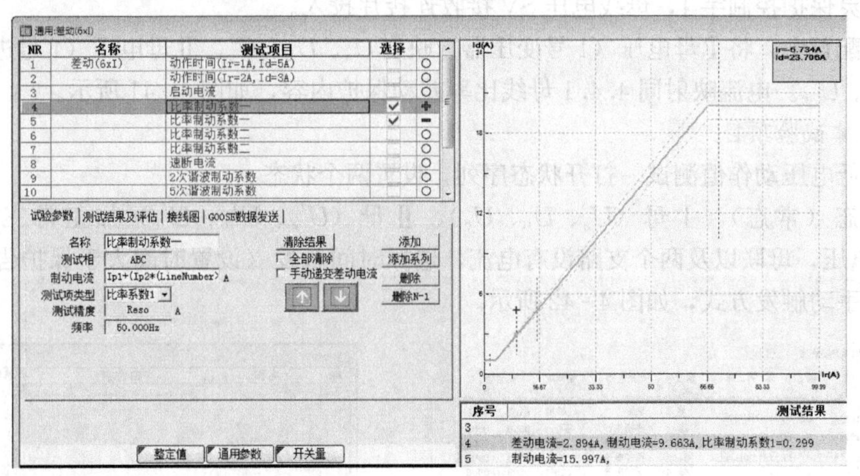

图 4-40 试验结果

4.4.2 失灵保护的复合电压闭锁

装置接线：同 4.4.1 母线比率差动保护。

1. 逻辑判定条件

失灵保护用复合电压闭锁元件含母线各相低电压、负序电压（U_2）、零序电压（自产 $3U_0$）元件，各元件并行工作，构成或门关系。判据为

$$\begin{cases} U_\phi < U_s \\ U_2 > U_{2sl} \\ 3U_0 > U_{0sl} \end{cases} \tag{4-9}$$

其中

$$U_2 = \frac{1}{3}|\dot{U}_A + a^2\dot{U}_B + a\dot{U}_C|$$

$$3U_0 = |\dot{U}_A + \dot{U}_B + \dot{U}_C|$$

式中 U_{ϕ}——母线相电压；

U_s，U_{2sl}，U_{0sl}——失灵保护用电压闭锁元件各相低电压、负序、零序电压定值。

失灵保护用复合电压闭锁元件和断路器失灵保护配合，实现分母线闭锁。对变压器低压侧故障而高压侧断路器失灵，或者线路末端故障断路器失灵，失灵保护复合电压闭锁元件可能存在灵敏度不足问题，装置按元件设置有解除失灵复合电压闭锁的开入。

2. 保护相关定值及控制字设置

低电压闭锁值：30V

零序电压闭锁值：6V

负序电压闭锁值：4V

主变压器失灵相电流定值：2A

失灵零序电流定值：1A

失灵负序电流定值：1A

失灵保护 1 时限：0.2s

失灵保护 2 时限：0.5s

投失灵保护控制字 1，母线电压 SV 接收连接片投入。

报文配置中，将Ⅰ母电压（1 号变压器）映射 U_a、U_b、U_c、Ⅱ母电压（1 号进线）映射 U'_a、U'_b、U'_c。电流映射同 4.4.1 母线比率差动保护内容，如图 4 - 41 所示。

3. 具体试验项目

（1）低电压动作值测试。打开状态序列，设置两个状态。

第一态（常态），Ⅰ母（U_a、U_b、U_c）、Ⅱ母（U'_a、U'_b、U'_c）加正常三相对称的 57.74V 电压，母联以及两个支路没有电流，选择时间触发（设置时间大于保护告警复归时间）或者手动触发方式，如图 4 - 42 所示。

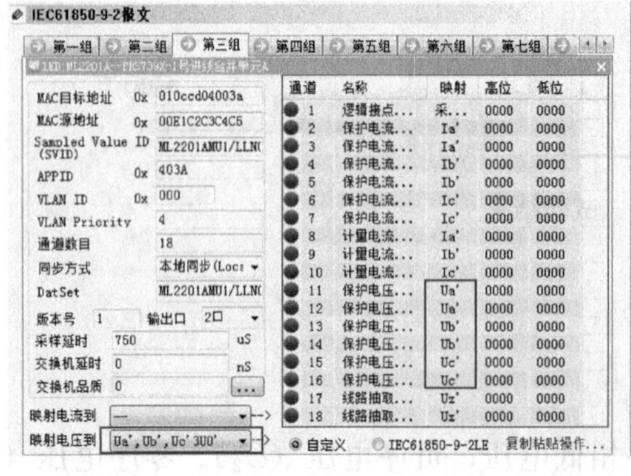

图 4 - 41 报文配置

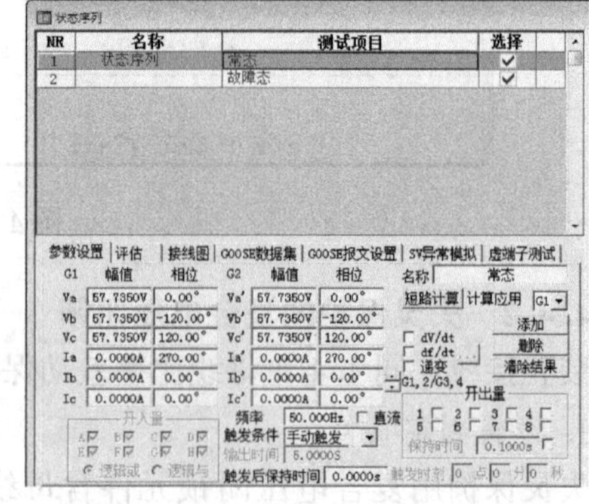

图 4 - 42 状态序列设置（常态）

第二态（故障态），电流加区内故障电流满足母差保护和失灵保护动作条件，Ⅰ母失灵复压动作和Ⅱ母失灵复压动作采用的“或”逻辑关系，将Ⅰ母或者Ⅱ母电压按照三相对称的 28V 与三相对称的 32V 分别设置低电压两个边界条件，做低电压闭锁的条件。动作时，差动保护先动作，此时不切除故障，接着失灵保护动作，如图 4 - 43、图 4 - 44 所示。

在 28V 时，失灵保护可靠动作。

在 32V 时，失灵保护可靠不动作。

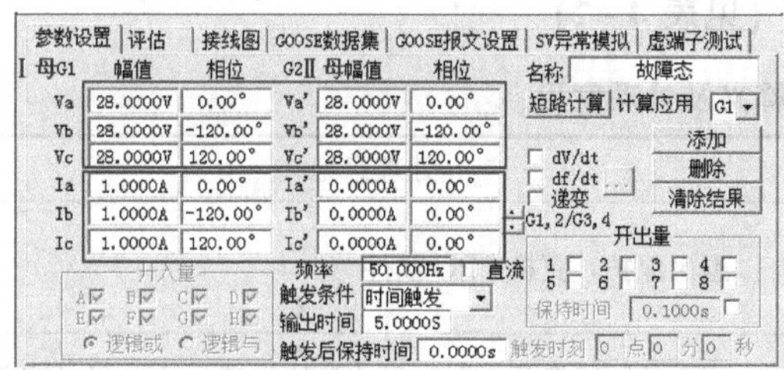

图 4-43　状态序列设置（故障态一）

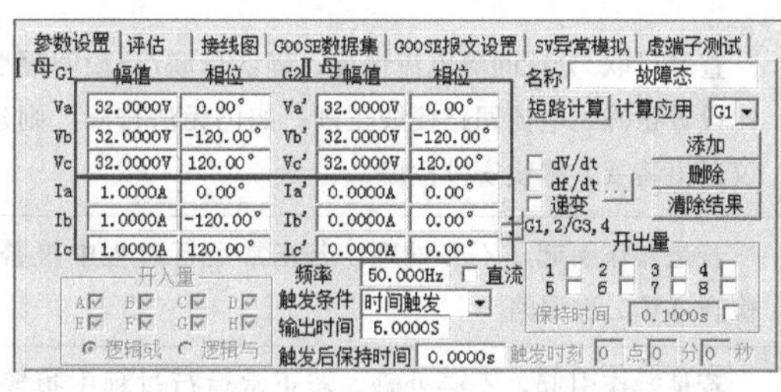

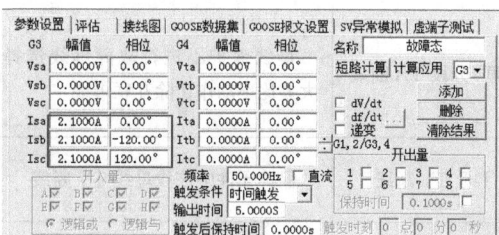

图 4-44　状态序列设置（故障态二）

（2）负序电压动作值测试。打开状态序列，设置两个状态。

第一态（常态），Ⅰ母（U_a、U_b、U_c）、Ⅱ母（U'_a、U'_b、U'_c）加正常三相对称的57.74V电压，母联及两个支路没有电流，选择时间触发（设置时间大于保护告警复归时间）或者手动触发方式，如图4-45所示。

第二态（故障态），电流加区内故障电流满足母差保护和失灵保护动作条件，电压按照50、57.74、57.74V与52、57.74、57.74V分别设置负序电压两个边界条件、做负序电压闭锁的条件。动作时，差动保护先动作，此时不切除故障，接着失灵保护动作。

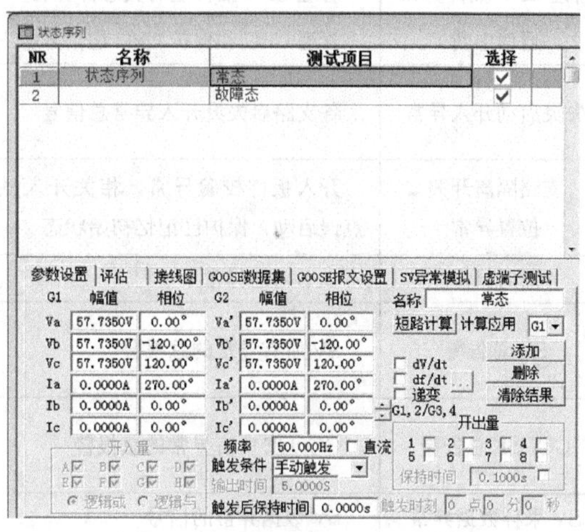

图 4-45　状态序列设置（常态）

在50、57.74、57.74V时，失灵保护可靠动作，如图4-46所示。

在52、57.74、57.74V时，失灵保护可靠不动作，如图4-47所示。

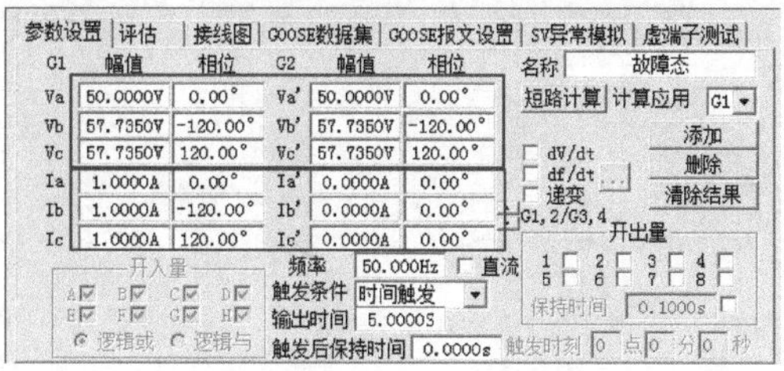

图 4-46　状态序列设置（故障态一）

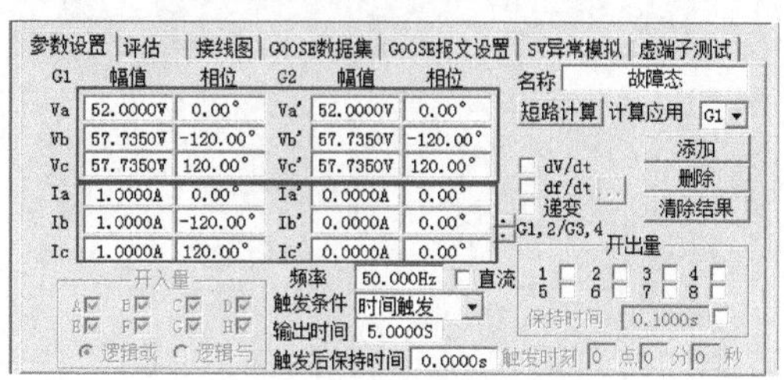

图 4-47　状态序列设置（故障态二）

4.4.3 母线保护告警信息释义及处理意见（见表4-2）

表4-2 母线保护告警信息释义及处理意见

信息名称	含义	处理意见
保护CPU插件异常	保护CPU插件出现异常，包括程序、定值、数据存储器出错等	退出保护，更换CPU插件
支路TA断线（线路、变压器）	线路（变压器）支路TA断线告警，闭锁母差保护	查看各间隔电流情况；确认变比设置正确；确认电流回路接线正确；如仍无法排除，则建议退出装置，尽快安排检修
母联/分段TA断线	母线保护不进行故障母线选择，大差比率动作切除互联母线	查看母联/分段间隔电流情况；确认母联/分段间隔变比设置正确、电流回路接线正确；如仍无法排除，则建议退出装置，尽快安排检修
Ⅰ母TV断线	保护元件中该段母线TV断线	若是操作引起，不必处理。若正常运行过程中报警，检查TV二次回路
Ⅱ母TV断线	保护元件中该段母线TV断线	若是操作引起，不必处理。若正常运行过程中报警，检查TV二次回路
管理CPU插件异常	管理CPU插件上有关芯片异常	退出保护，更换CPU插件
通信中断	管理CPU和保护CPU通信异常	退出保护，联系厂家处理
失灵启动开入异常	各支路启失灵开入异常总信号	检查各间隔失灵开入信号确认是否有失灵信号长期开入，并检查发送失灵信号装置
支路隔离开关位置异常	开入板件校验异常，相关开入触点误启动，保护已记忆初始状态	检查隔离开关二次辅助回路状态
对时异常	GPS对时异常	检查GPS时钟源或联系厂家处理
SV总告警	SV所有异常的总报警	检查SV链路、相应合并单元发送SV报文或通知厂家处理
GOOSE总告警	GOOSE所有异常的总报警	检查GOOSE链路；检查检修硬连接片是否正确投入；联系厂家处理
SV采样数据异常	SV数据异常的信号	检查SV数据异常间隔合并单元
SV采样链路中断	链路中断，任意链路中断均报警	检查相应合并单元与保护装置直连SV光纤或通知厂家处理
GOOSE数据异常	GOOSE异常的信号	检查GOOSE发送装置，查找原因
GOOSE链路中断	链路中断	检查GOOSE发送装置及GOOSE链路

第5章　合并单元调试

5.1　合并单元的基本知识

合并单元（MU），是指对一次互感器传输过来的电气量进行合并和同步处理，并将处理后的数字信号按照特定格式转发给间隔层设备使用的装置。合并单元是电子式电流、电压互感器的接口装置，在一定程度上实现了过程层数据的共享和数字化，合并单元作为遵循 IEC 61850 标准的数字化变电站间隔层、站控层设备的数据来源，作用十分重要。随着智能变电站自动化技术的推广和工程建设，对合并单元的功能和性能要求越来越高。

合并单元的功能主要是将互感器输出的电压、电流信号合并，输出同步采样数据，并为互感器提供统一的输出接口，使不同类型的互感器与不同类型的二次设备能够互相通信。按照功能来分，合并单元一般可以分为间隔合并单元和母线合并单元。间隔合并单元用于线路、变压器和电容器等间隔电气量的采集，只发送本间隔的电气量数据。一般包括三相电压 U_{abc}，三相保护电流 I_{abc}、三相测量用电流 I'_{abc}、同期电压 U_L、零序电压 U_0、零序电流 I_0。对于双母线接线的间隔，合并单元根据本间隔隔离开关的位置，自动实现电压切换的功能。母线合并单元一般采集母线电压或者同期电压，在需要电压并列时，可通过软件自动实现各段母线电压的并列。目前智能变电站中合并单元的采样频率和输出频率统一为 4kHz，即一个工频周期 80 个采样点，可以满足保护、测量装置的需求。对于计量用的合并单元则需要专门设计，其采样和输出频率为 12.8kHz。

5.2　合并单元的工作原理

本章以南京南瑞继保电气有限公司的 PCS - 221 型合并单元装置为例，其适用于变电站常规互感器的数据合并单元。装置采取就地安装的原则，通过交流头就地采样信号，然后通过 IEC 61850 - 9 - 2 协议发送给保护或者测控计量装置。装置能够适用于各种等级变电站常规互感器采样。

5.2.1　输入及输出功能

PCS - 221 通用于线路、主变压器和母联间隔，其主要输入功能如下：

（1）采集三组三相保护电流，两组三相测量电流，两组三相保护电压，一组三相测量电压。

（2）通过通道可配置的扩展 IEC 60044 - 8 或者 IEC 61850 - 9 - 2 协议接收母线合并单元三相电压信号，实现母线电压切换功能。

（3）采集母线隔离开关位置信号（GOOSE 或常规开入）。

（4）接收光 PPS、光纤 IRIG - B 码、IEEE 1588 同步对时信号。

其主要输出功能如下：

（1）支持 DL/T 860.92 组网或点对点 IEC 61850 - 9 - 2 协议，输出 7 路。

（2）支持 GOOSE 输出功能。

（3）支持新一代变电站通信标准 IEC 61850。

（4）最多可以支持 14 路以太网 IEC 61850 - 9 - 2 的发送通路；对时方面，支持光纤 IRIG - B 码、光 PPS、IEEE 1588。

（5）能够以组网方式或者点对点方式进行 IEC 61850 - 9 - 2 协议采样值数据发送，当组网发送时必须接同步信号；当装置以点对点 IEC 61850 - 9 - 2 协议发送数据时根据实际情况同步信号可以不接，此时的同步信号只是用于装置时间对时。

（6）能够通过扩展 IEC 60044 - 8 或者 IEC 61850 - 9 - 2 协议接收母线合并单元发送过来的两条母线的保护、测量和零序电压，并从 NR1136 插件通过 GOOSE 或者从 NR1525A 插件接收隔离开关的位置信息，进行电压切换，应用于母联间隔时不用切换；或者只接收一条母线电压而不进行电压切换。

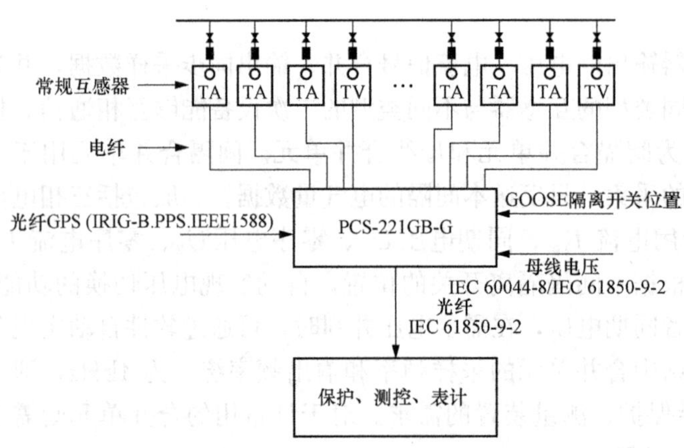

图 5 - 1　互感器、合并单元、保护测控装置连接图

5.2.2　配置连接

合并单元与现场其他设备的连接关系如图 5 - 1 所示。一台合并单元可以完成 24 路模拟量采集，其中包括三组三相保护电流，两组三相测量电流，一组三相保护电压，一组三相测量电压。同时也可以通过扩展 IEC 60044 - 8 或者 IEC 61850 - 9 - 2 协议接收母线电压。

5.2.3　电压切换原理

对于双母线接线方式，装置能够自动实现母线电压切换功能。合并单元采集Ⅰ母线路隔离隔离开关 1G 位置和Ⅱ母线路隔离隔离开关 2G 位置，根据这两个位置来切换选择取Ⅰ母或Ⅱ母电压，如图 5 - 2 所示。

线路隔离隔离开关位置信息采集可通过常规开入或 GOOSE 网络开入，母线电压通过 IEC 60044 - 8 或者 IEC 61850 - 9 - 2 协议接收母线合并单元电压，其原理图如图 5 - 3 所示。

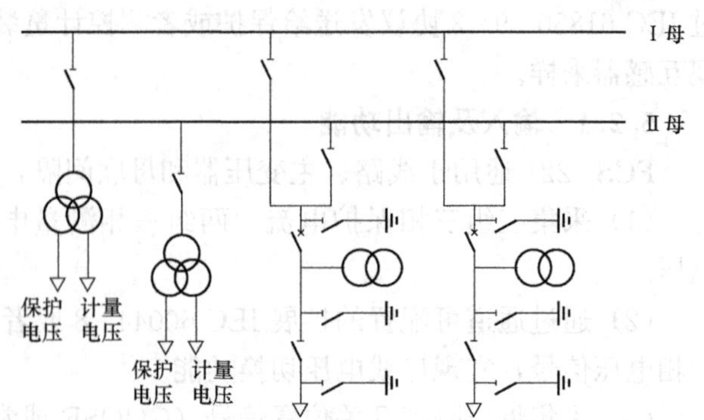

图 5 - 2　电压切换回路

合并单元电压切换采用隔离开关双位置信号，隔离开关位置开入支持常规电缆开入或 GOOSE 开入。

（1）隔离开关位置以电缆方式接入时，如本板光耦失电，隔离开关双位置开入信号状态保持不变。

（2）隔离开关位置采用 GOOSE 方式接入时：

1）当GOOSE链路断链时，隔离开关双位置开入信号状态保持不变。

2）当本MU检修标志与隔离开关GOOSE信号检修标志不一致时，隔离开关双位置开入信号状态保持不变；隔离开关双位置信号转成单位置（合位）信号输出，其逻辑见表5-1。

根据Ⅰ母和Ⅱ母隔离开关位置，对母线电压进行切换输出，装置正常运行时电压切换逻辑见表5-2。

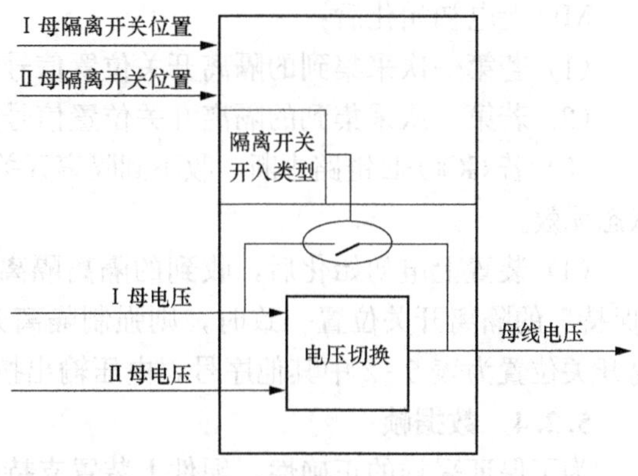

图5-3　电压切换原理示意图

表5-1　隔离开关双位置开入转单位置输出逻辑

序号	合位	分位	隔离开关单位置输出	报警说明
1	0	0	状态保持	延时60s报“隔离开关双位置异常”
2	0	1	0	—
3	1	0	1	—
4	1	1	状态保持	延时60s报“隔离开关双位置异常”

表5-2　电压切换逻辑

序号	Ⅰ母隔离开关		Ⅱ母隔离开关		母线电压输出	报警说明
	合	分	合	分		
0	0	0	0	0	保持	延时60s报“隔离开关位置异常”
1	0	0	0	1	保持	延时60s报“隔离开关位置异常”
2	0	0	1	0	Ⅱ母电压	延时60s报“隔离开关位置异常”
3	0	0	1	1	保持	延时60s报“隔离开关位置异常”
4	0	1	0	0	保持	延时60s报“隔离开关位置异常”
5	0	1	0	1	电压输出为0，状态有效	延时60s报“同时返回”
6	0	1	1	0	Ⅱ母电压	
7	0	1	1	1	保持	延时60s报“隔离开关位置异常”
8	1	0	0	0	Ⅰ母电压	延时60s报“隔离开关位置异常”
9	1	0	0	1	Ⅰ母电压	
10	1	0	1	0	Ⅰ母电压	延时60s报“同时动作”
11	1	0	1	1	Ⅰ母电压	延时60s报“隔离开关位置异常”
12	1	1	0	0	保持	延时60s报“隔离开关位置异常”
13	1	1	0	1	保持	延时60s报“隔离开关位置异常”
14	1	1	1	0	Ⅱ母电压	延时60s报“隔离开关位置异常”
15	1	1	1	1	保持	延时60s报“隔离开关位置异常”

MU上电初始化后：

（1）若第一次采集到的隔离开关位置信号为“10”“10”，则默认输出Ⅰ母电压信号。

（2）若第一次采集到的隔离开关位置信号为“01”“01”，则电压输出为0，状态有效。

（3）若GOOSE链路中断，收不到隔离开关位置信号，强制隔离开关在分位，电压输出0，状态无效。

（4）装置上电初始化后，收到的隔离隔离开关位置若与表5-2中“母线电压输出”为“保持”的隔离开关位置一致时，则强制隔离开关在分位，电压输出0，状态无效。隔离隔离开关位置为表5-2中其他序号，电压输出按表5-2中相应逻辑处理。

5.2.4 数据帧

为了保证采样的正确性，硬件上装置支持同一通道的双采样；软件上当采样异常时能及时置数据无效，从而避免采样错误导致的严重后果。

当合并单元以IEC 61850-9-2通信协议发送数据帧给保护、测控等装置时，通用数据帧包括保护和计量两种数据。通道的映射是可以通过配置相应规约的配置文本来改变的，也就是说合并单元和保护测控装置之间可以约定通道的映射情况，只要双方按照约定取放数据即可。

当合并单元发送采样值数据时，可以以双A/D采样的模式发送数据，比如A相保护电流有两路输出，即A相保护电流1和A相保护电流2。这两路电流分别是两个A/D采样后的输出，一路用于保护启动，一路用于保护计算。对所有的信号而言，保护电流和电压信号均能双路输出，计量电流信号为单路输出。

5.3 合并单元调试

5.3.1 准确度测试

1. 测试原理及接线

在不变动任何接线的情况下，可一次性完成合并单元输出的所有电压、电流通道的幅值误差、相位误差、频率误差、复合误差的测试，并对测出的结果自动评估给出合格与否的结论。

针对合并单元现场实际使用情况，接收装置对组网口数据采用同步法数据计算模式，对点对点口数据采用插值法计算模式。为保证合并单元组网模式及点对点模式下，准确度的绝对准确，合并单元测试仪需支持同步法、插值法两种测试模式对准确度的测试。

方式1：同步法。

在同步法下，用合并单元测试仪输出一组模拟量，同时从待测合并单元输出侧接收数字报文，测量其幅值、频率、相位、功率等交流量，与测试仪输出的模拟量进行比较。对待测MU和测试仪发送的1min内每一个采样点数据的幅值和时标进行分析比较，显示幅值和时标的偏差的分布曲线和最大偏差的统计结果。测试分为使用站内时钟系统和使用测试仪自带时钟两种方式，如图5-4、

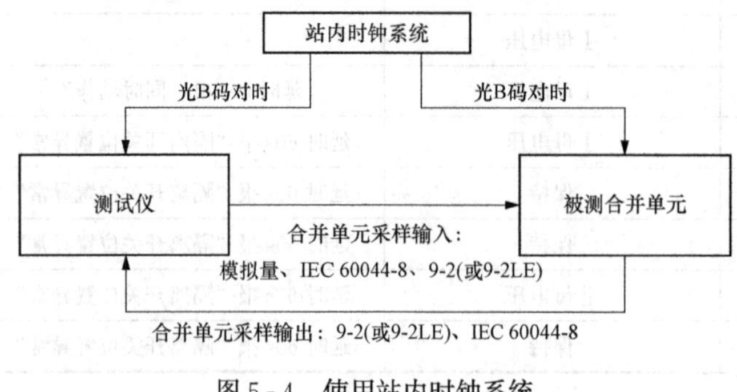

图5-4 使用站内时钟系统

图5-5所示。

方式2：插值法。

在插值法下，由于标准采样模块与合并单元在各自的时钟下进行采样，此时合并单元测试仪根据SV报文的接收时标及SV报文中标定的额定延时对采样值进行插值得到与合并单元在同一时标下的采样信号，再通过计算标准信号与被检测信号的幅值差和延时误差标识合并单元的准确度，如图5-6所示。

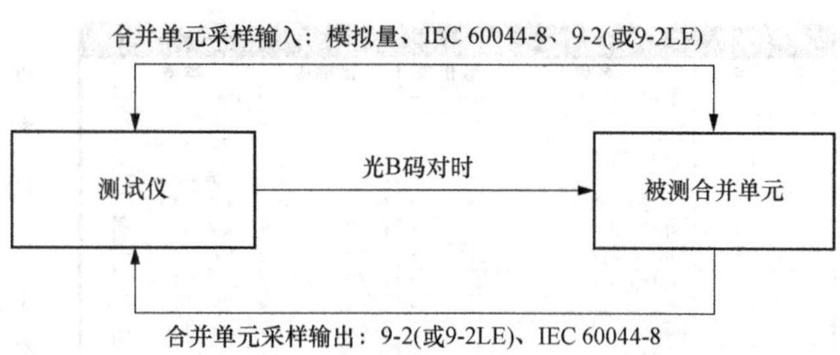

图5-5　使用测试仪自带时钟

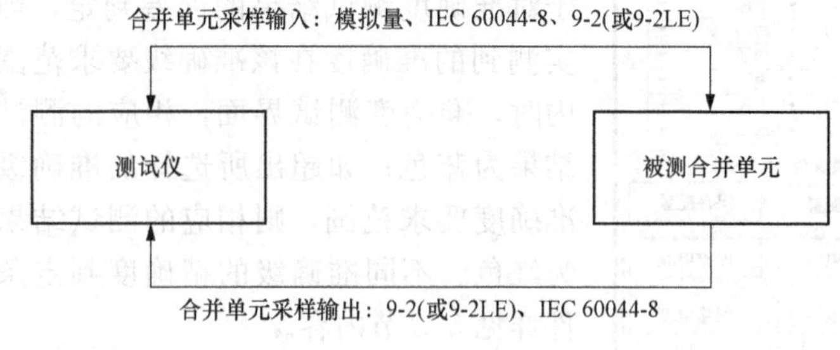

图5-6　插值法接线

2. 测试配置

（1）MU输入配置。单击测试界面中的IEC配置按钮，设置输入类型和变比，如图5-7所示。

步骤1：选择合并单元的采样值输入类型。可选模拟量输出、IEC 61850-9-2、IEC 60044-8（国网）、模拟量+IEC 61850-9-2、模拟量+IEC 60044-8（国网）。依据合并单元实际采样值输入类型选择。

步骤2：设置合并单元的各组电压、电流输入通道的变比。变比设置时，依据具体的通道分配及使用情况，设置对应电压、电流互感器的变比。

（2）测试仪报文接收类型及其通道配置。

步骤1：选择测试仪报文接收类型。可选IEC 61850-9-2、IEC 60044-8。依据合并单元实际的报文输出类型来选择，并注意IEC 61850-9-2、IEC 60044-8接收在硬件上接线是不同的，如图5-8所示。

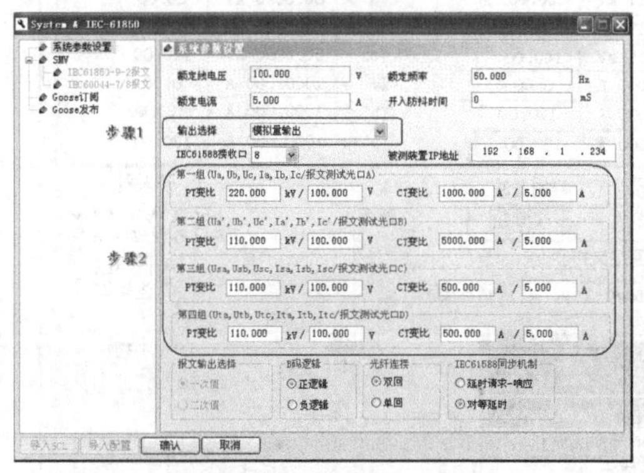

图5-7　设置采样值输入类型和变比

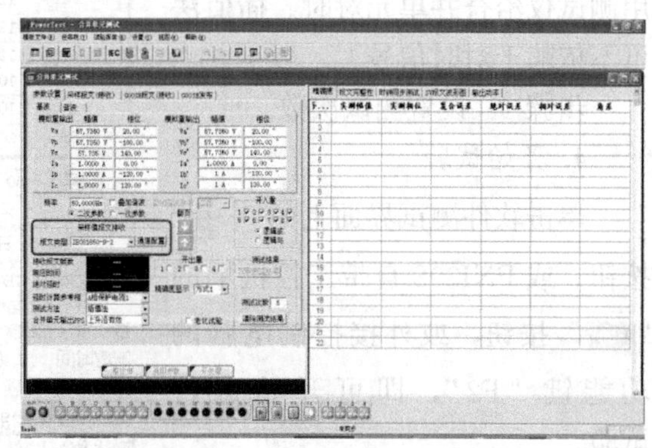

图5-8　设置报文接收类型

步骤2：映射测试仪接收到的报文通道与测试仪输出通道。单击“通道配置”按钮，弹出如图5-9所示的界面。在该界面中单击“导入SCD文件”按钮，导入当前所测试的合并单元的采样值输出控制块，此时软件会自动匹配合并单元输出通道和输入控制通道（测试仪输出通道）的对应关系。

采样通道配置

选...	序...	名称	输出量	准确级	类型
☐	1	管理逻辑节点固定...	延时		电压
☐	2	A相保护电流1	Ia	保护级(5P30)	保护用电流
☐	3	A相保护电流2	Ia	保护级(5P30)	保护用电流
☑	4	A相测量电流	Ia'	保护级(5P30)	保护用电流
☐	5	B相保护电流1	Ib	保护级(5P30)	保护用电流
☐	6	B相保护电流2	Ib	保护级(5P30)	保护用电流
☑	7	B相测量电流	Ib'	保护级(5P30)	保护用电流
☐	8	C相保护电流1	Ic	保护级(5P30)	保护用电流
☐	9	C相保护电流2	Ic	保护级(5P30)	保护用电流
☑	10	C相测量电流	Ic'	保护级(5P30)	保护用电流
☐	11	零序电流1	3Io	保护级(5P30)	保护用电流
☐	12	零序电流2	3Io'	保护级(5P30)	保护用电流
☐	13	A相电压1	Ua	保护级(3P)	电压
☐	14	A相电压2	Ua	保护级(3P)	电压
☐	15	B相电压1	Ub	保护级(3P)	电压
☐	16	B相电压2	Ub	保护级(3P)	电压
☐	17	C相电压1	Uc	保护级(3P)	电压
☐	18	C相电压2	Uc	保护级(3P)	电压
☐	19	零序电压1	3Uo	保护级(3P)	电压
☐	20	零序电压2	3Uo	保护级(3P)	电压
☐	21	母线电压1	Ua	保护级(3P)	电压
☐	22	母线电压2	Ub	保护级(3P)	电压

MU输出采样值 ◉二次值 ○一次值
TV变比(Uabc) 220.0kV / 100.000V
TA变比(Iabc) 1000.0A / 5.0A
TV变比(Ua' b' c') 110.0kV / 100.000V
TA变比(Ia' b' c') 5000.0A / 1.0A
通道数 22
导入SCL　双AD通道　清除选择　全选
通道配置文件：打开配置　保存配置
保护电压　保护电流　测量电压　测量电流　电压全选　电流全选
确定　取消

图 5-9　采样通道配置

如某些通道匹配不正确，或无SCD文件，则用户可以手动输入通道数，并手动配置合并单元输入控制量和输出通道的对应关系。

每个通道前的“选择”一列可用于选择此次测试时，是否对此通道的准确度进行测试并将其测试结果填入报告。

每个通道后“准确级”则主要用于对准确度测试结果的误差判定，当实测到的准确度在该准确级要求范围内时，准确度测试界面，相应的测试结果为蓝色；如超出所选择的准确级准确度要求范围，则相应的测试结果为红色。不同准确级的精确度判定条件详见 5.5 节内容。

3. 测试执行（见图 5-10）

步骤 1：选择界面参数按一次值还是二次值设置，同时通过该选项可以灵活地实现一、二次值依据 TV、TA 变比进行转换。

步骤 2：设置电压、电流输出值。

步骤 3：选择测试方法，可选择同步法或插值法，同步法必须使用测试仪给合并单元对时。插值法可不依赖于对时信号。

步骤 4：设置测试次数。

4. 开始试验

单击软件测试界面上的“　”按钮，或 PNI302 自带工控机上的“　”按钮，或外接控制电脑的功能键“F2”，即可开始进行试验。

5. 试验过程数据实时观测

“准确度显示”选择为“方式1”时，“准确度”界面显示如图 5-11所示。

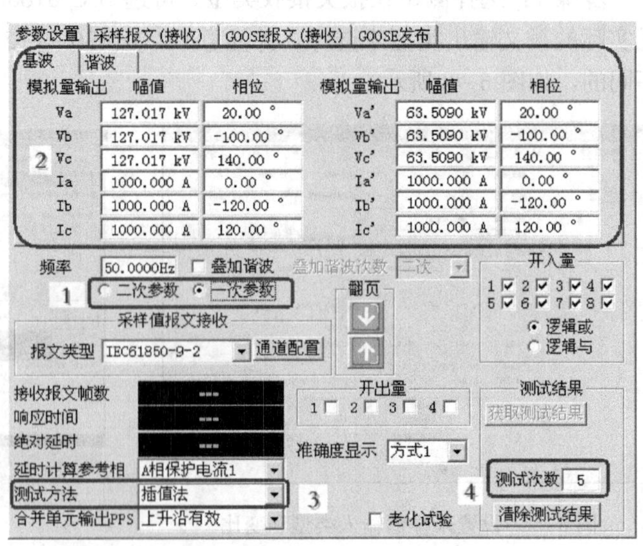

图 5-10　采样输出界面示意图

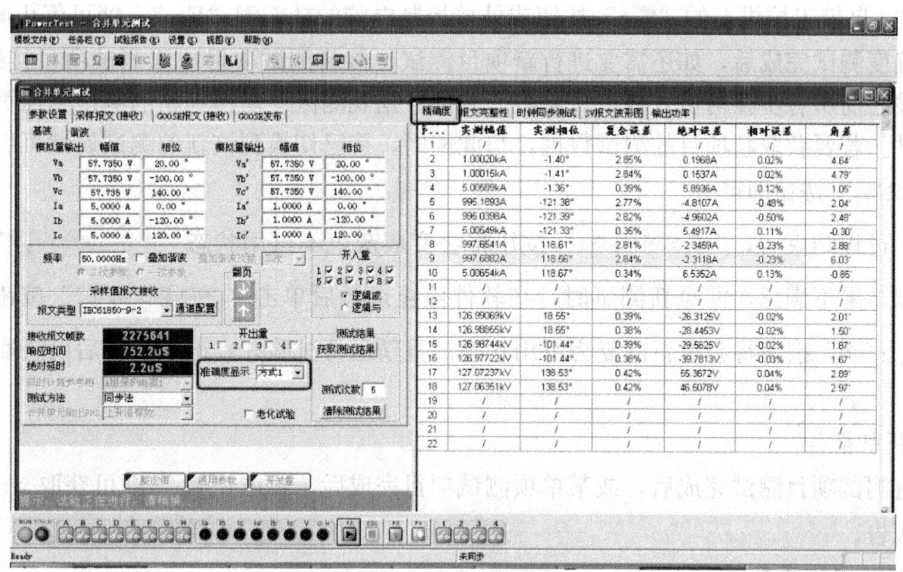

图5-11　准确度显示界面（一）

“准确度显示”选择为“方式2”时，“准确度”界面显示如图5-12所示。

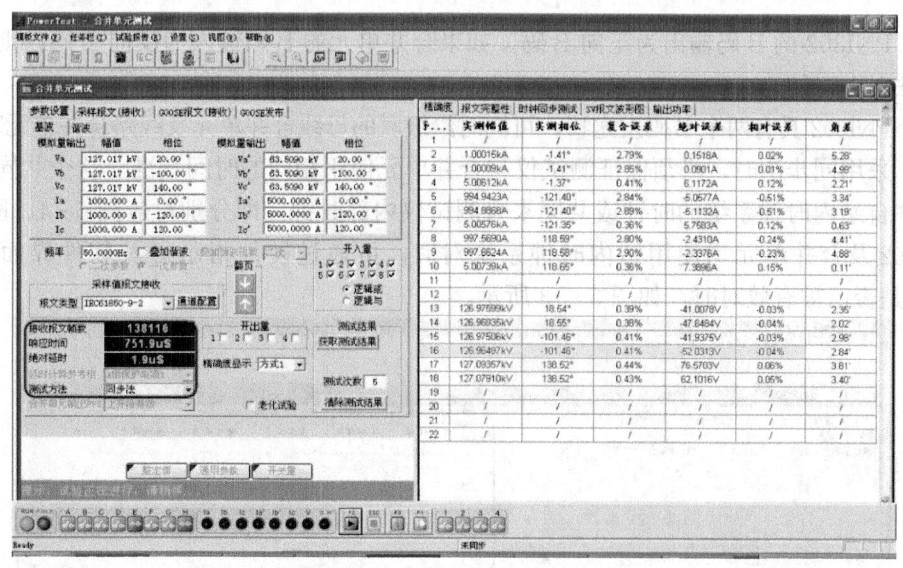

图5-12　准确度显示界面（二）

6. 试验结果数据获取

待“准确度”属性页测试数据稳定之后，单击“获取测试结果”按钮。

7. 试验完成

待“获取测试结果”按钮变为灰色不可用状态“获取测试结果”，即该次采样值准确度测试项目已完成。如需要进行多个准确度测试点测试，只需重复第2步到第6步即可。

准确度测试完成后，如无须进行新项目测试，可单击软件测试界面上的“ESC”按钮，或 PNI302 自带工控机上的“ ”按钮或外接控制电脑的功能键“Esc”，即可停止测试。

准确度测试完成后，如还需要进行新项目测试，该新测试项目与原测试项目接线相同，则该步骤之前所有步骤均可省略，只需将“测试数据观测区”切换到新的测试属性页上即可进行测试。若要获取新项目的测试数据，与此相同，待已切换到该新的测试属性页后，单击“获取测试结果”按钮即可。

以上过程结束后，“获取测试结果”按钮将会变成灰色不可用状态“获取测试结果”。如对本次测试结果不满意，需重新测试时，在软件停止运行后单击“清除测试结果”按钮，此时“获取测试结果”按钮将会重新恢复为可用状态。重新运行试验并点击该按钮后以获取新的测试数据。

8. 获取报告

所有测试项目测试完成后，或某单项测试项目完成后，单击“ ”即可获取 word 格式的试验报告。

9. 测试中注意事项

（1）同步法测试时，测试仪的采样值接收口连接到合并单元送给组网交互机的组网数据输出口；插值法测试时，测试仪的采样值接收口连接到合并单元送给保护装置的点对点数据输出口。

（2）PNI302 的 B 码输出为正向 B 码。如果合并单元的 B 码输入为反向 B 码，则合并单元是无法对上时的。

（3）PNI302 具有两个 B 码发送口，可同时给级联的母线合并单元及线路合并单元对时。

（4）采用同步法时，必须保证测试仪与合并单元使用相同的时间基准。这个共同的时间基准可来自站内时钟系统的时钟或共同来自测试仪内部时钟，即分别对应图 5 - 4、图 5 - 5。如 PNI302 及合并单元均使用站内时钟系统对时，可通过硬件指示灯及软件界面来判定 PNI302 是否已被有效对时，如图 5 - 13 所示。

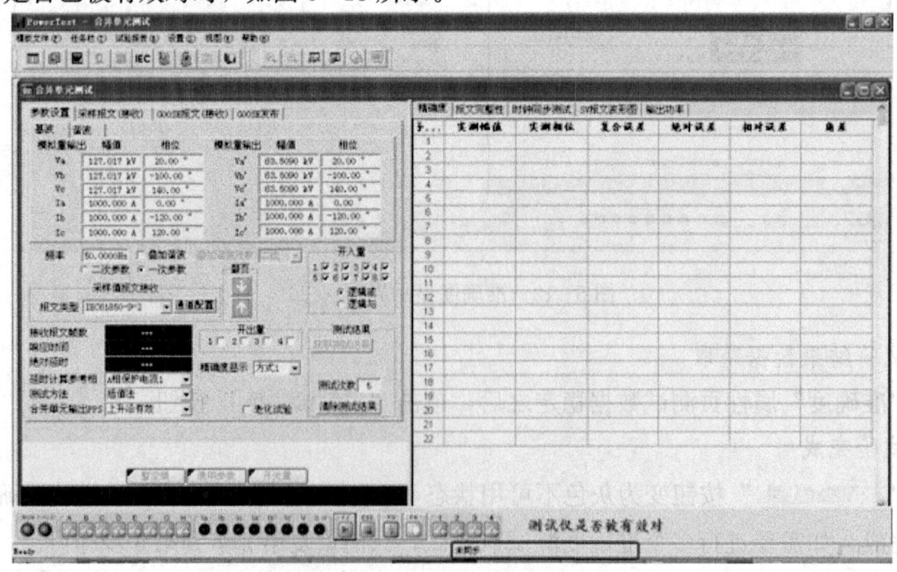

图 5 - 13 测试仪有效对时判别

（5）如测试仪发送给合并单元的采样值报文，合并单元接收不到，则需要对测试仪发送的报文参数与合并单元的实例化配置参数进行比对。特别对 IEC 60044-7/8 参数配置时，需要保证波特率、采样率是与合并单元一致的。

（6）新的安装软件、SCD 等文件建议复制到 D 盘下，因 D 盘不受磁盘保护，故不会导致盘内的资料在下次开机时丢失。

5.3.2　首周波测试

首周波测试功能主要用于测试合并单元在完成采样并输出报文时，是否存在正好延迟了整数个周波的现象。由于一般的测试方法是通过升压升流设备加量或功率源二次加量进行检测，此时模拟信号为 50Hz 的周期性信号。但是，当合并单元采样延时一个周波时测出来的相角差仍然是满足准确度要求的，而此时实际 SV 采样报文与模拟量相差了 360°，存在严重安全隐患。

利用合并单元测试仪产生一个周波的模拟信号并只输出一个周波信号，若合并单元正确地发送采样值报文，则测试仪的标准采样信号与 SV 报文中的被采样信号基本重叠。若合并单元延时一个周波，将能从标准及被检的采样波形中对比出来。首周波测试接线示意图如图 5-14 所示。

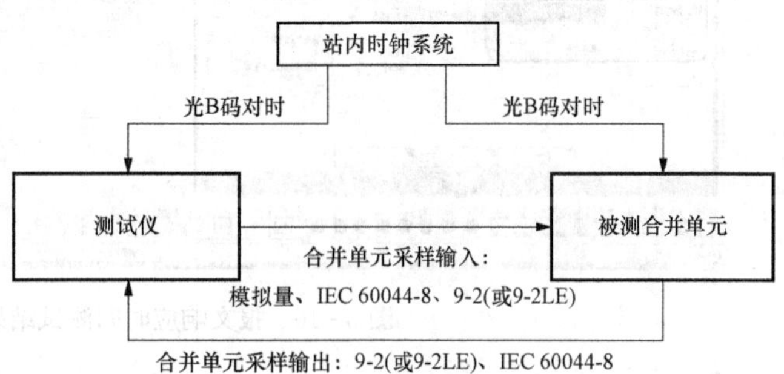

图 5-14　首周波测试接线示意图

因为需要抓取最开始几个周波，选择“首周波测试”后，运行软件是没有输出的，必须在运行软件后从录波图中单击“开始录波”，才会有几个周波的波形输出，所以在使用其他功能时，不能选择在“首周波测试”方式下进行。首周波输出波形如图 5-15 所示。

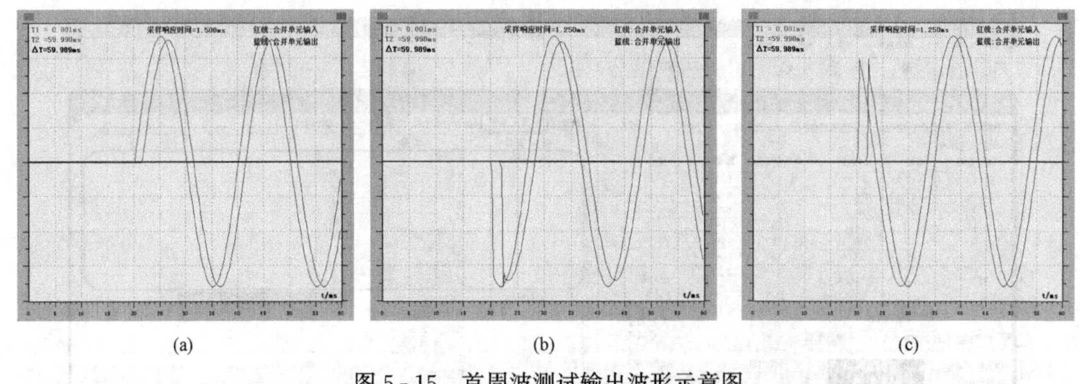

图 5-15　首周波测试输出波形示意图

（a）保护 A 相电流 I_{a1}；（b）保护 B 相电流 I_{b1}；（c）保护 B 相电流 I_{c1}

另外，使用此功能时需要有数字量输入才行，且接收到的 SV 通道必须与“通道配置”中的通道数一致（可先导 SCD 文件配置好通道），所以使用此功能时需特别注意。

5.3.3　报文响应时间测试

对报文响应时间及响应时间误差（绝对延时）进行测试。测试仪与外部时钟单元同步后，每收到一个 PPS，测试仪输出一组从零相位开始的模拟量；同时从待测合并单元接收数字报文并标记时标，考虑 D/A 输出延时等因数后计算过零点或最大值之间的时间差。

其接线方式与准确度测试的接线方式相同，测试结果示意图如图 5 - 16 所示。

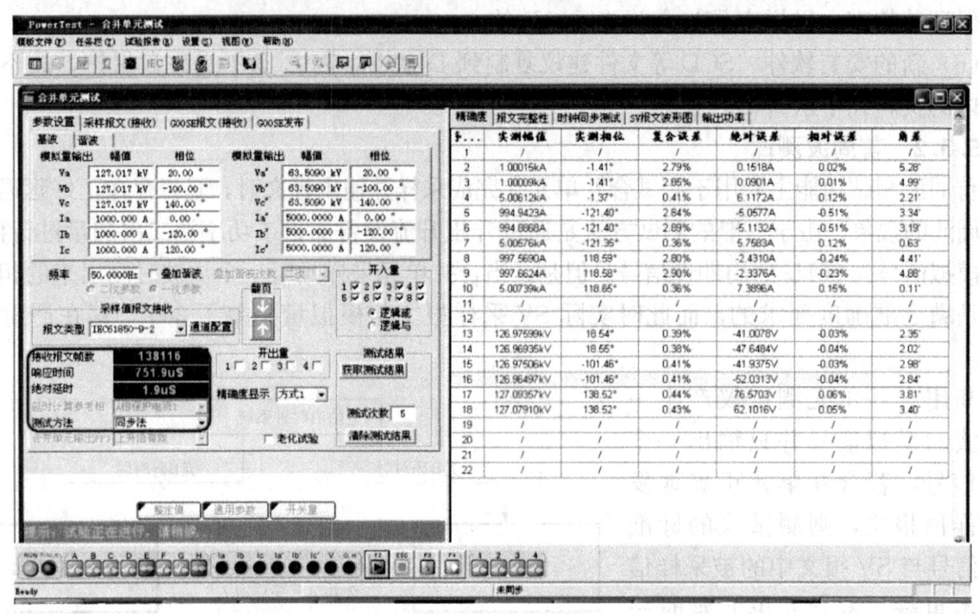

图 5 - 16　报文响应时间测试结果示意图

5.3.4　采样值、GOOSE 报文异常分析及统计

1. 采样值报文异常分析及统计

采样值报文异常分析及统计包括采样值丢包、错序、重复、失步、采样序号错、品质异常、通信超时恢复次数、通信中断恢复次数等。采样值报文异常分析及统计的结果示意图如图 5 - 17 所示。

图 5 - 17　采样值报文异常分析及统计结果示意图

需注意，在对合并单元采样值报文正常测试时，丢包次数、错序、重复、采样序号错误、通信超时恢复次数、通信中断恢复次数的统计是不能出现非0值的。

在合并单元没有接对时信号的状态下，出现失步次数的统计是正常的。若在有效对时下，出现了失步次数的统计则合并单元存在异常。

如出现品质异常的统计，可选择“参数设置区”的“采样报文（接受）”属性页，通过对报文的结构解析，具体来分析出现异常的原因。

2. GOOSE报文异常分析及统计

GOOSE报文异常分析及统计包括：GOOSE变位次数、TEST变位次数、Sq丢失、Sq重复、St丢失、St重复、编码错误、存活时间无效、通信超时恢复次数、通信中断恢复次数等。

探测并选择被分析的GOOSE控制块：在图5-18界面中先选择“探测模式”，探测到GOOSE控制块后，停止软件运行，选择想要被分析的GOOSE控制块，选取“接收模式”，再重新运行软件即可。试验结果示意图如图5-19所示。

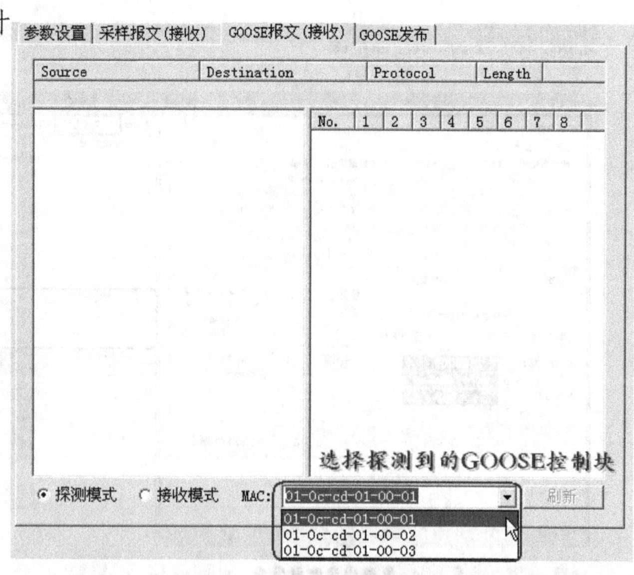

图5-18　GOOSE选择示意图

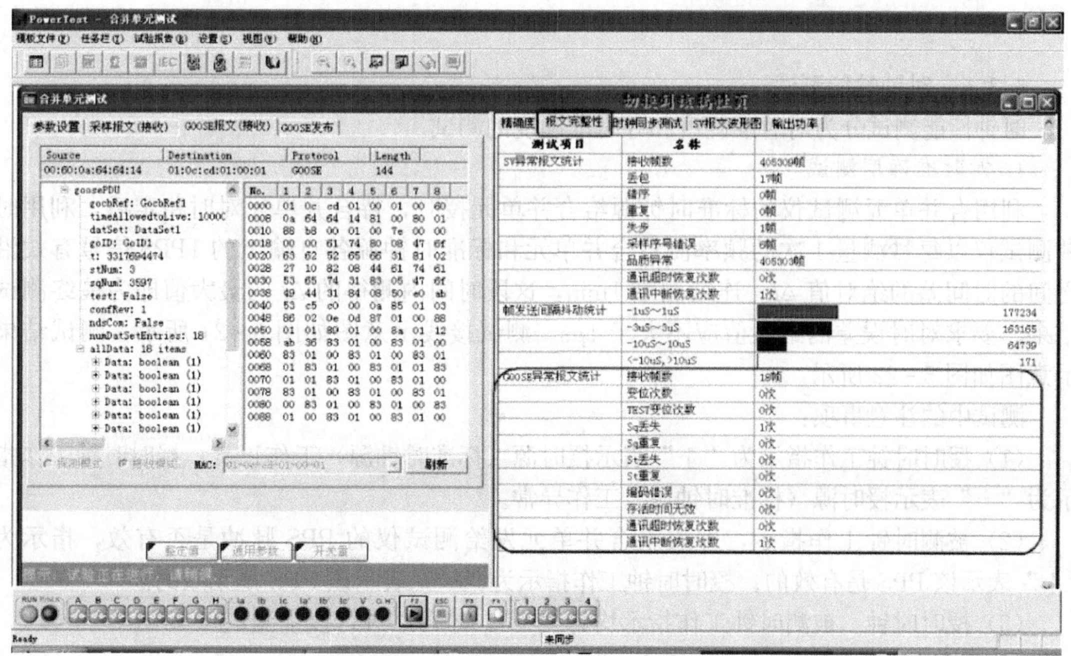

图5-19　GOOSE报文异常分析及统计结果示意图

5.3.5 采样值报文间隔离散值测试

MU测试仪记录接收到的每包采样值报文的时刻，并据此计算出连续两包之间的间隔时间 T。T 与额定采样间隔之间的差值即为发送间隔离散值，应满足合并单元技术条件中相关要求。对合并单元点对点后报文输出口离散性测试时，不允许出现抖动时间间隔超过(250±10)μs的报文帧间隔。组网口则没有这样测试的要求。其测试结果示意图如图5-20所示。

图5-20 采样值报文间隔离散值测试结果示意图

5.3.6 时钟性能测试

时钟性能测试分为对时准确度和守时准确度的测试。

1. 对时准确度测试

利用合并单元测试仪的标准时钟源给合并单元授时，待合并单元对时稳定后，利用时钟测试仪以每秒测量1次的频率测量合并单元和标准时钟源各自输出的1PPS信号有效沿之间的时间差的绝对值 Δt。连续测量1min，这段时间内测得的 Δt 的最大值即为最终测试结果。要求对时误差的最大值应不大于1μs。测试接线示意图如图5-21所示，测试结果示意图如图5-22所示。

测试中的注意事项：

（1）授时时钟工作指示为“+”表示授时源（标准时钟源）工作正常；授时时钟工作指示为“—”表示授时源（标准时钟源）工作异常。

（2）被测时钟工作指示，即表示合并单元发给测试仪的PPS脉冲是否有效，指示为“+”表示该PPS是有效的；授时时钟工作指示为“—”表示该PPS是无效的。

（3）授时时钟、被测时钟工作指示均为“+”，才可以进行该项测试。

2. 守时准确度测试

方式1为使用站内时钟系统的GPS对时，测试接线示意图如图5-23所示。方式2为使用测试仪自带的内置GPS模块，测试接线示意图如图5-24所示。

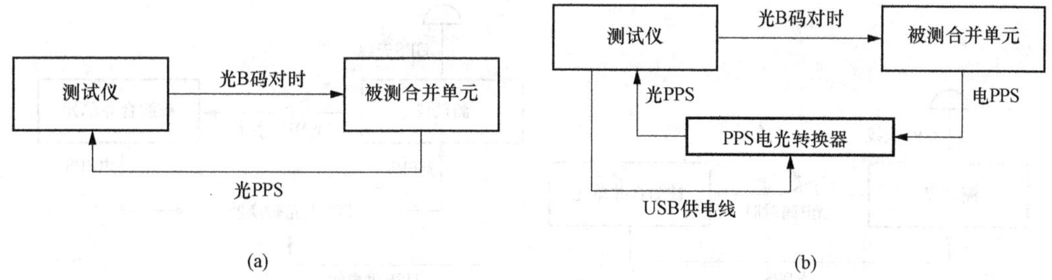

图 5-21　对时准确度测试接线示意图

(a) 被测合并单元时钟测试口为光 PPS；(b) 被测合并单元时钟测试口为电 PPS

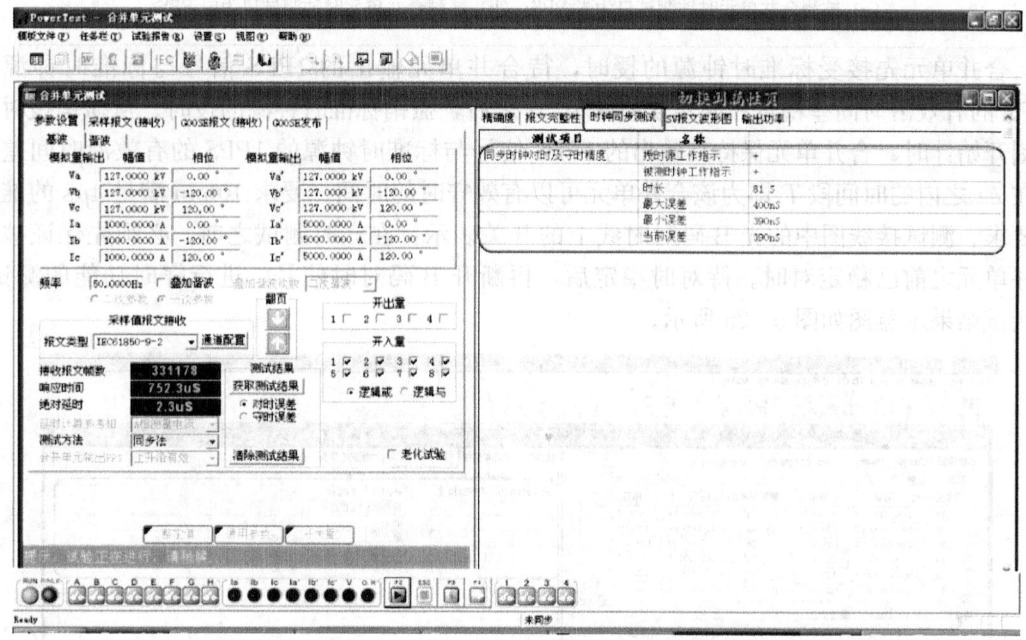

图 5-22　对时准确度测试结果示意图

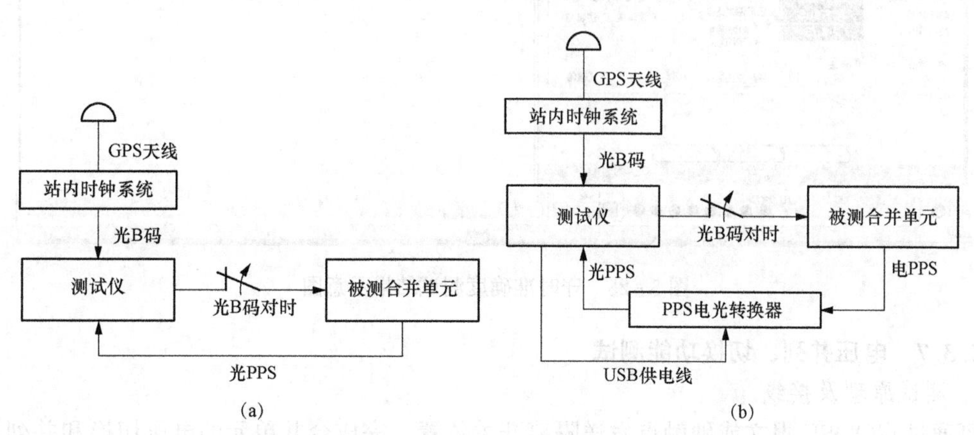

图 5-23　守时准确度测试接线方式 1

(a) 被测合并单元时钟测试口为光 PPS；(b) 被测合并单元时钟测试口为电 PPS

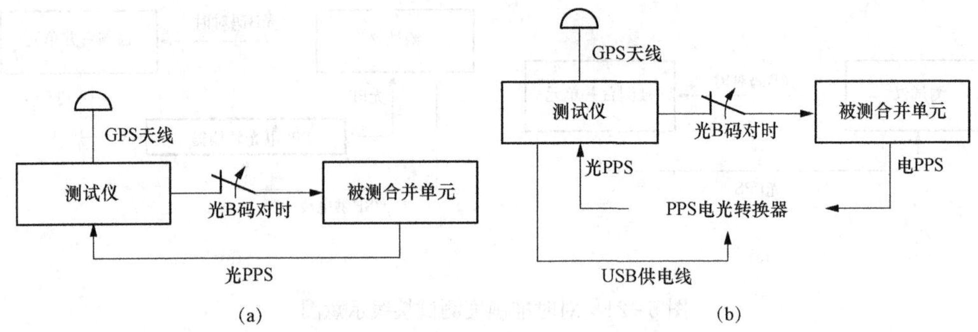

图 5-24 守时准确度测试接线方式 2

(a) 被测合并单元时钟测试口为光 PPS；(b) 被测合并单元时钟测试口为电 PPS

合并单元先接受标准时钟源的授时，待合并单元输出的 1PPS 信号与标准时钟源的 1PPS 的有效沿时间差稳定在同步误差阀值 Δt 之后，撤销标准时钟源的授时。从撤销授时的时刻开始计时，合并单元保持其输出的 1PPS 信号与标准时钟源的 1PPS 的有效沿时间差保持在 Δt 之内的时间段 T 即为该合并单元可以有效守时的时间。要求 10min 满足 4μs 的准确度要求。测试接线图中的光 B 码对时线上的开关表示：在守时测试之前，必须先保证被测合并单元之前已稳定对时。待对时稳定后，再断开 B 码对时信号，进行守时功能的测试。其测试结果示意图如图 5-25 所示。

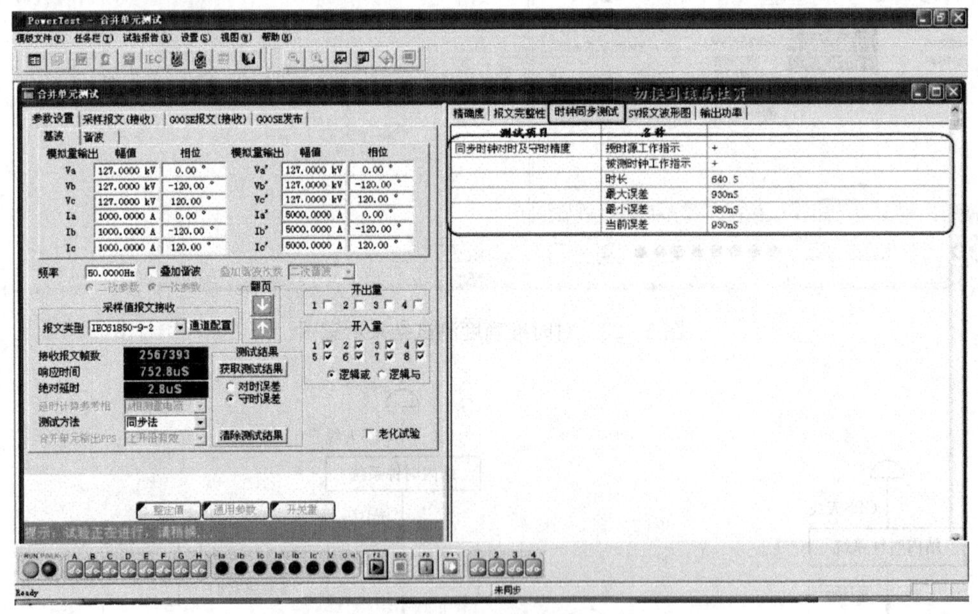

图 5-25 守时准确度测试结果示意图

5.3.7 电压并列、切换功能测试

1. 测试原理及接线

可通过 GOOSE 报文或硬触点发送隔离开关位置，完成合并单元的电压切换和并列功能的测试。

利用合并单元测试仪给合并单元加上两组母线电压，通过 GOOSE 向合并单元发送不同的隔离开关位置信号，检查切换功能是否正确。将切换把手打到强制Ⅰ母电压或者强制Ⅱ母电压状态，分别在有GOOSE母联断路器闸刀位置信号和无GOOSE母联断路器闸刀位置信号的情况下检查切换功能是否正确。测试接线图如图5-26、图5-27所示。

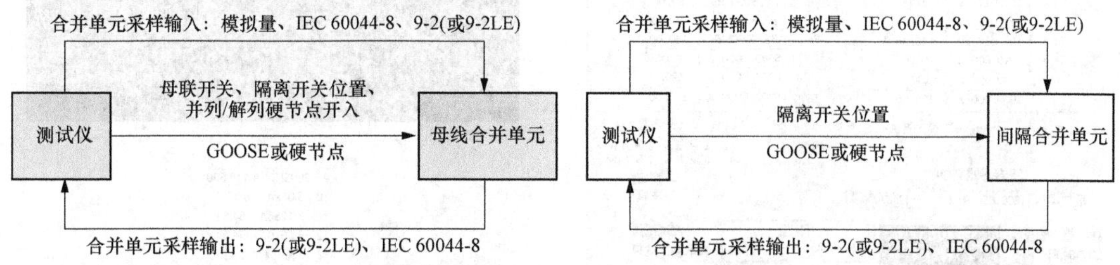

图5-26　母线合并单元电压并列功能测试接线图　　图5-27　间隔合并单元电压切换功能测试接线图

2. 测试配置

步骤1：确保将合并单元的两组母线电压分别关联到测试仪输出通道的U_a、U_b、U_c及U'_a、U'_b、U'_c。

步骤2：GOOSE发布配置，导入SCD文件，并选择电压切换或电压并列所需的GOOSE控制块作为GOOSE发布信息。

3. 测试步骤

步骤1：分别输入U_a、U_b、U_c及U'_a、U'_b、U'_c为不同的数值，如图5-28所示。

步骤2：通过GOOSE发布或硬触点将断路器及隔离开关变位信息发给合并单元，如图5-29所示。

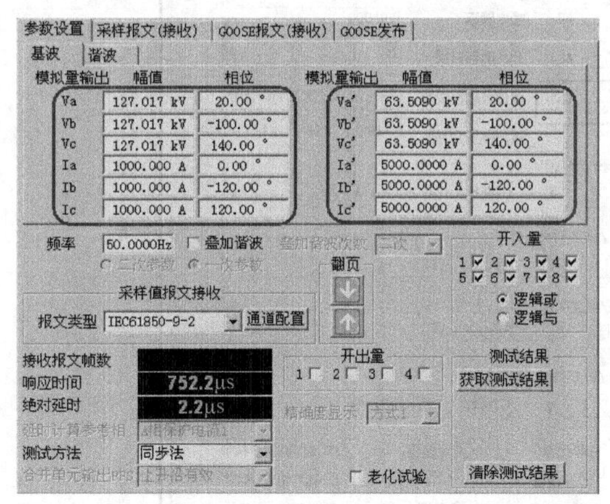

序号	描述	数据类型	取反
1	主变压器测控01_高压侧闭锁开出 ...	FALSE	
2	主变压器测控01_高压侧闭锁开出 ...	[0000000000000]	
3	主变压器测控01_高压侧闭锁开出 ...	FALSE	
4	主变压器测控01_高压侧闭锁开出 ...	[0000000000000]	
5	主变压器测控01_高压侧闭锁开出 ...	FALSE	
6	主变压器测控01_高压侧闭锁开出 ...	[0000000000000]	
7	主变压器测控01_高压侧闭锁开出 ...	FALSE	
8	主变压器测控01_高压侧闭锁开出 ...	[0000000000000]	
9	主变压器测控01_高压侧闭锁开出 ...	FALSE	
10	主变压器测控01_高压侧闭锁开出 ...	[0000000000000]	
11	主变压器测控01_高压侧闭锁开出 ...	FALSE	
12	主变压器测控01_高压侧闭锁开出 ...	[0000000000000]	
13	主变压器测控01_高压侧闭锁开出 ...	FALSE	
14	主变压器测控01_高压侧闭锁开出 ...	[0000000000000]	
15	主变压器测控01_高压侧闭锁开出 ...	FALSE	
16	主变压器测控01_高压侧闭锁开出 ...	[0000000000000]	
17	主变压器测控01_高压侧闭锁开出 ...	FALSE	

图5-28　电压并列、切换功能测试界面示意图　　图5-29　GOOSE变位信息发布示意图

步骤3：GOOSE变位信息发布。在对应开关量位置上“取反”，即可实现开关量位置FALSE（断开）与TRUE（闭合）或01（断开）与10（闭合）的翻转。

步骤4：硬触点变位信息发布。在图5-30中的红色方框内，通过打钩或取消打钩即可实现对应硬触点开出的合、分操作。

4. 试验过程数据实时观测

图5-31所示为相应通道中传输的一次电流、电压值，观察合并单元发送过来的电压通

道的数值，来确定电压切换或并列是否与隔离开关操作一致。

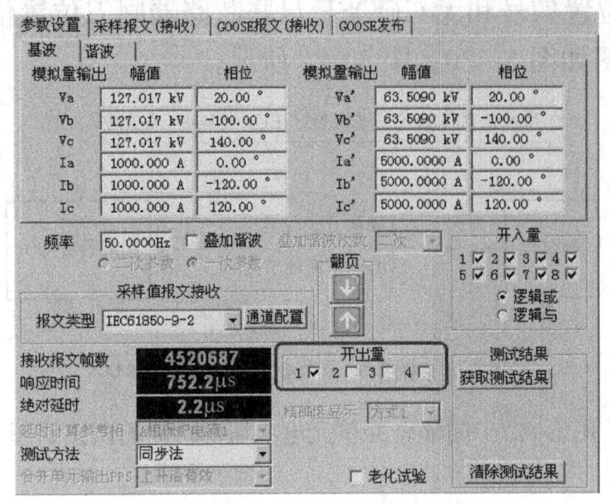

图 5-30 硬触点变位信息发布示意图

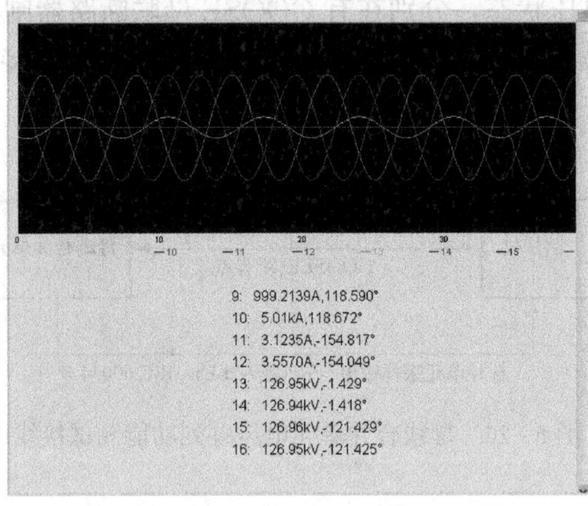

图 5-31 电压并列、切换功能测试实时数据观测图

5.4 合并单元报文发送参数配置

5.4.1 IEC 61850-9-2 及 IEC 60044-7/8 报文发布配置

步骤 1：选择“输出选择”为 IEC 61850-9-2，如图 5-32 所示。如果是进行 IEC 60044-7/8 报文发布配置，则选择“输出选择”为 IEC 60044-7/8。其他步骤两者完全相同。

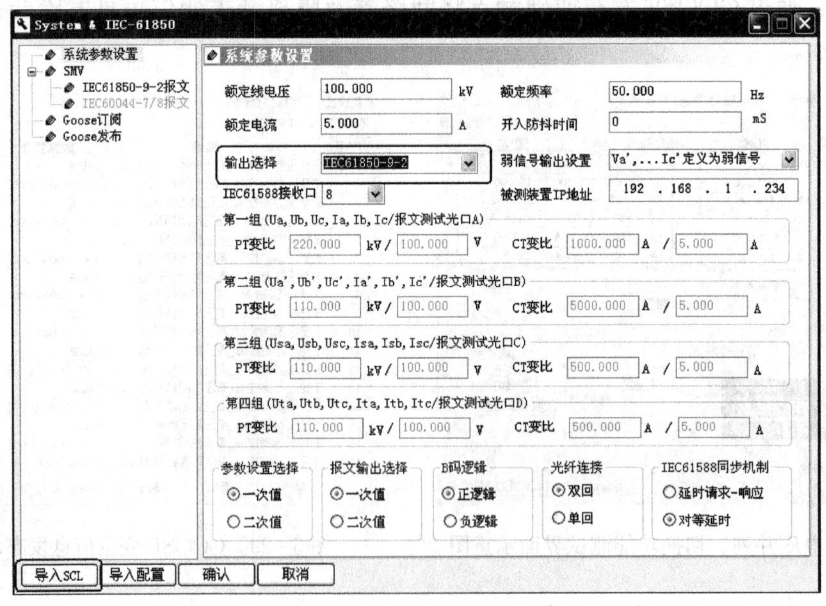

图 5-32 步骤 1 及步骤 2 示意图

步骤 2：选择并打开配置文件

单击图 5-32 中的“导入 SCL”后，在弹出的文件打开界面中，选择所需的 SCD、CID、ICD 文件并打开，如图 5-33 所示。

步骤 3：选择对应 IED 装置，然后选择控制块，如图 5-34 所示。

图 5-33　步骤 2 示意图

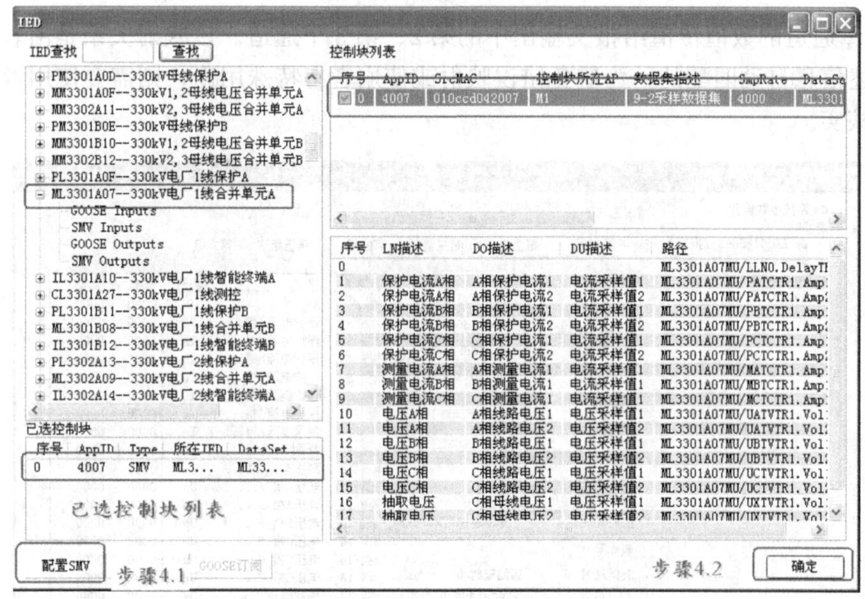

图 5-34　步骤 3 及步骤 4 示意图

步骤 4：单击“配置 SMV”，如图 5-34 所示。然后单击“确定”，如图 5-34 所示。

步骤 5：选择导入组别。单击“确定”后，弹出如图 5-35 所示界面，即将刚选中的控制块导入到软件上的第一组到第六组的其中一组去。组别即对应光口。如第一组就是测试仪的第一个光口。

步骤 6：核实通道映射。确保通道映射和通道描述是一致的，这样才可以保证测试仪控制的对应通道数值传送给报文输出的对应通道位置。如图 5-36 所示，测试仪将会将测试软

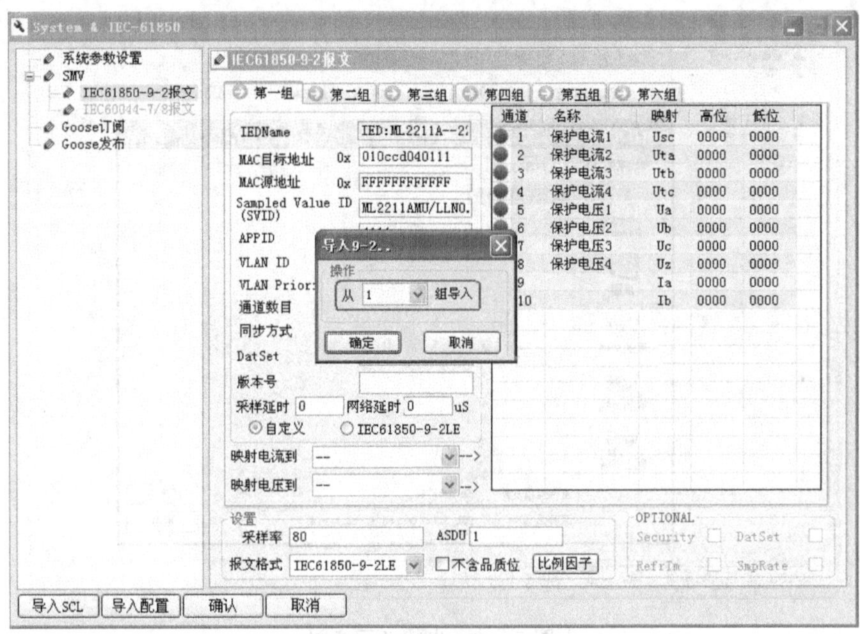

图 5-35　步骤 5 示意图

件界面上 I_a 通道的数值传值给报文输出中的第 2、第 3 个通道。该映射关系是由软件依据各通道的描述信息自动匹配的，为避免错误映射或使用者有特殊用途，则需要使用者对映射的情况进行核实。

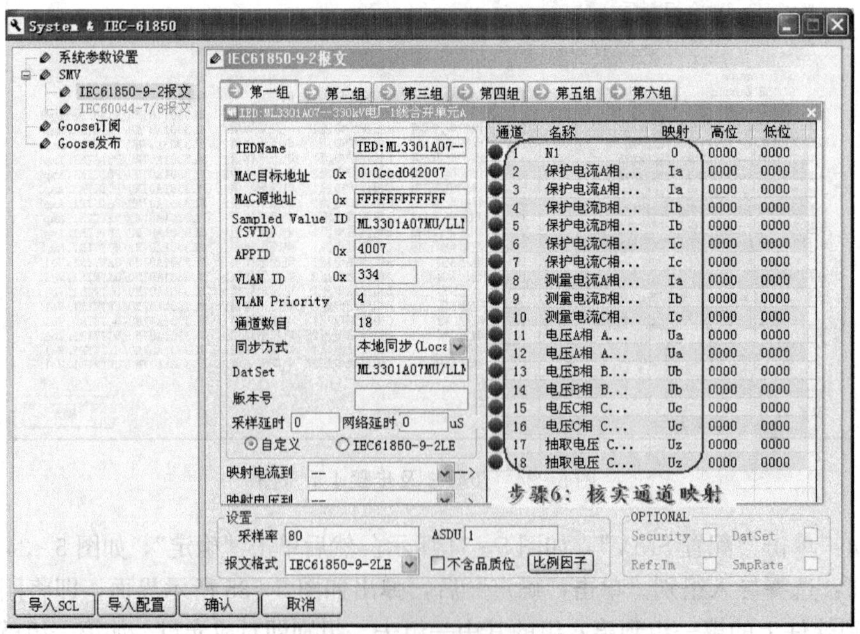

图 5-36　步骤 6 示意图

步骤 7：确认上述配置，如图 5-37 所示。

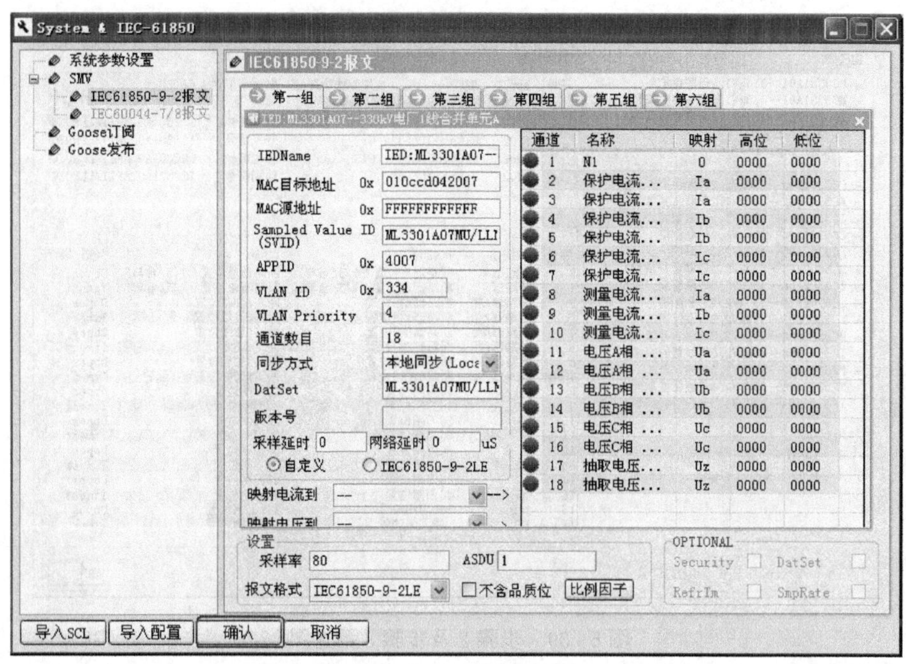

图 5-37　步骤 7 示意图

5.4.2　GOOSE 报文发布配置

步骤 1：选择并打开配置文件，单击“导入 SCL”；在弹出的文件打开界面中，选择所需的 SCD、CID、ICD 文件并打开，如图 5-38 所示。

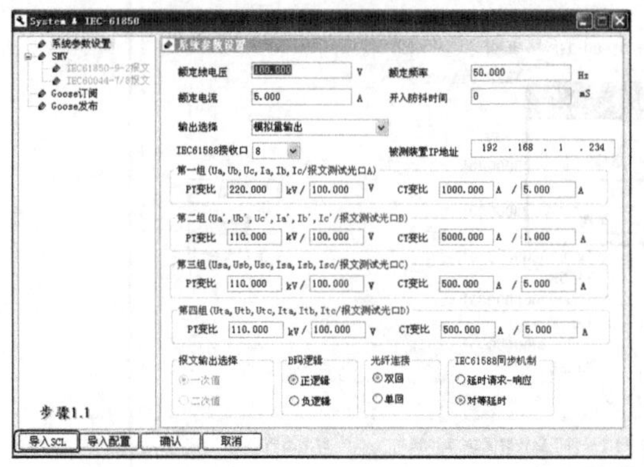

图 5-38　步骤 1 示意图

步骤 2：选择对应 IED 装置，然后选择控制块，如图 5-39 所示。

步骤 3：单击“GOOSE 发布”，然后单击“确定”，如图 5-39 所示。

步骤 4：选择导入组别。单击“确定”后，弹出如图 5-40 所示界面，即将刚选中的控制块导入到软件上的第一组到第十二组的其中一组去。这里的组别不对应光口（注意：所有导入的最多十二组 GOOSE 控制块，只能从光口 6 发送，硬件上的接线一定要接到光口 6 上）。

步骤 5：确认上述配置，如图 5-40 所示。

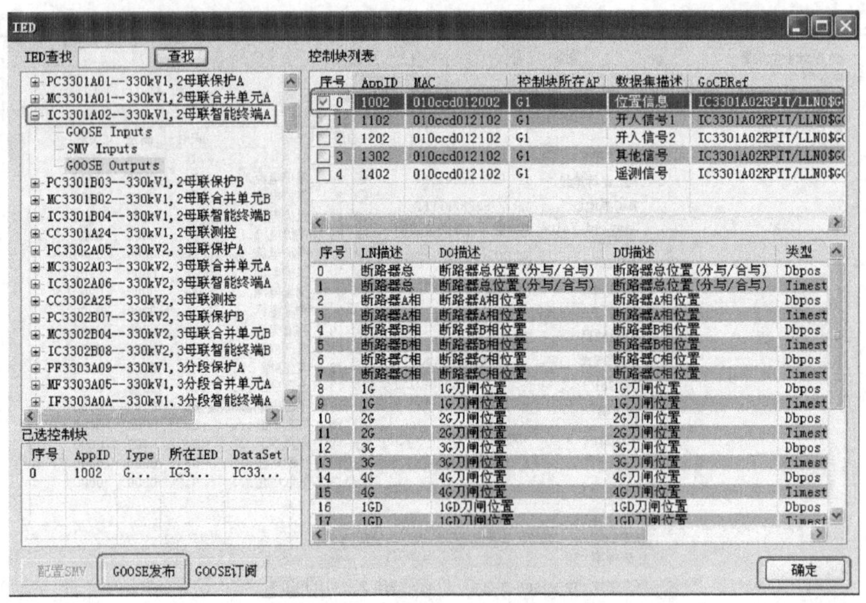

图 5-39 步骤 2 及步骤 3 示意图

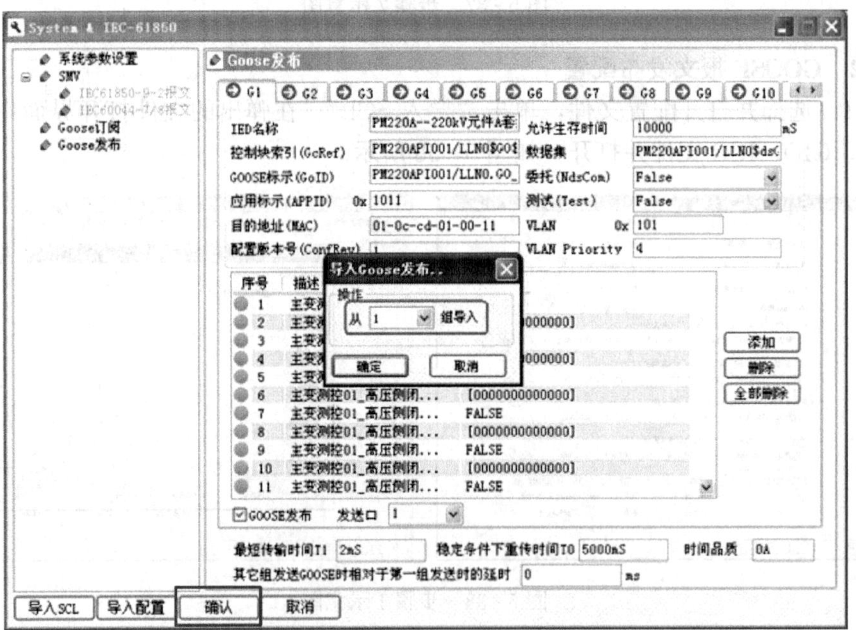

图 5-40 步骤 4 及步骤 5 示意图

5.5 合并单元的准确度测试误差评定条件

合并单元的准确度测试误差评定条件依据于 DL/T 282—2012《合并单元技术条件》、DL/T 281—2012《合并单元测试规范》、GB/T 20840.7—2007《互感器 第 7 部分：电子式电压互感器》、GB/T 20840.8—2007《互感器 第 8 部分：电子式电流互感器》。

5.5.1　测量用电流通道误差评定条件

表 5-3、表 5-4 中的准确级是以该准确级在额定电流下所规定最大允许电流误差的百分数来标称。在额定频率下的电流误差、相位误差（角差），应不超过表 5-3 和表 5-4 中所列的数值。

表 5-3　　0.1 级至 1 级准确级的误差表

准确级	电流误差（±%）在下列额定电流（%）时					相位误差（±′）在下列额定电流（%）时				
	1	5	20	100	120	1	5	20	100	120
0.1	—	0.4	0.2	0.1	0.1	—	15	8	5	5
0.2S	0.75	0.35	0.2	0.2	0.2	30	15	10	10	10
0.2	—	0.75	0.35	0.2	0.2	—	30	15	10	10
0.5S	1.5	0.75	0.5	0.5	0.5	90	45	30	30	30
0.5	—	1.5	0.75	0.5	0.5	—	90	45	30	30
1	—	3.0	1.5	1.0	1.0	—	180	90	60	60

表 5-4　　3 级和 4 级准确级的误差表

准确级	电流误差（±%）在下列额定电流（%）时		相位误差（±′）
	50	100	
3	3	3	不规定
5	5	5	

5.5.2　保护用电流通道误差评定条件

表 5-5 中的准确级是以该准确级在额定准确限值一次电流下所规定最大允许复合误差的百分数来标称，其后标以字母“P”（表示保护）或字母“TPE”（表示暂态保护电子式互感器准确级）。在额定频率下的电流误差、相位误差（角差）、复合误差，应不超过表 5-5 中所列数值。

表 5-5　　各准确级的误差表

准确级	电流误差（±%）在额定一次电流时	相位误差（±′）在额定一次电流时	复合误差（%）在额定准确限值一次电流时
5TPE	1	60	5
5P	1	60	5
10P	3	—	10

5.5.3　测量用电压通道误差评定条件

表 5-6 中的准确级是以该准确级在额定电压下所规定最大允许电压误差的百分数来标称。在 80%～120%的额定电压及功率因数为 0.8（滞后）的 25%～100%的额定负荷下，在额定频率时，电压误差和相位误差，应不超过表 5-6 中规定的限值。

表 5-6 0.1 级至 3 级准确级的误差表

准确级	电压误差（±%）在下列额定电压（%）时	相位误差（±′）在下列额定电压（%）时
	80～120	80～120
0.1	0.10	5.0
0.2	0.2	10
0.5	0.5	20
1	1.0	40
3	3.0	—

5.5.4 保护用电压通道误差评定条件

表 5-7 中的准确级是以该准确级在 5%额定电压至额定电压因数（额定电压因子为 1.2、1.5 或 1.9）相对应的电压下所规定的最高允许电压误差的百分数来标称。

表 5-7 各准确级的误差表

准确级	在下列额定电压 U_p/U_{pr} 下					
	2%		5%		x%（额定电压因数下）	
	电压误差（±%）	相位误差（±′）	电压误差（±%）	相位误差（±′）	电压误差（±%）	相位误差（±′）
3P	6	240	3	120	3	120
6P	12	480	6	240	6	240

5.5.5 合并单元告警信息释义及处理意见（见表 5-8）

合并单元在运行时，装置本身或外部与合并单元有联系的其他设置出现异常，都会引发合并单元发出告警信息。表 5-8 列出了常见的一些告警信息的释义及相对应的处理意见。

表 5-8 合并单元告警信息释义及处理意见

信息名称	含义	处理意见
装置故障	影响装置功能相关硬件故障，如 RAM 自检出错、FLASH 自检出错等；影响装置无法正常运行的软件故障，如程序自检出错等；装置失电告警等；所有合并单元功能退出	如果告警可以复归，可继续运行，同时联系厂家，更换 CPU 插件；如果自检告警不能复归，退出保护，联系厂家处理
运行异常	装置正常运行时熄灭；检测到异常状态时点亮（装置总告警）	根据具体信号确定
同步异常	装置守时不成功，影响采样的同步性，时标同步时会闭锁保护，点对点采样不受影响	检查 GPS 装置及接线；联系厂家
光耦失电	装置开入板开入电源消失，会导致检修把手位置信息无法采入	检查装置遥信电源
隔离开关位置异常	电压切换时，隔离开关双位置同分、同合、既分又合，会导致不能正常电压切换	检查合并单元接收隔离开关位置
TV 切换同时动作	电压切换时，间隔隔离开关均投入	运行状态

续表

信息名称	含义	处理意见
TV切换同时返回	电压切换时，间隔隔离开关均退出	运行状态
SV总告警	SV所有异常的告警，包括合并单元本身SV输出的异常	检查装置级联接收；级联正常，则联系厂家处理
SV级联数据异常	SV级联报文品质异常、报文抖动、丢帧、链路中断等，导致异常SV的级联点输出无效	检查装置级联接收
GOOSE总告警	GOOSE所有异常的告警	根据具体信号确定
GOOSE数据异常	GOOSE链路接收与发送不匹配、配置错误、链路中断等，影响异常GOOSE链路的开入	检查异常GOOSE报文发送方配置
检修不一致	接收到的SV或者GOOSE报文检修状态和装置检修状态不一致，会导致无法正确解析采集隔离开关和其他状态信息	核对GOOSE通信收发方检修连接片投退是否正常

第6章　智能变电站运行、检修及异常处理

6.1　智能变电站的运行

6.1.1　连接片设置

1. 保护装置

（1）硬连接片：检修硬连接片、远方操作硬连接片。

（2）软连接片：

1）GOOSE软连接片：发送（出口，不分相，按出口回路设置）、接收（仅母差、主变压器）。

2）SV软连接片：接收（按合并单元设置）。

3）功能软连接片：保护功能投退软连接片、定值修改软连接片、定值区切换软连接片、远方投退软连接片。

2. 智能终端

硬连接片：检修硬连接片、跳/合闸出口硬连接片、闭锁重合闸硬连接片（视情况）。

3. 合并单元

硬连接片：检修硬连接片。

6.1.2　运行状态

1. 保护装置

（1）跳闸：装置直流电源投入，保护功能软连接片投入，装置SV接收软连接片投入，装置GOOSE接收及发送软连接片投入，检修硬连接片退出。

（2）信号：装置直流电源投入，保护功能软连接片投入，装置SV接收软连接片投入，装置GOOSE接收软连接片投入，GOOSE发送软连接片退出，检修硬连接片退出。

（3）停用：保护功能软连接片退出，装置SV接收软连接片退出，装置GOOSE接收及发送软连接片退出，装置直流电源退出。

保护装置状态对应表见表6-1。

表6-1　保护装置状态对应表

一次设备状态 / 保护状态	运行、热备用（无工作）	运行、热备用（有工作）	冷备用（无工作）	冷备用（有工作）	检修（无工作）	检修（有工作）
停役设备保护	—	信号	跳闸	信号	跳闸	信号
相关运行保护	跳闸	—	跳闸	相关SV接受软连接片退出	跳闸	相关SV接受软连接片退出

2. 智能终端

（1）跳闸：装置直流电源投入，跳/合闸出口硬连接片投入，检修硬连接片退出。

（2）信号：装置直流电源投入，跳/合闸出口硬连接片退出，检修硬连接片退出。

（3）停用：装置直流电源退出，跳/合闸出口硬连接片退出。

3. 合并单元

（1）运行：装置交流采样、直流电源投入，检修硬连接片退出。

（2）停用：装置交流采样、直流电源退出。

6.1.3 运行操作

1. 操作原则

双重化配置的两套保护装置及其合并单元、智能终端不应交叉停运，避免保护功能失去；有逻辑回路联系的双重化配置保护装置不应交叉停运，避免失灵、重合闸等功能失去。

（1）保护装置操作原则。保护装置进行检修前，应确认保护装置处于“信号”状态，且与其相关的在运行保护装置所对应的GOOSE接收软连接片已退出。

操作保护装置SV软连接片前，应确认对应的一次设备已停电或保护装置处于“信号”状态；否则，误退保护装置“SV软连接片”，可能引起保护不正确动作。（有流时SV投退警告，仍可操作）

（2）智能终端操作原则。一次设备不停电情况下，需进行智能终端检修时，应先确认该智能终端跳、合闸出口硬连接片已退出，且断路器重合闸功能已停用，方可投入该智能终端检修硬连接片。

（3）合并单元操作原则。一次设备处于检修状态或冷备用状态情形下，开展合并单元检修工作时，应确认所有相关保护装置涉及本间隔的SV软连接片已退出，特别是仍继续运行的保护装置。

一次设备不停电情况下进行合并单元检修时，应在对应的所有保护装置处于“信号”状态后，方可开展合并单元检修工作。

2. 操作顺序

（1）一次设备停电时，智能变电站继电保护系统退出运行。

1）退出智能终端跳、合闸出口硬连接片。

2）退出相关保护装置中跳闸、启动失灵、重合闸等GOOSE发送软连接片。

3）退出运行保护装置中与待退出合并单元相关的SV软连接片。

4）退出运行保护装置中相关的失灵、远跳（或远传）等GOOSE接收软连接片。

5）投入智能终端、保护装置、合并单元检修硬连接片。

（2）一次设备送电时，智能变电站继电保护系统投入运行。

1）退出合并单元、保护装置、智能终端检修硬连接片。

2）投入运行保护装置中相关的失灵、远跳（或远传）等GOOSE接收软连接片。

3）投入运行保护装置中与待投入合并单元相关的SV软连接片。

4）投入相关保护装置跳闸、启动失灵、重合闸等GOOSE发送软连接片。

5）投入智能终端跳、合闸出口硬连接片。

（3）当单独退出保护装置的某项保护功能时：

1）退出该功能独立设置的出口GOOSE发送软连接片。

2）无独立设置的出口GOOSE发送软连接片时，退出其功能软连接片。

3）不具备单独投退该保护功能的条件时，可退出整套装置。

注意：设备投“信号”时，不应断开保护装置及相应合并单元、智能终端、交换机等设备的直流电源。

6.2 智能变电站的检修

6.2.1 安全隔离

1. 智能站与常规站在安全隔离上的异同点

(1) 异。

智能变电站中安全隔离主要依靠检修机制、软连接片投退，由软件实现隔离（抽象化），必要时可解除光纤物理回路，多重安全措施并存；涉及范围更广（包括合并单元、智能终端、交换机等）。

常规变电站中安全隔离主要依靠硬连接片投退、端子解除，彻底断开物理回路。

(2) 同。

1) 都需要分析处理待检修设备所涉及的范围，对所涉及运行设备进行安全隔离。

2) 基本回路未变（电流、电压、跳闸、启动失灵等）。

2. 基本原则

智能变电站中安全隔离的基本原则是将被处理设备从运行系统中彻底隔离。具体方法如下：

1) 连接片投退（软连接片、硬连接片、出口软连接片、接收软连接片），这是必需的。

2) 检修机制（检修连接片），这是必要的。

3) 光纤拔出（最彻底），这个可以选择。

6.2.2 检修机制

1. GOOSE 检修机制

基于 IEC 61850《工程继电保护应用模型》：

(1) 当装置检修连接片投入时，装置发送的 GOOSE 报文中的 test 应置位。

(2) GOOSE 接收端装置应将接收的 GOOSE 报文中的 test 位与装置自身的检修连接片状态进行比较，只有两者一致时才将信号作为有效进行处理或动作。

2. SV 检修机制

基于 IEC 61850《工程继电保护应用模型》：

(1) 当合并单元检修连接片投入，采样值数据的品质 q 的 Test 位应置 True。

(2) SV 接收端装置应将接收的 SV 报文中的 test 位与装置自身的检修连接片状态进行比较，只有两者一致时才将该信号用于保护逻辑，否则应不参加保护逻辑的计算。对于状态不一致的信号，接收端装置仍应计算和显示其幅值。

GOOSE 和 SV 检修机制示意图如图 6-1 所示。

6.2.3 安全措施

智能变电站安全措施的基本原则为：保证双重安全措施，连接片投退有顺序。

断开安全回路前，应确认其余安全措施已做好，且对应光纤已做好标识，退出的光纤应用相应保护罩套好。

智能变电站虚回路安全措施应至少采取双重措施，如退出相关运行装置中对应的接收软连接片、退出装置检修对应的发送软连接片，投入检修装置检修连接片。

智能终端出口硬连接片、装置间的光纤可实现具备明显断点的二次回路安全措施。

对重要的保护装置，特别是复杂保护装置或有联跳回路，以及存在跨间隔 SV、GOOSE 联系的虚回路的保护装置，如母线保护、失灵保护、主变压器保护、安全自动装置等装置的检修作业，应编制经技术负责人审批的继电保护安全措施票。

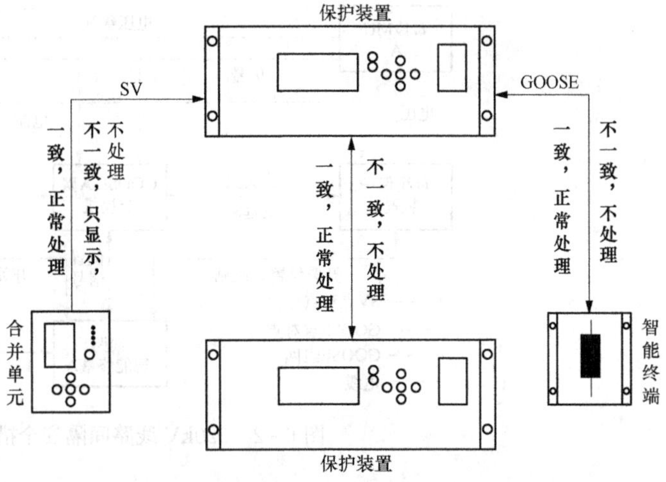

图 6-1 GOOSE 和 SV 检修机制示意图

6.2.4 检修安全措施实例

1. 500kV 智能终端检修安全措施（一次设备运行时，单套智能终端检修安全措施）

（1）边断路器运行，边断路器智能终端检修安全措施：

1）将边断路器重合闸功能停用；

2）退出该边断路器智能终端跳、合闸出口连接片；

3）退出该边断路器智能终端遥控连接片；

4）退出该边断路器智能终端闭锁重合闸连接片；

5）投入该边断路器智能终端“检修连接片”。

（2）中断路器运行，中断路器智能终端检修安全措施：

1）将中断路器重合闸功能停用；

2）退出该中断路器智能终端跳、合闸出口连接片；

3）退出该中断路器智能终端遥控连接片；

4）退出该中断路器智能终端闭锁重合闸连接片；

5）投入该中断路器智能终端“检修连接片”。

（3）母线运行，母线智能终端检修安全措施：

1）退出对应的母线智能终端遥控连接片；

2）投入该母线智能终端“检修连接片”。

（4）主变运行，主变压器智能终端检修安全措施：

1）退出非电量跳闸出口硬连接片；

2）投入该主变本体智能终端“检修连接片”。

2. 220kV 线路间隔安全措施

220kV 线路间隔安全措施示意图如图 6-2 所示。

（1）一次设备停电情况下，线路间隔校验安全措施：

1）退出 220kV 第一套母线保护该间隔 SV 接收软连接片、GOOSE 失灵接收软连接片；

2）退出该间隔第一套线路保护 GOOSE 发送软连接片、GOOSE 启动失灵发送软连接片；

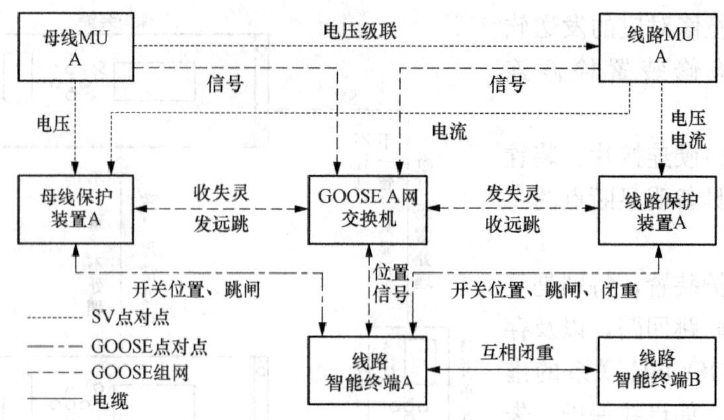

图 6-2　220kV 线路间隔安全措施示意图

3）投入该间隔第一套合并单元、线路保护及智能终端检修连接片；

4）在该间隔第一套合并单元端子排处将 TA 短接并断开，TV 回路或链路断开。

（2）一次设备停电情况下，线路保护与母线保护失灵、远跳回路试验时的安全措施：

1）退出 220kV 第一套母线保护内运行间隔的 SV 接收软连接片、GOOSE 发送出口软连接片、失灵联跳软连接片、GOOSE 接收失灵软连接片，投入该母线保护检修连接片；

2）投入该间隔第一套线路保护、智能终端、合并单元检修连接片；

3）在该间隔第一套合并单元端子排处将 TA 短接并断开，TV 回路断开。

（3）一次设备不停电情况下，线路间隔装置缺陷处理时的安全措施：

1）第一套间隔合并单元：

（a）处理合并单元缺陷时，申请停役相关受影响的保护，必要时申请停役该间隔一次设备。

（b）该间隔第一套智能终端出口硬连接片退出。

（c）在该间隔第一套合并单元端子排处将 TA 短接并断开，TV 回路断开。

2）线路保护：

（a）退出 220kV 第一套母线保护该间隔 GOOSE 失灵接收软连接片。

（b）退出该间隔第一套线路保护内 GOOSE 发送出口软连接片、启动失灵发送软连接片、闭锁重合闸出口软连接片、投入该间隔第一套线路保护检修连接片。

（c）如有需要可断开该线路保护至对侧光纤差动通道光纤及线路保护背板光纤。

3）智能终端：

（a）退出该间隔第一套智能终端出口硬连接片。

（b）退出该间隔第一套线路保护 GOOSE 发送出口软连接片、启失灵发送软连接片。

（c）投入第一套母线保护内该间隔隔离开关强制软连接片。

（d）投入该间隔第一套智能终端检修连接片。线路保护检修连接片不投入，可确保远跳回路的正常。

（e）需要时可断开间隔第一套智能终端光纤、解开至另外一套智能终端闭锁重合闸回路。

注意：此时的母差保护可能会有该间隔智能终端 GOOSE 断链或者隔离开关位置异常信号发出。但是，隔离开关位置实际采用的是强制软连接片的位置，不影响母差保护正常运行。

6.2.5　通信接口检查

造成装置出现通信中断的原因有：端口接错、光纤收发接反、光纤损坏、受污染，光功率不足、光口损坏等。

1. 光纤连接检查

根据光纤连接图（见图 6-3），使用激光笔在光纤回路的一端发射光线，光纤回路的另外一端观察光线输出情况。

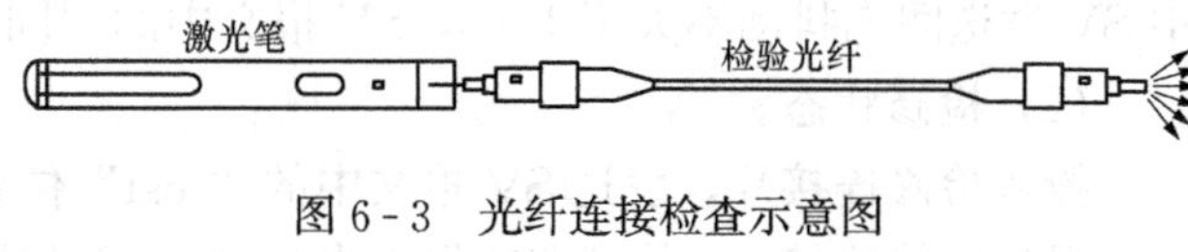

图 6-3　光纤连接检查示意图

（1）若有可见光射出，且强度较强，表明光纤连接正确，光纤无损坏，可正常使用光纤。

（2）若有可见光射出，但强度较弱，则光纤连接正确，但光纤受损，可能是接头受污染或内部损坏，需要更换备用光纤。

（3）若观察不到可见光，但附近光纤中发现有较强可见光射出，则光纤连接错误，需要更改连接；若无可见光射出，附近光纤中也找不到其他光纤发出的可见光，则光纤发生严重损坏或者铺设错误，需要更换备用光纤。

2. 光功率及裕度测试

为保证设备间能正常通信，光纤网络发送口的发送光功率必须满足接收口的要求，并且留有一定裕度，以防长期运行后发光器件的衰耗。

光纤网络的发送功率主要针对保护测控、智能终端、合并单元等 IED 的 GOOSE 收发和 SV 收发接口进行。

3. 通信报文检查

（1）SV、GOOSE 报文配置检查。合并单元、保护测控、智能终端光口发送报文的目的 MAC 地址、APPID、DataSet、通道数等应与配置文件一致。

检查方法：用抓包软件或者手持式测试仪获取装置发送的报文与 SCD 文件中的参数逐一比对。

（2）MMS 报文配置检查。检查站控层 MMS 通信的 IP 地址、子网掩码是否正确。

检查方法：通过站控层交换机设置端口镜像读取。

6.2.6　单体测试

单体测试包含合并单元、保护测控、智能终端检修状态、功能等测试，对于合并单元还包含发送 SV 报文的性能测试，对于智能终端还包含接收到报文转换成硬触点输出的响应时间测试。

1. 合并单元测试

（1）发送的 SV 报文。

SV 报文丢帧率：30min 内不丢帧。

SV 报文完整性：SV 报文的序号应从 0 连续增加到 $50N-1$（N 为每周波采样点数），再恢复到 0，任意相邻两帧 SV 报文的序号应连续。

SV 报文发送频率测试：SV 报文应每一个采样点一帧报文，SV 报文的发送频率应与采样点频率一致。

SV 报文间隔离散度：应与理论值［20/N（ms），N 为每周波采样点数］，测出的间隔抖动应在 $\pm 10\mu s$ 之内。

SV 报文品质位：互感器工作正常时，SV 报文品质应无置位；互感器工作异常时，SV 报文品质应立即置位。

SV 报文同步性：对于需要同步的合并单元，模拟合并单元时钟丢失、恢复，整个过程中 SV 发送间隔抖动不大于 10μs，SV 报文中的“同步标”能正确翻转。

（2）检修状态。

投入检修连接片，发送 SV 报文中的“test”位置 True，装置检修灯应点亮

退出检修连接片，发送 SV 报文中的“test”位置 False，装置检修灯应熄灭。

（3）采样准确度。对于模拟量输入式合并单元，用传统继电保护测试仪给 MU 输入额定交流模拟量，读取 MU 输出数值与继电保护测试仪输入数值比较计算准确度，是否满足技术条件的要求。

（4）合并单元告警。包含失电告警、数据异常告警、光纤通道告警等，进行掉电重启过程中、断掉接收采样值的回路、断掉 GOOSE 链路，告警灯应点亮。

（5）额定延时检验。

要求：额定延时误差应小于 10μs。

测试方法：数字万用表与 MU 都对时后，数字万用表接至 MU 点对点输出端口，记录零序号 SV 报文的到达时刻与整秒之间的时间差 dT，检验 SV 报文中的额定延时数值。

额定延时检验不属于例行检验，在 MU 同步性检验出现超差时实施，对于相同配置的产品普遍出现超差现象的，应普测，有条件的，可使用 MU 测试仪精确测试。

（6）电压切换功能。电压切换功能示意图如图 6-4 所示。电压切换逻辑见表 6-2。

表 6-2　　电压切换逻辑表

<table>
<tr><th rowspan="2">序号</th><th colspan="2">Ⅰ段母线隔离开关</th><th colspan="2">Ⅱ段母线隔离开关</th><th rowspan="2">母线电压输出</th><th rowspan="2">报警说明</th></tr>
<tr><th>合</th><th>分</th><th>合</th><th>分</th></tr>
<tr><td>1</td><td>0</td><td>0</td><td>0</td><td>0</td><td>保持</td><td rowspan="6">延时 1min 以上报警“隔离开关位置异常”</td></tr>
<tr><td>2</td><td>0</td><td>0</td><td>0</td><td>1</td><td>保持</td></tr>
<tr><td>3</td><td>0</td><td>0</td><td>1</td><td>1</td><td>保持</td></tr>
<tr><td>4</td><td>0</td><td>1</td><td>0</td><td>0</td><td>保持</td></tr>
<tr><td>5</td><td>0</td><td>1</td><td>1</td><td>1</td><td>保持</td></tr>
<tr><td>6</td><td>0</td><td>0</td><td>1</td><td>0</td><td>Ⅱ母电压</td></tr>
<tr><td>7</td><td>0</td><td>1</td><td>1</td><td>0</td><td>Ⅱ母电压</td><td>—</td></tr>
<tr><td>8</td><td>1</td><td>0</td><td>1</td><td>0</td><td>Ⅰ母电压</td><td>报警“同时动作”</td></tr>
<tr><td>9</td><td>0</td><td>1</td><td>0</td><td>1</td><td>电压输出为 0，状态有效</td><td>报警“同时返回”</td></tr>
<tr><td>10</td><td>1</td><td>0</td><td>0</td><td>1</td><td>Ⅰ母电压</td><td>—</td></tr>
<tr><td>11</td><td>1</td><td>1</td><td>1</td><td>0</td><td>Ⅱ母电压</td><td rowspan="6">延时 1min 以上报警“隔离开关位置异常”</td></tr>
<tr><td>12</td><td>1</td><td>0</td><td>0</td><td>0</td><td>Ⅰ母电压</td></tr>
<tr><td>13</td><td>1</td><td>0</td><td>1</td><td>1</td><td>Ⅰ母电压</td></tr>
<tr><td>14</td><td>1</td><td>1</td><td>0</td><td>0</td><td>保持</td></tr>
<tr><td>15</td><td>1</td><td>1</td><td>0</td><td>1</td><td>保持</td></tr>
<tr><td>16</td><td>1</td><td>1</td><td>1</td><td>1</td><td>保持</td></tr>
</table>

间隔MU上电后，未收到隔离开关位置信息时，输出的母线电压带“无效”品质；上电后收到的隔离开关位置与表6-1中“母线电压输出”为“保持”的隔离开关位置一致时，输出的母线电压带“无效”品质。

测试方法：在母线电压MU上分别施加50V和40V两段母线电压，母线电压MU与间隔MU级联；模拟Ⅰ母和Ⅱ母隔离开关闸刀位置，按照电压切换逻辑表（见表6-2）依次变换信号，在数字万用表上观察间隔MU输出的SV报文中母线电压通道的实际值，并依此判断切换逻辑；观察在隔离开关为同分或者同合的情况下，间隔MU的报警情况。

（7）电压并列功能。电压并列功能示意图如图6-5所示。电压并列逻辑见表6-3。

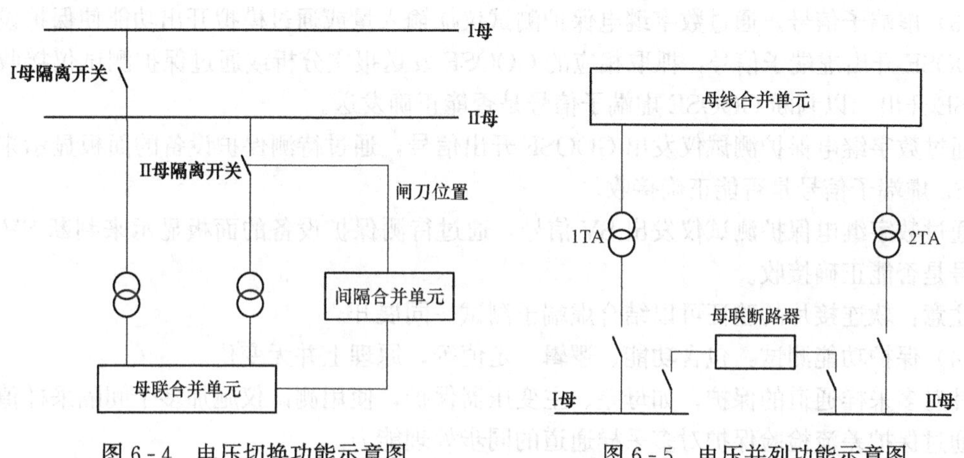

图6-4　电压切换功能示意图　　图6-5　电压并列功能示意图

表6-3　电压并列逻辑表

命令信号		母联位置	Ⅰ母TV并列后电压	Ⅱ母TV并列后电压
Ⅰ母强制用Ⅱ母	Ⅱ母强制用Ⅰ母			
0	0	×	Ⅰ母	Ⅱ母
0	1	合位	Ⅰ母	Ⅰ母
0	1	分位	Ⅰ母	Ⅱ母
0	1	00或11（无效位置）	保持	保持
1	0	合位	Ⅱ母	Ⅱ母
1	0	分位	Ⅰ母	Ⅱ母
1	0	00或11（无效位置）	保持	保持
1	1	合位	保持	保持
1	1	分位	Ⅰ母	Ⅱ母
1	1	00或11（无效位置）	保持	保持

测试方法：用测试仪给母线电压合并单元加入两组不同的母线电压，然后施加母联开关位置信号，分别切换母线合并单元把手至“Ⅰ母强制用Ⅱ母”或“Ⅱ母强制用Ⅰ母”状态，在数字万用表上观察母线电压MU输出的Ⅰ母和Ⅱ母电压，并依此判断并列逻辑是否正确。

2. 保护测试

（1）检修状态。保护装置检修连接片投入后，发送的MMS和GOOSE报文检修位应置True，同时面板应有显示，装置检修灯点亮。

保护装置检修连接片打开后，发送的 MMS 和 GOOSE 报文检修品质应置 False，同时面板应有显示，装置检修灯熄灭。

（2）软连接片。SV 接收软连接片：投入 SV 接收软连接片，保护正确显示接收到的 SV 数值并用于逻辑计算；退出 SV 接收软连接片，不处理对应间隔的 SV 数据。

GOOSE 开入软连接片：投入 GOOSE 开入软连接片，保护正确响应接收到的 GOOSE；退出 GOOSE 开入软连接片，设备不发送相应 GOOSE 信号。

GOOSE 开出软连接片：投入 GOOSE 开出软连接片，保护发送相应 GOOSE 信号；退出 GOOSE 开出软连接片，设备不发送相应 GOOSE 信号。

（3）虚端子信号。通过数字继电保护测试仪加输入量或通过模拟开出功能使保护设备发出 GOOSE 开出虚端子信号，抓取相应的 GOOSE 发送报文分析或通过保护测试仪接收相应 GOOSE 开出，以判断 GOOSE 虚端子信号是否能正确发送。

通过数字继电保护测试仪发出 GOOSE 开出信号，通过待测保护设备的面板显示来判断 GOOSE 虚端子信号是否能正确接收。

通过数字继电保护测试仪发出 SV 信号，通过待测保护设备的面板显示来判断 SV 虚端子信号是否能正确接收。

注意：软连接片的验证可以结合虚端子测试一同展开。

（4）保护功能测试：包含功能、逻辑、定值等，原理上并无变化。

针对多采样通道的保护，如母差、主变压器保护，使用测试仪施加多个间隔采样值给保护，通过保护差流检验保护对多采样通道的同步处理能力。

3. 智能终端测试

（1）检修状态。

检修连接片投入后，装置发送的 GOOSE 报文中的 Test 位置 True，装置检修灯点亮。

检修连接片退出后，装置发送的 GOOSE 报文中的 Test 位置 False，装置检修灯熄灭。

（2）动作时间测试。将智能终端输出硬触点接入测试仪的硬触点开入，通过数字化测试仪发送一组 GOOSE 跳、合闸命令给智能终端，在测试仪上查看响应时间，智能终端应在 7ms 内可靠动作。

（3）传送位置信号。通过数字继电保护测试仪分别输出相应的断路器、隔离开关等硬触点分合信号给智能终端，再抓取智能终端发出的 GOOSE 报文，解析相应的虚端子位置信号，观察是否与实端子信号一致。

（4）SOE 检验。

要求：SOE 时间准确度不大于 1ms，SOE 分辨率不大于 1ms。

检验方法：用 GPS 标准时间测试仪的两个动合触点分别接入智能终端 A 相、B 相断路器位置动合触点开入（如智能终端模型中无时间建模的，可不开展 SOE 准确度的测试），设置整分钟触发 A 相开入，经 1ms 触发 B 相开入，监控系统读取 SOE 时间，检查是否正确分辨 A 相合闸位置、B 相合闸位置两个事件（或检查 GOOSE 报文）。

4. 交换机检查

在正常运行中，应重点关注各交换机端口的状态信息。交换机配置信息是否正确：包括通信参数设置、端口 VLAN 配置等；交换机上所连各装置的通信链路是否正常：交换机正常运行时端口负荷率应满足要求，一般不超过30%额定值；检查交换机在运行期间是否发生过严重的运行异常记录。

5. 整组测试

（1）测试目的。测试合并单元、保护测控、智能终端及其网络组成的保护系统的功能正确性，各保护之间的配合、装置动作行为、断路器动作行为、监控及故障录波信号与传统保护测试项目类似。

（2）测试方案。

1）对于采用电子互感器的智能站，由于互感器与合并单元之间是私有协议，此时数字式保护测试仪不能将采样值加到合并单元上，测试接线如图6-6所示。整组时间测试正确，所测得的时间准确可靠，但是测试的采样值回路不完整。

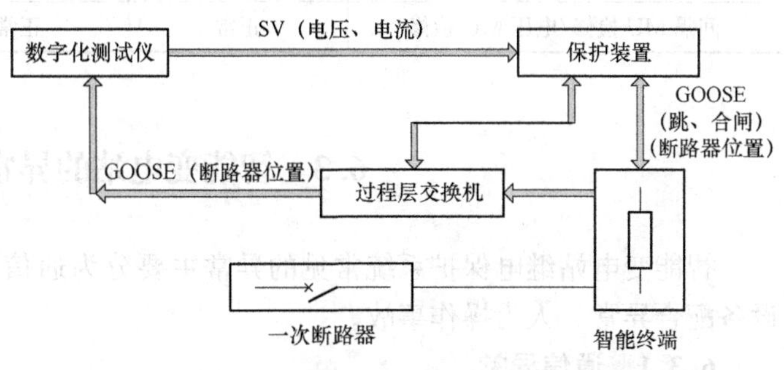

图6-6　整组测试接线图（一）

2）对于采用传统互感器，合并单元为模拟量输入式，可以使用传统测试仪加模拟量给合并单元，测试接线如图6-7所示。

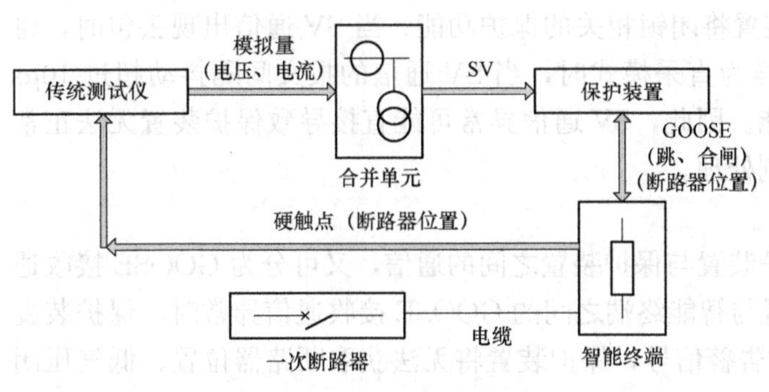

图6-7　整组测试接线图（二）

6. 检修机制测试

检修机制是为了适应智能站检修时实现检修装置与运行装置有效隔离而制定的。

（1）GOOSE检修机制。GOOSE接收装置根据接收的GOOSE报文中的test位与装置自身的检修连接片状态进行比较，只有两者一致时才认定信号有效并进行处理或动作。测试保护测控和智能终端之间的GOOSE检修机制见表6-4。

表6-4　GOOSE检修机制

GOOSE检修机制		
智能终端	保护测控	装置结果
正常	正常	正常
正常	检修	无变化
检修	正常	无变化
检修	检修	正常

（2）SV检修机制。SV接收装置，如保护装置将接收的SV报文中的test位与自身的检修连接片状态进行比较，只有两者一致时，才将SV用于逻辑计算，否则装置只显示SV数值，不用于逻辑计算，测试合并单元和保护测控的SV检修机制见表6-5。

表 6-5　　SV 检修机制

合并单元	保护测控正常		保护测控检修	
	面板显示	保护行为	面板显示	保护行为
间隔 MU 正常/电压 MU 正常	正常	正常	正常	闭锁
间隔 MU 检修/电压 MU 正常	正常	闭锁	正常	闭锁
间隔 MU 正常/电压 MU 检修	正常	闭锁	正常	闭锁
间隔 MU 检修/电压 MU 检修	正常	正常	正常	正常

6.3　智能变电站的异常处理

智能变电站继电保护系统常见的异常主要分为通信异常、过程层设备异常、配置错误、设备配合异常、人为操作事故。

6.3.1　通信异常

1. SV 通信异常

保护装置与合并单元之间的通信，直接决定保护装置能否正确获取电流、电压采样值数据。SV 通信异常时，保护装置将会有“SV 链路中断”“采样数据无效”“采样异常”等告警信号。当 SV 通信中断时，保护装置将闭锁相关的保护功能；当 SV 通信出现丢包时，将影响保护功能的正常运行；保护采样为直采模式时，当 SV 通信的报文间隔抖动超过 10μs 时，保护装置将闭锁相关的保护功能。因此，SV 通信异常可能直接导致保护装置无法正常运行，是非常严重的异常，必须立刻处理。

2. GOOSE 通信异常

保护装置与智能终端之间及保护装置与保护装置之间的通信，又可分为 GOOSE 接收通信和 GOOSE 发送通信。当保护装置与智能终端之间的 GOOSE 接收通信异常时，保护装置将会有“××GOOSE 通信中断”的告警信号，保护装置将无法获取断路器位置、低气压闭锁重合闸、闭锁重合闸等信息，将影响到保护装置的重合闸等功能；当保护装置与智能终端之间的 GOOSE 发送通信异常时，智能终端将会有“××GOOSE 通信中断”的告警信号，保护装置的跳/合闸命令将无法正确执行，影响保护的最终出口。保护装置之间 GOOSE 通信异常时，保护装置将会有“××GOOSE 通信中断”的告警信号，将影响到失灵、闭锁重合闸、远跳或联跳功能。因此，GOOSE 通信异常可能导致保护无法出口或影响失灵、联跳等后备保护功能，也是比较严重的异常，必须立刻处理。

3. MMS 通信异常

保护装置与站控层监控后台、数据通信网关机之间的通信，主要包括上送保护的动作事件、告警信号和遥控保护装置软连接片、召唤保护装置定值、调阅保护装置录波文件等。当 MMS 通信异常时，监控后台及调控中心将能发现该保护装置通信链路中断，监控后台及调控中心将无法获取保护装置的运行状态，也无法执行远方投退装置软连接片或调取定值等操作，但不影响继电保护的正常功能，属于一般异常，应及时安排处理。

4. 纵联通道通信异常

线路保护的纵联通道通信异常与常规变电站相同，也是比较严重的，必须立刻处理。

6.3.2 过程层设备异常

智能变电站中，继电保护功能除依靠保护装置外，还依赖于合并单元、智能终端这两个过程层设备。由于过程层设备安装于就地一次设备附近，运行环境恶劣，电磁干扰严重，出现异常的概率也比较大。

1. 合并单元MU异常

合并单元异常时，将影响接收该合并单元SV数据的所有保护装置，一般包括线路保护（或主变压器保护）和母线保护，影响范围大，可能影响到整个母线。其主要包括以下四种异常。

(1) 当合并单元中一路AD数据异常时，将闭锁相关保护功能或开放相关电压闭锁条件，保护装置将会有“采样数据异常”或“双AD数据不一致”等告警信号。

(2) 当合并单元中TA、TV等公共器件或回路异常时，将可能导致相关保护功能误动作，此类异常一般保护无法正确告警。

(3) 当合并单元中电压并列或电压切换功能异常时，将闭锁相关距离保护、方向元件，也可能开放相关电压闭锁条件，保护装置将会有“电压数据无效”或“采样数据异常”等告警信号。

(4) 当合并单元对时异常时，不影响保护正常功能，保护装置也不会有告警信号，合并单元和监控后台将有“对时异常”告警信号。

2. 智能终端异常

智能终端异常时，将影响继电保护的跳/合闸命令正常执行，影响到本断路器的正常控制，也可能影响装置中断路器、隔离开关位置的接收，影响重合闸等功能。

(1) 当智能终端开出部分异常时，通过本智能终端的跳/合闸命令及遥控命令都无法执行，即无法通过本智能终端控制断路器，此类异常保护装置无法告警，只有智能终端自检告警。

(2) 当智能终端开入部分异常时，本智能终端无法提供正确的断路器位置、隔离开关位置及一次设备信号，将影响线路保护的重合闸功能、母线保护的小差选母线功能、电压并列或切换功能等，此类异常保护装置将会有“断路器位置异常”“隔离开关位置异常”“GOOSE异常”等告警信号。

6.3.3 配置错误

智能变电站中二次设备的输入输出特性全部依赖于SCD配置文件及一些私有配置，配置文件替代了原设计图纸的大部分功能。因此，配置正确是智能变电站正常运行的关键一步。但是由于智能变电站建设规模大且建设各方技术力量不一，二次设备配置错误非常常见，不过这些错误一般都能在基建调试或验收阶段发现。配置错误主要分为虚端子配置错误、端口配置错误、私有配置错误等。

1. 虚端子配置错误

虚端子配置错误不会有告警信号，其正确性一般可通过整组传动来验证，通过SV整组验证电流、电压通道的正确性，通过GOOSE整组验证跳/合闸回路的正确性。虚端子配置错误是非常严重的异常，必须立刻处理。

2. 端口配置错误

若端口配置错误，装置将会有相应的“链路中断”告警信号。调试、验收阶段，必须严格按照设计图纸接线，然后检查装置通信状态并进行整组试验，以确保端口配置正确。调试、验收阶段发现端口配置错误应立刻修改；运行阶段发现端口配置错误，而无法正常通信，属于非常严重异常，应立刻处理，若发现端口配置错误而接线也错误，可以正常通信，应通知设计院进行设计变更或及时安排修改配置。

3. 私有配置错误

虽然智能变电站中大部分配置由SCD文件来决定，但由于各厂家设备实现方法不一，仍有部分厂家设备需要私有配置，如合并单元的采样延时、合并单元的SV数据集、保护装置的采样模式等。这些私有配置无法有效管控，只能通过装置的功能、性能试验和整组试验验证，配置错误比较难发现。试验或运维过程中若发现设备私有配置错误，属于非常严重异常，应立刻处理。

6.3.4 设备配合异常

智能变电站中二次设备之间耦合加强，相互配合共同完成继电保护等功能，因此设备之间必须正确配合才能保证功能的正确完成。随着智能变电站建设推广，各厂家之间的配合已在实际过程中得到了充分验证，正常情况下二次设备之间已能可靠通信，但是不排除在一些特殊情况下，如网络异常、哈希算法冲突而不能有效过滤MAC地址，设备之间配合可能出现异常。这种设备配合异常一般情况或正常试验时无法发现，也无相应的告警信号，当发现设备之间存在配合异常时，应立刻处理。

6.3.5 人为操作事故

智能变电站中，为了更好地维护、检修，增加了检修机制来有效隔离被检修设备，同时设备采用软连接片替代硬连接片，实现远方操作。二次设备对数字量数据的接收、处理也与常规装置不同，因此智能变电站中二次设备的操作步骤和方法、现场安全隔离措施等都发生了变化，各项工作的实施必须严格按照顺序进行，尤其是检修硬连接片、软连接片操作不当可能导致继电保护拒动或误动。

1. 检修硬连接片操作方面

当需要有检修工作时才会操作检修硬连接片。

(1) 当合并单元需要进行检修，而保护装置仍需运行时，必须先在保护装置中将该合并单元的SV接收软连接片退出，然后再投入合并单元的检修硬连接片；否则将导致保护装置与合并单元检修不一致，闭锁相关保护功能。

(2) 智能终端需要检修时，应将智能终端的出口硬连接片退出，防止检修工作对断路器的影响。智能终端投入检修硬连接片，而保护仍需运行时，线路保护需要退出保护的重合闸功能，母线保护需要强制该间隔的隔离开关位置。

2. 软连接片操作方面

在投入保护装置软连接片操作过程中，应先投入SV接收软连接片，接着投入功能软连接片，最后投入出口软连接片；而在退出软连接片操作过程中，顺序刚好相反，应先退出出口软连接片，接着退出功能软连接片，最后退出SV接收软连接片。特别地，当一次设备运行，保护装置检修时，不能在出口软连接片和功能软连接片投入的状态下，投退运行间隔的SV接收软连接片，否则可能导致保护误动作。

6.3.6 异常处理思路

智能变电站现场异常事故处理除了需要掌握必要的微机保护基本原理及继电保护理论

外，还需熟知现场的一、二次设备配置情况，同时需要了解必要的 IEC 61850 和通信知识。异常事故处理过程中除与常规变电站一样核查一、二次设备的状态外，还必须充分利用好二次设备的自检告警信号、网络报文记录分析仪的信息、保护装置及故障录波器的录波文件，坚持理论与实际相结合这一基本原则。

1. 正确利用装置自检告警信号

(1) 链路中断信号。

(2) 数据品质实时检测。

(3) 结合自身运行状态进行判断。

通过装置的自检告警信号初步判断异常或事故发生时刻装置的运行状态，包括通信状态是否良好、装置是否正常运行。

2. 充分利用网络报文记录分析仪信息

目前，现场应用要求网络报文记录分析仪至少能保存 7 天的 SV 报文数据，考虑到 SV 与 GOOSE 共网的应用，现场可以从网络报文记录分析仪调取 7 天之内的所有网络报文进行分析。当现场出现不正确动作时，网络报文记录分析仪可以协助分析是哪个装置引起的不正确动作。要学会区分 GOOSE 报文、SV 报文、MMS 报文。

3. 严格检查配置正确性

当现场保护装置出现采样错序、跳闸错序、无法接收 SV 或 GOOSE 时，需要严格检查 SCD 中该装置相关的虚端子装置、参数配置是否正确，虚端子配置必须与设计一致，并通过整组传动验证其正确性。

当报文通过交换机后无法正确传输时，需要检查交换机配置的正确性，主要检查其 VLAN 参数、静态组播、镜像等配置是否与现场一致。

私有配置需要设备厂家根据现场实际情况检查其私有参数的正确性，特别需要检查装置硬件端口的配置是否与设计一致。

4. 及时调取录波文件

录波文件记录了故障时电流和电压采样数据、一次设备的状态及保护装置的动作情况，是故障定性和定量分析的主要依据之一。因此，事故现场应首先调取相关保护装置及故障录波器中的录波文件。智能变电站取消了屏柜内的打印机，录波文件可以从监控后台读取、分析并打印，也可通过移动打印机连接保护装置或故障录波器直接将录波文件打印。

5. 运用整组传动试验

运用整组传动试验的主要目的是检查继电保护的逻辑功能是否正常，软连接片功能是否正确，动作时间是否正常，整组传动试验往往可以重现故障，对于快速找到故障根源很重要。在整组传动试验时输入适量的模拟量、开关量，使保护装置动作，如果动作关系出现异常，再寻找问题根源。

整组传动试验，应尽量使合并单元、保护装置、智能终端、断路器与事故发生时运行工况一致的前提下进行，避免在传动试验时有人工模拟干预。

第 7 章　智能变电站二次系统现场调试及验收

7.1　智能变电站二次系统现场调试

智能变电站二次系统现场调试流程为：调试准备→SCD 文件配置及检查→光纤接口功率测试→分系统调试→监控系统调试→整组传动试验→网络性能调试→一次设备启动升流升压试验→资料整理与移交。

7.1.1　SCD 文件配置及检查

1. SCD 文件基本结构

SCD 文件包括：<Header/>、<Substation/>、<Communication/>、<IED/>和<DataTypeTemplates/>几个部分。

<Header/>、<Communication/>、<IED/>、<DataTypeTemplates/>示意图如图 7 - 1～图 7 - 3 所示。

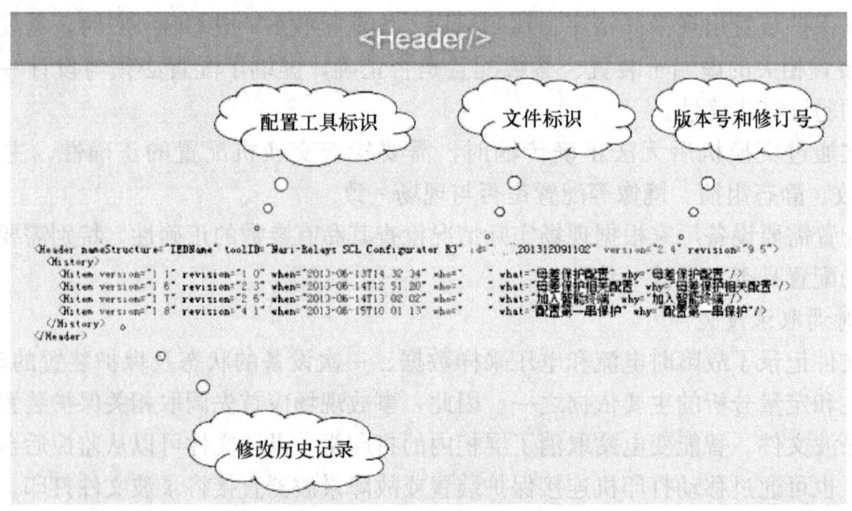

图 7 - 1　<Header/>示意图

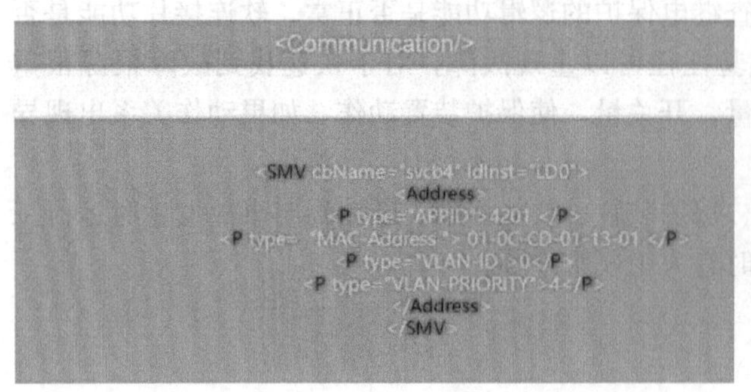

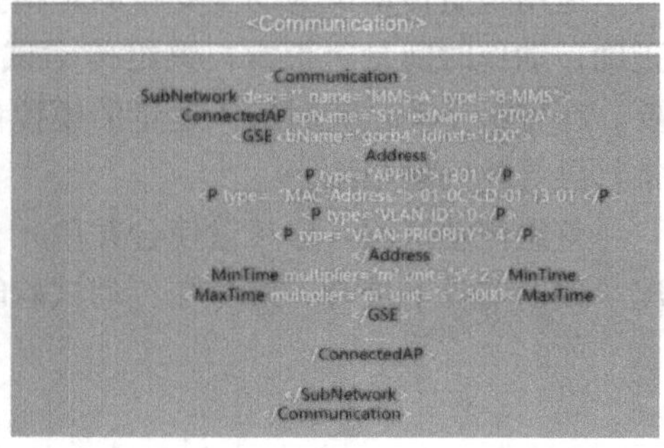

图 7 - 2　<Communication/>示意图

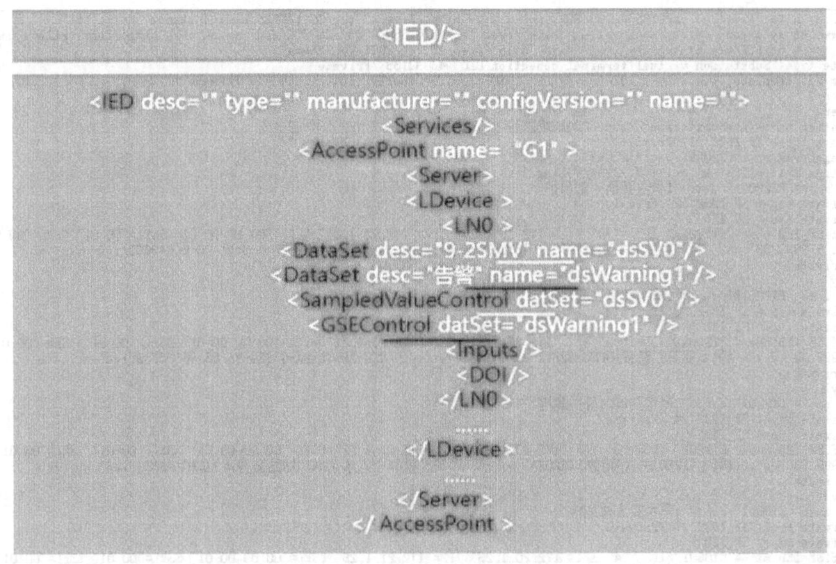

图 7-3　<IED/>示意图

Sampled Value Control 与数据集和 SMV 节点的关联如图 7-4 所示。

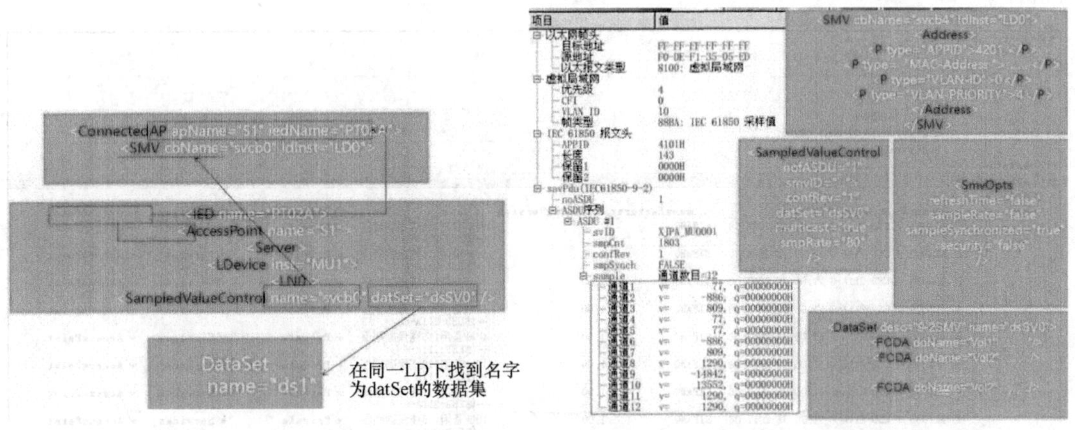

图 7-4　Sampled Value Control 与数据集和 SMV 节点的关联示意图

2. SCD 文件检查

（1）SCD 文件阅读如图 7-5 所示。

（2）SCD 文件文本解析示例如图 7-6 所示。

（3）XMLSPY 节点分层解析示例如图 7-7 所示。

（4）图形化 SCD 文件如图 7-8 所示。

（5）关联图层如图 7-9 所示。

文件名称	容量	文本行数
北京廊坊小庙110kV变	32.5M	833351
河南110kV金裕变	21.5M	540814
浙江110kV虹阳变	29.2M	761997
四川220V阿坝沙坝变	31.0M	823082
溧阳220kV后周变电站	38.4M	947080
湖北220kV枣山变	56.7M	1713303
陕西榆次北500kV站	86.5M	2210821
衢州500kV夏金变电站	76.2M	2215806
山东500kV龙山变电站	76.2M	2473348
北京昌黎500kV变电站	92.7M	2377933
甘肃酒泉750kV变电站	132.7M	3365359

采用
UltraEdit
XMLSPY
保护厂家软件等

图 7-5　SCD 文件阅读

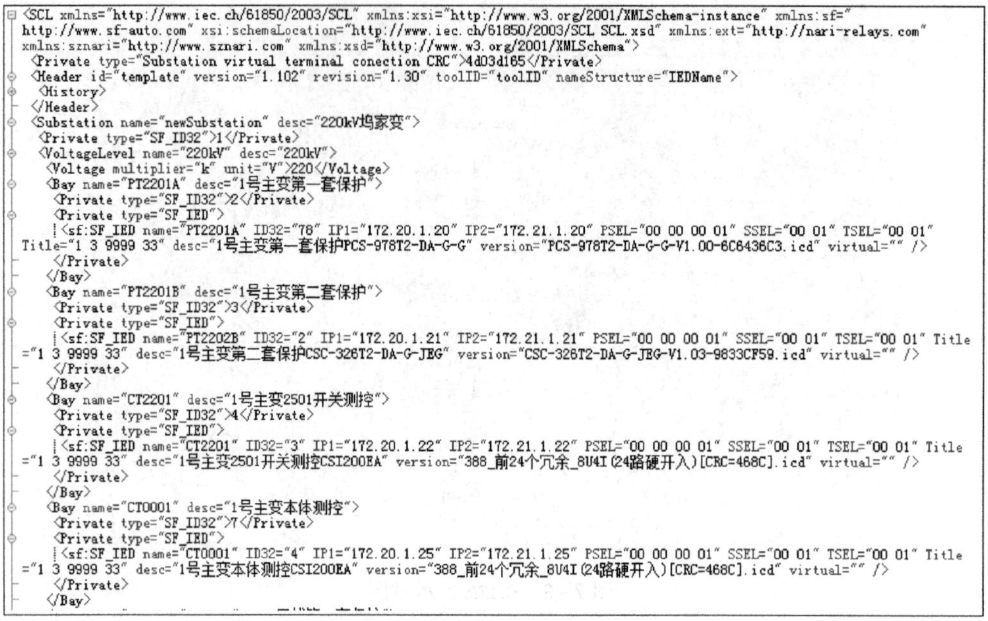

```xml
<SCL xmlns="http://www.iec.ch/61850/2003/SCL" xmlns:xsi="http://www.w3.org/2001/XMLSchema-instance" xmlns:sf="
http://www.sf-auto.com" xsi:schemaLocation="http://www.iec.ch/61850/2003/SCL SCL.xsd" xmlns:ext="http://nari-relays.com"
xmlns:sznari="http://www.sznari.com" xmlns:xsd="http://www.w3.org/2001/XMLSchema">
 <Private type="Substation virtual terminal conection CRC">4d03d165</Private>
 <Header id="template" version="1.102" revision="1.30" toolID="toolID" nameStructure="IEDName">
  <History>
 </Header>
 <Substation name="newSubstation" desc="220kV坞家变">
  <Private type="SF_ID32">1</Private>
  <VoltageLevel name="220kV" desc="220kV">
   <Voltage multiplier="k" unit="V">220</Voltage>
   <Bay name="PT2201A" desc="1号主变第一套保护">
    <Private type="SF_ID32">2</Private>
    <Private type="SF_IED">
     <sf:SF_IED name="PT2201A" ID32="78" IP1="172.20.1.20" IP2="172.21.1.20" PSEL="00 00 00 01" SSEL="00 01" TSEL="00 01"
Title="1 3 9999 33" desc="1号主变第一套保护PCS-978T2-DA-G-G" version="PCS-978T2-DA-G-G-V1.00-6C6436C3.icd" virtual="" />
    </Private>
   </Bay>
   <Bay name="PT2201B" desc="1号主变第二套保护">
    <Private type="SF_ID32">3</Private>
    <Private type="SF_IED">
     <sf:SF_IED name="PT2202B" ID32="2" IP1="172.20.1.21" IP2="172.21.1.21" PSEL="00 00 00 01" SSEL="00 01" TSEL="00 01" Title
="1 3 9999 33" desc="1号主变第二套保护CSC-326T2-DA-G-JEG" version="CSC-326T2-DA-G-JEG-V1.03-9833CF59.icd" virtual="" />
    </Private>
   </Bay>
   <Bay name="CT2201" desc="1号主变2501开关测控">
    <Private type="SF_ID32">4</Private>
    <Private type="SF_IED">
     <sf:SF_IED name="CT2201" ID32="3" IP1="172.20.1.22" IP2="172.21.1.22" PSEL="00 00 00 01" SSEL="00 01" TSEL="00 01" Title
="1 3 9999 33" desc="1号主变2501开关测控CSI200EA" version="388_前24个冗余_8U4I(24路硬开入)[CRC=468C].icd" virtual="" />
    </Private>
   </Bay>
   <Bay name="CT0001" desc="1号主变本体测控">
    <Private type="SF_ID32">7</Private>
    <Private type="SF_IED">
     <sf:SF_IED name="CT0001" ID32="4" IP1="172.20.1.25" IP2="172.21.1.25" PSEL="00 00 00 01" SSEL="00 01" TSEL="00 01" Title
="1 3 9999 33" desc="1号主变本体测控CSI200EA" version="388_前24个冗余_8U4I(24路硬开入)[CRC=468C].icd" virtual="" />
    </Private>
   </Bay>
```


图 7-6 SCD 文件文本解析示例

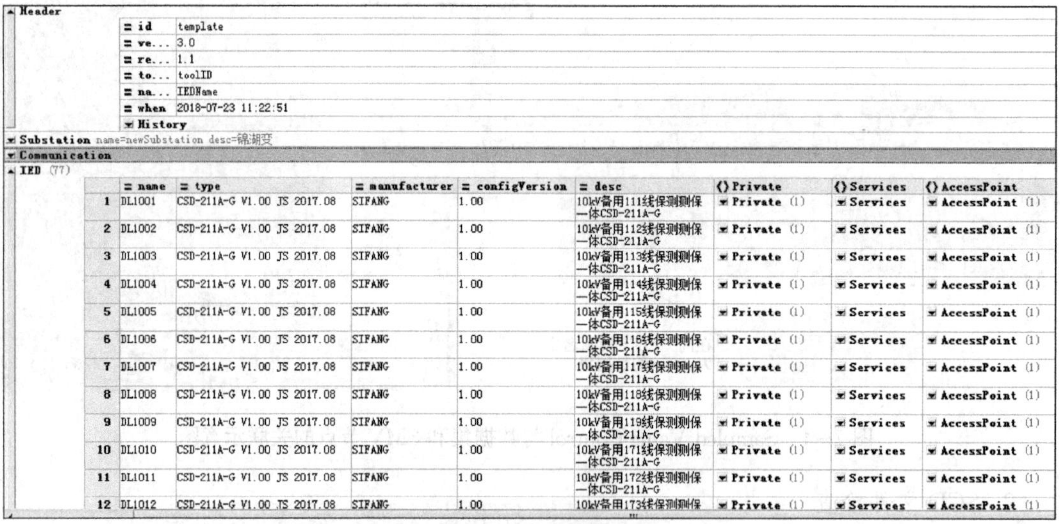

Header

id	template
ve...	3.0
re...	1.1
to...	toolID
na...	IEDName
when	2018-07-23 11:22:51
History	

Substation name=newSubstation desc=锦湖变

Communication

IED (77)

	name	type	manufacturer	configVersion	desc	Private	Services	AccessPoint
1	DL1001	CSD-211A-G V1.00 JS 2017.08	SIFANG	1.00	10kV备用111线保测测保一体CSD-211A-G	Private (1)	Services	AccessPoint (1)
2	DL1002	CSD-211A-G V1.00 JS 2017.08	SIFANG	1.00	10kV备用112线保测测保一体CSD-211A-G	Private (1)	Services	AccessPoint (1)
3	DL1003	CSD-211A-G V1.00 JS 2017.08	SIFANG	1.00	10kV备用113线保测测保一体CSD-211A-G	Private (1)	Services	AccessPoint (1)
4	DL1004	CSD-211A-G V1.00 JS 2017.08	SIFANG	1.00	10kV备用114线保测测保一体CSD-211A-G	Private (1)	Services	AccessPoint (1)
5	DL1005	CSD-211A-G V1.00 JS 2017.08	SIFANG	1.00	10kV备用115线保测测保一体CSD-211A-G	Private (1)	Services	AccessPoint (1)
6	DL1006	CSD-211A-G V1.00 JS 2017.08	SIFANG	1.00	10kV备用116线保测测保一体CSD-211A-G	Private (1)	Services	AccessPoint (1)
7	DL1007	CSD-211A-G V1.00 JS 2017.08	SIFANG	1.00	10kV备用117线保测测保一体CSD-211A-G	Private (1)	Services	AccessPoint (1)
8	DL1008	CSD-211A-G V1.00 JS 2017.08	SIFANG	1.00	10kV备用118线保测测保一体CSD-211A-G	Private (1)	Services	AccessPoint (1)
9	DL1009	CSD-211A-G V1.00 JS 2017.08	SIFANG	1.00	10kV备用119线保测测保一体CSD-211A-G	Private (1)	Services	AccessPoint (1)
10	DL1010	CSD-211A-G V1.00 JS 2017.08	SIFANG	1.00	10kV备用171线保测测保一体CSD-211A-G	Private (1)	Services	AccessPoint (1)
11	DL1011	CSD-211A-G V1.00 JS 2017.08	SIFANG	1.00	10kV备用172线保测测保一体CSD-211A-G	Private (1)	Services	AccessPoint (1)
12	DL1012	CSD-211A-G V1.00 JS 2017.08	SIFANG	1.00	10kV备用173线保测测保	Private (1)	Services	AccessPoint (1)

图 7-7 XMLSPY 节点分层解析示例

(6) 虚端子图层如图 7-10 所示。

(7) SCD 文件比对。

1) 文本比对如图 7-11 所示。

2) 虚端子图比对如图 7-12 所示。

3. 配置检查

(1) SV/GOOSE 工程配置检查如图 7-13 所示。

(2) IED 关联关系检查如图 7-14 所示。

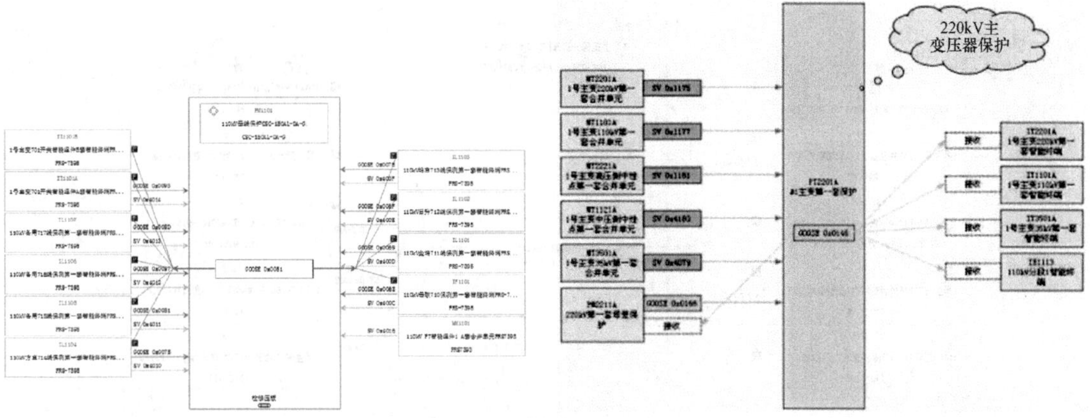

图7-8 图形化SCD文件　　图7-9 关联图层

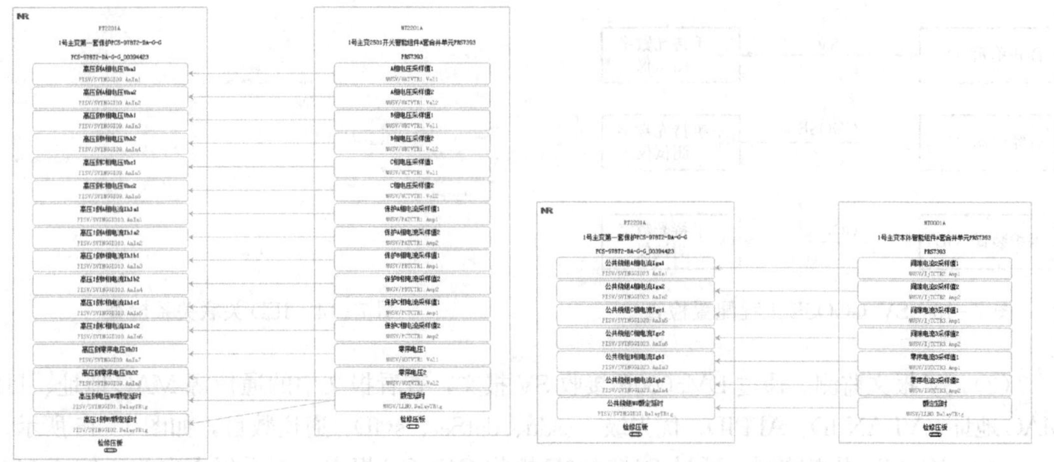

图7-10 虚端子图层

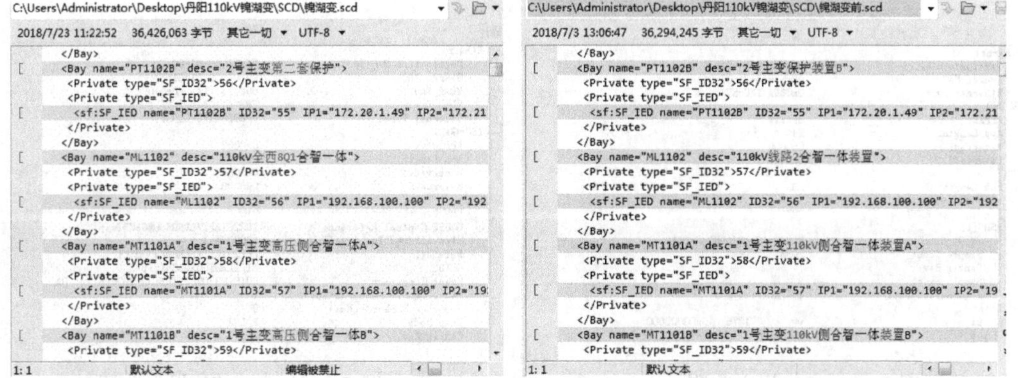

图7-11 文本比对

图 7-12 虚端子比对

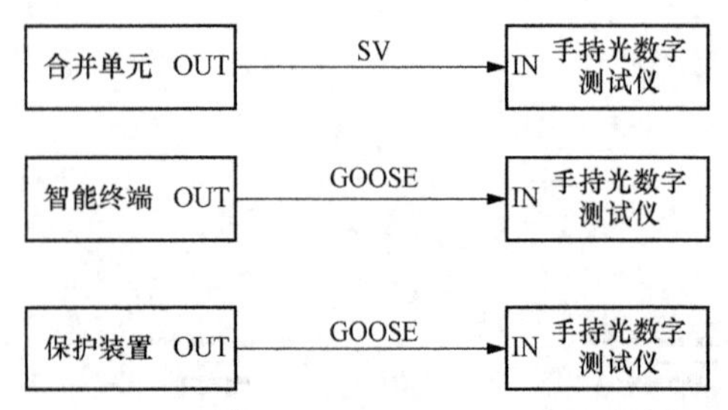

图 7-13 SV/GOOSE 工程配置检查

图 7-14 IED 关联关系检查

（3）SV 报文监测。通过 DM5000E 接收 SV 报文，查看报文中的通信源 MAC 地址、目的 MAC 地址、VLAN ID、APPID、优先级、asdu、datSet、svID、通道数目，如图 7-15 所示。

（4）GOOSE 报文监测。通过 DM5000E 接收 GOOSE 报文，查看报文中的通信源 MAC 地址、目的 MAC 地址、VLAN ID、APPID、优先级、gocbRef、goID、datSet、通道数目，如图 7-16 所示。

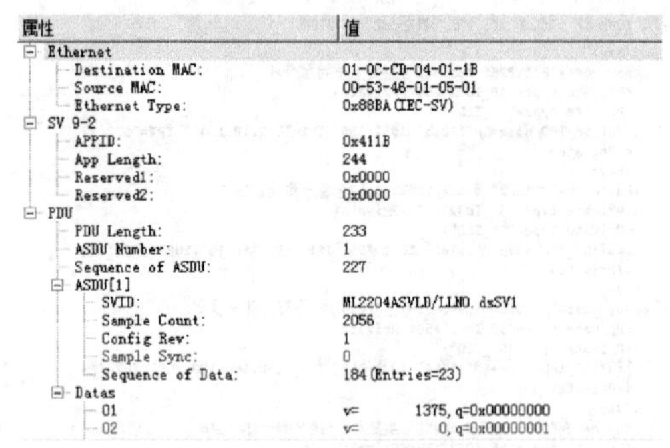

属性	值
Ethernet	
Destination MAC:	01-0C-CD-04-01-1B
Source MAC:	00-53-46-01-05-01
Ethernet Type:	0x88BA (IEC-SV)
SV 9-2	
APPID:	0x411B
App Length:	244
Reserved1:	0x0000
Reserved2:	0x0000
PDU	
PDU Length:	233
ASDU Number:	1
Sequence of ASDU:	227
ASDU[1]	
SVID:	ML2204ASVLD/LLN0.dxSV1
Sample Count:	2056
Config Rev:	1
Sample Sync:	0
Sequence of Data:	184 (Entries=23)
Datas	
01	v= 1375, q=0x00000000
02	v= 0, q=0x00000001

图 7-15 SV 报文监测

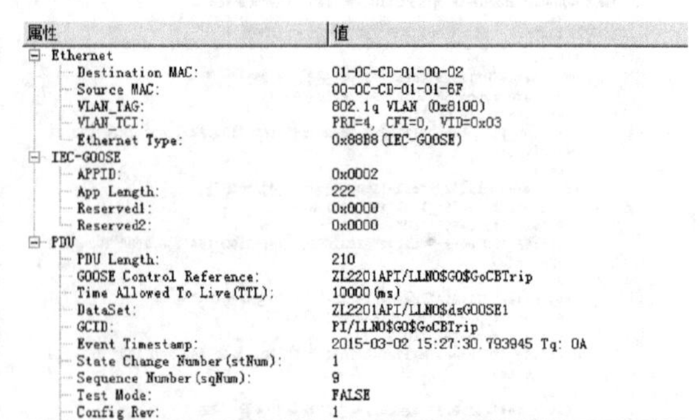

属性	值
Ethernet	
Destination MAC:	01-0C-CD-01-00-02
Source MAC:	00-0C-CD-01-01-6F
VLAN_TAG:	802.1q VLAN (0x8100)
VLAN_TCI:	PRI=4, CFI=0, VID=0x03
Ethernet Type:	0x88B8 (IEC-GOOSE)
IEC-GOOSE	
APPID:	0x0002
App Length:	222
Reserved1:	0x0000
Reserved2:	0x0000
PDU	
PDU Length:	210
GOOSE Control Reference:	ZL2201API/LLN0GOGoCBTrip
Time Allowed To Live(TTL):	10000 (ms)
DataSet:	ZL2201API/LLN0$dsGOOSE1
GCID:	PI/LLN0GOGoCBTrip
Event Timestamp:	2015-03-02 15:27:30.793945 Tq: 0A
State Change Number(stNum):	1
Sequence Number(sqNum):	9
Test Mode:	FALSE
Config Rev:	1

图 7-16 GOOSE 报文监测

7.1.2 光纤接口功率测试

一般选择 1310nm 光波长测量光功率。

1. 光纤端口发送功率测试

将光功率计通过短光纤接入装置的光纤发送端口测量，忽略短光纤的衰耗，则光功率计测得的光功率读数即为被测端口的发送光功率。其测试接线如图 7-17 所示，测试结果如图 7-18 所示。

图 7-17　发送功率测试接线

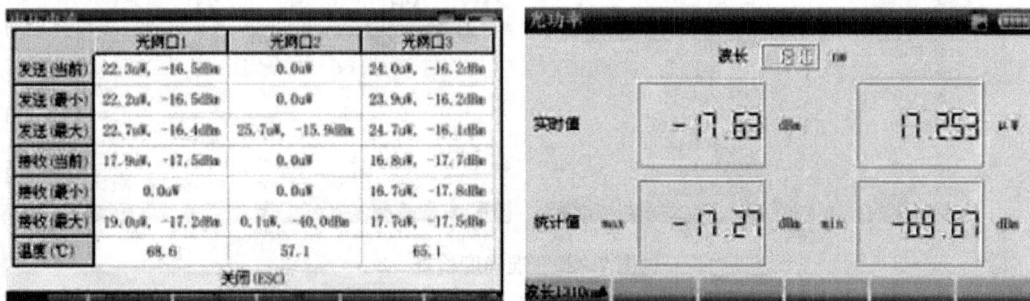

	光网口1	光网口2	光网口3
发送(当前)	22.3uW, -16.5dBm	0.0uW	24.0uW, -16.2dBm
发送(最小)	22.2uW, -16.5dBm	0.0uW	23.9uW, -16.2dBm
发送(最大)	22.7uW, -16.4dBm	25.7uW, -15.9dBm	24.7uW, -16.1dBm
接收(当前)	17.9uW, -17.5dBm	0.0uW	16.8uW, -17.7dBm
接收(最小)	0.0uW	0.0uW	16.7uW, -17.8dBm
接收(最大)	19.0uW, -17.2dBm	0.1uW, -40.0dBm	17.7uW, -17.5dBm
温度(℃)	68.6	57.1	65.1

关闭(ESC)

图 7-18　发送功率测试结果

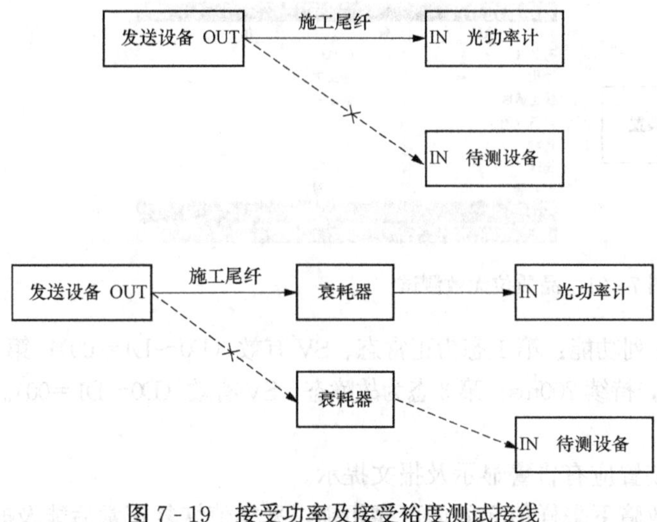

图 7-19　接受功率及接受裕度测试接线

2. 光纤端口接受功率及接受裕度测试

装置的光接收功率：将接入被测端口的光纤接入光功率计，光功率计测得的光功率读数即为被测端口的接收光功率。测试接线如图 7-19 所示。

将光衰耗器串接入装置的光纤接收回路，调节光衰耗器的衰耗值至装置接收不到信号，发出断链警告，此时解开光纤接收端口，接入光功率计，测得此时的接收功率，用正常时的光功率减去断链时的光功率，即为光接受裕度，即

光接收裕度（dBm）＝光接收功率－光接收最小功率

3. 要求

（1）检查通信接口种类和数量是否满足要求，检查光纤端口发送功率、接收功率、最小接收功率。

（2）－20dBm＜发送功率＜－14dBm。

（3）－23dBm＜接收功率＜－14dBm。

（4）最小接收功率＜－30dBm（光接收裕度＞－10dBm)。

7.1.3　分系统调试

1. 保护及 MU 零漂、交流量准确度检查

检查方法及结果如图 7-20 所示。要求电流、电压误差不超过±2.5%或±0.01 倍额定

值，相角误差不超过±3°，测量电流、电压误差不超过额定值的±0.2%，功率测量误差不超过额定值的±0.5%；频率测量误差不超过±0.01Hz。

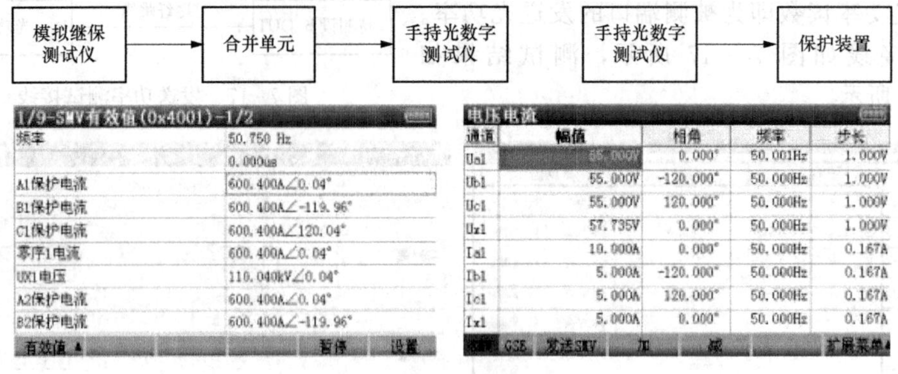

1/9-SMV有效值(0x4001)-1/2

频率	50.750 Hz
	0.000us
A1保护电流	600.400A∠0.04°
B1保护电流	600.400A∠-119.96°
C1保护电流	600.400A∠120.04°
零序1电流	600.400A∠0.04°
UX1电压	110.040kV∠0.04°
A2保护电流	600.400A∠0.04°
B2保护电流	600.400A∠-119.96°

有效值▲ 暂停 设置

电压电流

通道	幅值	相角	频率	步长
Ua1	55.000V	0.000°	50.001Hz	1.000V
Ub1	55.000V	-120.000°	50.000Hz	1.000V
Uc1	55.000V	120.000°	50.000Hz	1.000V
Ux1	57.735V	0.000°	50.000Hz	1.000V
Ia1	10.000A	0.000°	50.000Hz	0.167A
Ib1	5.000A	-120.000°	50.000Hz	0.167A
Ic1	5.000A	120.000°	50.000Hz	0.167A
Ix1	5.000A	0.000°	50.000Hz	0.167A

GSE 发送SMV 加 减 扩展菜单

图 7-20 准确度检查

2. 保护采样值品质位无效测试

测试接线及结果如图 7-21 所示。

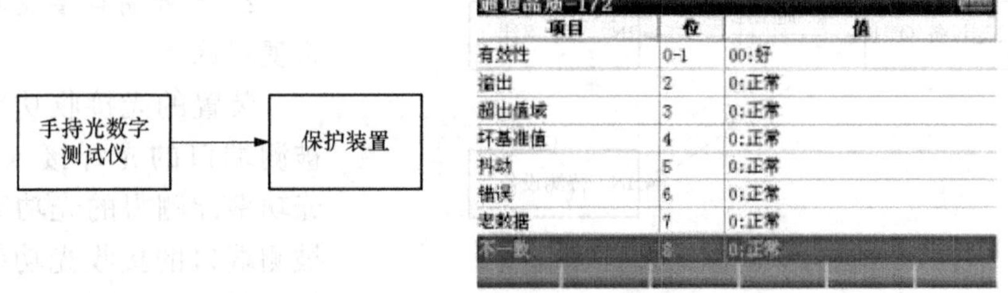

通道品质-1/2

项目	位	值
有效性	0-1	00:好
溢出	2	0:正常
超出值域	3	0:正常
坏基准值	4	0:正常
抖动	5	0:正常
错误	6	0:正常
老数据	7	0:正常
不一致	8	0:正常

图 7-21 品质位无效测试

测试方法：采用 DM5000E 状态序列功能：第 1 态为正常态、SV 有效（D0～D1＝00)；第 2 态为故障态、SV 无效（D0～D1＝01)，持续 200ms；第 3 态为故障态、SV 有效（D0～D1＝00)。

测试要求：

（1）采样值品质位无效：保护装置应有告警显示及报文提示。

（2）故障过程中品质位无效：故障下采样值无效能可靠闭锁，采样值恢复正常后能及时开放保护。

结果要求：保护装置应处理 MU 上送的数据品质位（无效、检修等)，及时准确地提供告警信息。在异常状态下，利用 MU 信息合理地进行保护功能的退出和保留，瞬时闭锁可能误动的保护，延时告警，并在数据恢复正常之后尽快恢复被闭锁的保护功能，不闭锁与该异常采样数据无关的保护功能。接入两个及以上 MU 的保护装置应按 MU 设置“MU 投入”软连接片。

3. 双 AD 不一致测试

保护装置应采取措施，防止输入的双 A/D 数据之一异常时误动作。

测试方法：采用 DM5000E 状态序列功能：两路 AD 分别映射至两组电压电流，第 1 态为正常态；第 2 态为故障态、但 AD1 与 AD2 电流不一致。

测试要求：不一致时闭锁相应保护，同时有报警报文发出。

4. 合并单元测试

(1) 同步测试。

测试方法：拔掉合并单元对时，合并单元失步，SV报文应报失步。采用DM5000E接收SV报文，查看报文中的同步标志smpSynch是否为false。重新接上对时信号，失步恢复过程中SV报文不应对保护产生不良影响。

测试要求：合并单元发出的SV报文同步标志应置为false，保护装置应有报警报文提示，失步恢复过程中保护不能误动。

(2) 离散性、丢帧测试。

测试方法：采用DM5000E接收合并单元SV报文，在"报文统计"功能模块中测试合并单元的离散性、丢帧计数。

测试要求：

1) 离散性：测试时间>30min，要求≤10μs。

2) 丢帧计数：测试时间>30min，要求丢帧计数为0。

(3) 传输延时。

1) 测试方法一：前端加量法。

方法：给合并单元前端加模拟量，单相电压电流或三相电压电流，同时对施加的模拟量进行回采，为保证FFT（快速傅里叶变换）算法准确度，回采采用高采样率。同时接受合并单元输出的IEC 61850-9-2或IEC 60044-8 SV报文，对报文进行FFT计算，通过计算模拟量与SV的基波相角差，计算出合并单元传输延时。

特点：①前端须加模拟量；②测量准确度与所施加模拟量大小相关联；③可测试幅值误差、相位误差、频率误差。

问题：延时超过一个周波，传输延时无法测量出来。

解决方法：①施加暂态信号；②施加非周期正弦信号。

合并单元测试仪对采集的每一点的模拟量及接收到的IEC 61850-9-2每一帧报文量均打上硬件时标（可以是相对时间），时间分辨率50ns以上，搜索模拟量过零点的一个正值点及与其相邻的报文量过零点的第一个正值点，两者之间的时间差为未经采样不同拍补偿的延时Δt_1为

$$\Delta t_1 = T_2 - T_1$$

以T_1为始点往后一周波FFT计算基波初相角α_1，以T_2为始点往后一周波FFT计算基波初相角α_2，$\Delta\alpha=\alpha_2-\alpha_1$，将$\Delta\alpha$反算成时间$\Delta t_2$，则合并单元传输延时为：$\Delta t=\Delta t_1-\Delta t_2$。为提高相角的计算准确度，模拟量采集宜提高采样率。

2) 测试方法二：同步法测试。

方法：合并单元与手持测试仪均接同步信号，相对于前种方法，它不需要给合并单元前端加量，测量准确度也不会受加量大小影响，只需要合并单元有报文输出即可，为零值或零漂报文都可，且测试准确度高。

测试要求：要求≤2000μs，且与SV报文中的延时参数一致。

(4) 守时能力测试。

方法一：合并单元PPS输出信号接时钟测试仪，在合并单元有IRIG-B码信号下测量PPS准确度T_1，拔掉合并单元对时IRIG-B码信号，10min后测量输出的PPS准确度T_2，

二者时间差即为合并单元的守时误差。即

$$\text{MU守时误差}=T_2\text{（最大值）}-T_1\text{（最小值）}$$

方法二：采用DM5000E接收合并单元SV报文，在“MU延时”功能模块中测试MU传输延时（采样至IEC 61850-9-2报文输出的延时），拔掉合并单元IRIG-B码，10min后测MU传输延时，两次延时差即为MU守时准确度。即

MU守时误差＝延时2（最大值）－延时1（最小值）

测试要求：丢失10min，时间偏差小于4μs。

5. GOOSE发送机制测试

测试方法：保护或智能终端产生GOOSE心跳及GOOSE变位，DM5000E接收GOOSE报文并采用“间隔监测”功能模块测试T_0、T_1、T_2、T_3的平均值、最大值及最小值。

测试分析如图7-22所示。

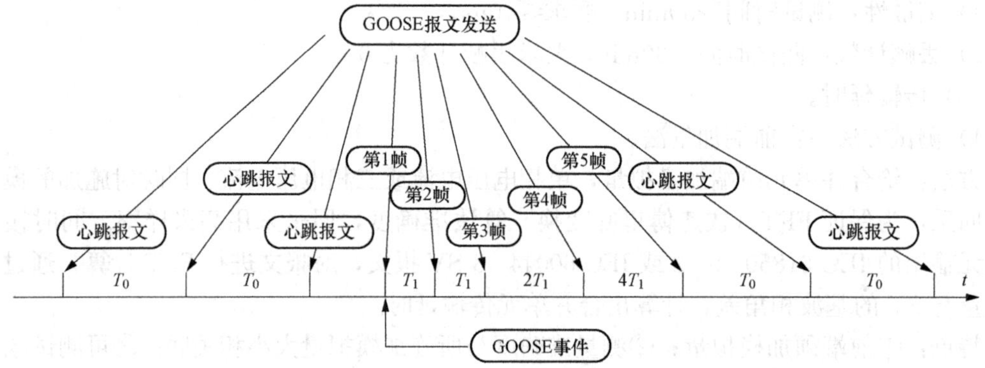

图7-22　GOOSE发送机制测试分析

6. 智能终端测试

（1）传输延时测试。测试接线如图7-23所示。

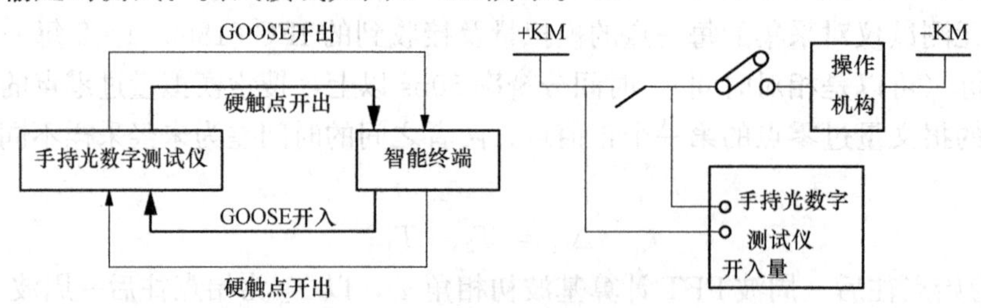

图7-23　传输延时测试接线图

测试项目及要求：①智能终端接收保护跳闸GOOSE报文转为硬触点开出的时间，要求≤7ms；②智能终端接收断路器位置硬触点开入信号转为GOOSE报文的时间，要求≤10ms。

（2）SOE对时的准确度测试。

测试目的：测试智能终端的对时准确度；测试测控装置对GOOSE报文中UTC时间（世界标准时间）的解码精准度。

测试方法：测试仪给智能终端发出一个硬触点开出，检查监控系统的SOE时间准确度。

测试要求：要求≤1ms。

7. 检修硬连接片投入检查

测试项目及要求：

（1）保护装置检修连接片投入。采用DM5000接受GOOSE报文，查看报文中相应标志位是否置位，同时面板应有显示。

（2）合并单元检修连接片投入。采用DM5000接受SV报文，查看报文中相应标志位是否置位，同时面板应有显示。

（3）智能终端检修连接片投入。采用DM5000接受GOOSE报文，查看报文中相应标志位是否置位，同时面板应有显示。

遵循检修/运行状态不一致不动作原则，如智能终端：智能终端检修置位时，发送的GOOSE报文“TEST”应为1，应响应“TEST”为1的GOOSE跳、合闸报文，不响应“TEST”为0的GOOSE跳、合闸报文。

8. 软连接片检查

（1）保护软连接片。配合保护定值、整组试验一起检查，投入相应软连接片时相应功能和出口投入，否则相应功能和出口退出。

（2）GOOSE输出连接片。测试要求：投入GOOSE输出连接片，设备发送相应GOOSE信号；退出GOOSE输出连接片，设备不发送相应GOOSE信号。

（3）电流/电压SV输入连接片。测试要求：通过DM5000E输入SV信号给保护，投入SV输入软连接片，设备显示SV数值准确度应满足要求；退出SV输入连接片，设备显示SV数值应为0，无零漂。

9. SV输入虚端子、GOOSE输入/输出虚端子检查

检查设备的虚端子（SV/GOOSE输入、输出）是否按照设计图纸正确配置。

（1）SV输入虚端子。DM5000E模拟合并单元的输出，各通道输出不同的值来核对虚端子是否正确。

（2）GOOSE输入虚端子。DM5000E模拟智能终端分别发送对应项的GOOSE开入，观察面板状态量是否变位。

（3）GOOSE输出虚端子。配合保护定值校核、整组试验进行检查，保护动作时相应GOOSE信号输出。

10. 保护定值校验

设置保护定值，并投退相关的保护软连接片和控制字，通过DM5000E加入电流、电压量及GOOSE，采用“状态序列”功能对保护定值进行校核。

11. 保护事件时标准确度检验

从监控后台查看保护动作事件列表，检查保护装置相应的输出事件时标与保护实际动作时间差应不大于5ms。

7.1.4 监控系统调试

1. 遥测、遥调、遥控、遥信量测试

检查计算机监控系统遥测量准确度和线性度是否满足要求，遥信变化情况与实际设备状态是否一致、遥调遥控量是否正确。DM5000E向测控装置发送遥测量及遥信量，按遥测、遥信点表进行测试。

2. 防误闭锁与顺序控制测试

防误闭锁逻辑测试分为间隔层防误闭锁逻辑测试与站控层防误闭锁逻辑测试；顺序控制分为监控顺序控制与基于操作票的主站顺序控制。

顺序控制：一种系列相关控制指令的处理方式，即按照一定时序及闭锁逻辑，自动逐条发出、逐条确认被正确执行的指令，直至完成全部指令执行的控制过程。

智能变电站顺序控制，是指在满足一定操作的前提下，按照预定的操作顺序自动完成一系列的控制功能，适合与变电站防误闭锁逻辑配合使用。

3. SOE 分辨率测试

（1）GOOSE 分辨率测试。采用 DM5000E 的“状态序列”功能发送时间相差 2ms 的两个 GOOSE 变位，要求接收装置能正确分辨两个变位时间，要求分辨率小于 2ms。

（2）硬触点分辨率测试。采用对时的两台 DM5000E 的“状态序列”功能发送时间相差的 2ms 的两个变位，要求接收装置能正确分辨两个变位时间，要求分辨率小于 2ms。

7.1.5 整组传动试验

测试目的：完成一、二次设备闭环验证性试验。检查断路器的动作行为、出口连接片及检修连接片功能、80%直流电源下动作可靠性、后台及保护故障信息系统信号及故障信息综合分析功能正确性。

测试方法：设置保护定值，并投退相关的保护软连接片和控制字，通过测试仪发送电流、电压量（SV）及 GOOSE，采用“状态序列”或“整组测试”功能对线路保护、变压器保护、母线保护等进行传动试验。

7.1.6 网络性能测试

（1）网络性能测试内容如下：

1）过程层交换机 VLAN 功能；

2）交换机基本性能：吞吐量（在没有帧丢失的情况下，设备能够接收并转发的最大数据速率）、丢包率、时延（指一个报文或分组从一个网络的一端传送到另一端所需要的时间）、背靠背（以最小帧间隔发送最多数据包不引起丢包时的数据包数量）；

3）交换机 MAC 地址学习速率、MAC 地址缓存容量；

4）交换机网络风暴抑制功能、镜像功能测试；

5）保护装置、合并单元、智能终端的网络性能测试；

6）网络报文记录仪记录能力测试；

7）过程层网络系统、站控层网络系统性能测试；

8）网络负荷测试。

（2）对网络时延的要求：传输各种帧长数据时交换机固有时延应小于 10μs。

（3）对于网络交换机，应满足以下要求：

1）应采用工业级或以上等级产品；

2）应使用无扇形，采用直流工作电源；

3）应满足变电站电磁兼容的要求；

4）支持端口速率限制和广播风暴限制；

5）提供完善的异常告警功能，包括失电告警、端口异常等。

1. VLAN 测试

测试目的：测试交换机的 VLAN 划分是否与规划的一致。

测试方法：24 光接口交换机测试接线如图7-24 所示，设置虚拟局域网搜索范围，测试过程中需要更换 2 次接线，测试完成后测试仪一次给出 1～24 口 VLAN 划分结果。

因不同交换机 VLAN 划分的模式不同，一般建议测试时 8 个发送口均勾选 VLAN 扩展搜索范围，将 VLAN 分为两段进行测试以缩短搜索时间。

2. 交换机基本性能测试

测试目的：测试交换机基本性能，包括吞吐量、丢包率、时延及背靠背参数。

测试方法：根据装置的 VLAN 划分，设置参与测试的一对发送与接收端口（具有相同 VLAN_ID 号），并连接好测试仪与交换机的光纤。如图 7-24 所示，以 24 口交换机为例，端口 1 发，端口 2 收，以标准帧长或按用户设定帧长测试交换机丢包率、吞吐量、时延及背靠背参数指标。单击开始试验，会自动完成所有测试工作，实验结束后可查看实验结果及报告。

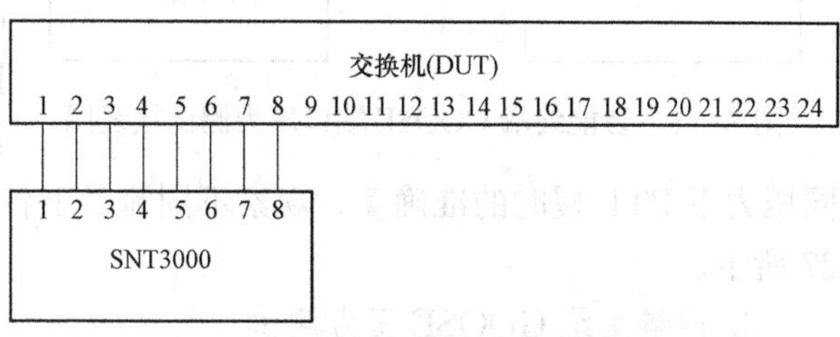

图 7-24　VLAN 测试接线图

测试网络设备吞吐量、时延、丢包率、背靠背参数等指标，支持标准帧长或自定义帧长方式测试，时延测试可选择存储转发或直通交换两种模式。

3. 继电保护装置 GOOSE 跳闸压力测试

测试目的：给继电保护装置组网 GOOSE 口施加有效压力流量测试其对保护跳闸压力的影响。

测试方法：SNT3000 端口 1 与保护装置组网口相连，作为网络压力流量施加端口，端口 2 与保护装置直跳口相连，接收保护跳闸 GOOSE 命令。端口 3 与保护装置 SMV 端口相连，向保护装置发送采样值，如图 7-25 所示。对保护施加 100%有效背景 GOOSE 流量（APPID 有效、MAC 地址有效、ST 不变、SQ 不变），同时采用 SNT3000 的故障模拟功能模拟线路故障，测试保护装置是否能正确动作，保护动作是否满足要求。

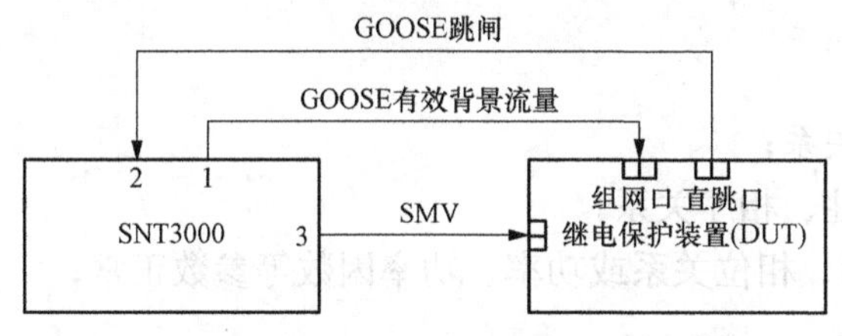

图 7-25　继电保护装置 GOOSE 跳闸压力测试接线图

4. 智能终端 GOOSE 端口压力测试

测试目的：检验智能终端的多个 GOOSE 端口是否完全独立。智能终端采用直跳方式接受保护装置的 GOOSE 的跳闸报文，同时智能终端通过组网口向网络发送或接收测控 GOOSE 报文，本测试对组网端口施加压力，检查其对直跳性能的影响。规范要求两端口物理隔离，且性能互不影响。

测试方法：SNT3000 给被测智能终端的组网端口通入 100%有效 GOOSE 背景流量报文（APPID 有效、MAC 地址有效、ST 不变、SQ 不变），通过 SNT3000 的另一端口发送跳闸 GOOSE 至智能终端的 GOOSE 跳闸端口，智能终端的跳闸开出硬触点接至 SNT3000 的开入，向智能终端发送压力报文和 GOOSE 跳闸报文，测试过程中智能终端应不死机、不重启，跳闸 GOOSE 报文正确影响率 100%，且跳闸时间（发出 GOOSE 跳闸报文与硬触点开入的时间差）应<7ms。测试接线如图 7-26 所示。

5. 压力流量下 PTP 授时准确度测试

测试目的：对采用 PTP 授时的智能变电站，测试不同网络流量对 PTP 授时准确度的影响。

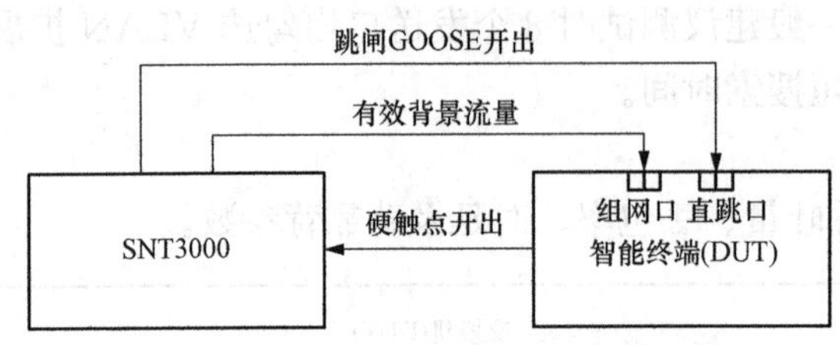

图 7 - 26 智能终端 GOOSE 端口压力测试接线图

测试方法：对于采用 PTP 授时的智能变电站网络系统，在网络系统已构建完成后，从交换机端口施加 TCP/IP、SV、GOOSE 流量报文，报文总流量控制在 30%、60%、90%，从交换机的另一个端口接收 PTP 报文，同时，SNT3000 接收 GPS 信号或光 IRID - B 码作为标准时钟源，测量在不同压力下 PTP 授时的准确度，观察不同流量下各 IED 设备授时是否正确。测试接线如图 7 - 27 所示。

6. 网络系统 GOOSE 压力测试

测试目的：在变电站网络系统构建完成后，测试 GOOSE 网络压力流量对保护动作性能影响。"直采直跳"模式变电站，测控装置、故障录波、网络报文记录、PMU[1] 等 IED 设备可能会接于 SV 网及 GOOSE 网，保护跨间隔的闭锁信息也可能通过 GOOSE 传输，对 GOOSE 网施加有效/无效背景流量报文，测试保护动作性能。该项目可在系统集成测试、动模试验及现场联调时进行。

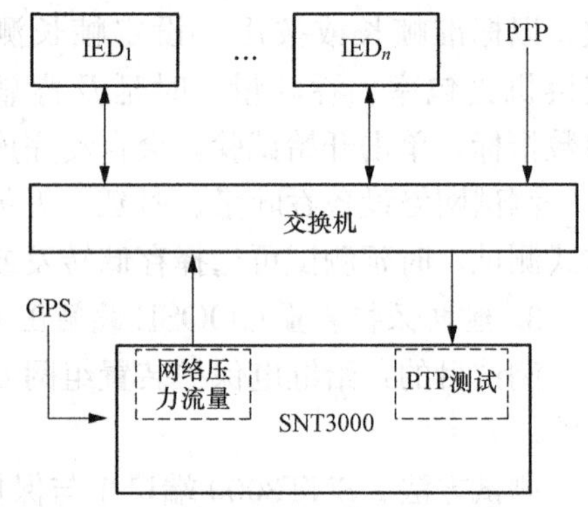

图 7 - 27 压力流量下 PTP 授时准确度测试接线图

测试方法：SNT3000 接于过程层 GOOSE 交换机，施加 70%、90%无效背景 GOOSE 流量报文及 70%、90%有效背景 GOOSE 报文流量（APPID 有效、MAC 有效、ST 不变、SQ 不变），采用继保护测试仪 MU 前端加故障量模拟短路，检查保护是否有死机、重启、拒动、误动。

7.1.7 一次设备启动、升压升流试验

使用 DM5000E 检查：

（1）各合并单元输出的电压之间的相位关系；

（2）合并单元输出的电压电流相位、极性、相序关系；

（3）各测控、保护、PMU 等装置的相别、相位关系或功率、功率因数等参数正常；

（4）各差动保护的差电流是否正常。

7.2 智能变电站二次系统验收

智能变电站二次系统验收一般流程如图 7 - 28 所示。

7.2.1 验收应具备的条件

（1）所有二次接线安装结束，二次回路检查调试工作完成。

（2）保护装置的调试工作已结束，调试定值单已执行并完成校验。

（3）保护整组传动试验已结束。

（4）SCD 文件夹、ICD 文件夹、CID 文件版本已锁定。

---

[1] 同步相量测量装置，Phasor Measurement Units。

（5）继电保护信息子站功能调试完成、与各级调度主站调试已完成。

（6）施工单位自验收、整改工作已完成。

7.2.2 建设单位应提供的资料

（1）完成报告、监理报告。

（2）与现场一致的SCD文件、ICD文件。

（3）全站MMS、GOOSE、SV网络通信配置表、交换机VLAN配置表。

（4）系统集成调试及测试报告。

（5）保护试验报告、保护定值单（正式或调试定值单）。

（6）竣工图纸（包括SV/GOOSE配置图、二次逻辑回路图）。

7.2.3 安装工艺检查

（1）屏柜外观检查。

（2）电缆接线检查。

（3）网络接线检查。

（4）端子接线检查。

（5）保护通道接线检查。

（6）抗干扰接地措施检查。

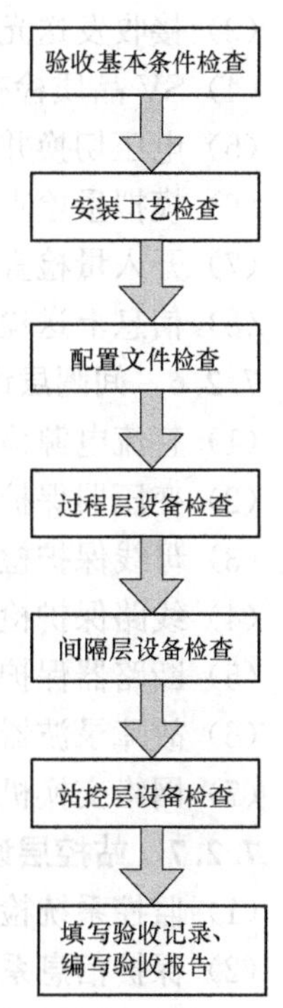

图7-28　智能变电站二次系统验收流程图

7.2.4 配置文件检查

1. ICD文件检查

站控层、间隔层、过程层访问点（Access Point）健全，文件中逻辑设备、逻辑节点和数据集等参数符合Q/GDW 1396—2012、IEC 61850工程继电保护应用模型标准。ICD文件描述的出口连接片数量、名称，开入描述应与说明书及设计图纸相符，描述的站控层信息应与装置提供的服务相符。

2. SCD文件检查

SCD文件的合法性静态检查，VLAN _ ID、优先级等配置应与设计图纸相符；检查SCD文件是否包含版本修改信息（修改时间、修改版本号等）；虚端子连接是否与设计图纸一样；信息命名是否与装置显示及图纸一致。

7.2.5 过程层设备检查

1. 智能终端检查

（1）GOOSE报文格式检查。

（2）检修功能检查。

（3）接收发送光功率检查。

（4）装置同步时钟信号检查/同步异常报警功能检查。

（5）开入量检查。

（6）信息上送检查。

2. 合并单元检查

（1）SV报文格式检查。

（2）同步异常告警检查。

（3）接收发送光功率检查。
（4）SV 品质检查。
（5）电压切换并列功能检查。
（6）模拟量检查。
（7）开入量检查。
（8）信息上送检查。

7.2.6 间隔层设备检查

（1）直流电源检查。
（2）变压器保护检查。
（3）母线保护检查。
（4）线路保护检查。
（5）断路器保护检查。
（6）故障录波器/网络报文分析仪检查。
（7）网络交换机检查。

7.2.7 站控层设备检查

（1）监控系统检查。
（2）保护信息系统检查。

7.2.8 验收记录

（1）每项验收工作结束，验收人员应根据验收情况填写验收记录并签名。
（2）全部工作结束，验收小组应填写验收报告。
（3）验收记录及验收报告，应在运行、检修部门存档。

第 8 章　智能变电站中保护的测试项目

本章详细介绍线路保护、变压器保护及母线保护的测试项目，每个项目均给出试验方法及技术要求。线路保护包括差动保护、距离保护、零序过电流保护、零序反时限保护、三相不一致保护、过负荷及过电压保护。变压器保护包括纵差差动保护、高/中/低分支后备复压闭锁过电流保护、高/中后备零序过电流保护、高/中后备间隙保护、高/中后备断路器失灵保护、高/中/低分支后备过负荷保护，低分支零压告警保护以及公共绕组过负荷保护。母线保护包括差动保护、失灵保护、充电过电流保护及非全相保护。

8.1 线 路 保 护

方式一：纵联差动保护、光纤通道一（光纤通道二）软连接片整定为 1，纵联差动保护控制字整定为 1。

方式二：通道一差动保护（通道二差动保护）软连接片整定为 1，通道一差动保护（通道二差动保护）控制字整定为 1。根据不同的测试项目，选用不同的方式。

8.1.1 差动保护

1. 定值检查（见表 8-1）

表 8-1　　差动保护定值检查

序号	检查项目	试验方法	整定值	技术要求
1	纵联差动电流定值	装置按方式一或方式二整定。采用电流递变菜单，一侧电流固定为 0，另一侧故障电流从 0.9 倍整定值往上升至保护动作，步长 1‰ 整定值（最小为 1mA），单步变化时间 200ms	0.05A	≤±5%或±0.02A
			0.20A	
			2.00A	
2	纵联差动动作时间	装置按方式一或方式二整定，差动动作电流整定为 0.1A。模拟故障，使得差动电流为 0.2A	100ms（不可整定）	≤±30ms
3	分相差动低定值	装置按方式一或方式二整定，采用电流递变菜单，一侧电流固定为 0，另一侧三相电流从 0.9 倍固有值往上升至保护动作，步长 1‰ 整定值（最小为 1mA），单步变化时间 200ms	固有（不可整定）	≤±5%或±0.02A
4	分相差动低定值时间	装置按方式一或方式二整定。采用状态序列菜单，故障状态：一组电流固定为 0，另一组三相故障电流设为 2.0 倍默认低定值	固有（不可整定）	≤50ms
5	分相差动高定值	装置按方式一或方式二整定，采用状态序列菜单，故障电流分别设为固有值的 1.00、1.01、1.02、1.03、1.05 或 0.99、0.98、0.97、0.95，通过差动动作时间（如果动作时间小于 30ms 则为高定值动作）来确定分相差动电流高定值动作准确度	固有（不可整定）	≤±5%或±0.02A

续表

序号	检查项目	试验方法	整定值	技术要求
6	分相差动高定值时间	装置按方式一或方式二整定。采用状态序列菜单，故障状态：一组电流固定为0，另一组三相故障电流设为2.0倍默认高定值	固有（不可整定）	≤30ms
7	零序差动比率制动曲线	装置按方式一或方式二整定，差动动作电流定值整定为0.1A。采用电流递变菜单，一侧故障零序电流固定，另一侧故障零序电流设为变化量，从0.9倍理论值往上升至保护动作，步长1‰整定值（最小为1mA），单步变化时间200ms	无	≤±5%或±0.02A
8	分相差动比率制动曲线（低定值）	装置按方式一或方式二整定，差动动作电流定值整定为0.1A。采用电流递变菜单，一侧三相（或变化相）电流固定，另一侧三相电流（或变化相）设为变化量，从0.9倍理论值往上升至保护动作，步长1‰整定值（最小为1mA），单步变化时间200ms	无	≤±5%或±0.02A
9	分相差动比率制动曲线（高定值）	装置按方式一或方式二整定，差动动作电流定值整定为0.1A。采用状态序列菜单，一侧三相（或变化相）电流固定，另一侧三相电流（或变化相）设为变化量，定值设为理论动作值的0.95～1.05倍，从动作时间判高定值动作（40ms之内为高定值，40ms之外为低定值差动），记录高定值动作边界	无	≤±5%或±0.02A

2. 技术原则检查（见表8-2）

表8-2　差动保护技术原则检查

序号	检查项目	技术要求	试验方法
1	启动元件	差动电流不能作为装置启动元件	保护投入纵差电流定值0.25A 状态1：本侧三相正序电压57.7V、正序电流0.1A∠0°，对侧三相正序电压57.7V、电流0.1A∠180° 状态2：本侧三相0.1A∠180°，其他均保持不变 检查装置是否启动
2	识别码	识别码应可供用户整定，并能对通道识别码进行校验，校验错误时告警并闭锁差动保护	检查装置识别码是否可以手动整定；在整定错误值时模拟故障检查装置有无告警信息并闭锁差动保护
3	两侧连接片不一致	纵联电流差动保护两侧差动保护连接片不一致时发告警信号	（1）模拟本侧纵联差动保护连接片投入，对侧纵联差动保护连接片退出； （2）模拟本侧纵联差动连接片退出，对侧纵联差动连接片投入。分别检查两套保护是否发告警信号，并模拟故障检查保护是否动作

3. TA断线检查（见表8-3）

表8-3 差动保护TA断线检查

序号	检查项目	技术要求	试验方法
1	TA断线	采用方式一或方式二整定，并投入TA断线闭锁差动，纵联差动电流定值整定为0.2A。TA断线闭锁差动控制字投入后，纵联电流差动只闭锁断线相。TA断线告警灯应保持，闭锁逻辑应自动返回	状态序列菜单，常态：两侧额定电压，负荷电流设为0.3A（两侧电流相位相反，差流为0），模拟一侧任意一相、两相或三相断线检查装置是否发TA断线告警信号并闭锁差动保护
			状态序列菜单，常态：两侧额定电压，负荷电流设为0.3A（两侧电流相位相反，差流为0）；故障态：对侧电流变化满足启动条件（如突变0.1A），本侧模拟一侧任意一相或两相断线检查装置是否发TA断线告警信号并闭锁差动保护
			状态序列菜单，常态：两侧额定电压，负荷电流设为0.1A（两侧电流相位相反，差流为0）；故障态1：模拟一侧A相断线，对侧A相、B相或C相接地故障，故障电流0.5A
			状态序列菜单，常态：两侧额定电压，负荷电流设为0.1A（两侧电流相位相反，差流为0）；故障态1：模拟一侧A相断线，对侧AC相间故障，故障电流0.5A
			状态序列菜单，常态：两侧额定电压，负荷电流设为0.1A（两侧电流相位相反，差流为0）；故障态1：模拟一侧A相断线，对侧ABC短路故障，故障电流0.5A
			状态序列菜单，常态：两侧额定电压，负荷电流设为0.1A（两侧电流相位相反，差流为0）；故障态1：模拟一侧A相断线，本侧B相或C相接地故障，故障电流0.5A
			装置退TA断线闭锁差动控制字。状态序列菜单，常态：两侧额定电压，负荷电流设为0.1A（两侧电流相位相反，差流为0）；故障态1：模拟一侧A相断线，对侧A相接地故障，故障电流0.5A
			装置退TA断线闭锁差动控制字。常态：两侧额定电压，负荷电流设为0.3A（两侧电流相位相反，差流为0）；故障态：对侧电流变化满足启动条件（如突变0.1A），本侧模拟一侧任意一相或两相断线检查装置是否发TA断线告警信号并闭锁差动保护
			状态序列菜单，常态：两侧额定电压，负荷电流设为0.1A（两侧电流相位相反，差流为0）；故障态1：模拟任意一相或两相电流断线至装置告警；故障态2：电流恢复正常（20s）；故障态3：模拟一侧A相故障，故障电流0.4A

8.1.2 接地距离保护

1. 定值检查（见表8-4）

表8-4 接地距离保护定值检查

序号	检查项目	试验方法	整定值	技术要求
1	接地距离Ⅰ段定值	距离保护软连接片整定为1，距离保护Ⅰ段控制字整定为1，零序补偿系数设为0.67，线路正序灵敏角整定为85°。采用阻抗测试菜单，以Z/I电流恒定模式进行测试，零序补偿系数设为0.67，阻抗角设为85°，将阻抗Z设为变化量。阻抗整定为小值时增大恒定电流，阻抗整定为大值时减小恒定电流。阻抗从1.1倍整定值往小下降直至保护动作；步长为1‰整定值（最小为1mΩ），单步变化时间为200ms	0.05Ω（A相）	≤±5%或±0.05Ω
			80.00Ω（B相）	
			125Ω（C相）	

续表

序号	检查项目	试验方法	整定值	技术要求
2	接地距离Ⅰ段时间	距离保护软连接片整定为1，距离保护Ⅰ段控制字整定为1，零序补偿系数设为0.67，线路正序灵敏角设为85°，接地距离Ⅰ段定值设为$50\Omega/I_n$。采用状态序列菜单，故障状态为单相接地故障零序补偿系数设为0.67，阻抗角设为85°，接地故障阻抗设为$35\Omega/I_n$，故障电流为I_n	固有 （不可整定）	≤30ms
3	接地距离Ⅱ段定值	距离保护软连接片整定为1，距离保护Ⅱ段控制字整定为1，零序补偿系数设为0.67，线路正序灵敏角设为85°，接地距离Ⅱ段时间设为0.01s。采用阻抗测试菜单，以Z/I电流恒定模式进行测试，零序补偿系数设为0.67，阻抗角设为85°，将阻抗Z设为变化量。阻抗整定为小值时增大恒定电流，阻抗整定为大值时减小恒定电流。阻抗从1.1倍整定值往小下降直至保护动作；步长为1‰整定值，单步变化时间为200ms	0.05Ω （A相） 50.00Ω （B相） 125Ω （C相）	≤±5%或±0.05Ω
4	接地距离Ⅱ段时间	距离保护软连接片整定为1，距离保护Ⅱ段控制字整定为1，零序补偿系数整定为0.67，线路正序灵敏角设为85°，接地距离Ⅱ段定值整定为$20\Omega/I_n$。采用状态序列菜单；故障状态为单相接地故障，阻抗角设为85°，接地故障阻抗为$16\Omega/I_n$，故障电流为I_n	0.01s 0.50s 10.0s	±1%或±30ms
5	接地距离Ⅲ段定值	投入中压侧距离保护软连接片整定为1，距离保护Ⅲ段控制字整定为1，零序补偿系数设为0.67，线路正序灵敏角设为85°，接地距离Ⅲ段时间为0.01s。采用阻抗测试菜单，以Z/I电流恒定模式进行测试，零序补偿系数设为0.67，阻抗角设为85°，将阻抗Z设为变化量。阻抗整定为小值时增大恒定电流，阻抗整定为大值时减小恒定电流。阻抗从1.1倍整定值往小下降直至保护动作；步长为1‰整定值（最小为1mΩ），单步变化时间为200ms	0.05Ω （A相） 150.0Ω （B相） 200Ω （C相）	≤±5%或±0.05Ω
6	接地距离Ⅲ段时间	距离保护软连接片整定为1，距离保护Ⅲ段控制字整定为1，零序补偿系数整定为0.67，接地距离Ⅲ段定值整定为$100\Omega/I_n$，线路正序灵敏角设为85°。采用测试仪状态序列菜单，故障状态为单相接地故障，阻抗角设为85°，接地故障阻抗设为$80\Omega/I_n$，故障电流为I_n	0.01s 3.00s 10.0s	±1%或±30ms
7	接地距离Ⅰ段阻抗特性	距离保护软连接片整定为1，距离保护Ⅰ段控制字整定为1，接地距离Ⅰ段定值整定为$10\Omega/I_n$，阻抗角设为85°，零序补偿系数设为0.67。采用搜索阻抗特性菜单，故障类型为单相接地故障，零序补偿系数设为0.67，保护最长动作时间设为0.2s。在特性图中设置原点，搜索半径大于最大阻抗并以30°为步长，在0°～360°范围内进行搜索测试动作边界	理论边界	≤±3°
8	接地距离Ⅱ段阻抗特性	距离保护软连接片整定为1，距离保护Ⅱ段控制字整定为1，接地距离Ⅱ段定值整定为$20\Omega/I_n$，阻抗角设为85°，零序补偿系数设为0.67，接地距离Ⅱ段时间设为0.01s。采用搜索阻抗特性菜单，故障类型为单相接地故障，零序补偿系数设为0.67，保护最长动作时间设为0.2s。在特性图中设置原点，搜索半径大于最大阻抗并以30°为步长，在0°～360°范围内进行搜索测试动作边界	理论边界	≤±3°

续表

序号	检查项目	试验方法	整定值	技术要求
9	接地距离Ⅲ段阻抗特性	距离保护软连接片整定为1，距离保护Ⅲ段控制字整定为1，接地距离Ⅲ段定值整定为30Ω/I_n，阻抗角设为85°，零序补偿系数设为0.67，接地距离Ⅲ段时间设为0.01s。采用搜索阻抗特性菜单，故障类型为单相接地故障，零序补偿系数设为0.67，保护最长动作时间设为0.2s。在特性图中设置原点，搜索半径大于最大阻抗并以30°为步长，在0°～360°范围内进行搜索测试动作边界	理论边界	≤±3°

2. TV断线检查（见表8-5）

表8-5　接地距离保护TV断线检查

序号	检查项目	技术要求	试验方法
1	TV断线	距离保护软连接片为1，距离保护Ⅰ段控制字整定为1，定值整定为50Ω，零序补偿系数为0.67，线路正序灵敏角为85°	额定电压，负荷电流设为0.2A。采用状态序列，故障态模拟任意一相、两相或三相电压断线
			额定电压，负荷电流设为0.2A，采用状态序列，故障态1：模拟A相断线。故障态2：B相或C相接地故障为20Ω
			额定电压，负荷电流设为0.2A，采用状态序列，故障态1：模拟A相断线满足装置判出TV断线。故障态2：B相或C相接地故障为20Ω
			额定电压，负荷电流设为0.2A，采用状态序列，故障态模拟任意一相、两相或三相断线，待装置发出告警信号后再将电压恢复正常，再模拟接地故障20Ω

8.1.3　相间距离保护

1. 定值检查（见表8-6）

表8-6　相间距离保护定值检查

序号	检查项目	试验方法	整定值	技术要求
1	相间距离Ⅰ段定值	距离保护软连接片整定为1，距离保护Ⅰ段控制字整定为1，线路正序灵敏角设为85°。采用阻抗测试菜单，以Z/I电流恒定模式进行测试，阻抗角设为85°，将阻抗Z设为变化量。阻抗整定为小值时增大恒定电流，阻抗整定为大值时减小恒定电流。阻抗从1.1倍整定值往小下降直至保护动作；步长为1‰整定值（最小为1mΩ），单步变化时间为200ms	0.05Ω（AB相）	≤±5%或±0.05Ω
			50.00Ω（BC相）	
			125Ω（CA相）	
2	相间距离Ⅰ段时间	距离保护软连接片整定为1，距离保护Ⅰ段控制字整定为1，线路正序灵敏角设为85°，相间距离Ⅰ段定值为30Ω/I_n。采用状态序列菜单，故障状态为相间故障，阻抗角设为85°，相间阻抗设为21Ω/I_n，故障电流为I_n	固有（不可整定）	≤30ms

续表

序号	检查项目	试验方法	整定值	技术要求
3	相间距离Ⅱ段定值	投入中压侧距离保护软连接片为1，距离保护Ⅱ段控制字整定为1，线路正序灵敏角设为85°，接地距离Ⅱ段时间为0.01s。采用阻抗测试菜单，以Z/I电流恒定模式进行测试，阻抗角设为85°，将阻抗Z设为变化量。阻抗整定为小值时增大恒定电流，阻抗整定为大值时减小恒定电流。阻抗从1.1倍整定值往小下降直至保护动作；步长为1‰整定值（最小为1mΩ），单步变化时间为200ms	0.05Ω（AB相）	≤±5%或±0.05Ω
			30.00Ω（BC相）	
			125Ω（CA相）	
4	相间距离Ⅱ段时间	距离保护软连接片整定为1，距离保护Ⅱ段控制字整定为1，线路正序灵敏角设为85°，接地距离Ⅱ段定值整定为$10\Omega/I_n$。采用测试仪状态序列菜单；故障状态为相间故障，阻抗角设为85°，相间故障阻抗为$8\Omega/I_n$，故障电流为I_n	0.01s	±1%或±30ms
			1.00s	
			10.0s	
5	相间距离Ⅲ段定值	投入中压侧距离保护软连接片整定为1，距离保护Ⅲ段控制字整定为1，线路正序灵敏角设为85°，接地距离Ⅲ段时间设为0.01s。采用阻抗测试菜单，以Z/I电流恒定模式进行测试，阻抗角设为85°，将阻抗Z设为变化量。阻抗整定为小值时增大恒定电流，阻抗整定为大值时减小恒定电流。阻抗从1.1倍整定值往小下降直至保护动作；步长为1‰整定值（最小为1mΩ），单步变化时间为200ms	0.05Ω（AB相）	≤±5%或±0.05Ω
			100.0Ω（BC相）	
			200Ω（CA相）	
6	相间距离Ⅲ段时间	距离保护软连接片整定为1，距离保护Ⅲ段控制字整定为1，相间距离Ⅲ段定值整定为$10\Omega/I_n$，线路正序灵敏角设为85°。采用测试仪状态序列菜单，故障状态为相间故障，阻抗角设为85°，相间故障阻抗为$8\Omega/I_n$，故障电流为I_n	0.01s	±1%或±30ms
			5.00s	
			10.0s	
7	相间距离Ⅰ段阻抗特性	距离保护软连接片整定为1，距离保护Ⅰ段控制字整定为1，相距距离Ⅰ段定值整定为$15\Omega/I_n$，阻抗角设为85°。采用搜索阻抗特性菜单，故障类型为相间短路，保护最长动作时间为0.2s。在特性图中设置原点，搜索半径大于最大阻抗并以30°为步长，在0°～360°范围内进行搜索测试动作边界	理论边界	≤±3°
8	相间距离Ⅱ段阻抗特性	距离保护软连接片整定为1，距离保护Ⅱ段控制字整定为1，相距距离Ⅱ段定值整定为$25\Omega/I_n$，阻抗角设为85°，接地距离Ⅱ段时间设为0.01s。采用搜索阻抗特性菜单，故障类型为相间短路，保护最长动作时间设为0.2s。在特性图中设置原点，搜索半径大于最大阻抗并以30°为步长，在0°～360°范围内进行搜索测试动作边界	理论边界	≤±3°
9	相间距离Ⅲ段阻抗特性	距离保护软连接片整定为1，距离保护Ⅲ段控制字整定为1，相距距离Ⅲ段定值整定为$40\Omega/I_n$，阻抗角设为85°，动作时间整定为0.01s。采用搜索阻抗特性菜单，故障类型为相间短路，保护最长动作时间设为0.2s。在特性图中设置原点，搜索半径大于最大阻抗并以30°为步长，在0°～360°范围内进行搜索测试动作边界	理论边界	≤±3°

2. TV 断线检查（见表 8-7）

表 8-7　　相间距离保护值检查

序号	检查项目	技术要求	试　验　方　法
1	TV 断线	距离保护软连接片整定为 1，距离保护Ⅰ段控制字整定为 1，定值整定为 50Ω，线路正序灵敏角设为 85°	额定电压，负荷电流设为 0.2A 下。采用状态序列，故障态模拟任意一相、两相或三相电压断线
			额定电压，负荷电流设为 0.2A，采用状态序列，故障态 1：模拟 A 相故障。故障态 2：模拟 BC 相相间故障为 20Ω
			额定电压，负荷电流为 0.2A，采用状态序列，故障态 1：模拟 A 相断线至装置判出 TV 断线。故障态 2：模拟 BC 相相间故障为 20Ω
			额定电压负荷电流设为 0.2A，采用状态序列，故障态模拟任意一相、两相或三相断线，待装置发出告警信号后再将电压恢复正常，再模拟相间故障 20Ω

8.1.4　零序过电流保护

1. 定值检查（见表 8-8）

表 8-8　　零序过电流保护定值检查

序号	检查项目	试　验　方　法	整定值	技术要求
1	零序过电流Ⅱ段定值	零序过电流保护软连接片整定为 1，零序电流保护控制字整定为 1，动作延时设为 0.1s，零序过电流Ⅲ段定值和时间均整定最大值。采用电流递变菜单，将零序电流设为变化量，电流从 0.9 倍整定值往上升至保护动作；步长 1‰整定值（最小为 1mA），单步变化时间为 200ms	0.05A	≤±5%或±0.02A
			1.00A	
			20.0A	
2	零序过电流Ⅱ段时间	零序过电流保护软连接片整定为 1，零序电流保护控制字整定为 1，零序过电流Ⅱ段定值整定为 $0.5I_n$，零序过电流Ⅲ段定值整定为 $20I_n$。采用状态序列菜单，故障状态设置零序故障电流为 $0.6I_n$	0.01s	≤±1%或±30ms
			0.50s	
			10.0s	
3	零序过电流Ⅲ段定值	零序过电流保护软连接片整定为 1，零序电流保护控制字整定为 1，动作延时设为 0.1s，零序过电流Ⅱ段定值和时间均整定最大值。采用电流递变菜单，将零序电流设为变化量，电流从 0.9 倍整定值往上升至保护动作；步长 1‰整定值（最小为 1mA），单步变化时间为 200ms	0.05A	≤±5%或±0.02A
			0.50A	
			20.0A	
4	零序过电流Ⅲ段时间	零序过电流保护软连接片整定为 1，零序电流保护控制字整定为 1，零序过电流Ⅲ段定值整定为 $0.5I_n$，零序过电流Ⅱ段定值整定为 $20I_n$。采用状态序列菜单，故障状态设置零序故障电流为 $0.6I_n$	0.01s	≤±1%或±30ms
			2.00s	
			10.0s	
5	零序Ⅱ段方向	零序过电流保护软连接片整定为 1，零序电流保护控制字整定为 1，零序过电流Ⅱ段经方向整定为 1，零序过电流Ⅱ段定值整定为 $0.5I_n$，动作延时整定为 0.01s。采用电流递变菜单，固定零序电压角度，将零序电流相位设为变化量，零序电流设为 $1.2I_n$，零序电流相位从理论不动作区的两个边界转向动作区；步长 0.1°，单步变化时间为 200ms	理论边界 1	≤±3°
			理论边界 2	

续表

序号	检查项目	试验方法	整定值	技术要求
6	零序Ⅲ段方向	零序过电流保护软连接片整定为1，零序电流保护控制字整定为1，零序过电流Ⅲ段经方向整定为1，零序过电流Ⅲ段定值整定为0.5I_n，动作延时整定为0.01s，采用递变菜单，固定零序电压角度，将零序电流相位设为变化量，零序电流设为1.2I_n，零序电流相位从理论不动作区的两个边界转向动作区；步长0.1°，单步变化时间为200ms	理论边界1	≤±3°
			理论边界2	
7	纵差零序死区电压	纵联零序保护软连接片和纵联零序保护控制字整定为“1”。零序电流设为1.2倍整定值，零序方向设为灵敏角，零序电压设为变化量。电压从0往上升，步长0.001 V，单步变化时间不小于200ms	固有（不可整定）	≤1V
8	零序过电流加速断定值	零序过电流保护软连接片和零序电流保护控制字整定为1，单相重合闸控制字整定为1，零序过电流Ⅱ段定值整定为1A，时间设为0.2s，零序Ⅲ段定值和时间均整定最大值。采用状态序列菜单，模拟系统单相接地→故障切除→重合于故障。重合于故障的电流分别设为0.95倍加速段整定值和1.05倍加速段整定值，通过动作时间来判断加速段在0.95倍定值时是否可靠闭锁1.05倍定值时，是否可靠动作	0.05A	≤±5%或±0.02A
			1.00A	
			20.0A	
9	零序过电流加速断时间	零序过电流保护软连接片整定为1，零序电流保护控制字整定为1，单相重合闸控制字整定为1，零序过电流Ⅱ段定值整定为I_n，加速段定值整定为0.5I_n，零序Ⅲ段定值和时间均整定最大值。采用状态序列菜单，模拟系统单相接地→故障切除→重合于故障，重合于故障的电流设为0.6I_n	100ms（不可整定）	≤±30ms
10	单相重合闸	零序过电流保护软连接片整定为1，零序电流保护控制字整定为1，单相重合闸控制字整定为1，零序过电流Ⅱ段定值整定为I_n，零序Ⅲ段定值和时间均整定最大值。采用状态序列菜单，模拟系统单相接地故障（故障零序电流1.2I_n），→保护发跳闸命令延时40ms后切除故障，进行单相重合闸检查	0.1s	≤±1%或±40ms
			1.5s	
			10.0s	
11	后加速时间	零序过电流保护软连接片整定为1，零序电流保护控制字整定为1，单相重合闸控制字整定为1，零序过电流Ⅱ段定值整定为I_n，零序Ⅲ段定值和时间均整定最大值。采用状态序列菜单，模拟系统单相接地故障（故障零序电流1.2I_n）→故障切除→单相重合闸→重合于永久性故障，进行后加速时间检查	固有（不可整定）	≤±30ms
12	三相重合闸	零序过电流保护软连接片整定为1，零序电流保护控制字整定为1，三相重合闸控制字整定为1，零序过电流Ⅱ段定值整定为I_n，零序Ⅲ段定值和时间均整定最大值。采用状态序列菜单，模拟系统单相接地故障（故障零序电流1.2I_n），保护发跳三相命令延时40ms切除故障，进行三相重合闸检查	0.1s	≤±1%或±40ms
			3.0s	
			10.0s	
13	三重加速距离Ⅱ段	零序过电流保护软连接片、零序电流保护控制字、三相重合闸控制字、三重加速距离Ⅱ段控制字、距离保护软连接片、距离保护Ⅱ段控制字整定为1。零序过电流Ⅱ段定值整定为I_n，零序Ⅲ段定值和时间均整定最大值。采用状态序列菜单，模拟系统单相接地故障（故障零序电流1.2I_n）跳三相→故障切除→三相重合闸→重合于永久性故障（接地阻抗设为0.7倍距离Ⅱ段整定值）	固有（不可整定）	≤30ms

续表

序号	检查项目	试 验 方 法	整定值	技术要求
14	三重加速距离Ⅲ段	零序过电流保护软连接片、零序电流保护控制字、三相重合闸控制字、三重加速距离Ⅲ段控制字、距离保护软连接片、距离保护Ⅲ段控制字整定为1。零序过电流Ⅱ段定值整定为I_n，零序Ⅲ段定值和时间均整定最大值。采用状态序列菜单，模拟系统单相接地故障（故障零序电流$1.2I_n$）跳三相→故障切除→三相重合闸→重合于永久性故障（接地阻抗设为0.7倍距离Ⅲ段整定值）	固有（不可整定）	≤30ms
15	同期合闸角	零序过电流保护软连接片整定为1，零序电流保护控制字整定为1，三相重合闸控制字整定为1，重合闸检同期方式控制字整定为1，零序过电流Ⅱ段定值整定为I_n，零序Ⅲ段定值和时间均整定最大值。采用状态序列菜单，模拟系统相间短路（故障零序电流$1.2I_n$）→故障切除，故障切除后分别改变同期电压与线路电压之间的角度差找出可靠合闸角	0° 30° 90°	≤±3°
16	检无压定值	零序过电流保护软连接片整定为1，零序电流保护控制字整定为1，三相重合闸控制字整定为1，重合闸检无压方式控制字整定为1，零序过电流Ⅱ段定值整定为I_n，零序Ⅲ段定值和时间均整定最大值。采用状态序列菜单，模拟系统相间短路（故障零序电流$1.2I_n$）→故障切除，故障切除后从大到小改变同期电压直至重合闸	固有（不可整定）	±5.0%或±$0.002U_n$

2. TV断线及非全相运行检查（见表8-9）

表8-9 零序过电流保护TV断线及非全相运行检查

序号	检查项目	技 术 要 求	试 验 方 法
1	TV断线	TV断线后，零序电流Ⅱ段退出，零序电流Ⅲ段退出方向	零序过电流保护软连接片、零序电流保护控制字、零序过电流Ⅲ段经方向整定为1，零序过电流Ⅱ段、Ⅲ段定值整定为0.5A，动作延时均整定为0.1s。采用状态序列菜单，模拟故障状态发生任意一相、两相或三相断线，故障电流为0.6A。并置零序方向于反方向。检查零序Ⅱ段、Ⅲ段是否动作
2	非全相运行	当线路非全相运行时自动将零序电流保护最末一段动作时间缩短0.5s并取消方向元件，作为线路非全相运行时不对称故障的总后备保护，取消线路非全相时投入运行的零序电流保护的其他段	零序过电流保护软连接片、零序电流保护控制字、零序过电流Ⅲ段经方向整定为1，零序过电流Ⅱ段、Ⅲ段定值整定为0.5A，动作延时分别整定为0.1s和1s。模拟系统缺一相运行，采用状态序列菜单模拟故障电流为0.6A。并置零序方向于反方向。检查零序Ⅱ段、Ⅲ段是否动作

8.1.5 重合闸（见表8-10）

表8-10 重合闸检查

序号	检查项目	技 术 要 求	试 验 方 法
1	重合闸中TV断线检查	当重合闸不使用同期电压时，同期电压TV断线不报警	零序过电流保护软连接片整定为1，零序电流保护控制字整定为1，三相重合闸控制字整定为1。模拟同期电压TV断线，检查装置有无告警

续表

序号	检查项目	技术要求	试验方法
2	重合闸检同期线路电压	检同期重合闸采用的线路电压应是自适应的，用户可选择任意相间电压或相电压	人工检查装置菜单，检查线路同期电压是否提供可选择相间电压或相电压。分别选择相间电压或相电压，并检查在两种方式下重合闸检同期是否成功
3	重合闸控制字检查	单相重合闸、三相重合闸、禁止重合闸和停用重合闸有且只能有一项置1，如不满足此要求，保护装置应报警并按停用重合闸处理	将任意两个或全部重合闸控制字整定为1，检查装置是否有异常处理措施，采用状态序列模拟系统故障→故障切除，检查装置是否重合闸
4	禁止重合闸控制字检查	投禁止重合闸时，不沟通三跳。单相故障跳单相	零序过电流保护软连接片、零序电流保护控制字、禁止重合闸控制字整定为1。状态序列：状态1：正常负荷状态；状态2：模拟系统单相故障（零序电流1.2倍整定值）；状态3：故障切除持续时间11s。检查跳闸出口并确认装置是否重合
5	停重合闸控制字检查	投停用重合闸时，沟通通三跳。任何故障跳三相	零序过电流保护软连接片、零序电流保护控制字、停用重合闸控制字整定为1。状态序列：状态1：正常负荷状态；状态2：模拟系统单相故障（零序电流1.2倍整定值）；状态3：故障切除持续时间11s。检查跳闸出口并确认装置是不重合
6	重合闸充电未满	检查重合闸充电未满时保护跳闸情况	零序过电流保护软连接片整定为1，零序电流保护控制字整定为1，单相重合闸控制字整定为1，零序过电流Ⅱ段定值整定为I_n。按重合闸方法做一次重合闸，在重合闸充电过程中（未充满）模拟单相接地故障，故障电流$1.2I_n$。检查保护跳闸出口

8.1.6 零序反时限保护

1. 定值检查（见表8-11）

表8-11 零序反时限保护定值检查

序号	检查项目	试验方法	整定值	技术要求
1	零序反时限电流定值	零序反时限控制字整定为1，零序反时限时间整定为0.1，零序反时限配合时间整定为0.1，零序反时限最小时间整定为0。采用状态序列菜单，故障状态零序故障电流分别设为0.07、0.105 、0.525A。检查零序反时限是否动作	0.05A	≤±5%或±0.02A
			0.10A	
			0.50A	
2	零序反时限时间	零序反时限控制字整定为1，零序反时限定值整定为0.1A，零序反时限时间整定为0.1，零序反时限配合时间整定为0.1，零序反时限最小时间整定为0。采用过电流反时限菜单，类型选择$3I_0$过电流，按公式进行编辑特性曲线，在曲线上从1.1倍开始（T_p为10时从1.5倍开始）设置数点进行测试。 $t(3I_0)=\dfrac{0.14}{(3I_0/I_p)^{0.02}-1}T_p$	电流倍数	≤±5%或±40ms
			1.1	
			1.2	
			1.3	
			1.5	
			2.0	
			4.0	
			6.0	

续表

序号	检查项目	试验方法	整定值	技术要求
3	零序反时限配合时间	零序反时限控制字整定为1，零序反时限定值整定为0.1A，零序反时限时间整定为0.1，零序反时限最小时间整定为0。采用状态序列菜单，故障状态为单相接地故障，故障零序电流设为2A。动作时间应等于配合时间整定值	0.3s 2.0s 10.0s	≤±1%或±30ms
4	零序反时限最小时间	零序反时限控制字整定为1，零序反时限定值整定为0.1A，零序反时限时间整定为0.1，零序反时限配合时间整定为0.1。分别将零序反时限最小时间整定为0、0.5s和10s，采用状态序列菜单，故障零序电流设为0.5A，分别测得动作时间t_1、t_2、t_3。则反时限最小时间0、0.5、10s对应的动作时间为$t_1-0.428$、$t_2-0.428$、$t_3-0.428$	0.0s 0.5s 10.0s	≤±1%或±30ms
5	零序反时限方向	零序反时限控制字整定为1，零序反时限带方向控制字整定为1，零序反时限定值整定为0.1 A，零序反时限时间整定为0.1，零序反时限最小时间整定为0，零序反时限配合时间整定为0.1。采用电流递变菜单，固定零序电压角度，将零序电流相位设为变化量，零序电流设为0.2 A，零序电流相位从理论不动作区的两个边界转向动作区；步长0.1°，单步变化时间为1.5s	理论边界	≤±3°

2. 电流启动告警检查（见表8-12）

表8-12　零序反时限保护电流启动告警检查

序号	检查项目	技术要求	试验方法
6	零序反时限电流启动告警	零序反时限电流保护启动时间超过90s应发告警信号，并重新启动开始计时。零序反时限电流保护启动元件返回时，告警复归	零序反时限控制字整定为1，零序反时限定值整定为0.1A。采用状态序列菜单，故障状态：故障电流大于启动电流小于动作电流，并将告警触点作为动作结束触点

8.1.7 三相不一致保护（见表8-13）

表8-13　三相不一致保护检查

序号	检查项目	试验方法	整定值	技术要求
1	不一致零序电流定值	三相不一致控制字和不一致经零负序电流控制字整定为1，时间设为0.1s。采用电流递变菜单，将零序电流设为变化量，电流从0.9倍整定值往上升至保护动作；步长1‰整定值（最小为1mA），单步变化时间为200ms	0.05A 0.20A 0.50A	≤±5%或±0.02A
2	不一致负序电流定值	三相不一致控制字和不一致经零负序电流控制字整定为1，时间设为0.1s。采用电流递变菜单，将负序电流设为变化量，电流从0.9倍整定值往上升至保护动作；步长1‰整定值（最小为1mA），单步变化时间为200ms	0.05A 0.10A 0.50A	≤±5%或±0.02A
3	不一致保护时间	三相不一致控制字和不一致经零负序电流控制字整定为1，不一致零序电流整定为0.1 A。采用状态序列菜单，故障状态故障零序电流设为0.12 A	0.1s 1.0s 10.0s	≤±1%或±30ms

8.1.8 过负荷保护（见表8-14）

表8-14 过负荷保护检查

序号	检查项目	试验方法	整定值	技术要求
1	过负荷跳闸电流定值	过负荷控制字整定为1，采用电流递变菜单，电流从0.9倍整定值往上升至保护动作；步长1‰整定值（最小为1mA），单步变化时间为200ms	0.05A	≤±5%或±0.02A
			1.00A	
			20.0A	
2	过负荷跳闸时间	过负荷控制字整定为1，过负荷跳闸电流定值整定为0.5A。采用状态序列菜单，故障状态设置故障电流为0.6A	0s	≤±1%或±30ms
			10s	
			3600s	

8.1.9 过电压保护及远方跳闸

1. 定值检查（见表8-15）

表8-15 过电压保护及远方跳闸定值检查

序号	检查项目	试验方法	整定值	技术要求
1	负序电流定值	远方跳闸保护软连接片、故障电流电压启动控制字均整定为1。远跳经故障判据时间整定为0.01s。采用电流递变菜单，设置测试仪一输出触点闭合作为远方跳闸信号，并将负序电流设为变化量，电流从0.9倍整定值往上升至保护动作；步长1‰整定值（最小为1mA），单步变化时间为200ms	0.05A	≤±5%或±0.02A
			0.10A	
			0.50A	
2	零序电压定值	远方跳闸保护软连接片、故障电流电压启动控制字均整定为1。远跳经故障判据时间整定为0.01s。采用电压递变菜单，设置测试仪一输出触点闭合作为远方跳闸信号，并将零序电压设为变化量，电压从0.9倍整定值往上升至保护动作；步长1‰整定值（最小为1mV），单步变化时间为200ms	3.0V	±5.0%或±0.002U_n
			10.0V	
			57.7V	
3	负序电压定值	远方跳闸保护软连接片、故障电流电压启动控制字均整定为1。远跳经故障判据时间整定为0.01s。采用电压递变菜单，设置测试仪一输出触点闭合作为远方跳闸信号，并将负序电压设为变化量，电压从0.9倍整定值往上升至保护动作；步长1‰整定值（最小为1mV），单步变化时间为200ms	1.0V	≤5.0%或±0.002U_n
			8.0V	
			57.7V	
4	低电流定值	远方跳闸保护软连接片、低电流低有功启动控制字均整定为1。远跳经故障判据时间整定为0.01s。采用电流递变菜单，设置测试仪一输出触点闭合作为远方跳闸信号，并将三相电流设为变化量，电流从1.1倍整定值往下降至保护动作；步长1‰整定值（最小为1mA），单步变化时间为200ms	0.05A	≤±5%或±0.02A
			0.20A	
			0.50A	
5	低有功功率	远方跳闸保护软连接片、低电流低有功启动控制字均整定为1。远跳经故障判据时间整定为0.01s。采用电压递变菜单，设置测试仪一输出触点闭合作为远方跳闸信号，固定一相电流值，并将对应相电压设为变化量，电压从1.1倍理论值往下降至保护动作；步长1‰整定值，单步变化时间为200ms	0W	≤±5%（相对于视在功率）
			20W	
			90W	

续表

序号	检查项目	试验方法	整定值	技术要求
6	低功率因数角	远方跳闸保护软连接片、低功率因数角启动控制字均整定为1，远跳经故障判据时间整定为0.01s。采用电流递变菜单，设置测试仪一输出触点闭合作为远方跳闸信号，将一相电压值设置小于门槛值并固定相位，对应相电流相位设为变化量，电流相位从整定值+5°往下降至保护动作；步长0.1°，单步变化时间为200ms	30°	≤±3°
			60°	
			90°	
7	远跳经故障判据时间	远方跳闸保护软连接片、故障电流电压启动控制字均整定为1。零序电压整定为10V。采用状态序列菜单，设置测试仪一输出触点闭合作为远方跳闸信号，故障状态故障零序电压整定为11V	0.01s	≤±1%或±30ms
			2.0s	
			10.0s	
8	远跳不经故障判据时间	远方跳闸保护软连接片、远方跳闸不经故障判据控制字均整定为1。采用状态序列菜单，故障状态设置一输出触点闭合作为远方跳闸信号启动计时	0.01s	≤±1%或±30ms
			0.50s	
			10.0s	
9	过电压定值	过电压保护软连接片、过电压跳本侧控制字、过电压保护跳本侧控制字均整定为1，过电压保护动作时间整定为0.01s。采用电压递变菜单，将三相电压设为变化量，电压从0.9倍整定值往上升至保护动作，步长1‰整定值（最小为1mV），单步变化时间为200ms	57.7V	±5.0%或±0.002U_n
			70.0V	
			100V	
10	过电压定值（三取一）	过电压保护软连接片、过电压跳本侧控制字、过电压保护跳本侧控制字均整定为1，过电压三取一方式控制字整定为1，过电压保护动作时间整定为0.01s。采用电压递变菜单，将任何一相电压设为变化量，电压从0.9倍整定值往上升至保护动作，步长1‰整定值（最小为1mV），单步变化时间为200ms	57.7V	±5.0%或±0.002U_n
			80.0V	
			100V	
11	过电压保护动作时间	过电压保护软连接片、过电压跳本侧控制字、过电压保护跳本侧控制字均整定为1，过电压定值整定为70V。采用状态序列菜单，故障状态三相电压设为77V	0.01s	≤±1%或±30ms
			1.0s	
			10.0s	

2. 技术原则检查（见表8-16）

表8-16　过电压保护及远方跳闸技术原则检查

序号	检查项目	技术要求	试验方法
1	过电压保护功能连接片检查	“过电压保护”功能连接片退出时，过电压保护不出口跳闸，不远跳对侧	过电压保护软连接片、过电压保护跳本侧控制字均整定为1，过电压定值整定为70V，过电压保护动作时间整定为0.01s。采用状态序列菜单，故障状态三相电压设为77V
2	过电压跳本侧控制字检查	“过电压保护跳本侧”控制字投入时，满足过电压动作条件时过电压出口跳本侧，同时不经跳位闭锁直接向对侧发过电压远跳信号	过电压保护软连接片、过电压保护跳本侧控制字、过电压远跳经跳位闭锁均整定为1，过电压定值整定为70V，过电压保护动作时间整定为0.01s。采用状态序列菜单，故障状态三相电压设为77V

续表

序号	检查项目	技术要求	试验方法
3	过电压远跳经跳位闭锁检查	“过电压保护跳本侧”控制字退出时，当“过电压元件”和“三相跳闸位置”均满足要求时，过电压保护不跳本侧仅向对侧发过电压远跳信号。但是，是否经本侧跳位闭锁发信由“过电压远跳闭锁”控制字整定	过电压保护软连接片、过电压远跳经跳位闭锁均整定为1，过电压定值整定为70V，过电压保护动作时间整定为0.01s。采用状态序列菜单，故障状态三相电压设为77V，三相跳闸位置为分位
			过电压保护软连接片，过电压远跳经跳位闭锁均整定为0，过电压定值整定为70V，过电压保护动作时间整定为0.01s。采用状态序列菜单，故障状态三相电压设为77V
4	TV断线检查	TV断线后，远方跳闸保护闭锁与电压有关的判据	远方跳闸保护软连接片、故障电流电压启动控制字均整定为1，零序电压整定为3V，负序电压整定为1V。远跳经故障判据时间整定为0.01s。采用状态序列菜单，故障态设置一输出触点闭合作为远方跳闸信号，同时模拟任意一相或两相发生TV断线
			远方跳闸保护软连接片、低电流低有功启动控制字均整定为1，低有功功率整定为10W，远跳经故障判据时间整定为0.01s。采用状态序列菜单，故障状态设置一输出触点闭合作为远方跳闸信号，同时模拟任意一相或两相发生TV断线
5	“一取一”判别方式	远方跳闸保护应采用“一取一”经就地判别方式	检查GOOSE输入是否只配有一个远方跳闸信号，在就地判据定值检查中将该GOOSE设为0时满足就地判据保护不应该动作，设为1时满足就地判据应该可靠动作

8.2 变压器保护

8.2.1 纵差差动保护

1. 定值检查（见表8-17）

表8-17　纵差差动保护定值检查

序号	检查项目	试验方法	整定值	技术要求
1	纵差差动速断定值	投入主保护软连接片，纵差差动速断控制字置1。采用电流递变测试项，模拟一侧故障，使纵差差流从0.9倍整定值往上升至保护动作；步长1‰整定值（最小为1mA），单步变化时间为200ms。测试纵差差动速断保护动作值	$0.05I_n$（A相）	≤±5%或±0.02A
			$5.00I_n$（B相）	
			$20.0I_n$（C相）	
2	纵差差动速断动作时间	投入主保护软连接片，纵差差动速断控制字置1。速断电流定值整定为$1.0I_e$。模拟一侧故障，使得纵差差动电流达到2.0倍的整定值。测试差动速断保护动作时间	固有（不可整定）	≤20ms

续表

序号	检查项目	试验方法	整定值	技术要求
3	纵差保护启动电流定值	投入主保护软连接片，纵差差动保护控制字置1。采用递变测试项，模拟一侧故障，使纵差差流从0.9倍整定值往上升至保护动作；步长1‰整定值（最小为1mA），单步变化时间为200ms。测试纵差保护启动电流定值（注：最大整定值以装置实际最大可整定值为准）	$0.05I_n$（A相） $0.50I_n$（B相） $1.0I_n$（C相）	≤±5%或±0.02A
4	纵差比率制动曲线（高—低绕组）	投入主保护软连接片，纵差差动保护、纵差差动速断控制字置1，纵差保护启动电流定值整定为$0.50I_n$，差动速断电流定值整定为$5.0I_n$。采用变压器差动曲线搜索专用测试项，根据说明书提供的动作方程绘制纵差特性曲线，在纵差比率制动曲线拐点，以及每段折线横坐标（制动电流）上选三点，设置测试绕组为高—低绕组，变压器接线方式为YNd11，绘制纵差比率差动动作曲线	制动电流	≤±5%或±0.02A
5	纵差比率制动曲线（高—中绕组）	投入主保护软连接片，纵差差动保护、纵差差动速断控制字置1，纵差保护启动电流定值整定为$0.50I_n$，差动速断电流定值整定为$5.0I_n$。采用变压器差动曲线搜索专用测试项，根据说明书提供的动作方程绘制纵差特性曲线，在纵差比率制动曲线拐点，以及每段折线横坐标（制动电流）上选三点，设置测试绕组为高—低绕组，变压器接线方式为YN0，绘制纵差比率差动动作曲线	制动电流	≤±5%或±0.02A
6	纵差差动动作时间	投入主保护软连接片，纵差差动保护控制字置1，纵差保护启动电流定值整定为$0.50I_n$，模拟一侧故障，使纵差差流达到$1.0I_n$，测试纵差差动保护动作时间（注意所加电流计算得到的制动电流，在比率制动曲线对应的动作值为$0.50I_n$）	固有（不可整定）	≤30ms
7	2次谐波制动系数	投入主保护软连接片，纵差差动保护、2次谐波制动控制字置1，纵差保护启动电流定值整定为$0.50I_n$。模拟一侧故障，采用谐波测试项或变压器差动谐波制动测试项使纵差差流基波值为$1.0I_n$，2次谐波电流从1.1倍整定值往下降至保护动作。步长1‰理论值（最小为1mA），单步变化时间为200ms，测试2次谐波电流闭锁值，2次谐波系数＝纵差差动电流2次谐波电流闭锁值/纵差差动电流基波值	0.05 0.15 0.30	≤±10.0%或≤±0.02

2. TA功能检查（见表8-18）

表8-18　纵差差动保护TA功能检查

序号	检查项目	技术要求	试验方法
1	TA断线闭锁差动保护	装置应具有TA断线告警功能，可通过控制字选择是否闭锁差动保护	投入主保护软连接片，纵差差动保护、TA断线闭锁差动保护控制字置1，纵差保护启动电流定值整定为$0.50I_n$。采用状态序列单元，故障前高压侧电流为$1.15I_n$同时满足差流为零，故障态模拟高压侧A相TA断线（高压A相电流降为0，其他电流值不变），检查告警信息及TA断线是否能闭锁差动保护
		TA断线闭锁差动保护置1时，TA断线后，差动电流大于$1.2I_n$时差动应出口跳闸	投入主保护软连接片，纵差差动保护、TA断线闭锁差动保护控制字整定为1，纵差保护启动电流定值整定为$0.50I_n$。采用状态序列单元，故障前高压侧电流为$1.25I_n$同时满足差流为零，故障态模拟高压侧A相TA断线（高压A相电流降为0，其他电流值不变），检查告警信息及TA断线是否能闭锁差动保护

序号	检查项目	技 术 要 求	试 验 方 法
1	TA断线闭锁差动保护	无	投入主保护软连接片，纵差差动保护、TA断线闭锁差动保护控制字整定为1，纵差保护启动电流定值整定为$0.50I_n$。采用状态序列单元，状态1高压侧电流为$1.15I_n$同时满足差流为零，状态2模拟高压侧A相TA断线，在TA断线闭锁差动保护后，增加状态3使TA断线恢复20s（差流恢复为0），然后再施加状态4模拟一侧故障，使得纵差差动电流达到$1.0I_n$，检查纵差保护是否会正常动作，若不动作复归后检查纵差保护是否能动作
2	差流越限告警	装置应具备差流越限告警功能，差流越限告警定值不需整定	投入主保护软连接片，纵差差动保护控制字整定为1，纵差保护启动电流定值整定为$0.50I_n$。模拟区外故障，使纵差差流大于差流越限告警门槛而小于差动启动定值时，检查装置是否会告警
3	定值整定范围检查	保护测量范围下限为$0.05I_n$，上限为$20I_n$，但在$0.05I_n$以下范围用户应能整定并使用，故障电流超过$20I_n$时，保护装置不误动不拒动	投入主保护软连接片，纵差差动保护控制字整定为1，检查纵差保护启动电流定值是否可整定到0.01A或记录装置可整定的最小值，并加量：最小值+0.03A，测试保护是否可靠动作。整定纵差保护启动电流0.05A，施加故障电流40A检查装置是否可靠动作

3. 故障分量差动保护（自定义）检查（见表8-19）

表8-19 纵差差动保护故障分量（自定义）检查

序号	检查项目	试 验 方 法	技术要求	备注
1	零序分量差动比率制动曲线	投入主保护电流软连接片，零序分量差动保护控制字整定为1。采用递变菜单，根据说明书提供的动作方程，在比率制动曲线拐点，以及每段折线横坐标（制动电流）上选三点，模拟故障使零序分量差流从0.9倍理论值往上升至保护动作，设置测试绕组为高—中绕组	≤±5%或±0.02A	（1）若装置未配置此功能，不需要做； （2）若无法做动作值准确度，可以按0.95倍不动作，1.05倍动作来考核
2	零序分量差动动作时间	投入主保护软连接片，零序分量差动保护控制字整定为1。模拟故障，使零序分量差动电流达到2倍理论动作值，测试动作时间	≤30ms	最大值

8.2.2 高后备复压闭锁过电流保护（备注：同时跳高压侧、中压侧、低压侧断路器）

1. 定值检查（见表8-20）

表8-20 高后备复压闭锁过电流保护定值检查

序号	检查项目	试 验 方 法	整定值	技术要求
1	复压过电流Ⅰ段定值	投入高压侧后备保护、高压侧电压软连接片，复压过电流Ⅰ段经复压闭锁、复压过电流Ⅰ段1时限控制字均整定为1，低压闭锁定值整定为70V，复压过电流Ⅰ段1时限整定为0.1s。采用电流递变菜单，线电压输出为60V，将电流设为变化量，电流从0.9倍整定值往上升至保护动作；步长1‰整定值（最小为1mA），单步变化时间为200ms（出口关联到GOOSE跳高、中、低压侧断路器）	0.05A（A相） 1.00A（B相） 20.00A（C相）	≤±5%或±0.02A

续表

序号	检查项目	试验方法	整定值	技术要求
2	复压过电流Ⅰ段1时限	投入高压侧后备保护、高压侧电压软连接片，复压过电流Ⅰ段经复压闭锁、复压过电流Ⅰ段1时限控制字整定为1，复压过电流Ⅰ段定值整定为1A，低压定值整定为70V。采用状态序列菜单，复归状态电压为额定值，电流为0.2A；故障状态电流为1.2A，电压为60V	0.1s	≤±1%或±40ms
			1.0s	
			10.0s	
3	复压过电流Ⅰ段2时限	投入高压侧后备保护、高压侧电压软连接片，复压过电流Ⅰ段经复压闭锁、复压过电流Ⅰ段2时限控制字整定为1，复压过电流Ⅰ段定值整定为1A，低压定值整定为70V。采用状态序列菜单，复归状态电压为额定值，电流为0.2A；故障状态电流为1.2A，电压为60V	0.1s	≤±1%或±40ms
			1.5s	
			10.0s	
4	复压过电流Ⅰ段3时限	投入高压侧后备保护、高压侧电压软连接片，复压过电流Ⅰ段经复压闭锁、复压过电流Ⅰ段3时限控制字整定为1，复压过电流Ⅰ段定值整定为1A，低压定值整定为70V。采用状态序列菜单，复归状态电压为额定值，电流为0.2A；故障状态电流为1.2A，电压为60V	0.1s	≤±1%或±40ms
			2.0s	
			10.0s	
5	复压过电流Ⅰ段带方向（指向母线）	投入高压侧后备保护、高压侧电压软连接片，复压过电流Ⅰ段带方向、复压过电流Ⅰ段指向母线、复压过电流Ⅰ段经复压闭锁、复压过电流Ⅰ段1时限控制字均整定为1，过电流Ⅰ段定值整定为1A，低压定值整定为70V，复压过电流Ⅰ段1时限设为0.1s。采用电流递变菜单，零序电压整定为10V，固定零序电压角度，零序电流整定为1.2A，将零序电流相位设为变化量，零序电流相位从理论不动作区的两个边界转向动作区；步长0.1°，单步变化时间为200ms	固有（不可整定）	≤±3°
6	复压过电流Ⅰ段带方向（指向变压器）	投入高压侧后备保护、高压侧电压软连接片，复压过电流Ⅰ段带方向、复压过电流Ⅰ段经复压闭锁、复压过电流Ⅰ段1时限控制字均整定为1，复压过电流Ⅰ段指向母线整定为0，零序过电流Ⅰ段定值整定为1A，低压定值整定为70V，复压过电流Ⅰ段1时限设为0.1s。采用电流递变菜单，零序电压整定为10V，固定零序电压角度，零序电流整定为1.2A，将零序电流相位设为变化量，零序电流相位从理论不动作区的两个边界转向动作区；步长0.1°，单步变化时间为200ms	固有（不可整定）	≤±3°
7	低电压闭锁定值（线电压）	投入高压侧后备保护、高压侧电压软连接片，复压过电流Ⅰ段经复压闭锁、复压过电流Ⅰ段1时限控制字整定为1，复压过电流Ⅰ段定值整定为1A，负序电压闭锁定值整定为57.7V，复压过电流Ⅰ段1时限整定为0.1s。采用电压递变菜单，设置复归状态电压为额定值，电流整定为0.2A。测试状态电流设为1.2A，三相电压从1.1倍整定值往下降至保护动作；步长1‰整定值（最小为10mV），单步变化时间为200ms	1V	≤±5%或$\pm 0.002U_n$
			10V	
			100V	
8	负序电压闭锁定值（相电压）	投入高压侧后备保护、高压侧电压软连接片，复压过电流Ⅰ段经复压闭锁、复压过电流Ⅰ段1时限控制字整定为1，复压过电流Ⅰ段定值整定为1A，低电压闭锁定值整定为100V，复压过电流Ⅰ段1时限整定为0.1s。采用电压递变菜单，电流为1.2A，负序电压设为变化量，从0.9倍整定值往上升至保护动作；步长1‰整定值（最小为10mV），单步变化时间为200ms	1V	≤±5%或$\pm 0.002U_n$
			10V	
			57.7V	

续表

序号	检查项目	试验方法	整定值	技术要求
9	复压过电流Ⅱ段定值	投入高压侧后备保护、高压侧电压软连接片，复压过电流Ⅱ段经复压闭锁、复压过电流Ⅱ段1时限控制字均整定为1，低压闭锁定值整定为70V，复压过电流Ⅱ段1时限整定为0.1s。采用电流递变菜单，线电压输出设为60V，将电流设为变化量，电流从0.9倍整定值往上升至保护动作；步长1‰整定值（最小为1mA），单步变化时间为200ms（出口关联到GOOSE跳高、中、低断路器）	0.05A（A相） 1.00A（B相） 20.00A（C相）	≤±5%或±0.02A
10	复压过电流Ⅱ段1时限	投入高压侧后备保护、高压侧电压软连接片，复压过电流Ⅱ段经复压闭锁、复压过电流Ⅱ段1时限控制字整定为1，过电流Ⅱ段定值整定为1A，低压定值整定为70V。采用状态序列菜单，复归状态电压为额定值，电流设为0.2A；故障状态电流设为1.2A，电压设为60V。	0.1s 1.0s 10.0s	≤±1%或±40ms
11	复压过电流Ⅱ段2时限	投入高压侧后备保护、高压侧电压软连接片，复压过电流Ⅱ段经复压闭锁、复压过电流Ⅱ段2时限控制字整定为1，过电流Ⅱ段定值整定为1A，低压定值整定为70V。采用状态序列菜单，复归状态电压为额定值，电流设为0.2A；故障状态电流设为1.2A，电压设为60V	0.1s 1.5s 10.0s	≤±1%或±40ms
12	复压过电流Ⅱ段3时限	投入高压侧后备保护、高压侧电压软连接片，复压过电流Ⅱ段经复压闭锁、复压过电流Ⅱ段3时限控制字整定为1，过电流Ⅱ段定值整定为1A，低压定值整定为70V。采用状态序列菜单，复归状态电压为额定值，电流设为0.2A；故障状态电流设为1.2A，电压设为60V	0.1s 2.0s 10.0s	≤±1%或±40ms
13	复压过电流Ⅱ段带方向（指向母线）	投入高压侧后备保护、高压侧电压软连接片，复压过电流Ⅱ段带方向、复压过电流Ⅱ段指向母线、复压过电流Ⅱ段经复压闭锁、复压过电流Ⅱ段1时限控制字整定为1，过电流Ⅱ段定值整定为1A，低压定值整定为70V，复压过电流Ⅱ段1时限设为0.1s。采用电流递变菜单，零序电压设为10V，固定零序电压角度，零序电流设为1.2A，将零序电流相位设为变化量，零序电流相位从理论不动作区的两个边界转向动作区；步长0.1°，单步变化时间为200ms	固有（不可整定）	≤±3°
14	复压过电流Ⅱ段带方向（指向变压器）	投入高压侧后备保护、高压侧电压软连接片，复压过电流Ⅱ段带方向、复压过电流Ⅱ段经复压闭锁、复压过电流Ⅱ段1时限控制字整定为1，复压过电流Ⅱ段指向母线整定为0，过电流Ⅱ段定值整定为1A，低压定值整定为70V，复压过电流Ⅱ段1时限设为0.1s。采用电流递变菜单，零序电压设为10V，固定零序电压角度，零序电流设为1.2A，将零序电流相位设为变化量，零序电流相位从理论不动作区的两个边界转向动作区；步长0.1°，单步变化时间为200ms	固有（不可整定）	≤±3°
15	低电压闭锁定值（线电压）	投入高压侧后备保护、高压侧电压软连接片，复压过电流Ⅱ段经复压闭锁、复压过电流Ⅱ段1时限控制字整定为1，过电流Ⅱ段定值整定为1A，负序电压闭锁定值整定为57.7V，复压过电流Ⅱ段1时限整定为0.1s。采用电压递变菜单，设置复归状态电压为额定值，电流设为0.2A。测试状态电流设为1.2A，三相电压从1.1倍整定值往下降至保护动作；步长1‰整定值（最小为10mV），单步变化时间为200ms	1V 10V 100V	≤±5%或±0.002U_n

续表

序号	检查项目	试 验 方 法	整定值	技术要求
16	负序电压闭锁定值（相电压）	投入高压侧后备保护、高压侧电压软连接片，复压过电流Ⅱ段经复压闭锁、复压过电流Ⅱ段1时限控制字整定为1，过电流Ⅱ段定值整定为1A，低电压闭锁定值整定为100V，复压过电流Ⅱ段1时限整定为0.1s。采用电压递变菜单，电流设为1.2A，负序电压设为变化量，从0.9倍整定值往上升至保护动作；步长1‰整定值（最小为10mV），单步变化时间为200ms	1V	≤±5%或±0.002U_n
			10V	
			57.7V	
17	复压过电流Ⅲ段定值	投入高压侧后备保护、高压侧电压软连接片，复压过电流Ⅲ段经复压闭锁、复压过电流Ⅲ段1时限控制字均整定为1，低压闭锁定值整定为70V，复压过电流Ⅲ段1时限整定为0.1s。采用电流递变菜单，线电压输出设为60V，将电流设为变化量，电流从0.9倍整定值往上升至保护动作；步长1‰整定值（最小为1mA），单步变化时间为200ms（出口关联到GOOSE跳高、中、低断路器）	0.05A（A相）	≤±5%或±0.02A
			1.00A（B相）	
			20.00A（C相）	
18	复压过电流Ⅲ段1时限	投入高压侧后备保护、高压侧电压软连接片，复压过电流Ⅲ段经复压闭锁、复压过电流Ⅲ段1时限控制字整定为1，过电流Ⅲ段定值整定为1A，低压定值整定为70V。采用状态序列菜单，复归状态电压为额定值，电流设为0.2A；故障状态电流设为1.2A，电压设为60V	0.1s	≤±1%或±40ms
			1.0s	
			10.0s	
19	复压过电流Ⅲ段2时限	投入高压侧后备保护、高压侧电压软连接片，复压过电流Ⅲ段经复压闭锁、复压过电流Ⅲ段2时限控制字整定为1，过电流Ⅲ段定值整定为1A，低压定值整定为70V。采用状态序列菜单，复归状态电压为额定值，电流设为0.2A；故障状态电流设为1.2A，电压设为60V	0.1s	≤±1%或±40ms
			1.5s	
			10.0s	
20	低电压闭锁定值（线电压）	投入高压侧后备保护、高压侧电压软连接片，复压过电流Ⅲ段经复压闭锁、复压过电流Ⅲ段1时限控制字整定为1，过电流Ⅲ段定值整定为1A，负序电压闭锁定值整定为57.7V，复压过电流Ⅲ段1时限整定为0.1s。采用电压递变菜单，设置复归状态电压为额定值，电流设为0.2A。测试状态电流设为1.2A，三相电压从1.1倍整定值往下降至保护动作；步长1‰整定值（最小为10mV），单步变化时间为200ms	1V	≤±5%或±0.002U_n
			10V	
			100V	
21	负序电压闭锁定值（相电压）	投入高压侧后备保护、高压侧电压软连接片，复压过电流Ⅲ段经复压闭锁、复压过电流Ⅲ段1时限控制字整定为1，过电流Ⅲ段定值整定为1A，低电压闭锁定值整定为100V，复压过电流Ⅲ段1时限整定为0.1s。采用电压递变菜单，电流设为1.2A，负序电压设为变化量，从0.9倍整定值往上升至保护动作；步长1‰整定值（最小为10mV），单步变化时间为200ms	1V	≤±5%或±0.002U_n
			10V	
			57.7V	

2. 复压元件检查（见表 8-21）

表 8-21 高后备复压闭锁过电流保护复压元件检查

序号	检查项目	技术要求	试 验 方 法
1	复压元件检查	高（中）压侧复压元件由各侧电压经“或门”构成	投入高压侧后备保护、高压侧电压、中压侧电压、低压侧电压软连接片，复压过电流Ⅰ段经复压闭锁、复压过电流Ⅰ段1时限控制字整定为1，过电流Ⅰ段定值整定为1A，复压过电流Ⅰ段1时限整定为0.1s，低压定值整定为70V。采用状态序列菜单，复归状态各侧电压均为额定值，电流设为0.2A；故障状态电流设为1.2A，中压侧电压设为60V（线电压），其他侧电压为额定值，复压过电流保护应动作
			投入高压侧后备保护、高压侧电压、中压侧电压、低压侧电压软连接片，复压过电流Ⅰ段经复压闭锁、复压过电流Ⅰ段1时限控制字整定为定1，过电流Ⅰ段定值整定为1A，复压过电流Ⅰ段1时限整定为0.1s，低压定值整定为70V。采用状态序列菜单，复归状态各侧电压均为额定值，电流设为0.2A；故障状态电流设为1.2A，低压侧电压设为60V（线电压），其他侧电压为额定值，复压过电流保护应动作

8.2.3 高后备零序过电流保护（同时跳高压侧、中压侧及低压侧1、2分支断路器）

1. 定值检查（见表 8-22）

表 8-22 高后备零序过电流保护定值检查

序号	检查项目	试 验 方 法	整定值	技术要求
1	零序过电流Ⅰ段定值	投入高压侧后备保护、高压侧电压软连接片，零序过电流Ⅰ段1时限控制字整定为1，零序过电流Ⅰ段采用自产零流控制字整定为0，动作延时设为0.1s。采用电流递变菜单，将零序电流设为变化量，电流从0.9倍整定值往上升至保护动作；步长1‰整定值（最小为1mA），单步变化时间为200ms	0.05A（A相）	≤±5%或±0.02A
			0.50A（B相）	
			20.00A（C相）	
2	零序过电流Ⅰ段1时限	投入高压侧后备保护、高压侧电压软连接片，零序过电流Ⅰ段1时限控制字整定为1，零序过电流Ⅰ段采用自产零流控制字整定为0，电流整定为1A，将1时限的出口设置为计时触点。采用状态序列菜单，故障状态设置零序故障电流为1.2A	0.1s	≤±1%或±40ms
			0.5s	
			10.0s	
3	零序过电流Ⅰ段2时限	投入高压侧后备保护、高压侧电压软连接片，零序过电流Ⅰ段2时限控制字整定为1，零序过电流Ⅰ段采用自产零流控制字整定为0，电流整定为1A，将2时限的出口设置为计时触点。采用状态序列菜单，故障状态设置零序故障电流为1.2A	0.1s	≤±1%或±40ms
			1.0s	
			10.0s	
4	零序过电流Ⅰ段3时限	投入高压侧后备保护、高压侧电压软连接片，零序过电流Ⅰ段3时限控制字整定为1，零序过电流Ⅰ段采用自产零流控制字整定为1，电流整定为1A，将3时限的出口设置为计时触点。采用状态序列菜单，故障状态设置零序故障电流为1.2A	0.1s	≤±1%或±40ms
			1.5s	
			10.0s	

续表

序号	检查项目	试验方法	整定值	技术要求
5	零序过电流Ⅰ段方向（指向母线）	投入高压侧后备保护、高压侧电压软连接片，零序过电流Ⅰ段带方向、零序过电流Ⅰ段方向指向母线、零序过电流Ⅰ段1时限控制字整定为1，零序过电流Ⅰ段采用自产零流控制字整定为1，过电流定值整定为1A，动作延时设为0.1s。采用电流递变菜单，零序电压设为10V，固定零序电压角度，零序电流设为1.2A，将零序电流相位设为变化量，零序电流相位从理论不动作区的两个边界转向动作区；步长0.1°，单步变化时间为200ms	固有（不可整定）	≤±3°
6	零序过电流Ⅰ段方向（指向变压器）	投入高压侧后备保护、高压侧电压软连接片，零序过电流Ⅰ段带方向整定为1，零序过电流Ⅰ段方向指向母线整定为0，零序过电流Ⅰ段定值1时限控制字整定为1，零序过电流Ⅰ段采用自产零流控制字整定为1，过电流定值整定为1A，动作延时设为0.1s。采用电流递变菜单，零序电压设为10V，固定零序电压角度，零序电流设为1.2A，零序电流相位从理论不动作区的两个边界转向动作区；步长0.1°，单步变化时间为200ms	固有（不可整定）	≤±3°
7	零序过电流Ⅱ段定值	投入高压侧后备保护、高压侧电压软连接片，零序过电流Ⅱ段1时限控制字整定为1，零序过电流Ⅱ段采用自产零流控制字整定为0，动作延时设为0.1s。采用电流递变菜单，将零序电流设为变化量，电流从0.9倍整定值往上升至保护动作；步长1‰整定值（最小为1mA），单步变化时间为200ms	0.05A（A相）	≤±5%或±0.02A
			0.10A（B相）	
			20.00A（C相）	
8	零序过电流Ⅱ段1时限	投入高压侧后备保护、高压侧电压软连接片，零序过电流Ⅱ段1时限控制字整定为1，零序过电流Ⅱ段采用自产零流控制字整定为0，电流整定为1A，将1时限的出口设置为计时触点。采用状态序列菜单，故障状态设置零序故障电流为1.2A	0.1s	≤±1%或±40ms
			1.0s	
			10.0s	
9	零序过电流Ⅱ段2时限	投入高压侧后备保护、高压侧电压软连接片，零序过电流Ⅱ段2时限控制字整定为1，零序过电流Ⅱ段采用自产零流控制字整定为0，电流整定为1A，将1时限的出口设置为计时触点。采用状态序列菜单，故障状态设置零序故障电流为1.2A	0.1s	≤±1%或±40ms
			1.5s	
			10.0s	
10	零序过电流Ⅱ段3时限	投入高压侧后备保护、高压侧电压软连接片，零序过电流Ⅱ段3时限控制字整定为1，零序过电流Ⅱ段采用自产零流控制字整定为1，电流整定为1A，将1时限的出口设置为计时触点。采用状态序列菜单，故障状态设置零序故障电流为1.2A	0.1s	≤±1%或±40ms
			2.0s	
			10.0s	
11	零序过电流Ⅱ段方向（指向母线）	投入高压侧后备保护、高压侧电压软连接片，零序过电流Ⅱ段带方向、零序过电流Ⅱ段方向指向母线、零序过电流Ⅱ段1时限控制字整定为1，零序过电流Ⅱ段采用自产零流控制字整定为1，过电流定值整定为1A，动作延时设为0.1s。采用电流递变菜单，零序电压设为10V，固定零序电压角度，零序电流设为1.2A，零序电流相位从理论不动作区的两个边界转向动作区；步长0.1°，单步变化时间为200ms	固有（不可整定）	≤±3°

续表

序号	检查项目	试验方法	整定值	技术要求
12	零序过电流Ⅱ段方向（指向主变压器）	投入高压侧后备保护、高压侧电压软连接片，零序过电流Ⅱ段带方向整定为1，零序过电流Ⅱ段方向指向母线整定为0，零序过电流Ⅱ段1时限控制字整定为1，零序过电流Ⅱ段采用自产零流控制字整定为1，过电流定值整定为1A，动作延时设为0.1s。采用电流递变菜单，零序电压设为10V，固定零序电压角度，零序电流设为1.2A，零序电流相位从理论不动作区的两个边界转向动作区；步长0.1°，单步变化时间为200ms	固有（不可整定）	≤±3°
13	零序过电流Ⅲ段定值	投入高压侧后备保护、高压侧电压软连接片，零序过电流Ⅲ段1时限控制字整定为1，零序过电流Ⅲ段采用自产零流控制字整定为0，动作时间设为0.1s。采用电流递变菜单，将零序电流设为变化量，电流从0.9倍整定值往上升至保护动作；步长1‰整定值（最小为1mA），单步变化时间为200ms	0.05A（A相）	≤±5%或±0.02A
			0.50A（B相）	
			20.00A（C相）	
14	零序过电流Ⅲ段1时限	投入高压侧后备保护、高压侧电压软连接片，零序过电流Ⅲ段1时限控制字整定为1，零序过电流Ⅲ段采用自产零流控制字整定为0，电流整定为1A。采用状态序列菜单，故障状态设置零序故障电流为1.2A	0.1s	≤±1%或±40ms
			1.5s	
			10.0s	
15	零序过电流Ⅲ段2时限	投入高压侧后备保护、高压侧电压软连接片，零序过电流Ⅲ段2时限控制字整定为1，零序过电流Ⅲ段采用自产零流控制字整定为1，电流整定为1A。采用状态序列菜单，故障状态设置零序故障电流为1.2A	0.1s	≤±1%或±40ms
			2.0s	
			10.0s	
16	方向元件最小动作电压测试	投入高压侧后备保护、高压侧电压软连接片，零序过电流Ⅰ段带方向整定为1，零序过电流Ⅰ段方向指向母线整定为1，零序过电流Ⅰ段1时限控制字整定为1，过电流定值整定为1A，动作延时设为0.1s，将1时限的出口设置为计时触点。采用电流递变菜单，零序电流设为1.2A，零序方向元件角度为指向母线灵敏角，将零序电压设为变化量，零序电压从0.9倍固有值往上升至保护动作；步长1‰整定值（最小为1mA），单步变化时间为200ms	固有（不可整定）	≤1V

2. TV断线功能检查（见表8-23）

表8-23　　高后备零序过电流保护TV断线功能检查

序号	检查项目	技术要求	试验方法
1	电压对零序过电流保护方向元件的影响	具有TV断线告警功能，TV断线或电压退出后，本侧零序方向过电流保护退出方向元件	投入高压侧后备保护、高压侧电压软连接片，零序过电流Ⅰ段带方向整定为1，零序过电流Ⅰ段方向指向母线整定为1，零序过电流Ⅰ段1时限控制字整定为1，过电流定值整定为1A，动作延时设为0.1s，将1时限的出口设置为计时触点。采用状态序列菜单，常态时零序电压设为10V，零序故障电流设为0.2A，零序方向元件角度为指向母线不动作区；故障状态高压侧电压分别发生单相、两相、三相TV断线，同时零序故障电流设为1.2A，零序方向元件角度为指向母线不动作区，此时TV断线应告警，零序过电流Ⅰ段保护应动作

续表

序号	检查项目	技术要求	试验方法
1	电压对零序过电流保护方向元件的影响	具有TV断线告警功能，TV断线或电压退出后，本侧零序方向过电流保护退出方向元件	投入高压侧后备保护，高压侧电压软连接片退出，零序过电流Ⅰ段带方向整定为1，零序过电流Ⅰ段方向指向母线整定为1，零序过电流Ⅰ段定值1时限控制字整定为1，过电流定值整定为1A，动作延时设为0.1s，将1时限的出口设置为计时触点。采用状态序列菜单，故障态零序电流设为1.2A，此时零序过电流Ⅰ段保护应动作

8.2.4　高后备间隙保护（备注：同时跳高压侧、中压侧及低压侧1、2分支断路器）（见表8-24）

表8-24　高后备间隙保护检查

序号	检查项目	试验方法	整定值	技术要求
1	零序过电压保护定值（采用外接零序电压）	投入高压侧后备保护、高压侧电压软连接片，零序电压采用自产零压控制字整定为0，零序过电压控制字整定为1，零序过电压时间整定为0.1s。采用电压递变菜单，将外接零序电压设为变化量，零序电压从0.9倍整定值往上升至保护动作；步长1‰整定值（最小为10mV），单步变化时间为200ms	180V（固定）	≤±5.0%
2	零序过电压时间（外接）	投入高压侧后备保护、高压侧电压软连接片，零序电压采用自产零压控制字整定为0，零序过电压控制字整定为1。采用状态序列菜单，故障态外接零序电压设为216V	0.1s 1.0s 10s	≤±1%或±40ms
3	零序过电压保护定值（采用自产零序电压）	投入高压侧后备保护、高压侧电压软连接片，零序电压采用自产零压、零序过电压控制字整定为1，零序过电压时间整定为0.1s。采用电压递变菜单，将自产零序电压设为变化量，零序电压从0.9倍整定值往上升至保护动作；步长1‰整定值（最小为10mV），单步变化时间为200ms	120V（固定）	≤±5.0%
4	零序过电压时间（自产）	投入高压侧后备保护、高压侧电压软连接片，零序电压采用自产零压、零序过电压控制字整定为1。采用状态序列菜单，故障态自产零序电压设为144V	0.1s 1.0s 10s	≤±1%或±40ms
5	间隙过电流保护	投入高压侧后备保护、高压侧电压软连接片，间隙过电流控制字整定为1，间隙过电流时间整定为0.1s。采用电流递变菜单，将间隙零序电流设为变化量，电流从0.9倍整定值往上升至保护动作；步长1‰整定值（最小为1mA），单步变化时间为200ms	一次值为100A（固定）	≤±5%或±0.02A
6	间隙过电流时间	投入高压侧后备保护、高压侧电压软连接片，间隙过电流控制字整定为1。采用状态序列菜单，故障态间隙电流的一次值设为120A	0.1s 1.0s 10s	≤±1%或±40ms

8.2.5 高后备断路器失灵保护（同时跳高压侧、中压侧及低压侧1、2分支断路器）

1. 定值检查（见表8-25）

表8-25 高后备断路器失灵保护定值检查

序号	检查项目	试验方法	整定值	技术要求
1	断路器失灵保护动作值	投入高压侧后备保护软连接片，高压侧失灵经主变跳闸控制字整定为1。采用电流递变菜单，启动失灵触点闭合，同时电流从0.9倍默认值往上升至保护动作；步长1‰整定值（最小为1mA），单步变化时间为200ms	固有（不可整定）	≤±5%或±0.02A
2	断路器失灵保护动作时间	投入高压侧后备保护软连接片，高压侧失灵经主变跳闸控制字整定为1。采用状态序列菜单，故障状态启动失灵触点闭合，同时输出1.2倍固有值电流，测试动作延时	50ms固有（不可整定）	≤±40ms

2. 开关量及GOSSE功能检查（见表8-26）

表8-26 高后备断路器失灵保护开关量及GOSSE功能检查

序号	检查项目	技术要求	试验方法
1	开关量输入定义正逻辑	开关量输入定义采用正逻辑，即触点闭合为1，触点断开为0。开关量输入1和0的定义应统一规定为："1"肯定所表述的功能，"0"否定所表述的功能	在断路器失灵保护测试中，将启动失灵触点设置为1测试动作值；采用状态序列菜单，故障状态将启动失灵触点设置为0，故障电流设为1.2倍固定值，检查装置是否误动
2	GOOSE接收退出检查	装置GOOSE接收软连接片退出后，应显示接收的GOOSE信号；若GOOSE信号带检修标识时，应显示检修标识	退出"高压侧启动失灵开入"接收连接片，再模拟高压侧断路器失灵开入，装置相应的"启动失灵开入"信号应置1；投入"高压侧启动失灵开入"接收连接片，再模拟高压侧断路器失灵开入且带检修标识，装置"启动失灵开入"信号应带检修标识

3. 电流元件检查（见表8-27）

表8-27 高后备断路器失灵保护电流元件检查

序号	检查项目	试验方法
1	断路器失灵保护电流元件检查	投入高压侧后备保护软连接片，高压侧失灵经主变跳闸控制字整定为1，退出高1电流SV接收连接片，仅投入高2电流SV接收连接片。模拟高1断路器失灵，高1失灵开入触点闭合，同时高2电流满足失灵动作条件，测试高后备断路器失灵是否动作
		投入高压侧后备保护软连接片，高压侧失灵经主变跳闸控制字整定为1，退出高1电流SV接收连接片，仅投入高2电流SV接收连接片，退出高1断路器失灵GOOSE开入连接片，仅投入高2断路器失灵GOOSE开入连接片。模拟高1断路器失灵，高1失灵开入触点闭合，同时高2电流满足失灵动作条件，测试高后备断路器失灵是否动作

8.2.6　高后备过负荷保护（见表 8-28）

表 8-28　高后备过负荷保护检查

序号	检查项目	试验方法	整定值	技术要求
1	过负荷告警定值	投入高压侧后备保护软连接片。采用电流递变菜单，将电流设为变化量，电流从 0.9 倍整定值往上升至保护动作；步长 1‰整定值（最小为 1mA），单步变化时间为 10s＋200ms（若无法监视告警出口，可以按 0.95 倍不告警，1.05 倍可靠告警来考核）	$1.1I_n$ 固有 （不可整定）	≤±5%或±0.02A
2	过负荷告警时间	投入高压侧后备保护软连接片。采用状态序列菜单，电流为 1.2 倍固有值，测试告警时间（若无法监视告警出口，不进行此项测试）	10s 固有	≤±1%或±40ms

8.2.7　中后备复压闭锁过电流保护（同时跳高压侧、中压侧及低压侧 1、2 分支断路器）

1. 定值检查（见表 8-29）

表 8-29　中后备复压闭锁过电流保护定值检查

序号	检查项目	试验方法	整定值	技术要求
1	复压过电流Ⅰ段定值	投入中压侧后备保护、中压侧电压软连接片，复压过电流Ⅰ段经复压闭锁、复压过电流Ⅰ段 1 时限控制字均整定为 1，低压闭锁定值整定为 70V，复压过电流Ⅰ段 1 时限整定为 0.1s。采用电流递变菜单，线电压输出设为 60V，将电流设为变化量，电流从 0.9 倍整定值往上升至保护动作；步长 1‰整定值（最小为 1mA），单步变化时间为 200ms（出口关联到 GOOSE 跳高压侧、中压侧、低压侧断路器）	0.05A（A 相） 1.00A（B 相） 20.00A（C 相）	≤±5%或±0.02A
2	复压过电流Ⅰ段 1 时限	投入中压侧后备保护、中压侧电压软连接片，复压过电流Ⅰ段经复压闭锁、复压过电流Ⅰ段 1 时限控制字整定为 1，过电流Ⅰ段定值整定为 1A，低压定值整定为 70V。采用状态序列菜单，复归状态电压为额定值，电流设为 0.2A；故障状态电流设为 1.2A，电压设为 60V	0.1s 0.5s 10.0s	≤±1%或±40ms
3	复压过电流Ⅰ段 2 时限	投入中压侧后备保护、中压侧电压软连接片，复压过电流Ⅰ段经复压闭锁、复压过电流Ⅰ段 2 时限控制字整定为 1，过电流Ⅰ段定值整定为 1A，低压定值整定为 70V。采用状态序列菜单，复归状态电压为额定值，电流设为 0.2A；故障状态电流设为 1.2A，电压设为 60V	0.1s 1.0s 10.0s	≤±1%或±40ms
4	复压过电流Ⅰ段 3 时限	投入中压侧后备保护、中压侧电压软连接片，复压过电流Ⅰ段经复压闭锁、复压过电流Ⅰ段 3 时限控制字整定为 1，过电流Ⅰ段定值整定为 1A，低压定值整定为 70V。采用状态序列菜单，复归状态电压为额定值，电流设为 0.2A；故障状态电流设为 1.2A，电压设为 60V	0.1s 1.5s 10.0s	≤±1%或±40ms
5	复压过电流Ⅰ段带方向（指向母线）	投入中压侧后备保护、中压侧电压软连接片，复压过电流Ⅰ段带方向、复压过电流Ⅰ段指向母线、复压过电流Ⅰ段经复压闭锁、复压过电流Ⅰ段 1 时限控制字整定为 1，过电流Ⅰ段定值整定为 1A，低压定值整定为 70V，复压过电流Ⅰ段 1 时限设为 0.1s。采用电流递变菜单，零序电压设为 10V，固定零序电压角度，零序电流设为 1.2A，将零序电流相位设为变化量，零序电流相位从理论不动作区的两个边界转向动作区；步长 0.1°，单步变化时间为 200ms	固有 （不可整定）	≤±3°

续表

序号	检查项目	试验方法	整定值	技术要求
6	复压过电流Ⅰ段带方向（指向变压器）	投入中压侧后备保护、中压侧电压软连接片，复压过电流Ⅰ段带方向、复压过电流Ⅰ段经复压闭锁、复压过电流Ⅰ段1时限控制字整定为1，复压过电流Ⅰ段指向母线整定为0，过电流Ⅰ段定值整定为1A，低压定值整定为70V，复压过电流Ⅰ段1时限设为0.1s。采用电流递变菜单，零序电压设为10V，固定零序电压角度，零序电流设为1.2A，将零序电流相位设为变化量，零序电流相位从理论不动作区的两个边界转向动作区；步长0.1°，单步变化时间为200ms	固有（不可整定）	≤±3°
7	低电压闭锁定值（线电压）	投入中压侧后备保护、中压侧电压软连接片，复压过电流Ⅰ段经复压闭锁、复压过电流Ⅰ段1时限控制字整定为1，过电流Ⅰ段定值整定为1A，负序电压闭锁定值整定为57.7V，动作时间整定为0.1s。采用电压递变菜单，设置复归状态电压为额定值，电流设为0.2A。测试状态电流设为1.2A，三相电压从1.1倍整定值往下降至保护动作；步长1‰整定值（最小为10mV），单步变化时间为200ms	1V	≤±5%或$\pm 0.002U_n$
			10V	
			100V	
8	负序电压闭锁定值（相电压）	投入中压侧后备保护、中压侧电压软连接片，复压过电流Ⅰ段经复压闭锁、复压过电流Ⅰ段1时限控制字整定为1，过电流Ⅰ段定值整定为1A，低电压闭锁定值整定为100V，动作时间整定为0.1s。采用电压递变菜单，电流设为1.2A，负序电压设为变化量，从0.9倍整定值往上升至保护动作；步长1‰整定值（最小为10mV），单步变化时间为200ms	1V	≤±5%或$\pm 0.002U_N$
			10V	
			57.7V	
9	复压过电流Ⅱ段定值	投入中压侧后备保护、中压侧电压软连接片，复压过电流Ⅱ段经复压闭锁、复压过电流Ⅱ段1时限控制字均整定为1，低压闭锁定值整定为70V，复压过电流Ⅱ段1时限整定为0.1s。采用电流递变菜单，线电压输出设为60V，将电流设为变化量，电流从0.9倍整定值往上升至保护动作；步长1‰整定值（最小为1mA），单步变化时间为200ms（出口关联到GOOSE跳高压侧、中压侧、低压侧断路器）	0.05A（A相）	≤±5%或±0.02A
			1.00A（B相）	
			20.00A（C相）	
10	复压过电流Ⅱ段1时限	投入中压侧后备保护、中压侧电压软连接片，复压过电流Ⅱ段经复压闭锁、复压过电流Ⅱ段1时限控制字整定为1，过电流Ⅱ段定值整定为1A，低压定值整定为70V。采用状态序列菜单，复归状态电压为额定值，电流设为0.2A；故障状态电流设为1.2A，电压设为60V	0.1s	≤±1%或±40ms
			1.0s	
			10.0s	
11	复压过电流Ⅱ段2时限	投入中压侧后备保护、中压侧电压软连接片，复压过电流Ⅱ段经复压闭锁、复压过电流Ⅱ段2时限控制字整定为1，过电流Ⅱ段定值整定为1A，低压定值整定为70V。采用状态序列菜单，复归状态电压为额定值，电流设为0.2A；故障状态电流设为1.2A，电压设为60V	0.1s	≤±1%或±40ms
			1.5s	
			10.0s	
12	复压过电流Ⅱ段3时限	投入中压侧后备保护、中压侧电压软连接片，复压过电流Ⅱ段经复压闭锁、复压过电流Ⅱ段3时限控制字整定为1，过电流Ⅱ段定值整定为1A，低压定值整定为70V。采用状态序列菜单，复归状态电压为额定值，电流设为0.2A；故障状态电流设为1.2A，电压设为60V	0.1s	≤±1%或±40ms
			2.0s	
			10.0s	

续表

序号	检查项目	试 验 方 法	整定值	技术要求
13	复压过电流Ⅱ段带方向（指向母线）	投入中压侧后备保护、中压侧电压软连接片，复压过电流Ⅱ段带方向、复压过电流Ⅱ段指向母线、复压过电流Ⅱ段经复压闭锁、复压过电流Ⅱ段1时限控制字整定为1，过电流Ⅱ段定值整定为1A，低压定值整定为70V，复压过电流Ⅱ段1时限设为0.1s。采用电流递变菜单，零序电压设为10V，固定零序电压角度，零序电流设为1.2A，将零序电流相位设为变化量，零序电流相位从理论不动作区的两个边界转向动作区；步长0.1°，单步变化时间为200ms	固有（不可整定）	≤±3°
14	复压过电流Ⅱ段带方向（指向变压器）	投入中压侧后备保护、中压侧电压软连接片，复压过电流Ⅱ段带方向、复压过电流Ⅱ段经复压闭锁、复压过电流Ⅱ段1时限控制字整定为1，复压过电流Ⅱ段指向母线整定为0，过电流Ⅱ段定值整定为1A，低压定值整定为70V，复压过电流Ⅱ段1时限设为0.1s。采用电流递变菜单，零序电压设为10V，固定零序电压角度，零序电流设为1.2A，将零序电流相位设为变化量，零序电流相位从理论不动作区的两个边界转向动作区；步长0.1°，单步变化时间为200ms	固有（不可整定）	≤±3°
15	低电压闭锁定值（线电压）	投入中压侧后备保护、中压侧电压软连接片，复压过电流Ⅱ段经复压闭锁、复压过电流Ⅱ段1时限控制字整定为1，过电流Ⅱ段定值整定为1A，负序电压闭锁定值整定为57.7V，动作时间整定为0.1s。采用电压递变菜单，设置复归状态电压为额定值，电流设为0.2A。测试状态电流设为1.2A，三相电压从1.1倍整定值往下降至保护动作；步长1‰整定值（最小为10mV），单步变化时间为200ms	1V 10V 100V	≤±5%或±0.002U_n
16	负序电压闭锁定值（相电压）	投入中压侧后备保护、中压侧电压软连接片，复压过电流Ⅱ段经复压闭锁、复压过电流Ⅱ段1时限控制字整定为1，过电流Ⅱ段定值整定为1A，低电压闭锁定值整定为100V，动作时间整定为0.1s。采用电压递变菜单，电流设为1.2A，负序电压设为变化量，从0.9倍整定值往上升至保护动作；步长1‰整定值（最小为10mV），单步变化时间为200ms	1V 10V 57.7V	≤±5%或±0.002U_n
17	复压过电流Ⅲ段定值	投入中压侧后备保护、中压侧电压软连接片，复压过电流Ⅲ段经复压闭锁、复压过电流Ⅲ段1时限控制字均整定为1，低压闭锁定值整定为70V，复压过电流Ⅲ段1时限整定为0.1s。采用电流递变菜单，线电压输出设为60V，将电流设为变化量，电流从0.9倍整定值往上升至保护动作；步长1‰整定值（最小为1mA），单步变化时间为200ms（出口关联到GOOSE跳高压侧、中压侧、低压侧断路器）	0.05A（A相） 1.00A（B相） 20.00A（C相）	≤±5%或±0.02A
18	复压过电流Ⅲ段1时限	投入中压侧后备保护、中压侧电压软连接片，复压过电流Ⅲ段经复压闭锁、复压过电流Ⅲ段1时限控制字整定为1，过电流Ⅲ段定值整定为1A，低压定值整定为70V。采用状态序列菜单，复归状态电压为额定值，电流设为0.2A；故障状态电流设为1.2A，电压设为60V	0.1s 1.5s 10.0s	≤±1%或±40ms

续表

序号	检查项目	试 验 方 法	整定值	技术要求
19	复压过电流Ⅲ段2时限	投入中压侧后备保护、中压侧电压软连接片，复压过电流Ⅲ段经复压闭锁、复压过电流Ⅲ段2时限控制字整定为1，过电流Ⅲ段定值整定为1A，低压定值整定为70V。采用状态序列菜单，复归状态电压为额定值，电流设为0.2A；故障状态电流设为1.2A，电压设为60V	0.1s	≤±1%或±40ms
			2.0s	
			10.0s	
20	低电压闭锁定值（线电压）	投入中压侧后备保护、中压侧电压软连接片，复压过电流Ⅲ段经复压闭锁、复压过电流Ⅲ段1时限控制字整定为1，过电流Ⅲ段定值整定为1A，负序电压闭锁定值整定为57.7V，动作时间整定为0.1s。采用电压递变菜单，设置复归状态电压为额定值，电流设为0.2A。测试状态电流设为1.2A，三相电压从1.1倍整定值往下降至保护动作；步长1‰整定值（最小为10mV），单步变化时间为200ms	1V	≤±5%或$\pm0.002U_n$
			10V	
			100V	
21	负序电压闭锁定值（相电压）	投入中压侧后备保护、中压侧电压软连接片，复压过电流Ⅲ段经复压闭锁、复压过电流Ⅲ段1时限控制字整定为1，过电流Ⅲ段定值整定为1A，低电压闭锁定值整定为100V，动作时间整定为0.1s。采用电压递变菜单，电流设为1.2A，负序电压设为变化量，从0.9倍整定值往上升至保护动作；步长1‰整定值（最小为10mV），单步变化时间为200ms	1V	≤±5%或$\pm0.002U_n$
			10V	
			57.7V	

2. 复压元件检查（见表8-30）

表8-30 中后备复压闭锁过电流保护复压元件检查

序号	检查项目	技术要求	试 验 方 法
1	复压元件检查	高（中）压侧复压元件由各侧电压经“或门”构成	投入中压侧后备保护及高、中、低压侧电压软连接片，复压过电流Ⅰ段经复压闭锁、复压过电流Ⅰ段1时限控制字整定为1，过电流定值整定为1A，低压定值整定为70V。采用状态序列菜单，复归状态各侧电压均为额定值，电流设为0.2A；故障状态电流设为1.2A，中压侧电压设为60V（线电压），其他侧电压为额定值，复压过电流保护应动作
			投入中压侧后备保护及高、中、低压侧电压软连接片，复压过电流Ⅰ段经复压闭锁、复压过电流Ⅰ段1时限控制字整定为1，过电流定值整定为1A，低压定值整定为70V。采用状态序列菜单，复归状态各侧电压均为额定值，电流设为0.2A；故障状态电流设为1.2A，低压侧电压设为60V（线电压），其他侧电压为额定值，复压过电流保护应动作

8.2.8 中后备零序过电流保护（Ⅲ段同时跳高压侧、中压侧、低压1、2分支断路器）

1. 定值检查（见表8-31）

表8-31 中后备零序过电流保护定值检查

序号	检查项目	试 验 方 法	整定值	技术要求
1	零序过电流Ⅰ段定值	投入中压侧后备保护、中压侧电压软连接片，零序过电流Ⅰ段1时限控制字整定为1，零序过电流Ⅰ段采用自产零流控制字整定为0，动作延时设为0.1s。采用电流递变菜单，将零序电流设为变化量，电流从0.9倍整定值往上升至保护动作；步长1‰整定值（最小为1mA），单步变化时间为200ms	0.05A（A相）	≤±5%或±0.02A
			0.50A（B相）	
			20.00A（C相）	

续表

序号	检查项目	试验方法	整定值	技术要求
2	零序过电流Ⅰ段1时限	投入中压侧后备保护、中压侧电压软连接片，零序过电流Ⅰ段1时限控制字整定为1，零序过电流Ⅱ段采用自产零流控制字整定为0，电流整定为1A，将1时限的出口设置为计时触点。采用状态序列菜单，故障状态设置零序故障电流为1.2A	0.1s 0.5s 10.0s	≤±1%或±40ms
3	零序过电流Ⅰ段2时限	投入中压侧后备保护、中压侧电压软连接片，零序过电流Ⅰ段2时限控制字整定为1，零序过电流Ⅰ段采用自产零流控制字整定为0，电流整定为1A，将2时限的出口设置为计时触点。采用状态序列菜单，故障状态设置零序故障电流为1.2A	0.1s 1.0s 10.0s	≤±1%或±40ms
4	零序过电流Ⅰ段3时限	投入中压侧后备保护、中压侧电压软连接片，零序过电流Ⅰ段3时限控制字整定为1，零序过电流Ⅰ段采用自产零流控制字整定为1，电流整定为1A，将3时限的出口设置为计时触点。采用状态序列菜单，故障状态设置零序故障电流为1.2A	0.1s 1.5s 10.0s	≤±1%或±40ms
5	零序过电流Ⅰ段方向（指向母线）	投入中压侧后备保护、中压侧电压软连接片，零序过电流Ⅰ段带方向、零序过电流Ⅰ段方向指向母线、零序过电流Ⅰ段定值1时限、零序过电流Ⅰ段采用自产零流控制字整定为1，过电流定值整定为1A，动作延时设为0.1s。采用电流递变菜单，零序电压设为10V，固定零序电压角度，零序电流设为1.2A，将零序电流相位设为变化量，零序电流相位从理论不动作区的两个边界转向动作区；步长0.1°，单步变化时间为200ms	固有（不可整定）	≤±3°
6	零序过电流Ⅰ段方向（指向变压器）	投入中压侧后备保护、中压侧电压软连接片，零序过电流Ⅰ段带方向、零序过电流Ⅰ段定值1时限、零序过电流Ⅰ段采用自产零流控制字整定为1，零序过电流Ⅰ段方向指向母线整定为0，过电流定值整定为1A，动作延时设为0.1s。采用电流递变菜单，零序电压设为10V，固定零序电压角度，零序电流设为1.2A，零序电流相位从理论不动作区的两个边界转向动作区；步长0.1°，单步变化时间为200ms	固有（不可整定）	≤±3°
7	零序过电流Ⅱ段定值	投入中压侧后备保护、中压侧电压软连接片，零序过电流Ⅱ段1时限控制字整定为1，零序过电流Ⅱ段采用自产零流控制字整定为0，动作延时设为0.1s。采用电流递变菜单，将零序电流设为变化量，电流从0.9倍整定值往上升至保护动作；步长1‰整定值（最小为1mA），单步变化时间为200ms	0.05A（A相） 0.10A（B相） 20.00A（C相）	≤±5%或±0.02A
8	零序过电流Ⅱ段1时限	投入中压侧后备保护、中压侧电压软连接片，零序过电流Ⅱ段1时限控制字整定为1，零序过电流Ⅱ段采用自产零流控制字整定为0，电流整定为1A，将1时限的出口设置为计时触点。采用状态序列菜单，故障状态设置零序故障电流为1.2A	0.1s 1.0s 10.0s	≤±1%或±40ms

续表

序号	检查项目	试验方法	整定值	技术要求
9	零序过电流Ⅱ段2时限	投入中压侧后备保护、中压侧电压软连接片，零序过电流Ⅱ段1时限控制字整定为1，零序过电流Ⅱ段采用自产零流控制字整定为0，电流整定为1A，将1时限的出口设置为计时触点。采用状态序列菜单，故障状态设置零序故障电流为1.2A	0.1s 1.5s 10.0s	≤±1%或±40ms
10	零序过电流Ⅱ段3时限	投入中压侧后备保护、中压侧电压软连接片，零序过电流Ⅱ段1时限控制字整定为1，零序过电流Ⅱ段采用自产零流控制字整定为1，电流整定为1A，将1时限的出口设置为计时触点。采用状态序列菜单，故障状态设置零序故障电流为1.2A	0.1s 2.0s 10.0s	≤±1%或±40ms
11	零序过电流Ⅱ段方向（指向母线）	投入中压侧后备保护、中压侧电压软连接片，零序过电流Ⅱ段带方向、零序过电流Ⅱ段方向指向母线、零序过电流Ⅱ段1时限、零序过电流Ⅱ段采用自产零流控制字整定为1，过电流定值整定为1A，动作延时设为0.1s。采用电流递变菜单，零序电压设为10V，固定零序电压角度，零序电流设为1.2A，零序电流相位从理论不动作区的两个边界转向动作区；步长0.1°，单步变化时间为200ms	固有（不可整定）	≤±3°
12	零序过电流Ⅱ段方向（指向主变）	投入中压侧后备保护、中压侧电压软连接片，零序过电流Ⅱ段带方向整定为1，零序过电流Ⅱ段方向指向母线整定为0，零序过电流Ⅱ段1时限、零序过电流Ⅱ段采用自产零流控制字整定为1，过电流定值整定为1A，动作延时设为0.1s。采用电流递变菜单，零序电压设为10V，固定零序电压角度，零序电流设为1.2A，零序电流相位从理论不动作区的两个边界转向动作区；步长0.1°，单步变化时间为200ms	固有（不可整定）	≤±3°
13	零序过电流Ⅲ段定值	投入中压侧后备保护、中压侧电压软连接片，零序过电流Ⅲ段1时限控制字整定为1，零序过电流Ⅲ段采用自产零流控制字整定为0，动作时间设为0.1s。采用电流递变菜单，将零序电流设为变化量，电流从0.9倍整定值往上升至保护动作；步长1‰整定值（最小为1mA），单步变化时间为200ms	0.05A（A相） 0.50A（B相） 20.00A（C相）	≤±5%或±0.02A
14	零序过电流Ⅲ段1时限	投入中压侧后备保护、中压侧电压软连接片，零序过电流Ⅲ段1时限控制字整定为1，零序过电流Ⅲ段采用自产零流控制字整定为0，电流整定为1A。采用状态序列菜单，故障状态设置零序故障电流为1.2A	0.1s 1.5s 10.0s	≤±1%或±40ms
15	零序过电流Ⅲ段2时限	投入中压侧后备保护、中压侧电压软连接片，零序过电流Ⅲ段2时限控制字整定为1，零序过电流Ⅲ段采用自产零流控制字整定为1，电流整定为1A。采用状态序列菜单，故障状态设置零序故障电流为1.2A	0.1s 2.0s 10.0s	≤±1%或±40ms
16	方向元件最小动作电压测试	投入中压侧后备保护、中压侧电压软连接片，零序过电流Ⅰ段带方向整定为1，零序过电流Ⅰ段方向指向母线整定为1，零序过电流Ⅰ段1时限控制字整定为1，过电流定值整定为1A，动作延时设为0.1s，将1时限的出口设置为计时触点。采用电压递变菜单，零序电流设为1.2A，零序方向元件角度为指向母线灵敏角，将零序电压设为变化量，零序电压从0.9倍固有值往上升至保护动作；步长1‰整定值（最小为1mA），单步变化时间为200ms	固有（不可整定）	≤1V

2. TV断线功能检查（见表8-32）

表8-32　中后备零序过电流保护TV断线功能检查

序号	检查项目	技术要求	试验方法
1	电压对零序过电流保护方向元件的影响	具有TV断线告警功能，TV断线或电压退出后，本侧零序方向过电流保护退出方向元件	投入中压侧后备保护、中压侧电压软连接片，零序过电流Ⅰ段带方向、零序过电流Ⅰ段方向指向母线、零序过电流Ⅰ段1时限控制字整定为1，过电流定值整定为1A，动作延时设为0.1s，将1时限的出口设置为计时触点。采用状态序列菜单，常态时零序电压设为10V，零序故障电流设为0.2A，零序方向元件角度为指向母线不动作区；故障状态中压侧电压分别发生单相、两相、三相TV断线，同时零序故障电流设为1.2A，零序方向元件角度为指向母线不动作区；此时TV断线应告警，零序过电流Ⅰ段保护应动作
			投入中压侧后备保护，中压侧电压软连接片退出，零序过电流Ⅰ段带方向、零序过电流Ⅰ段方向指向母线、零序过电流Ⅰ段1时限控制字整定为1，过电流定值整定为1A，动作延时设为0.1s，将1时限的出口设置为计时触点。采用状态序列菜单，故障态零序电流设为1.2A，此时零序过电流Ⅰ段保护应动作

8.2.9　中后备间隙保护（同时跳高压侧、小电源，2时限跳开变压器各侧）（见表8-33）

表8-33　中后备间隙保护检查

序号	检查项目	试验方法	整定值	技术要求
1	零序过电压保护定值（采用外接零序电压）	投入中压侧后备保护、中压侧电压软连接片，零序电压采用自产零压控制字整定为0，零序过电压1时限控制字整定为1，零序过电压1时限整定为0.1s。采用电压递变菜单，将外接零序电压设为变化量，零序电压从0.9倍整定值往上升至保护动作；步长1‰整定值（最小为10mV），单步变化时间为200ms	180V（固定）	≤±5.0%
2	零序过电压1时限（外接）	投入中压侧后备保护、中压侧电压软连接片，零序电压采用自产零压控制字整定为0，零序过电压1时限控制字整定为1。采用状态序列，故障态外接零序电压设为216V	0.1s	≤±1%或±40ms
			1.0s	
			10s	
3	零序过电压2时限（外接）	投入中压侧后备保护、中压侧电压软连接片，零序电压采用自产零压控制字整定为0，零序过电压2时限控制字整定为1。采用状态序列，故障态外接零序电压设为216V	0.1s	≤±1%或±40ms
			2.0s	
			10s	
4	零序过电压保护定值（采用自产零序电压）	投入中压侧后备保护、中压侧电压软连接片，零序电压采用自产零压、零序过电压1时限控制字整定为1，零序过电压1时限整定为0.1s。采用电压递变菜单，将自产零序电压设为变化量，零序电压从0.9倍整定值往上升至保护动作；步长1‰整定值（最小为10mV），单步变化时间为200ms	120V（固定）	≤±5.0%

续表

序号	检查项目	试验方法	整定值	技术要求
5	零序过电压1时限（自产）	投入中压侧后备保护、中压侧电压软连接片，零序电压采用自产零压控制字整定为1，零序过电压1时限控制字整定为1。采用状态序列，故障态自产零序电压设为144V	0.1s	≤±1%或±40ms
			1.0s	
			10s	
6	零序过电压2时限（自产）	投入中压侧后备保护、中压侧电压软连接片，零序电压采用自产零压控制字整定为1，零序过电压2时限控制字整定为1。采用状态序列，故障态自产零序电压设为144V	0.1s	≤±1%或±40ms
			2.0s	
			10s	
7	间隙过电流保护	投入中压侧后备保护、中压侧电压软连接片，间隙过电流1时限控制字整定为1，间隙过电流1时限整定为0.1s。采用电流递变菜单，将间隙零序电流设为变化量，电流从0.9倍整定值往上升至保护动作；步长1‰整定值（最小为1mA），单步变化时间为200ms	一次值为100A（固定）	≤±5%或±0.02A
8	间隙过电流1时限	投入中压侧后备保护、中压侧电压软连接片，间隙过电流1时限控制字整定为1。采用状态序列菜单，故障态间隙电流的一次值设为120A	0.1s	≤±1%或±40ms
			1.0s	
			10s	
9	间隙过电流2时限	投入中压侧后备保护、中压侧电压软连接片，间隙过电流2时限控制字整定为1。采用状态序列菜单，故障态间隙电流的一次值设为120A	0.1s	≤±1%或±40ms
			1.0s	
			10s	

8.2.10 中后备断路器失灵保护（同时跳高压侧、中压侧及低压侧1、2分支断路器）（见表8-34）

表8-34 中后备断路器失灵保护检查

序号	检查项目	试验方法	整定值	技术要求
1	断路器失灵保护动作值	中压侧后备保护软连接片整定为1，中压侧失灵经主变压器跳闸控制字整定为1。采用电流递变菜单，启动失灵触点闭合，同时电流从0.9倍默认值往上升至保护动作；步长1‰整定值（最小为1mA），单步变化时间为200ms	固有（不可整定）	≤±5%或±0.02A
2	断路器失灵保护动作时间	中压侧后备保护软连接片整定为1，中压侧失灵经主变压器跳闸控制字整定为1。采用状态序列菜单，故障状态启动失灵触点闭合，同时输出1.2倍固有值电流，测试动作延时	50ms固有（不可整定）	≤±40ms

8.2.11 中后备过负荷保护（见表8-35）

表8-35 中后备过负荷保护检查

序号	检查项目	试验方法	整定值	技术要求
1	过负荷告警定值	投入中压侧后备保护软连接片。采用电流递变菜单，将电流设为变化量，电流从0.9倍整定值往上升至保护动作；步长1‰整定值（最小为1mA），单步变化时间为10s＋200ms（若无法监视告警出口，可以按0.95倍不告警，1.05倍可靠告警来考核）	$1.1I_n$ 固有（不可整定）	≤±5%或±0.02A

续表

序号	检查项目	试验方法	整定值	技术要求
2	过负荷告警时间	投入中压侧后备保护软连接片。采用状态序列菜单，电流为 1.2 倍固有值，测试告警时间（若无法监视告警出口，不进行此项测试）	10s （固有）	≤±1%或±40ms

8.2.12　低压 1 分支后备复压闭锁过电流保护（1 时限跳低压 1 分支，2 时限跳高压侧，3 时限跳中压侧）（见表 3-36）

表 8-36　低压 1 分支后备复压闭锁过电流保护检查

序号	检查项目	试验方法	整定值	技术要求
1	复压过电流Ⅰ段定值	投入低压 1 分支后备保护、低压 1 分支电压软连接片，复压过电流Ⅰ段经复压闭锁、复压过电流Ⅰ段 1 时限控制字整定为 1，低压闭锁定值整定为 70V，1 时限整定为 0.1s。采用电流递变菜单，线电压输出设为 60V，将电流设为变化量，电流从 0.9 倍整定值往上升至保护动作；步长 1‰整定值（最小为 1mA），单步变化时间为 200ms	0.05A （A 相） 1.00A （B 相） 20.00A （C 相）	≤±5%或±0.02A
2	复压过电流Ⅰ段 1 时限	投入低压 1 分支后备保护、低压 1 分支电压软连接片，复压过电流Ⅰ段经复压闭锁、复压过电流Ⅰ段 1 时限控制字整定为 1，过电流Ⅰ段定值整定为 1A。采用状态序列菜单，复归状态电压为额定值，电流设为 0.2A；故障状态电流设为 1.2A	0.1s 0.5s 10.0s	≤±1%或±40ms
3	复压过电流Ⅰ段 2 时限	投入低压 1 分支后备保护、低压 1 分支电压软连接片，复压过电流Ⅰ段经复压闭锁、复压过电流Ⅰ段 2 时限控制字整定为 1，过电流Ⅰ段定值整定为 1A。采用状态序列菜单，复归状态电压为额定值，电流设为 0.2A；故障状态电流设为 1.2A	0.1s 1.0s 10.0s	≤±1%或±40ms
4	复压过电流Ⅰ段 3 时限	投入低压 1 分支后备保护、低压 1 分支电压软连接片，复压过电流Ⅰ段经复压闭锁、复压过电流Ⅰ段 3 时限控制字整定为 1，过电流Ⅰ段定值整定为 1A。采用状态序列菜单，复归状态电压为额定值，电流设为 0.2A；故障状态电流设为 1.2A	0.1s 1.5s 10.0s	≤±1%或±40ms
5	复压过电流Ⅰ段带方向（指向母线）	投入低压 1 分支后备保护、低压 1 分支电压软连接片，复压过电流Ⅰ段带方向、复压过电流Ⅰ段指向母线、复压过电流Ⅰ段经复压闭锁、复压过电流Ⅰ段 1 时限控制字整定为 1，过电流Ⅰ段定值整定为 1A，低压定值整定为 70V，复压过电流Ⅰ段 1 时限设为 0.1s。采用电流递变菜单，零序电压设为 10V，固定零序电压角度，零序电流设为 1.2A，将零序电流相位设为变化量，零序电流相位从理论不动作区的两个边界转向动作区；步长 0.1°，单步变化时间为 200ms	理论边界固有（不可整定）	≤±3°
6	复压过电流Ⅰ段带方向（指向变压器）	投入低压 1 分支后备保护、低压 1 分支电压软连接片，复压过电流Ⅰ段带方向、复压过电流Ⅰ段经复压闭锁、复压过电流Ⅰ段 1 时限控制字整定为 1，复压过电流Ⅰ段指向母线整定为 0，过电流Ⅰ段定值整定为 1A，低压定值整定为 70V，复压过电流Ⅰ段 1 时限设为 0.1s。采用电流递变菜单，零序电压设为 10V，固定零序电压角度，零序电流设为 1.2A，将零序电流相位设为变化量，零序电流相位从理论不动作区的两个边界转向动作区；步长 0.1°，单步变化时间为 200ms	理论边界固有（不可整定）	≤±3°

续表

序号	检查项目	试 验 方 法	整定值	技术要求
7	低电压闭锁定值（线电压）	投入低压1分支后备保护、低压1分支电压软连接片，复压过电流Ⅰ段经复压闭锁、复压过电流Ⅰ段1时限控制字整定为1，过电流Ⅰ段定值整定为1A，1时限整定为0.1s。采用电压递变菜单，设置复归状态电压为额定值，电流设为0.2A；测试状态电流设为1.2A，三相电压从1.1倍整定值往下降至保护动作；步长1‰整定值（最小为10mV），单步变化时间为200ms	1V 70V 100V	≤±5.0%或≤±0.002U_n
8	负序电压闭锁定值（相电压）	投入低压1分支后备保护、低压1分支电压软连接片，复压过电流Ⅰ段经复压闭锁、复压过电流Ⅰ段1时限控制字整定为1，过电流Ⅰ段定值整定为1A，1时限整定为0.1s。采用电压递变菜单，设置复归状态三相电压为额定值（57.7V），电流设为0.2A。测试状态电流设为1.2A，负序电压设为变化量，从0.9倍整定值往上升至保护动作；步长1‰整定值（最小为10mV），单步变化时间为200ms	1V 10V 57.7V	≤±5.0%或≤±0.002U_n
9	复压过电流Ⅱ段定值	投入低压1分支后备保护、低压1分支电压软连接片，复压过电流Ⅱ段经复压闭锁、复压过电流Ⅱ段1时限控制字整定为1，低压闭锁定值整定为70V，1时限整定为0.1s。采用电流递变菜单，线电压输出设为60V，将电流设为变化量，电流从0.9倍整定值往上升至保护动作；步长1‰整定值（最小为1mA），单步变化时间为200ms	0.05A（A相） 1.00A（B相） 20.00A（C相）	≤±5%或±0.02A
10	复压过电流Ⅱ段1时限	投入低压1分支后备保护、低压1分支电压软连接片，复压过电流Ⅱ段经复压闭锁、复压过电流Ⅱ段1时限控制字整定为1，过电流Ⅱ段定值整定为1A。采用状态序列菜单，复归状态电压为额定值，电流设为0.2A；故障状态电流设为1.2A	0.1s 1.0s 10.0s	≤±1%或±40ms
11	复压过电流Ⅱ段2时限	投入低压1分支后备保护、低压1分支电压软连接片，复压过电流Ⅱ段经复压闭锁、复压过电流Ⅱ段2时限控制字整定为1，过电流Ⅱ段定值整定为1A。采用状态序列菜单，复归状态电压为额定值，电流设为0.2A；故障状态电流设为1.2A	0.1s 1.5s 10.0s	≤±1%或±40ms
12	复压过电流Ⅱ段3时限	投入低压1分支后备保护、低压1分支电压软连接片，复压过电流Ⅱ段经复压闭锁、复压过电流Ⅱ段3时限控制字整定为1，过电流Ⅱ段定值整定为1A。采用状态序列菜单，复归状态电压为额定值，电流设为0.2A；故障状态电流设为1.2A	0.1s 2.0s 10.0s	≤±1%或±40ms
13	低电压闭锁定值（线电压）	投入低压1分支后备保护、低压1分支电压软连接片，复压过电流Ⅱ段经复压闭锁、复压过电流Ⅱ段1时限控制字整定为1，过电流Ⅱ段定值整定为1A，1时限整定为0.1s。采用电压递变菜单，设置复归状态电压为额定值，电流设为0.2A；测试状态电流设为1.2A，三相电压从1.1倍整定值往下降至保护动作；步长1‰整定值（最小为10mV），单步变化时间为200ms	1V 70V 100V	≤±5%或±0.002U_n

续表

序号	检查项目	试验方法	整定值	技术要求
14	负序电压闭锁定值（相电压）	投入低压1分支后备保护、低压1分支电压软连接片，复压过电流Ⅱ段经复压闭锁、复压过电流Ⅱ段1时限控制字整定为1，过电流Ⅱ段定值整定为1A，1时限整定为0.1s。采用电压递变菜单，设置复归状态三相电压为额定值（57.7V），电流设为0.2A。测试状态电流设为1.2A，负序电压设为变化量，从0.9倍整定值往上升至保护动作；步长1‰整定值（最小为10mV），单步变化时间为200ms	1V 10V 57.7V	≤±5%或±0.002U_n

8.2.13　低压1分支后备零压告警保护（见表8-37）

表8-37　低压1分支后备零压告警保护检查

序号	检查项目	试验方法	整定值	技术要求
1	零序过电压告警定值	投入低压1分支电压后备保护、低压1分支电压软连接片，零序过电压告警控制字整定为1。采用电压递变菜单，将零序电压设为变化量，电压从0.9倍固有值往上升至保护动作；步长1‰整定值（最小为10mV），单步变化时间为10s+200ms（若无法监视告警出口，可以按0.95倍不告警，1.05倍可靠告警来考核）	70V固有（不可整定）	≤±5%或±0.002U_n
2	零序过电压告警时间	投入低压1分支后备保护、低压1分支电压软连接片，零序过电压告警控制字整定为1。采用状态序列菜单，零序电压设为84V，测试告警时间（若无法监视告警出口，不进行此项测试）	10s（固有）	≤±1%或±40ms

8.2.14　低压2分支后备复压闭锁过电流保护（1时限跳低压2分支，2时限跳高压侧，3时限跳中压侧）（见表8-38）

表8-38　低压2分支后备复压闭锁过电流保护检查

序号	检查项目	试验方法	整定值	技术要求
1	复压过电流Ⅰ段定值	投入低压2分支后备保护、低压2分支电压软连接片，复压过电流Ⅰ段经复压闭锁、复压过电流Ⅰ段1时限控制字整定为1，低压闭锁定值整定为70V，1时限整定为0.1s。采用电流递变菜单，线电压输出设为60V，将电流设为变化量，电流从0.9倍整定值往上升至保护动作；步长1‰整定值（最小为1mA），单步变化时间为200ms	0.05A（A相） 1.00A（B相） 20.00A（C相）	≤±5%或±0.02A
2	复压过电流Ⅰ段1时限	投入低压2分支后备保护、低压2分支电压软连接片，复压过电流Ⅰ段经复压闭锁、复压过电流Ⅰ段1时限控制字整定为1，过电流Ⅰ段定值整定为1A。采用状态序列菜单，复归状态电压为额定值，电流设为0.2A；故障状态电流设为1.2A	0.1s 0.5s 10.0s	≤±1%或±40ms
3	复压过电流Ⅰ段2时限	投入低压2分支后备保护、低压2分支电压软连接片，复压过电流Ⅰ段经复压闭锁、复压过电流Ⅰ段2时限控制字整定为1，过电流Ⅰ段定值整定为1A。采用状态序列菜单，复归状态电压为额定值，电流设为0.2A；故障状态电流设为1.2A	0.1s 1.0s 10.0s	≤±1%或±40ms

续表

<table>
<tr><th>序号</th><th>检查项目</th><th>试 验 方 法</th><th>整定值</th><th>技术要求</th></tr>
<tr><td rowspan="3">4</td><td rowspan="3">复压过电流Ⅰ段3时限</td><td rowspan="3">投入低压2分支后备保护、低压2分支电压软连接片，复压过电流Ⅰ段经复压闭锁、复压过电流Ⅰ段3时限控制字整定为1，过电流Ⅰ段定值整定为1A。采用状态序列菜单，复归状态电压为额定值，电流设为0.2A；故障状态电流设为1.2A</td><td>0.1s</td><td rowspan="3">≤±1%或±40ms</td></tr>
<tr><td>1.5s</td></tr>
<tr><td>10.0s</td></tr>
<tr><td>5</td><td>复压过电流Ⅰ段带方向（指向母线）</td><td>投入低压2分支后备保护、低压2分支电压软连接片，复压过电流Ⅰ段带方向、复压过电流Ⅰ段指向母线、复压过电流Ⅰ段经复压闭锁、复压过电流Ⅰ段1时限控制字整定为1，过电流Ⅰ段定值整定为1A，低压定值整定为70V，复压过电流Ⅰ段1时限设为0.1s。采用电流递变菜单，零序电压设为10V，固定零序电压角度，零序电流设为1.2A，将零序电流相位设为变化量，零序电流相位从理论不动作区的两个边界转向动作区；步长0.1°，单步变化时间为200ms</td><td>理论边界固有（不可整定）</td><td>≤±3°</td></tr>
<tr><td>6</td><td>复压过电流Ⅰ段带方向（指向变压器）</td><td>投入低压2分支后备保护、低压2分支电压软连接片，复压过电流Ⅰ段带方向、复压过电流Ⅰ段经复压闭锁、复压过电流Ⅰ段1时限控制字整定为1，复压过电流Ⅰ段指向母线整定为0，过电流Ⅰ段定值整定为1A，低压定值整定为70V，复压过电流Ⅰ段1时限设为0.1s。采用电流递变菜单，零序电压设为10V，固定零序电压角度，零序电流设为1.2A，将零序电流相位设为变化量，零序电流相位从理论不动作区的两个边界转向动作区；步长0.1°，单步变化时间为200ms</td><td>理论边界固有（不可整定）</td><td>≤±3°</td></tr>
<tr><td rowspan="3">7</td><td rowspan="3">低电压闭锁定值（线电压）</td><td rowspan="3">投入低压2分支后备保护、低压2分支电压软连接片，复压过电流Ⅰ段经复压闭锁、复压过电流Ⅰ段1时限控制字整定为1，过电流Ⅰ段定值整定为1A，1时限整定为0.1s。采用电压递变菜单，设置复归状态电压为额定值，电流设为0.2A；测试状态电流设为1.2A，三相电压从1.1倍整定值往下降至保护动作；步长1‰整定值（最小为10mV），单步变化时间为200ms</td><td>1V</td><td rowspan="3">≤±5%或±0.002U_n</td></tr>
<tr><td>70V</td></tr>
<tr><td>100V</td></tr>
<tr><td rowspan="3">8</td><td rowspan="3">负序电压闭锁定值（相电压）</td><td rowspan="3">投入低压2分支后备保护、低压2分支电压软连接片，复压过电流Ⅰ段经复压闭锁、复压过电流Ⅰ段1时限控制字整定为1，过电流Ⅰ段定值整定为1A，1时限整定为0.1s。采用电压递变菜单，设置复归状态三相电压为额定值（57.7V），电流设为0.2A。测试状态电流设为1.2A，负序电压设为变化量，从0.9倍整定值往上升至保护动作；步长1‰整定值（最小为10mV），单步变化时间为200ms</td><td>1V</td><td rowspan="3">≤±5%或±0.002U_n</td></tr>
<tr><td>10V</td></tr>
<tr><td>57.7V</td></tr>
<tr><td rowspan="3">9</td><td rowspan="3">复压过电流Ⅱ段定值</td><td rowspan="3">投入低压2分支后备保护、低压2分支电压软连接片，复压过电流Ⅱ段经复压闭锁、复压过电流Ⅱ段1时限控制字整定为1，低压闭锁定值整定为70V，1时限整定为0.1s。采用电流递变菜单，线电压输出设为60V，将电流设为变化量，电流从0.9倍整定值往上升至保护动作；步长1‰整定值（最小为1mA），单步变化时间为200ms</td><td>0.05A（A相）</td><td rowspan="3">≤±5%或±0.02A</td></tr>
<tr><td>1.00A（B相）</td></tr>
<tr><td>20.00A（C相）</td></tr>
<tr><td rowspan="3">10</td><td rowspan="3">复压过电流Ⅱ段1时限</td><td rowspan="3">投入低压2分支后备保护、低压2分支电压软连接片，复压过电流Ⅱ段经复压闭锁、复压过电流Ⅱ段1时限控制字整定为1，过电流Ⅱ段定值整定为1A。采用状态序列菜单，复归状态电压为额定值，电流设为0.2A；故障状态电流设为1.2A</td><td>0.1s</td><td rowspan="3">≤±1%或±40ms</td></tr>
<tr><td>1.0s</td></tr>
<tr><td>10.0s</td></tr>
</table>

续表

序号	检查项目	试验方法	整定值	技术要求
11	复压过电流Ⅱ段2时限	投入低压2分支后备保护、低压2分支电压软连接片，复压过电流Ⅱ段经复压闭锁、复压过电流Ⅱ段2时限控制字整定为1，过电流Ⅱ段定值整定为1A。采用状态序列菜单，复归状态电压为额定值，电流设为0.2A；故障状态电流设为1.2A	0.1s 1.5s 10.0s	≤±1%或±40ms
12	复压过电流Ⅱ段3时限	投入低压2分支后备保护、低压2分支电压软连接片，复压过电流Ⅱ段经复压闭锁、复压过电流Ⅱ段3时限控制字整定为1，过电流Ⅱ段定值整定为1A。采用状态序列菜单，复归状态电压为额定值，电流设为0.2A；故障状态电流设为1.2A	0.1s 2.0s 10.0s	≤±1%或±40ms
13	低电压闭锁定值（线电压）	投入低压2分支后备保护、低压2分支电压软连接片，复压过电流Ⅱ段经复压闭锁、复压过电流Ⅱ段1时限控制字整定为1，过电流Ⅱ段定值整定为1A，1时限整定为0.1s。采用电压递变菜单，设置复归状态电压为额定值，电流设为0.2A；测试状态电流设为1.2A，三相电压从1.1倍整定值往下降至保护动作；步长1‰整定值（最小为10mV），单步变化时间为200ms	1V 70V 100V	≤±5%或±0.002U_n
14	负序电压闭锁定值（相电压）	投入低压2分支后备保护、低压2分支电压软连接片，复压过电流Ⅱ段经复压闭锁、复压过电流Ⅱ段1时限控制字整定为1，过电流Ⅱ段定值整定为1A，1时限整定为0.1s。采用电压递变菜单，设置复归状态三相电压为额定值（57.7V），电流设为0.2A。测试状态电流设为1.2A，负序电压设为变化量，从0.9倍整定值往上升至保护动作；步长1‰整定值（最小为10mV），单步变化时间为200ms	1V 10V 57.7V	≤±5%或±0.002U_n

8.2.15　低压2分支后备零压告警保护（见表8-39）

表8-39　　低压2分支后备零压告警保护检查

序号	检查项目	试验方法	整定值	技术要求
1	零序过电压告警定值	投入低压2分支后备保护、低压2分支电压软连接片，零序过电压告警控制字整定为1。采用电压递变菜单，将零序电压设为变化量，电压从0.9倍固有值升至保护动作；步长1‰整定值（最小10mV），单步变化时间为10s+200ms（若无法监视告警出口，可按0.95倍不告警，1.05倍可靠告警考核）	70V固有（不可整定）	≤±5%或±0.002U_n
2	零序过电压告警时间	投入低压2分支后备保护、低压2分支电压软连接片，零序过电压告警控制字整定为1。采用状态序列菜单，零序电压设为84V，测试告警时间（若无法监视告警出口，不进行此项测试）	10s（固有）	≤±1%或±40ms

8.2.16 低后备过负荷保护（见表 8-40）

表 8-40 低后备过负荷保护检查

序号	检查项目	试验方法	整定值	技术要求
1	过负荷告警定值	投入低压 1 分支后备保护、低压 2 分支后备保护软连接片。采用电流递变菜单，低压 2 分支电流加 0A，将低压 1 分支电流设为变化量，电流从 0.9 倍固有值往上升至保护动作；步长 1‰整定值（最小为 1mA），单步变化时间为 10s+200ms（若无法监视告警出口，可以按 0.95 倍不告警，1.05 倍可靠告警来考核）	1.1I_n 固有（不可整定）	≤±5%或±0.02A
2	过负荷告警时间	投入低压 1 分支后备保护、低压 2 分支后备保护软连接片。采用状态序列菜单，低压 1 分支电流设为 0A，低压 2 分支电流设为 1.2A 倍固有值，测试告警时间（若无法监视告警出口，不进行此项测试）	10s（固有）	≤±1%或±40ms

8.2.17 公共绕组过负荷保护（见表 8-41）

表 8-41 公共绕组过负荷保护检查

序号	检查项目	试验方法	整定值	技术要求
1	过负荷告警定值	投入公共绕组后备保护软连接片。采用电流递变菜单，将电流设为变化量，电流从 0.9 倍固有值往上升至保护动作；步长 1‰整定值（最小为 1mA），单步变化时间为 10s+200ms（若无法监视告警出口，可以按 0.95 倍不告警，1.05 倍可靠告警来考核）	1.1I_n 固有（不可整定）	≤±5%或±0.02A
2	过负荷告警时间	投入公共绕组后备保护软连接片。采用状态序列菜单，电流设为 1.2A 倍固有值，测试告警时间（若无法监视告警出口，不进行此项测试）	10s（固有）	≤±1%或±40ms

8.3 母线保护

8.3.1 差动保护

1. 定值检查（见表 8-42）

表 8-42 差动保护定值检查

序号	检查项目	试验方法	整定值	技术要求
1	差动保护启动定值	差动保护软连接片整定为 1，差动保护控制字整定为 1，采用电流递变菜单；一组电流固定为 0，另一组电流设为变化量，从 90%整定值往上升至保护动作；步长 1‰整定值（最小为 1mA），单步变化时间为 200ms	0.05A（A 相）	≤±0.02A
			1.00A（B 相）	≤±5.0%
			20.0A（C 相）	≤±5.0%

续表

序号	检查项目	试验方法	整定值	技术要求
2	低压闭锁差动	差动保护软连接片及控制字均整定为1，差动电流启动值整定为0.5A。采用电压递变菜单；复归状态：三相电压为额定电压，电流为0。故障状态：一组TA电流固定输出为0A，另一组故障相电流设为0.6A。将三相电压设为变化量，三相电压从44V往下降至保护动作；步长为0.04V，单步变化时间为200ms	40.41V（固定值）	≤±5.0%
3	零序电压闭锁差动	差动保护软连接片及控制字均整定为1，差动电流启动值整定为$0.5I_n$。采用电压递变菜单；一组TA电流固定输出为0A，另一组TA故障相电流设为$0.6I_n$。正序电压设为44V，将零序电压分量设为变化量，零序电压从1.8V往上升至保护动作；步长为0.002V，单步变化时间为200ms	2V（固定值）	≤±5.0%或0.115V
4	负序电压闭锁差动	差动保护软连接片及控制字均整定为1，差动电流启动值整定为$0.5I_n$。采用电压递变菜单；一组TA电流固定输出为0A，另一组TA故障相电流设为$0.6I_n$。正序电压设为44V，将负序电压分量设为变化量，负序电压从3.6V往上升至保护动作；步长为0.004V，单步变化时间为200ms	4V（固定值）	≤±5.0%或0.115V

2. 逻辑功能检查（见表8-43）

表8-43　差动保护逻辑功能检查

序号	检查项目	技术要求	试验方法
1	定值整定检查	保护测量范围下限为$0.05I_n$，上限为$20I_n$，但在$0.05I_n$以下范围用户应能整定并使用，故障电流超过$20I_n$时，保护装置不误动不拒动	投入差动保护，检查差动启动定值是否可整定到0.01A或记录装置可整定的最小值，加量：最小值+0.03A，测试保护是否可靠动作。整定0.05A，加故障电流40A检查装置是否可靠动作
2	启失灵触点检查	双母双分段接线母差保护应提供启动分段失灵保护的出口触点	装置投入差动保护定值为1A，采用状态序列菜单，故障状态差动电流设为1.5A，在差动保护动作时检查启动分段失灵保护触点是否同时出口
3	比率差动	≤±5.0%	差动保护软连接片整定为1，差动保护控制字整定为1，差动启动定值整定为$0.5I_n$。将测试的支路1TA变比设为400/1，支路2TA变比设为4000/1。每段折线在横坐标（制动电流）上任选三点，采用电流递变菜单；每一点差动动作值测试均采用固定一组电流，另一组电流从90%理论动作值以下往上升至保护动作。步长1‰整定值（最小为1mA）；单步变化时间为200ms
4	死区保护（150ms延时检查）	母联（分段）死区保护确认母联跳闸位置的延时为150ms	装置投入差动保护，母线并列运行。采用状态序列菜单，模拟发生母联（分段）死区故障，差动保护动作切除一段母线及母联（分段）开关，分别设置母联（分段）开关处于分位后经155ms和145ms延时，分别检查另一段母线小差保护是否切除母联（分段）死区故障

续表

序号	检查项目	技术要求	试验方法
5	信号触点检查	保护运行异常和装置故障：至少各1组不保持触点（不同触点）	分别模拟TA断线和装置故障，用万用表检查装置是否分别至少提供1组不保持触点
6	报告信息检查	保护装置应能记录相关保护动作信息，保留8次以上最新动作报告。每个动作报告至少应包含故障前2个周波、故障后6个周波的数据	检查保护动作报告是否至少保留8次报告，查看故障录波或故障数据须至少提供故障前2个周波、故障后6个周波波形或数据
7	数据格式检查	保护装置记录的所有数据应能转换为GB/T 22386—2018《电力系统暂态数据交换通用格式》规定的电力系统暂态数据交换通用格式	通过厂家后台分析工具任意调出一组故障录波数据，检查是否能正常在CAAP2008X工具回放
8	复压启动告警检查	双母线接线的母线保护应具备电压闭锁元件启动后的告警功能	投入差动保护，采用状态序列菜单，故障状态电压满足复压启动定值，电流不满足动作条件，持续时间10s以上检查装置是否告警
9	TA断线闭锁比率差动保护	差动保护软连接片和控制字均整定为1，差动启动定值设为0.9倍TA断线闭锁定值。采用手动菜单，电流输出1.05倍整定值，试验中模拟一支路发生TA断线使得大差电流大于TA断线闭锁定值（同时大于差动启动定值）检查装置是否闭锁比率差动同时发TA断线告警信号。	任选两个支路通入正常电流0.07A，试验中分别断开各支路任意一相电流，延时15s。整定值0.05A
			任选两个支路通入正常电流2.1A，试验中分别断开各支路任意一相电流，延时15s。整定值2.00A
			任选两个支路通入正常电流21A，试验中分别断开各支路任意一相电流，延时15s。整定值20.0A

8.3.2 失灵保护

1. 定值检查（见表8-44）

表8-44 失灵保护定值检查

序号	检查项目	试验方法	整定值	技术要求
1	母联分段失灵定值	延时整定为0s。采用电流递变菜单，设置一个开出触点关联到启动母联失灵触点，电流从0.9倍整定值往大升至保护动作；步长1‰整定值（最小为1mA），单步变化时间为200ms	0.05A（A相）	≤±0.02A
			1.00A（B相）	≤±5.0%
			20.0A（C相）	≤±5.0%
2	低压闭锁母联（分段）失灵	差动保护软连接片及控制字均整定为1，母联（分段）失灵定值整定为1.0 A，延时整定为0s。采用电压递变菜单；复归状态：三相电压为额定电压，电流为0。故障状态：一组TA电流固定输出为0A，另一组故障相电流设为1.2 A。将三相电压设为变化量，三相电压从44V往下降至保护动作；步长为0.04V，单步变化时间为200ms	40.41V（固定值）	≤±5.0%

续表

序号	检查项目	试 验 方 法	整定值	技术要求
3	零序电压闭锁母联（分段）失灵	差动保护软连接片及控制字均整定为1，母联（分段）失灵定值整定为1.0 A，延时整定为0s。采用电压递变菜单；一组TA电流固定输出为0A，另一组TA故障相电流设为1.2A。正序电压设为44V，将零序电压分量设为变化量，零序电压从1.8V往上升至保护动作；步长为0.002V，单步变化时间为200ms	2V（固定值）	≤±5.0%或0.115V
4	负序电压闭锁母联（分段）失灵	差动保护软连接片及控制字均整定为1，母联（分段）失灵定值整定为1.0 A，延时整定为0s。采用电压递变菜单；一组TA电流固定输出为0A，另一组TA故障相电流设为1.2A。正序电压设为44V，将负序电压分量设为变化量，负序电压从3.6V往上升至保护动作；步长为0.004V，单步变化时间为200ms	4V（固定值）	≤±5.0%或0.115V
5	失灵保护三相失灵相电流定值（线路支路）	失灵保护软连接片和控制字均整定为1，动作延时整定为0s。接入线路支路，采用电流递变菜单，设置一个开出触点作为启动失灵触点，将三相电流设为变化量，电流从0.9倍固定值往大升至保护动作；步长1‰整定值（最小为1mA），单步变化时间为200ms	固定值	≤±5.0%
6	失灵保护零序电流定值（线路支路）	失灵保护软连接片和控制字均整定为1，动作延时整定为0s。采用电流递变菜单，设置一个开出触点作为启动失灵触点，将零序电流设为变化量，零序电流从0.9倍整定值往大升至保护动作；步长1‰整定值（最小为1mA），单步变化时间为200ms	0.05A	≤±0.02A
			0.50A	≤±5.0%
			20.0A	≤±5.0%
7	失灵保护负序电流定值（线路支路）	失灵保护软连接片和控制字均整定为1，动作延时整定为0s。采用电流递变菜单，设置一个开出触点作为启动失灵触点，将负序电流设为变化量，负序电流从0.9倍整定值往大升至保护动作；步长1‰整定值（最小为1mA），单步变化时间为200ms	0.05A	≤±0.02A
			0.20A	≤±5.0%
			20.0A	≤±5.0%
8	失灵保护低压闭锁定值（线路支路）	失灵保护软连接片和控制字均整定为1，动作延时整定为0s。设置启动失灵触点闭合同时故障电流满足1.2倍整定值，将三相电压设为变化量，从1.1倍整定值往下降至保护动作；步长1‰定值（最小为1mV），单步变化时间为200ms	10.00V	≤±0.11V
			40.0V	≤±5.0%
			57.7V	≤±5.0%
9	失灵保护零压闭锁定值（线路支路）	失灵保护软连接片和控制字均整定为1，动作延时整定为0s。设置启动失灵触点闭合同时故障电流满足1.2倍整定值，将零序电压设为变化量，从0.9倍整定值往上升至保护动作；步长1‰定值（最小为1mV），单步变化时间为200ms	3.00V	≤±0.11V
			8.00V	≤±5.0%
			57.7V	≤±5.0%
10	失灵保护负压闭锁定值（线路支路）	失灵保护软连接片和控制字均整定为1，动作延时整定为0s。设置启动失灵触点闭合同时故障电流满足1.2倍整定值，将负序电压设为变化量，从0.9倍整定值往上升至保护动作；步长1‰定值（最小为1mV），单步变化时间为200ms	1.00V	≤±0.11V
			5.00V	≤±5.0%
			57.7V	≤±5.0%
11	失灵保护三相失灵相电流定值（变压器支路）	失灵保护软连接片和控制字均整定为1，动作延时整定为0s。接入变压器支路，采用电流递变菜单，设置一个开出触点作为启动失灵触点，将三相电流设为变化量，电流从0.9倍整定值往大升至保护动作；步长1‰整定值（最小为1mA），单步变化时间为200ms	0.05A	≤±0.02A
			1.00A	≤±5.0%
			20.0A	≤±5.0%

续表

序号	检查项目	试验方法	整定值	技术要求
12	失灵保护零序电流定值（变压器支路）	失灵保护软连接片和控制字均整定为1，动作延时整定为0s。采用电流递变菜单，设置一个开出触点作为启动失灵接点，将零序电流设为变化量，零序电流从0.9倍整定值往大升至保护动作；步长1‰整定值（最小为1mA），单步变化时间为200ms	0.05A	≤±0.02A
			1.00A	≤±5.0%
			20.0A	≤±5.0%
13	失灵保护负序电流定值（变压器支路）	失灵保护软连接片和控制字均整定为1，动作延时整定为0s。采用电流递变菜单，设置一个开出触点作为启动失灵触点，将负序电流设为变化量，负序电流从0.9倍整定值往大升至保护动作；步长1‰整定值（最小为1mA），单步变化时间为200ms	0.05A	≤±0.02A
			0.30A	≤±5.0%
			20.0A	≤±5.0%

2. 逻辑功能检查（见表8-45）

表8-45　　失灵保护逻辑功能检查

序号	检查项目	技术要求	试验方法
1	失灵电流判别逻辑检查	应采用母线保护装置内部的失灵电流判别功能；各线路支路共用电流定值，各变压器支路共用电流定值；线路支路采用相电流、零序电流（或负序电流）“与门”逻辑；变压器支路采用相电流、零序电流、负序电流“或门”逻辑	（1）检查线路支路共用失灵电流定值、变压支路共用失灵电流定值； （2）模拟线路支路故障，检查相电流、零序电流（或负序电流）判据是否采用与门逻辑（至少2个判据都满足才出口），模拟变压器支路故障，检查相电流、零序电流、负序电流判据是否采用或门逻辑（只要一个满足就出口）
2	失灵与母差出口检查	断路器失灵保护应与母差保护共用出口	检查断路器失灵保护和母差保护是否共用出口，以绑定方式还是可整定方式共用出口
3	失灵联跳母联（分段）检查	为缩短失灵保护切除故障的时间，失灵保护宜同时跳母联（分段）和相邻断路器	投入失灵保护延时设为0，采用状态序列菜单，故障状态设置失灵出口、失灵跳母联（分段）和相邻断路器多个出口同时计时。500ms后结束故障，检查出口是否都动作、动作时间是否一致
4	线路失灵解除电压闭锁	支路n解除复压闭锁控制字整定为0时，复压闭锁元件参与运算，整定为1时，退出运算	将接入试验的支路n解除复压闭锁控制字整定为0，投入失灵保护。采用状态序列菜单，故障电流设为1.2倍整定值。三相电压均为50V（正序）。检查保护是否可误动，将控制字整定为1，检查装置是否可靠动作
5	变压器经失灵解除电压闭锁检查	变压器支路启动失灵自动解除复压闭锁	投入失灵保护。采用状态序列菜单，故障电流设为1.2倍整定值。三相电压均为57.7V（正序）。检查保护是否可靠动作
6	电压闭锁逻辑检查	差动保护出口经本段电压元件闭锁，除双母双分段分段断路器以外的母联和分段经两段母线电压“或门”闭锁，双母双分段分段断路器不经电压闭锁	确认差动保护出口经本段电压元件闭锁，对于双母双分段分段断路器，加1.2倍差动电流启动定值三相电压均为50V，检查保护的动作行为。母联和分段差动分别采用两段母线电压进行闭锁测试

续表

序号	检查项目	技术要求	试验方法
7	开入异常检查	“启动失灵”、变压器支路“解除电压闭锁”开入异常时应告警	采用状态序列菜单，故障状态分别模拟“启动失灵”和“解除电压闭锁”触点闭合时间 10.1s 检查装置是否告警或记录启动失灵或解除电压闭锁触点闭合直至装置告警时间
8	启失灵检查	母线保护变压器支路收到变压器保护“启动失灵”GOOSE 命令的同时启动失灵和解除电压闭锁	采用状态序列菜单，故障状态分别模拟变压器保护“启动失灵”，检查装置启动失灵和解除电压闭锁 GOOSE 输出是否动作
9	GOOSE 接收连接片检查	装置应能正确显示 GOOSE 开入信息，GOOSE 接收软连接片退出后，装置应显示接收的 GOOSE 信号，若 GOOSE 信号带有检修标识时应显示检修标识	退出“启动失灵开入”接收连接片，再模拟启动失灵开入由断开到闭合，检查装置是否能正确显示启动失灵开入的状态变化，并将启动失灵开入置检修位，装置接收到的开入应显示检修标识
10	GOOSE 接收退出检查	检查 GOOSE 接受退出后品质位异常装置报不报（标准无要求，专家建议测试）	退出“启动失灵开入”接收连接片，再模拟启动失灵开入品质位无效，检查装置是否有告警信号
11	开关量输入定义正逻辑	开关量输入定义采用正逻辑，即触点闭合为 1，触点断开为 0。开关量输入 1 和 0 的定义应统一规定为：“1”肯定所表述的功能，“0”否定所表述的功能	在失灵经母差跳闸测试中，将启动失灵触点设置为 1 测试动作值，再采用状态序列菜单，故障状态；将启动失灵触点设置为 0，故障电流设为 1.2 倍固定值，检查装置是否误动
12	远方连接片检查	“远方操作”只设硬连接片，“远方投退连接片”“远方切换定值区”“远方修改定值”只设软连接片，三者功能相互独立，分别与“远方操作”硬连接片采用“与门”逻辑。以上三个软连接片只能在本地修改	查看装置界面显示远方操作相关连接片类型和名称是否与要求一致，投入远方操作硬连接片，本地分别将“远方投退连接片”置 1 装置功能应投入、置 0 装置功能应退出，“远方切换定值区”置 1 远方应能切换定值区、置 0 远方不能切换定值区，“远方修改定值”置 1 远方应能修改定值、置 0 远方不能修改定值。退出远方操作硬连接片，投入以上所有软连接片远方所有操作装置应无效。检查远方是否可以误修改三个软连接片
13	保护检修状态连接片检查	“保护检修状态”只设硬连接片，该连接片投入时，对于采用 IEC 61850 标准的系统，保护装置报文上送带品质位信息。“保护检修状态”连接片遥信不含品质位信息	检查装置保护检修状态是否只设硬连接片，投入“保护检修状态”连接片，检查监控系统报文信息是否带品质位，连接片遥信应不含品质位信息
14	硬连接片	智能站保护装置只设“远方操作”和“保护检修状态”硬连接片，保护功能投退不设硬连接片	通过背板和装置界面检查智能站保护装置是否只设“远方操作”和“保护检修状态”硬连接片
15	软连接片	“母线互联”“母联分列”“分段 1 分列”“分段 2 分列”应设软连接片	通过装置界面检查是否设有“母线互联”“母联分列”“分段 1 分列”“分段 2 分列”软连接片

8.3.3 充电过电流及非全相保护

1. 定值检查（见表 8-46）

表 8-46 充电过电流及非全相保护定值检查

<table>
<tr><th>序号</th><th>检查项目</th><th>试 验 方 法</th><th>整定值</th><th>技术要求</th></tr>
<tr><td rowspan="3">1</td><td rowspan="3">充电过电流保护Ⅰ段定值</td><td rowspan="3">母联充电过电流软连接片整定为 1，母联分段充电过电流Ⅰ段控制字整定为 1，延时整定为 0.1s。采用电流递变菜单，电流从 0.9 倍整定值往大升至保护动作；步长 1‰整定值（最小为 1mA），单步变化时间为 200ms</td><td>0.05A</td><td>≤±0.02A</td></tr>
<tr><td>1.00A</td><td>≤±5.0%</td></tr>
<tr><td>20.0A</td><td>≤±5.0%</td></tr>
<tr><td rowspan="3">2</td><td rowspan="3">充电过电流保护Ⅱ段定值</td><td rowspan="3">母联充电过电流软连接片整定为 1，母联分段充电过电流Ⅱ段控制字整定为 1，延时整定为 0.1s。采用电流递变菜单，电流从 0.9 倍整定值往大升至保护动作；步长 1‰整定值（最小为 1mA），单步变化时间为 200ms</td><td>0.05A（A 相）</td><td>≤±0.02A</td></tr>
<tr><td>0.50A（B 相）</td><td>≤±5.0%</td></tr>
<tr><td>20.0A（C 相）</td><td>≤±5.0%</td></tr>
<tr><td rowspan="3">3</td><td rowspan="3">母联非全相保护零序电流定值</td><td rowspan="3">母联非全相保护软连接片整定为 1，母联分段非全相保护控制字整定为 1，动作延时整定为 0.1s。采用电流递变菜单，将零序电流设为变化量，零序电流从 0.9 倍整定值往大升至保护动作；步长 1‰整定值（最小为 1mA），单步变化时间为 200ms</td><td>0.05A</td><td>≤±0.02A</td></tr>
<tr><td>1.00A</td><td>≤±5.0%</td></tr>
<tr><td>20.0A</td><td>≤±5.0%</td></tr>
<tr><td rowspan="3">4</td><td rowspan="3">母联非全相保护负序电流定值</td><td rowspan="3">母联非全相保护软连接片整定为 1，母联分段非全相保护控制字整定为 1，动作延时整定为 0.1s。采用电流递变菜单，将负序电流设为变化量，零序电流从 0.9 倍整定值往大升至保护动作；步长 1‰整定值（最小为 1mA），单步变化时间为 200ms</td><td>0.05A</td><td>≤±0.02A</td></tr>
<tr><td>0.20A</td><td>≤±5.0%</td></tr>
<tr><td>20.0A</td><td>≤±5.0%</td></tr>
</table>

2. 逻辑功能检查（见表 8-47）

表 8-47 充电过电流及非全相保护逻辑功能检查

序号	检查项目	技术要求	试验方法
1	充电逻辑检查（动模会做，好做就检查下时间 1s）	母线保护应能自动识别母联（分段）的充电状态，合闸于死区故障时，应瞬时跳母联（分段），不应误切除运行母线。按如下原则实施： (1) 由操作箱提供的 SHJ 触点（手合触点）、母联 KTP、母联（分段）TA“有无电流”的判别，作为母线保护判断母联（分段）充电并进入充电逻辑的依据； (2) 充电逻辑有效时间为 SHJ 触点由 0 变为 1 后的 1s 内，1s 后恢复为正常运行母线保护逻辑	模拟合闸于死区故障时，检测母线保护的动作行为。同时提供 SHJ 触点开入及 1.2 倍整定电流，使母线保护进入充电逻辑，分别在 0.95s 内（充电保护动作）和 1.05s 后（母差保护动作）设置故障，检查母线保护动作行为
2	双点开关量输入定义	智能站保护装置双点开关量输入定义：“01”为分位，“10”为合位，“00”“11”无效	在充电逻辑检查试验中，分别将母联 KTP 分别设为 01、10、00、11，检查是否与定义一致。只有 KTP 处于“01”状态时保护进入充电逻辑

续表

序号	检查项目	技术要求	试验方法
3	连接片和控制字检查	保护装置总体功能投/退，可由运行人员就地投/退硬连接片或远方操作投/退软连接片实现；运行中基本不变的保护分项功能，采用“控制字”投/退	所有功能试验结束后，确认装置连接片和控制字都是按要求设置
4	控制字定义检查	保护装置功能控制字：“1”肯定所表述的功能，“0”否定所表述的功能，或根据需要另行定义	在以上功能测试中，投入的功能控制字整定为1，不投入的功能控制字整定为0。按此整定保护功能测试中控制字投退都应正确

第 9 章　智能变电站保护调试典型案例

9.1　线路保护调试典型案例

以南京工程学院智能变电站调试实验室配备的 PCS-931 系列数字式超高压线路成套快速保护装置为例，详细说明线路保护中各分项保护的调试过程。

PCS-931 系列为由微机实现的装置，可用作 220kV 及以上电压等级输电线路的主保护及后备保护。PCS-931 系列包括以分相电流差动和零序电流差动为主体的快速主保护，由工频变化量距离元件构成的快速Ⅰ段保护，由三段式相间和接地距离及多个零序方向过电流构成的全套后备保护，PCS-931 系列可分相出口，配有自动重合闸功能，对单或双母线接线的断路器实现单相重合闸、三相重合闸和综合重合闸。

9.1.1　纵差Ⅰ段测试

1. 接线方案

测试仪 CH1 口接装置插件 NR1123G 的 Rx 口。测试仪 CH2 口接装置插件 NR1123F 的 Rx 口。测试仪 FiberC 口接装置插件 NR1126A 的 Rx、Tx 口，如图 9-1 所示。

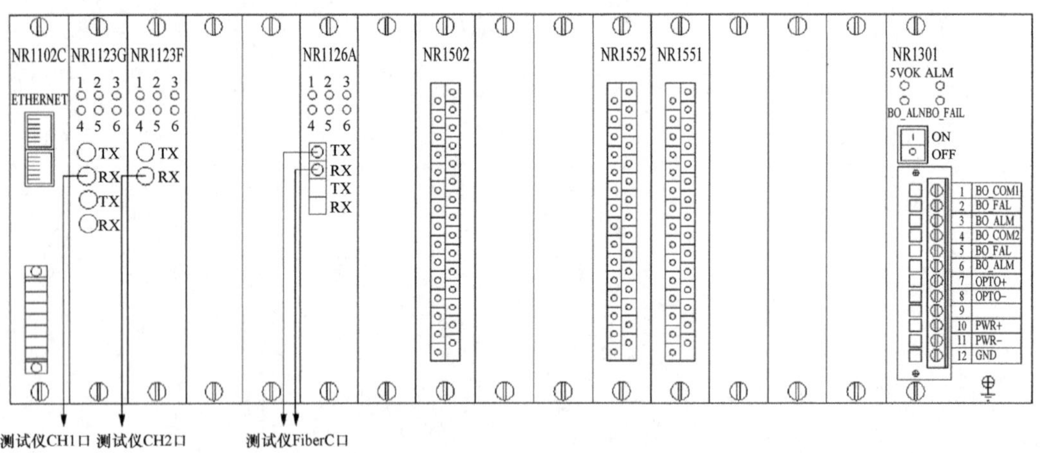

图 9-1　测试接线图

2. GOOSE 订阅

（1）选择“Power Test”→“设置”→“系统/IEC 配置”→“SMV”→“GOOSE 订阅”→“导入 SCL”→双击“南京工程学院 _ 20160504. scd”，如图 9-2 所示。

（2）选择相应的 IED 间隔→“PL211A _ 220kV 南工 211 线路保护”→“GOOSE Outputs”→选中“控制块列表”中“序号 0”→“确定”，如图 9-3 所示。

（3）进行相应的 GOOSE 绑定（注意：应先解除后绑定）→“应用”→“确认”，如图 9-4 所示。该项实验 GOOSE 绑定方案见表 9-1。

图 9 - 2　导入 SCL

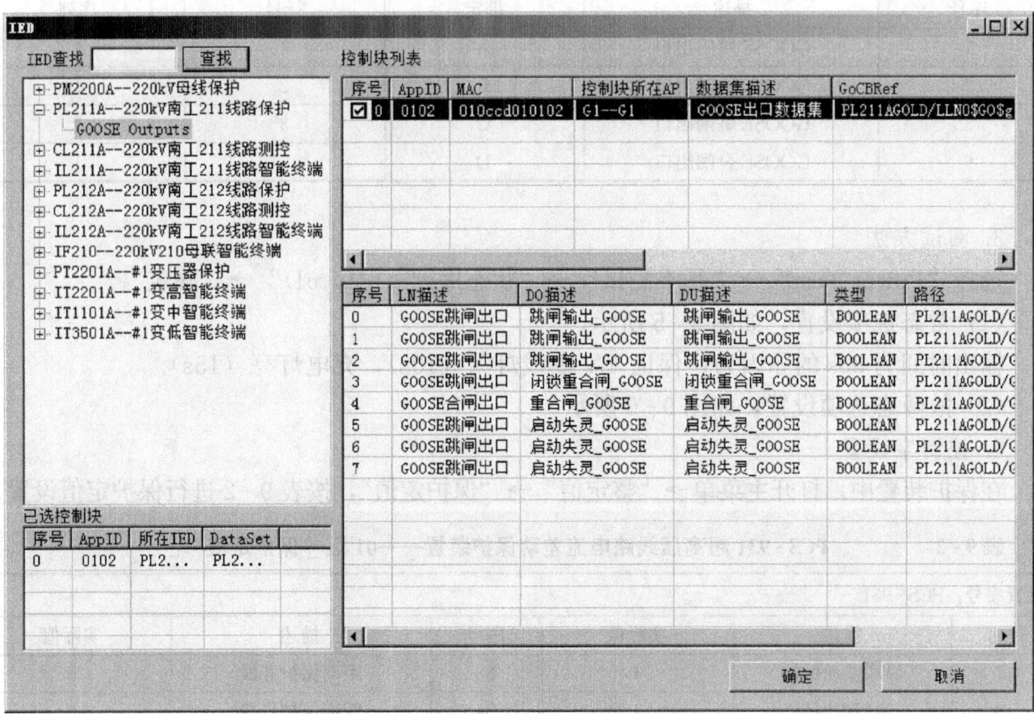

图 9 - 3　IED 间隔选择

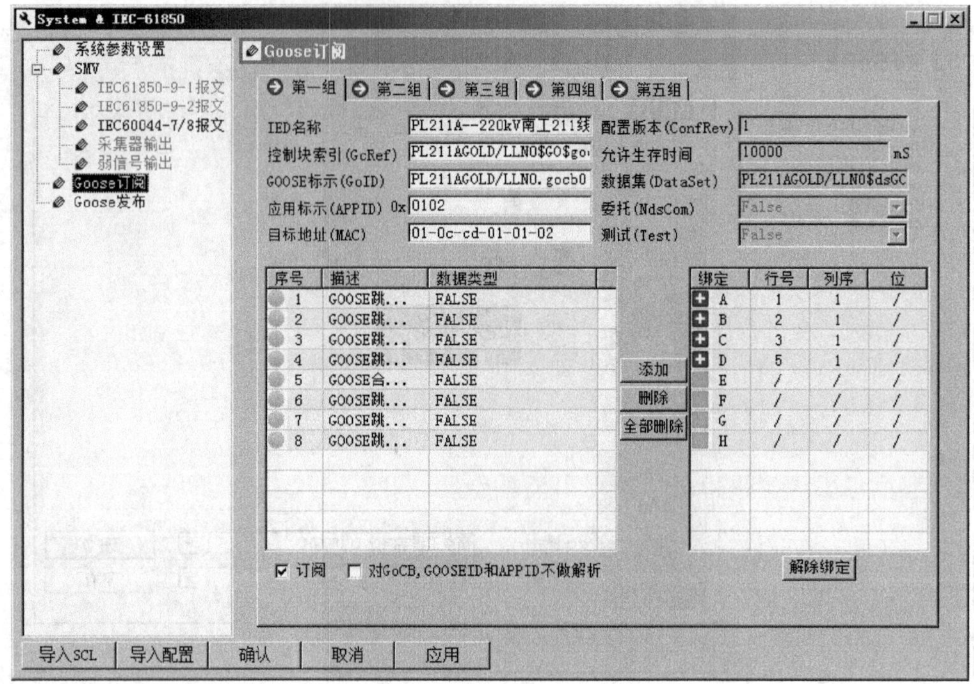

图 9-4 GOOSE 绑定示意图

表 9-1 GOOSE 绑定方案

序号	描述	绑定	行号	序列
1	GOOSE 跳闸出口	A	1	1
2	GOOSE 跳闸出口	B	2	1
3	GOOSE 跳闸出口	C	3	1
5	GOOSE 合闸出口	D	5	1

3. 测试方法

选择“Power Test”→“基本测试”→“状态序列（6V，6I)”→“确定”。

(1) 常态选项设置，如图 9-5 所示。

输出时间为 30s 的原因为：保证 TV 断线灯灭（10s），充电灯亮（15s）。

(2) 故障态选项设置，如图 9-6 所示。

4. 控制字设置

在保护装置中，打开主菜单→“整定值”→“保护定值”，按表 9-2 进行保护定值设置。

表 9-2 PCS-931 超高压线路电流差动保护装置——01 区 _ 保护定值

装置编号：PCS-931

序号	描述	实际值	序号	描述	实际值
47	纵联差动保护	1	53	距离保护Ⅱ段	0
49	通信内时钟	1	54	距离保护Ⅲ段	0
51	振荡闭锁元件	1	62	单相重合闸	1
52	距离保护Ⅰ段	0	68	单相 KTP 启动重合闸	1

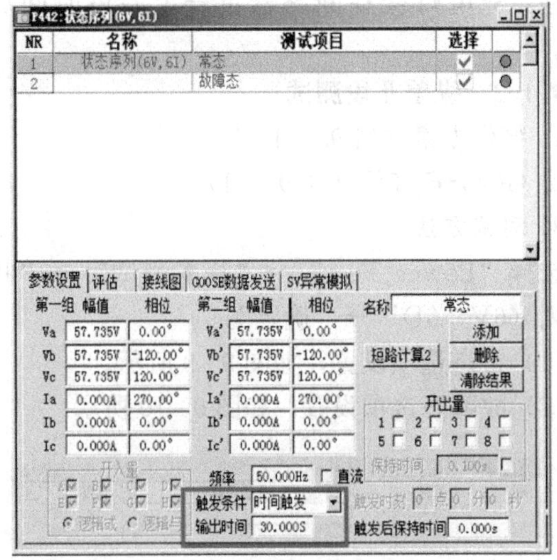

图 9-5　常态选项设置

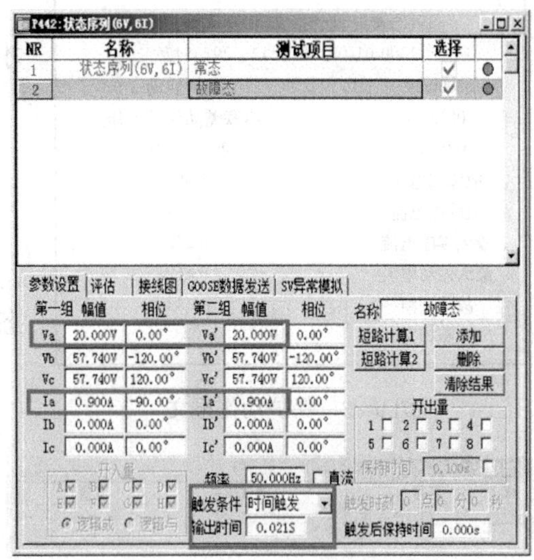

图 9-6　故障态选项设置

$U_a=U'_a=20\text{V}$；$I_a=I'_a=m\times0.5\times1.5\times I_{cdqd}=0.9\text{A}$

($m=1.2$，$I_{cdqd}=1\text{A}$)

5. 测试结果

在以上设置全部确认完成后，按下 F2 进行测试。

(1) Power Test 测试结果如图 9-7 所示。

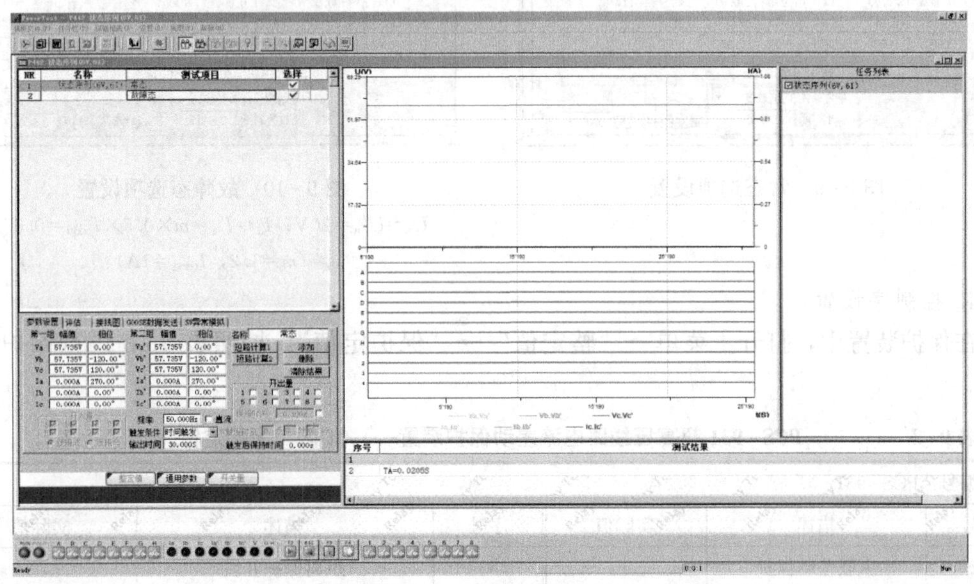

图 9-7　测试结果

(2) 从保护装置中读取动作报文：主菜单→“显示报告”→“动作报文”，如图 9-8 所示。

装置面板上：运行灯亮（绿）、报警灯亮（黄）、TV 断线灯亮（黄）、充电灯亮（黄）、A 相跳闸灯亮（红）、重合闸灯亮（红）。

◀ 1. 动作报文 No.164 ▶		
2000-01-03 01: 42: 29: 547		
0000ms		保护启动
0015ms	A	纵联差动保护动作
0856ms		重合闸动作
故障相电压		2.39V
故障相电流		0.22A
最大零序电流		0.22A
最大差动电流		0.46A
故障测距		3.80km
故障相别		A

图 9-8 保护动作报文

注：充电灯会在断路器重合上一段时间后才亮。

9.1.2 纵差Ⅱ段测试

1. 接线方案（同 9.1.1）

2. GOOSE 订阅（同 9.1.1）

3. 测试方法

选择“Power Test”→“基本测试”→“状态序列（6V，6I）”→“确定”。

（1）常态选项设置，如图 9-9 所示。

（2）故障态选项设置，如图 9-10 所示。

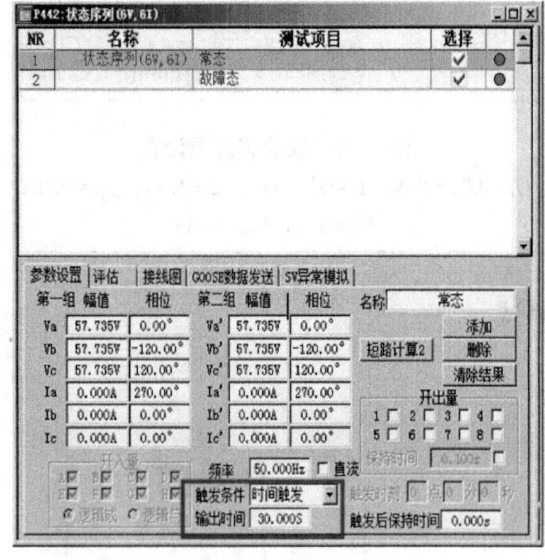

图 9-9 常态选项设置

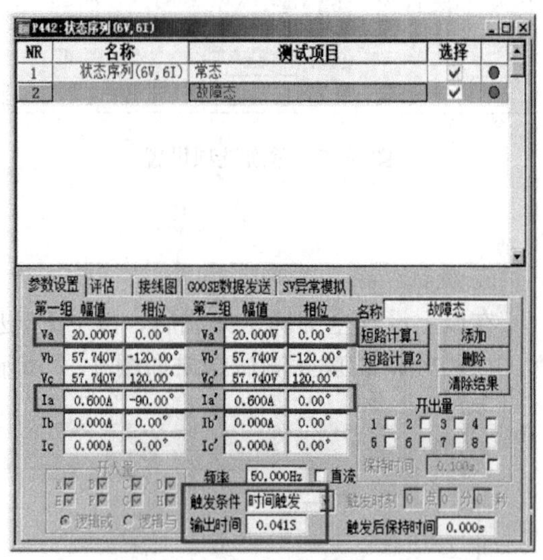

图 9-10 故障态选项设置

$U_a=U'_a=20\text{V}$；$I_a=I'_a=m\times0.5\times I_{cdqd}=0.6\text{A}$

（$m=1.2$，$I_{cdqd}=1\text{A}$）

4. 控制字设置

在保护装置中，打开主菜单→“整定值”→“保护定值”，按照表 9-3 进行保护定值设置。

表 9-3 PCS-931 超高压线路电流差动保护装置——01 区 _ 保护定值

装置编号：PCS-931					
序号	描述	实际值	序号	描述	实际值
47	纵联差动保护	1	53	距离保护Ⅱ段	0
49	通信内时钟	1	54	距离保护Ⅲ段	0
51	振荡闭锁元件	1	62	单相重合闸	1
52	距离保护Ⅰ段	0	68	单相 KTP 启动重合闸	1

5. 测试结果

在以上设置全部确认完成后，按下 F2 进行测试。

保护装置主菜单动作报文：主菜单→“显示报告”→“动作报文”，如图9-11所示。

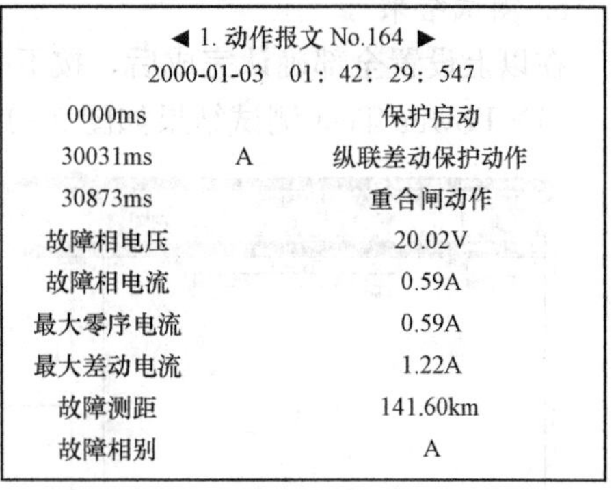

图9-11 保护动作报文

装置面板上：运行灯亮（绿）、报警灯亮（黄）、TV断线灯亮（黄）、充电灯亮（黄）、A相跳闸灯亮（红）、重合闸灯亮（红）。

注：充电灯会在断路器重合上一段时间后才亮。

9.1.3 零序差动保护测试

1. 接线方案（同9.1.1）
2. GOOSE订阅（同9.1.1）
3. 测试方法

双击“Power Test”→“基本测试”→“状态序列（6V，6I）”→“确定”。

（1）常态选项设置，如图9-12所示。

（2）故障态选项设置，如图9-13所示。

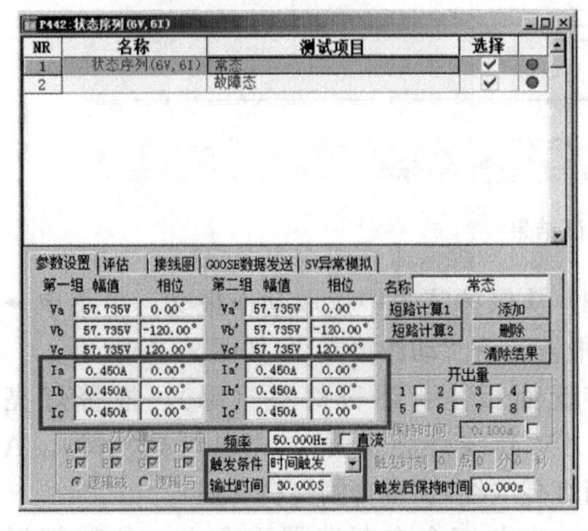

图9-12 常态选项设置

$I_a=I'_a=0.45A，0°；I_b=I'_b=0.45A，0°；I_c=I'_c=0.45A，0°$

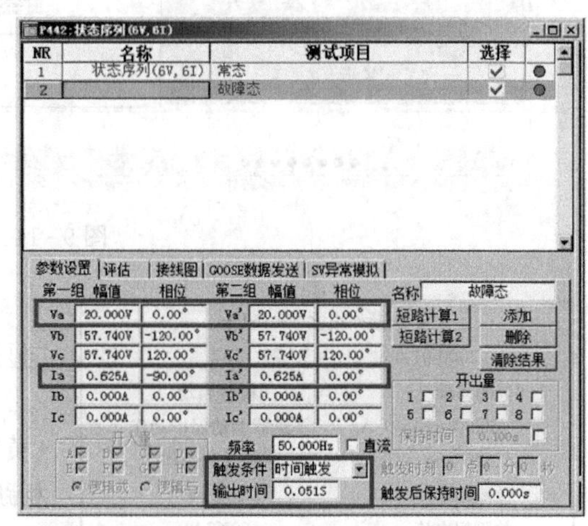

图9-13 故障态选项设置

$U_a=U'_a=20V；I_a=I'_a=m\times0.5\times I_{cdqd}=0.625A$（$m=1.25，I_{cdqd}=1A$）

4. 控制字设置

在保护装置中，打开主菜单→“整定值”→“保护定值”，按表9-4进行保护定值设置。

表9-4 PCS-931超高压线路电流差动保护装置——01区_保护定值

装置编号：PCS-931

序号	描述	实际值	序号	描述	实际值
47	纵联差动保护	1	53	距离保护Ⅱ段	0
49	通信内时钟	1	54	距离保护Ⅲ段	0
51	振荡闭锁元件	1	62	单相重合闸	1
52	距离保护Ⅰ段	0	68	单相KTP启动重合闸	1

5. 测试结果

在以上设置全部确认完成后，按下 F2 进行测试。

(1) Power Test 测试结果如图 9-14 所示。

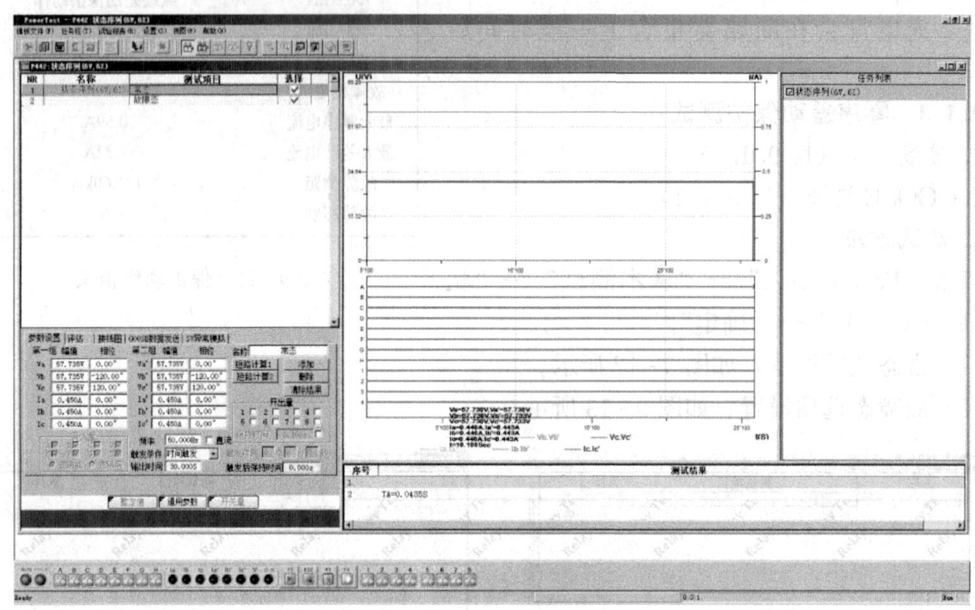

图 9-14 测试结果

◀ 1. 动作报文 No.164 ▶

2000-01-03 01：42：29：547

0000ms		保护启动
30034ms	A	纵联差动保护动作
30876ms		重合闸动作
故障相电压		20.02V
故障相电流		0.62A
最大零序电流		0.62A
最大差动电流		1.25A
故障测距		137.4m
故障相别		A

图 9-15 保护动作报文

(2) 从保护装置中读取动作报文：主菜单→“显示报告”→“动作报文”，如图 9-15 所示。

装置面板上：运行灯亮（绿）、报警灯亮（黄）、TV 断线灯亮（黄）、充电灯亮（黄）、A 相跳闸灯亮（红）、重合闸灯亮（红）。

注：充电灯会在断路器重合上一段时间后才亮。

9.1.4 TV 断线相过电流实验

1. 接线方案（同 9.1.1）

2. GOOSE 订阅（同 9.1.1）

3. 控制字设置

在保护装置中，打开主菜单→“整定值”→“保护定值”，按表 9-5 进行保护定值设置。

表 9-5　　PCS-931 超高压线路电流差动保护装置——01 区 _ 保护定值

装置编号：PCS-931

序号	描述	实际值	序号	描述	实际值
47	纵联差动保护	0	54	距离保护Ⅲ段	1
52	距离保护Ⅰ段	1	55	零序电流保护	0
53	距离保护Ⅱ段	1			

4. 测试方法

(1) 选择“Power Test”→“基本测试”→“通用试验（6V，6I）”→“确定”，进行参数设置，如图9-16所示。设置$U_a=U_b=U_c=0V$，$I_a=I_b=I_c=0A$。

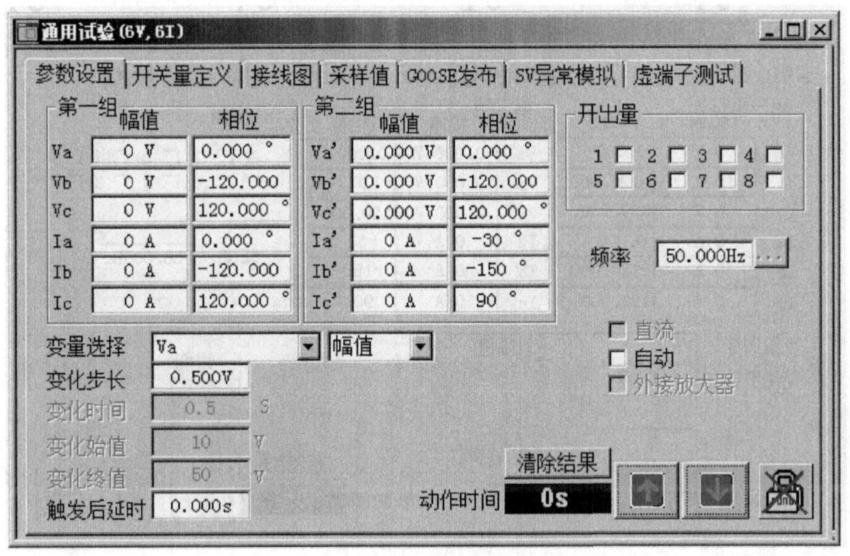

图9-16　参数设置

(2) 按“F2”，单击“”，当“Pone”变红闪烁时，设置$I_a=I'_a=0.65A$，回车（确认），再按“Pone”。记录动作时间2.0290s。

5. 测试结果

从保护装置中读取动作报文：主菜单→“显示报告”→“动作报文”，如图9-17所示。

◀ 1. 动作报文 No.164 ▶

2000-01-03　01：42：29：547

0000ms		保护启动
2021ms	ABC	TV 断线相过电流动作
故障相电压		0V
故障相电流		0.62A
最大零序电流		0.62A
最大差动电流		1.3A
故障测距		0 km
故障相别		A

图9-17　保护动作报文

装置面板上：运行灯亮（绿）、报警灯亮（黄）、TV断线灯亮（黄）、A相跳闸灯亮（红）、B相跳闸灯亮（红）、C相跳闸灯亮（红）。

9.1.5 TV断线零序过电流实验

1. 接线方案（同9.1.1）

2. GOOSE订阅（同9.1.1）

3. 控制字设置

在保护屏中，打开主菜单→“整定值”→“保护定值”，按表9-6进行保护定值设置。

表9-6　PCS-931超高压线路电流差动保护装置——01区_保护定值

装置编号：PCS-931

序号	描述	实际值	序号	描述	实际值
47	纵联差动保护	0	54	距离保护Ⅲ段	1
52	距离保护Ⅰ段	1	55	零序电流保护	0
53	距离保护Ⅱ段	1			

4. 测试方法

(1) 选择“Power Test”→“基本测试”→“通用试验（6V，6I)”→“确定”，进行参数设置，如图 9-18 所示。设置 $U_a=U_b=U_c=0$，$I_a=I_b=I_c=0$。

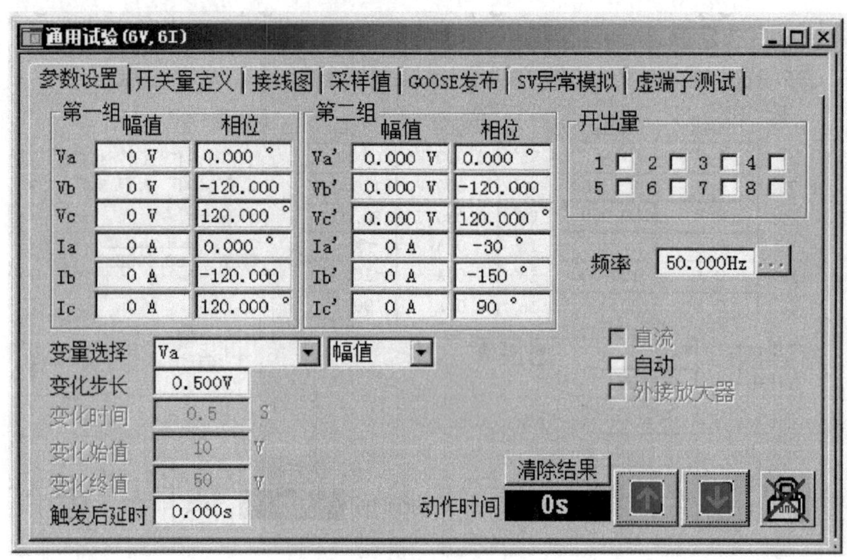

图 9-18　参数设置

(2) 按“F2”，单击“ ”，当“Pone”变红闪烁时，设置 $I_a=I'_a=0.75$A，回车（确认），再按“Pone”（解锁）。记录动作时间 2.0245s。

5. 测试结果

从保护装置中读取动作报文：主菜单→“显示报告”→“动作报文”，如图 9-19 所示。

◀ 1. 动作报文 No.164 ▶

2000-01-03　01：42：29：547

0000ms		保护启动
2018ms	ABC	TV 断线相过电流动作
2021ms	ABC	TV 断线零序过电流动作
故障相电压		0V
故障相电流		0.74A
最大零序电流		0.74A
最大差动电流		1.5A
故障测距		0m
故障相别		A

图 9-19　保护动作报文

装置面板上：运行灯亮（绿）、报警灯亮（黄）、TV 断线灯亮（黄）、A 相跳闸灯亮（红）、B 相跳闸灯亮（红）、C 相跳闸灯亮（红）。

9.1.6　零序过电流Ⅱ段保护实验

1. 接线方案（同 9.1.1）

2. GOOSE 订阅（同 9.1.1）

3. 控制字设置

在保护装置中，打开主菜单→“整定值”→“保护定值”，按表 9-7 进行保护定值设置：

表 9-7　　PCS-931 超高压线路电流差动保护装置——01 区 _ 保护定值

装置编号：PCS-931

序号	描述	实际值	序号	描述	实际值
52	距离保护Ⅰ段	0	55	零序电流保护	1
53	距离保护Ⅱ段	0	62	单相重合闸	1
54	距离保护Ⅲ段	0	68	单相 KTP 启动重合闸	1

4. Power Test 测试

选择“Power Test”→“基本测试”→“状态序列（6V，6I）”→“确定”。

（1）常态选项设置，如图 9-20 所示。

（2）故障态选项设置，如图 9-21 所示。

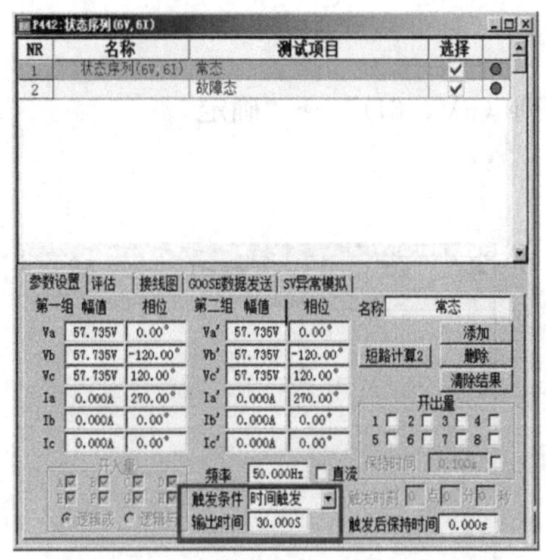

图 9-20　常态选项设置

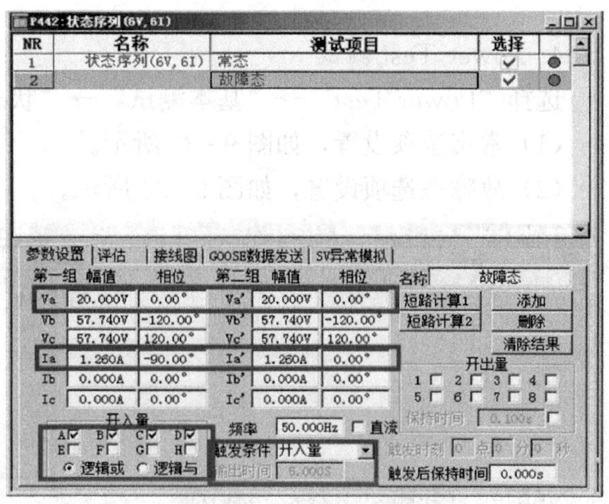

图 9-21　故障态选项设置

$U_a=U'_a=20V$；$I_a=I'_a=1.05I_{set}=1.26A$

$(I_{set}=1.2A)$

5. 测试结果

在以上设置全部确认完成后，按下 F2 进行测试。

（1）Power Test 测试结果：

序号	测试结果
2	$T_A=0.3282s$

（2）从保护装置中读取动作报文：主菜单→“显示报告”→“动作报文”，如图 9-22 所示。

装置面板上：运行灯亮（绿）、报警灯亮（黄）、TV 断线灯亮（黄）、A 相跳闸灯亮（红）、重合闸灯亮（红）。

注：充电灯会在断路器重合上一段时间后才亮。

◀ 1. 动作报文 No.164 ▶

2000-01-03　01：42：29：547

0000ms		保护启动
0322ms	A	零序过流Ⅱ段动作
1163ms		重合闸动作
故障相电压		19.99V
故障相电流		1.16A
最大零序电流		1.16A
最大差动电流		2.33A
故障测距		72km
故障相别		A

图 9-22　保护动作报文

9.1.7　零序过电流Ⅲ段保护实验

1. 接线方案（同 9.1.1）

2. GOOSE 订阅（同 9.1.1）

3. 控制字设置

在保护屏中，打开主菜单→“整定值”→“保护定值”，按表 9-8 进行保护定值设置。

表 9-8　　PCS-931 超高压线路电流差动保护装置——01 区 _ 保护定值

装置编号：PCS-931

序号	描述	实际值	序号	描述	实际值
52	距离保护Ⅰ段	0	53	距离保护Ⅱ段	0
54	距离保护Ⅲ段	0	55	零序电流保护	1

4. Power Test 测试

选择“Power Test”→“基本测试”→“状态序列（6V，6I)”→“确定”。

(1) 常态选项设置，如图 9-23 所示。

(2) 故障态选项设置，如图 9-24 所示。

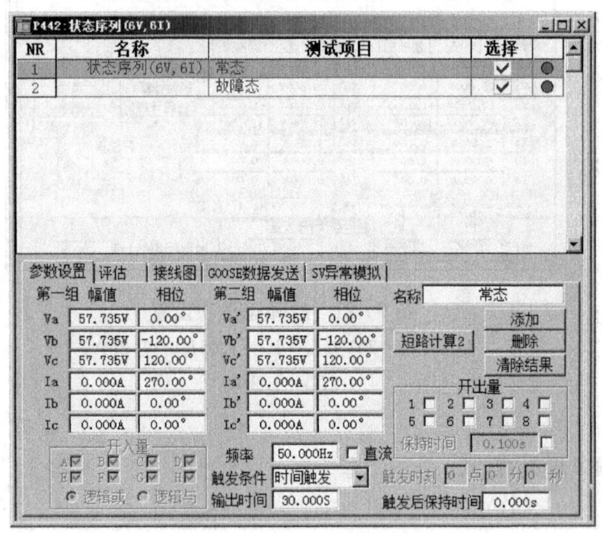

图 9-23　常态选项设置

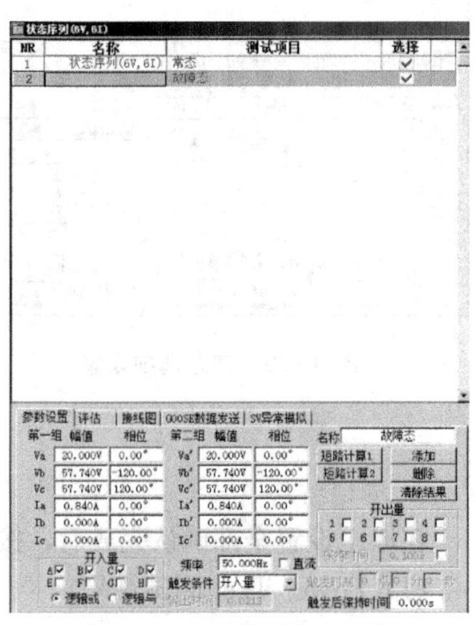

图 9-24　故障态选项设置

$U_a = U'_a = 20V$；$I_a = I'_a = 1.05I_{set} = 0.84A$

($I_{set} = 0.8A$)

5. 测试结果

在以上设置全部确认完成后，按下 F2 进行测试。

(1) Power Test 测试结果：

序号	测试结果
2	$T_A = 2.0282s$，$T_B = 2.0282s$，$T_C = 2.0282s$

◀ 1. 动作报文 No.164 ▶

2000-01-03　01：42：29：547

0000ms		保护启动
2021ms	ABC	零序过流Ⅲ段动作
故障相电压		19.91V
故障相电流		0.74A
最大零序电流		0.74A
最大差动电流		1.48A
故障测距		110.20km

图 9-25　保护动作报文

(2) 从保护装置中读取动作报文：主菜单→“显示报告”→“动作报文”，如图 9-25 所示。装置面板上：运行灯亮（绿）、报警灯亮（黄）、TV 断线灯亮（黄）、A 相跳闸灯亮（红）、B 相跳闸灯亮（红）、C 相跳闸灯亮（红）。

9.1.8 距离保护实验

1. 接线方案（同 9.1.1）

2. GOOSE 订阅（同 9.1.1）

3. 控制字设置

在保护屏中，打开主菜单→“整定值”→“保护定值”，按表 9-9 进行保护定值设置。

表 9-9　PCS-931 超高压线路电流差动保护装置——01 区 _ 保护定值

装置编号：PCS-931

序号	描述	实际值	序号	描述	实际值
47	纵差保护	0	52	距离保护Ⅰ段	1
53	距离保护Ⅱ段	1	54	距离保护Ⅲ段	1
55	零序电流保护	0			

4. Power Test 测试

选择“Power Test”→“专项测试”→“距离保护”→“确定”。

（1）整定值。整定值须同时在保护窗口中更改，以确保整定值与图 9-26 所示保持一致，在保护窗口中，单击主菜单→“整定值”→“保护定值”，按表 9-10 进行更改。

表 9-10　距离保护定值

13	接地距离Ⅰ段定值	4.00Ω
14	接地距离Ⅱ段定值	15.00Ω
16	接地距离Ⅲ段定值	16.00Ω
18	相间距离Ⅰ段定值	4.00Ω
19	相间距离Ⅱ段定值	15.00Ω
21	相间距离Ⅲ段定值	16.00Ω
15	接地距离Ⅱ段时间	0.50s
17	接地距离Ⅲ段时间	1.20s
20	相间距离Ⅱ段时间	0.50s
22	相间距离Ⅲ段时间	2.00s

（2）通用参数。如图 9-27 所示设置通用参数。

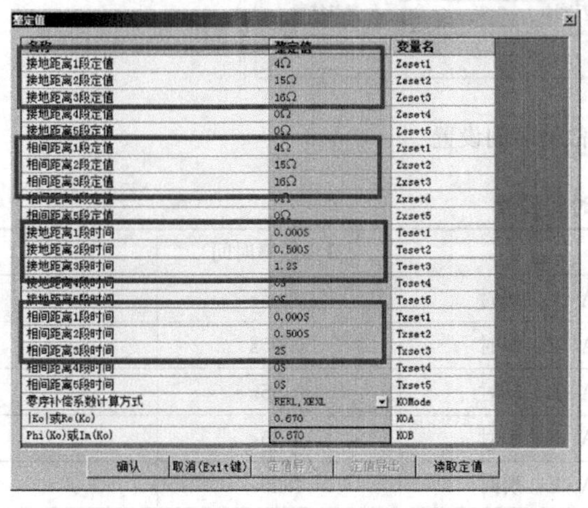

图 9-26　测试仪定值设置

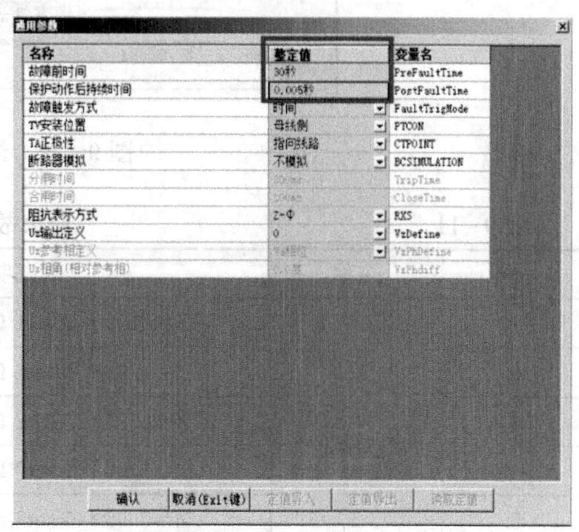

图 9-27　通用参数设置

（3）添加测试项。如图 9-28 所示进行测试项的添加。

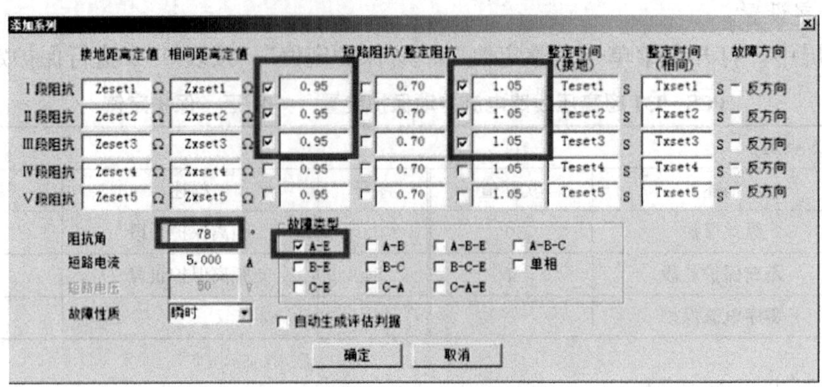

图 9-28 添加测试项

（4）设置每一测试项的最大故障时间。首先删除第一行原有的测试项，然后如图 9-29 所示进行设置。各测试项的最大故障时间按表 9-11 分别整定。

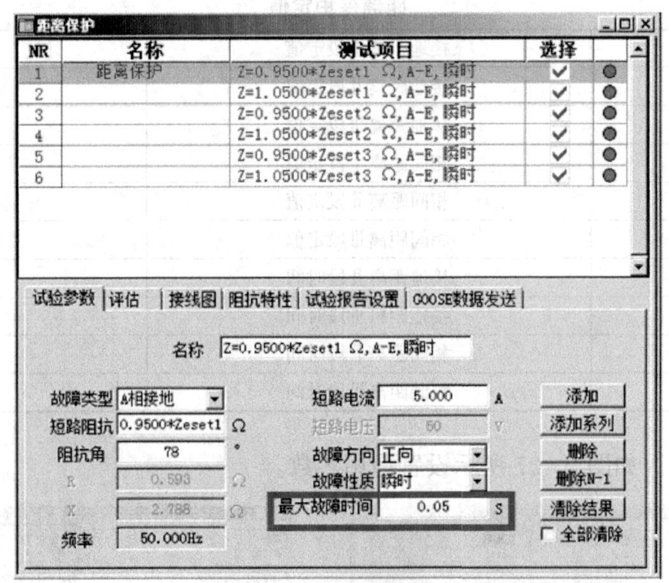

图 9-29 最大故障时间设置

表 9-11 **最大故障时间设置**

序号	名称	测试项目	最大故障时间	选择
1	距离保护	Z=0.95＊Zeset1 Ω，A-E，瞬时	0.05s	√
2		Z=1.05＊Zeset1 Ω，A-E，瞬时	0.05s	√
3		Z=0.95＊Zeset2 Ω，A-E，瞬时	0.55s	√
4		Z=1.05＊Zeset2 Ω，A-E，瞬时	0.55s	√
5		Z=0.95＊Zeset3 Ω，A-E，瞬时	1.25s	√
6		Z=1.05＊Zeset3 Ω，A-E，瞬时	1.25s	√

5. 测试结果

在以上设置全部确认完成后，按下 F2 进行测试。

（1）以图 9-30 为例，勾选测试项目 1 进行距离Ⅰ段保护实验。

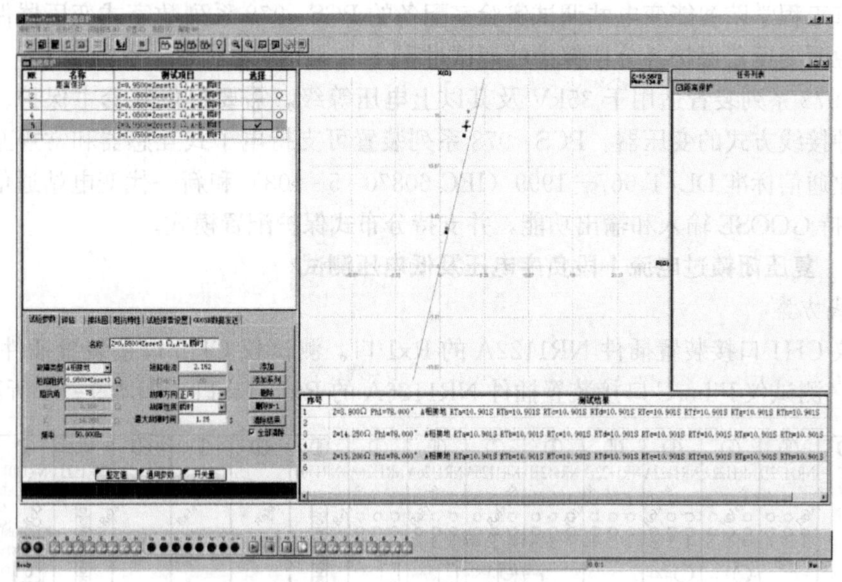

图 9-30　测试结果图

从保护装置中读取动作报文：主菜单→“显示报告”→“动作报文”，如图 9-31 所示。

装置面板上：运行灯亮（绿）、报警灯亮（黄）、TV 断线灯亮（黄）、A 相跳闸灯亮（红）、重合闸灯亮（红）。

（2）勾选测试项目 3 进行距离Ⅱ段保护实验。

从保护装置中读取动作报文：主菜单→“显示报告”→“动作报文”，如图 9-32 所示。

装置面板上：运行灯亮（绿）、报警灯亮（黄）、TV 断线灯亮（黄）、A 相跳闸灯亮（红）、重合闸灯亮（红）。

（3）勾选测试项目 5 进行距离Ⅲ段保护实验。

从保护装置中读取动作报文：主菜单→“显示报告”→“动作报文”，如图 9-33 所示。

装置面板上：运行灯亮（绿）、报警灯亮（黄）、TV 断线灯亮（黄）、A 相跳闸灯亮（红）、B 相跳闸灯亮（红）、C 相跳闸灯亮（红）。

◂ 1. 动作报文 No.164 ▸

2000-01-03　01：42：29：547

0000ms		保护启动
0048ms	A	接地距离Ⅰ段动作
0083ms		重合闸动作
故障相电压		28.03V
故障相电流		4.61A
最大零序电流		4.61A
最大差动电流		9.24A
故障测距		21.80km
故障相别		A

图 9-31　保护动作报文（一）

◂ 1. 动作报文 No.164 ▸

2000-01-03　01：42：29：547

0000ms		保护启动
0201ms		启动板采样异常录波
0525ms	A	接地距离Ⅱ段动作
1368ms		重合闸动作
故障相电压		56.94V
故障相电流		2.39A
最大零序电流		2.39A
最大差动电流		4.80A
故障测距		97.60km
故障相别		A

图 9-32　保护动作报文（二）

◂ 1. 动作报文 No.164 ▸

2000-01-03　01：42：29：547

0000ms		保护启动
0203ms		启动板采样异常录波
1224ms	ABC	接地距离Ⅲ段动作
故障相电压		54.66V
故障相电流		2.15A
最大零序电流		2.15A
最大差动电流		4.29A
故障测距		105.20km
故障相别		A

图 9-33　保护动作报文（三）

9.2 变压器保护调试典型案例

以南京工程学院智能变电站调试实验室配备的 PCS - 978 系列数字式变压器保护装置为例，详细说明变压器保护各分项保护的调试过程。

PCS - 978 系列装置适用于 35kV 及其以上电压等级，需要提供双套主保护、双套后备保护的各种接线方式的变压器。PCS - 978 系列装置可支持电子式互感器和常规互感器，支持电力行业通信标准 DL/T 667—1999（IEC 60870 - 5 - 103）和新一代变电站通信标准 IEC 61850，支持 GOOSE 输入和输出功能，并支持分布式保护配置模式。

9.2.1 复压闭锁过电流Ⅰ段负序电压及低电压测试

1. 接线方案

测试仪 CH1 口接装置插件 NR1122A 的 Rx1 口。测试仪 CH2 口接装置插件 NR1122A 的 Rx1 口。测试仪 FiberC 口接装置插件 NR1126A 的 Rx、Tx 口，如图 9 - 34 所示。

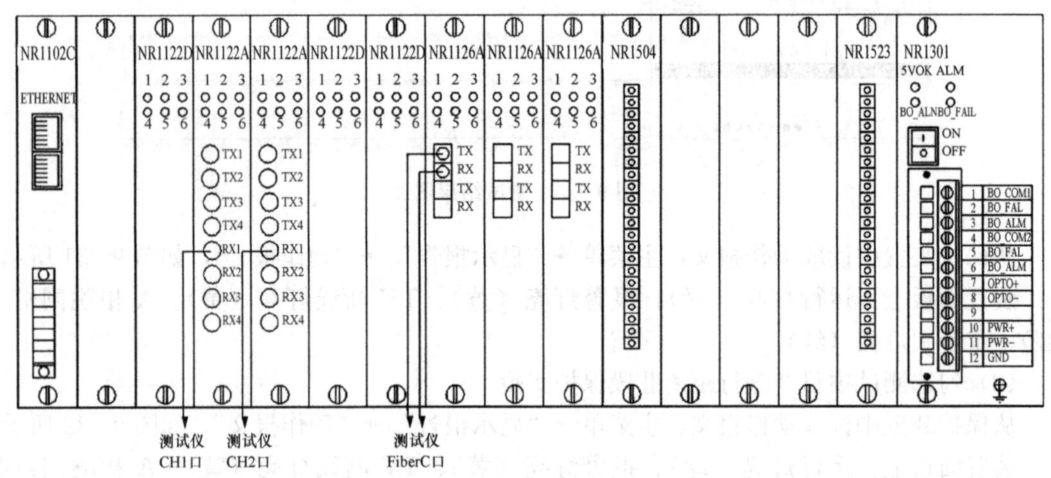

图 9 - 34 测试接线图

2. 硬连接片设置

按表 9 - 12 在保护屏上进行硬连接片设置。

表 9 - 12 复压闭锁过电流Ⅰ段负序电压及低电压试验——硬连接片设置

投检修	投差动	投高压侧相间后备	投高压侧接地零序	投高压侧不接地零序	退高压侧电压	投中压侧相间后备	投中压侧接地零序	投中压侧不接地零序	退中压侧电压	投低压侧后备	退低压侧电压
0	0	1	1	1	1	1	1	1	0	1	0

3. 保护定值设置

（1）单击保护装置菜单栏，“整定值”→“高后备保护定值”→“确认”→“整定区号：01”→“确认”（具体参数设置见表 9 - 13）。

表 9-13　　PCS-978 变压器成套保护装置——01 区 _ 高后备保护定值

装置编号：PCS-978

序号	描述	实际值	序号	描述	实际值
01	低电压闭锁定值	70.00%U_{pp}	08	零序过电流Ⅰ段定值	1800.00A
02	负序电压闭锁定值	8.00%U_{pp}	09	零序过电流Ⅰ段1时限	1.000s
03	复压闭锁过电流Ⅰ段定值	1800.00A	10	零序过电流Ⅰ段2时限	1.500s
04	复压闭锁过电流Ⅰ段1时限	0.500s	11	零序过电流Ⅱ段定值	1200.00A
05	复压闭锁过电流Ⅰ段2时限	1.000s	12	零序过电流Ⅱ段时间	3.000s
06	复压闭锁过电流Ⅱ段定值	1200.00A	13	间隙电流时间	1.000s
07	复压闭锁过电流Ⅱ段时间	3.000s			

（2）单击保护装置菜单栏，“整定值”→“差动保护控制字定值”→“确认”→“整定区号：01”→“确认”（具体参数设置见表 9-14）。

表 9-14　　PCS-978 变压器成套保护装置——01 区 _ 差动保护控制字定值

装置编号：PCS-978

序号	描述	实际值	序号	描述	实际值
01	纵差差动速断	1	03	2 次谐波制动	1
02	纵差差动保护	1	04	TA 断线闭锁差动保护	0

注意：因差动保护硬连接片已退，该项软连接片设置不影响试验。

（3）单击保护装置菜单栏，“整定值”→“高后备保护控制字定值”→“确认”→“整定区号：01”→“确认”（具体参数设置见表 9-15）。

表 9-15　　PCS-978 变压器成套保护装置——01 区 _ 高后备保护控制字定值

装置编号：PCS-978

序号	描述	实际值	序号	描述	实际值
01	复压过电流Ⅰ段指向母线	0	06	零序过电流Ⅰ段1时限	0
02	复压闭锁过电流Ⅰ段1时限	1	07	零序过电流Ⅰ段2时限	0
03	复压闭锁过电流Ⅰ段2时限	1	08	零序过电流Ⅱ段	0
04	复压闭锁过电流Ⅱ段	1	09	间隙保护	0
05	零序过电流Ⅰ段指向母线	0	10	高压侧失灵经主变压器跳闸	0

（4）单击保护装置菜单栏，“整定值”→“软连接片”→“确认”→“整定区号：01”→“确认”（具体参数设置见表 9-16）。

表 9-16　　PCS-978 变压器成套保护装置——01 区 _ 软连接片

装置编号：PCS-978

序号	描述	实际值	序号	描述	实际值
01	远方修改定值	0	04	中压侧后备保护	0
02	主保护	0	05	低压侧后备保护	0
03	高压侧后备保护	1	06	低光纤1退出	0

续表

装置编号：PCS-978

序号	描述	实际值	序号	描述	实际值
07	光纤 3 退出	1	14	跳中压侧母联_GOOSE 软连接片	1
08	光纤 5 退出	1	15	跳低分段 1_GOOSE 软连接片	1
09	跳高压侧断路器 GOOSE 软连接片	1	16	跳低分段 2_GOOSE 软连接片	1
10	跳中压侧断路器 GOOSE 软连接片	1	17	闭中备投_GOOSE 软连接片	1
11	跳低压侧 1 支路断路器 GOOSE 软连接片	1	18	闭低备投 1_GOOSE 软连接片	1
12	跳低压侧 2 支路断路器 GOOSE 软连接片	1	19	闭低备投 2_GOOSE 软连接片	1
13	跳高压侧母联_GOOSE 软连接片	1	20	跳备用_GOOSE 软连接片	1

（5）单击保护装置菜单栏，“整定值”→“描述整定值”→“确认”→“整定区号：01”→“确认”（具体参数设置见表 9-17）。

表 9-17　PCS-978 变压器成套保护装置——01 区_描述整定值

装置编号：PCS-978

序号	描述	实际值	序号	描述	实际值
01	高压侧断路器名称	2201	03	低压侧断路器名称	3501
02	中压侧断路器名称	1101			

注意：当“报警灯”亮时，在主菜单→“本地命令”→“光纤延时确认”→“确认”。

4. GOOSE 绑定

（1）选择“Power Test”→“设置”→“系统/IEC 配置”→“SMV”→“GOOSE 订阅”→“导入 SCL”→“南京工程学院_20160504. scd”，如图 9-35 所示。

（2）选择“IED”→“PT2201A”—“1 号变压器保护”→“GOOSE Outputs”→“控制块列表”中“序号 0”→“确定”。如图 9-36 所示。

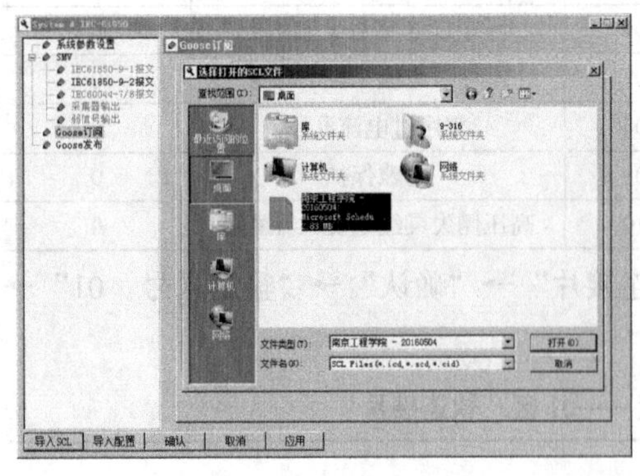

图 9-35　导入 SCL 文件

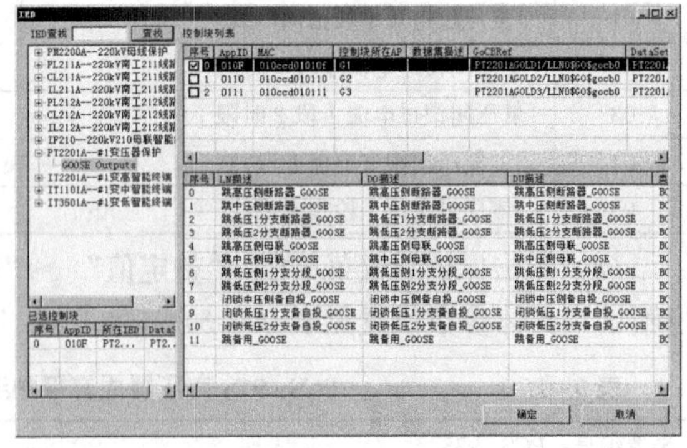

图 9-36　选择 IED

（3）进行相应的 GOOSE 绑定（注意：应先解除后绑定）→“应用”→“确认”，如图 9-37所示。

该项测试 GOOSE 绑定方案见表 9-18。

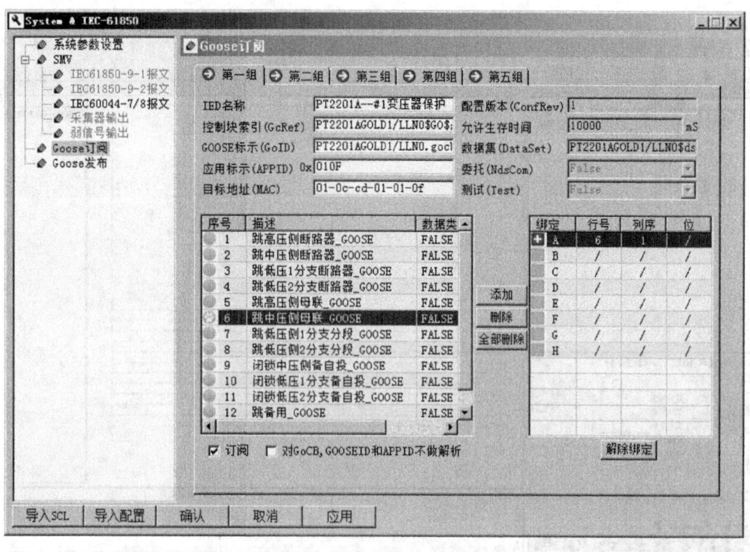

图 9-37　GOOSE 绑定

表 9-18　　　　**GOOSE 绑定方案**

序号	描述	绑定	行号	序列
6	跳中压侧母联	A	6	1

5. 测试方法

(1) 双击“Power Test”→“专项测试”→“复压闭锁（方向）过电流”→“待测试项目”，如图 9-38 所示。

(2) 整定值，如图 9-39 所示。

(3) 通用参数，如图 9-40 所示。

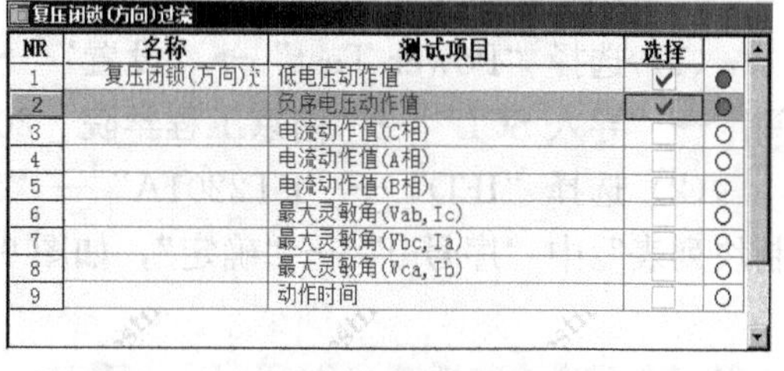

图 9-38　选择待测试项目

名称	整定值	变量名
低电压	70V	Vzd
负序电压	8V	V2zd
动作电流	15A	Izd
延时时间T1	1.000S	T1
最大灵敏角	45度	Phimax
动作区大小	180.0度	PhiSize
动作方向	指向变压器	IPoint
低电压定义	线电压	USetMode

图 9-39　整定值

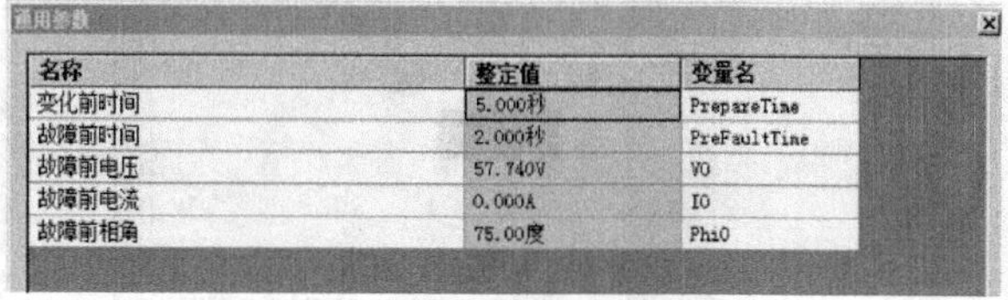

图 9-40　通用参数

6. 测试结果

在以上设置全部确认完成后，按下 F2 进行测试，得出如图 9-41 的测试结果。

9.2.2　复压闭锁Ⅰ、Ⅱ段时限测试

1. 接线方案（同 9.2.1）

2. 硬连接片设置（同 9.2.1）

3. 保护定值设置（同 9.2.1）

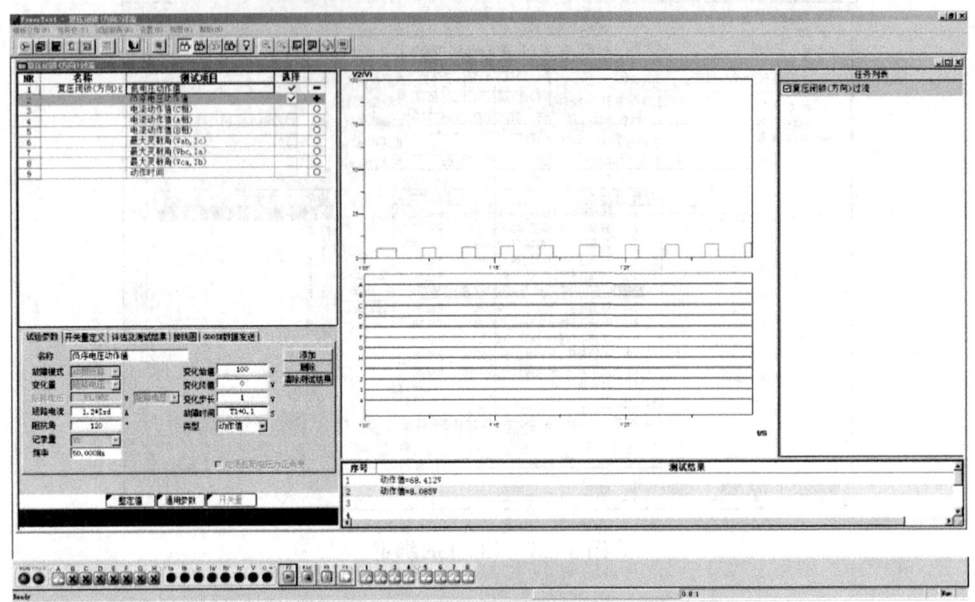

图 9 - 41 测试结果

注：1. 在做完低压后，需到保护屏复归，再勾选 U_2，按下 F2 进行负序电压动作值测试。

2. 如“报警灯”亮，在保护装置进入主菜单→“本地命令”→“光纤延时确认”→“确认”。

4. GOOSE 订阅

(1) 选择“Power Test”→“设置”→“系统/IEC 配置”→“SMV”→“GOOSE 订阅”→“导入 SCL”→“南京工程学院 _ 20160504. scd”，如图 9 - 42 所示。

(2) 选择“IED”→“PT2201A”—“1 号变压器保护”→“GOOSE Outputs”→“控制块列表”中“序号 0”→“确定”，如图 9 - 43 所示。

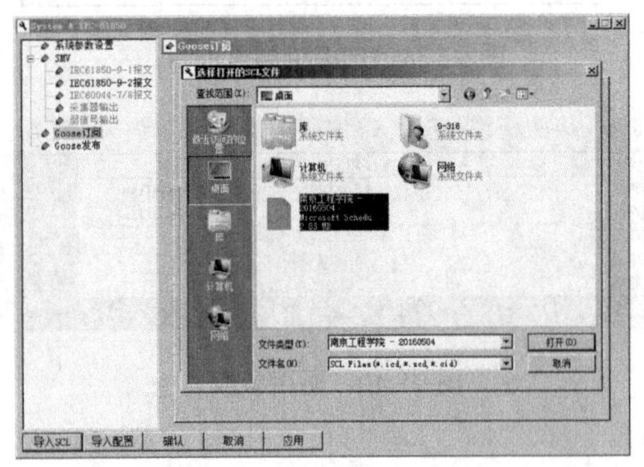

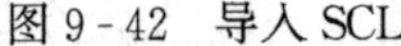

图 9 - 42 导入 SCL

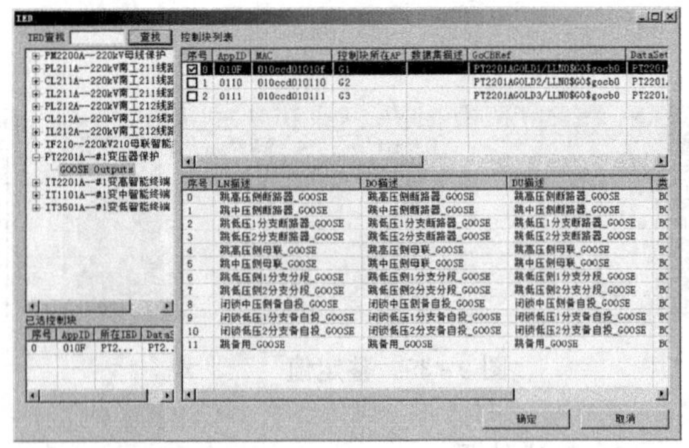

图 9 - 43 选择 IED

(3) 进行相应的 GOOSE 绑定（注意：应先解除后绑定）→“应用”→“确认”，如图 9 - 44所示。

该项测试 GOOSE 绑定方案见表 9 - 19。

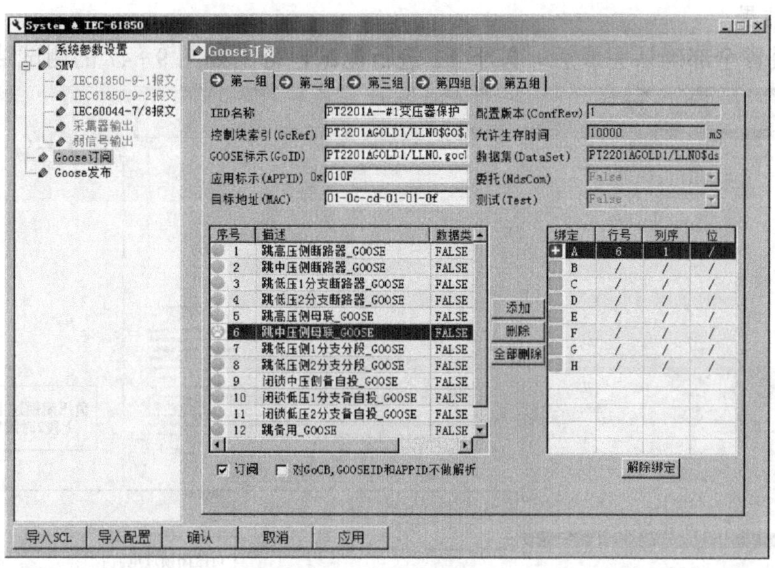

图 9-44　GOOSE 绑定

表 9-19　　GOOSE 绑定方案

序号	描述	绑定	行号	序列
1	跳高压侧断路器	A	1	1
2	跳中压侧断路器	B	2	1
3	跳低压 1 分支断路器	C	3	1
6	跳中压侧母联	D	6	1

5. 测试方法

选择“Power Test”→“基本测试”→“状态序列（4V，3I）”→“确认”。

（1）进行常态设置，如图 9-45 所示。

（2）进行故障态设置，如图 9-46 所示。

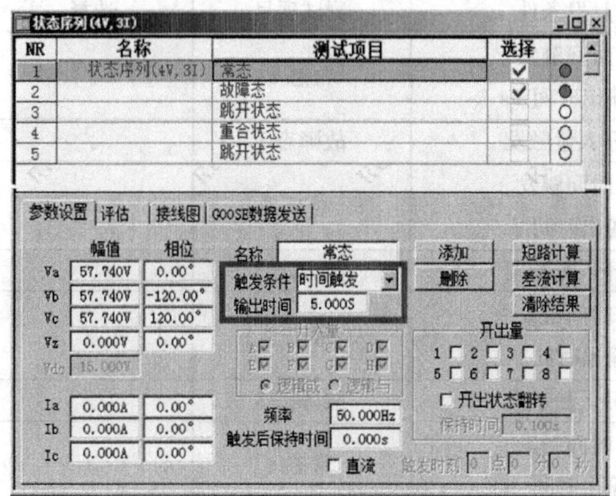

图 9-45　常态设置

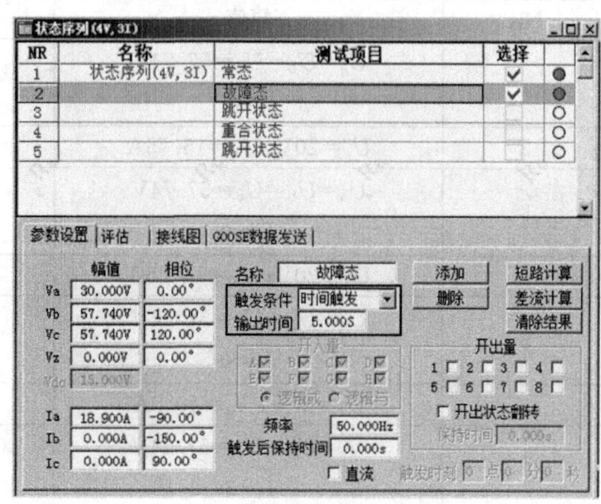

图 9-46　故障态设置

U_a=30V；I_a=18.9A，−90°

6. 测试结果

在以上设置全部确认完成后，按下 F2 进行测试，得出如图 9-47 的测试结果。

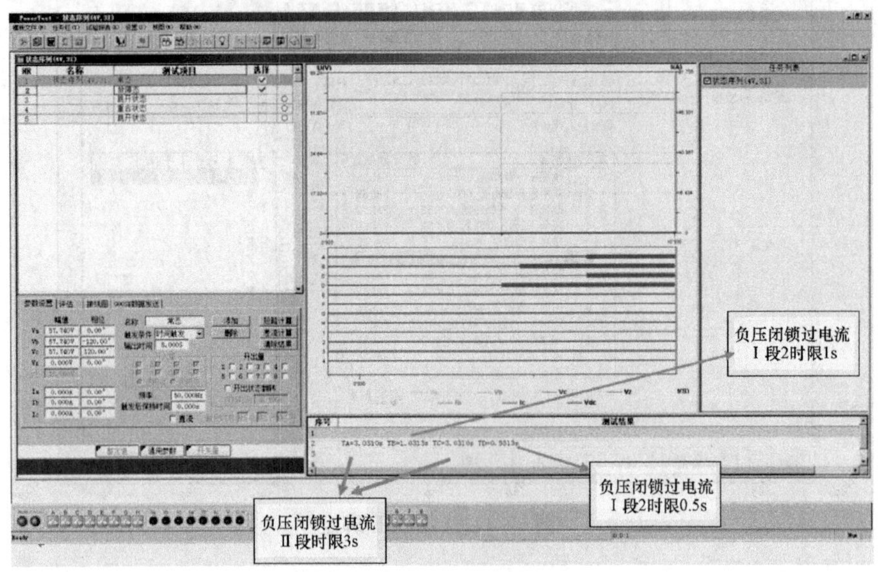

图 9-47 测试结果

9.2.3 复压闭锁Ⅰ、Ⅱ段动作值测试

1. 接线方案（同 9.2.1）
2. 硬连接片设置（同 9.2.1）
3. 保护定值设置（同 9.2.1）
4. GOOSE 订阅（同 9.2.2）
5. 测试方法

双击“Power Test”→“基本测试”→“状态序列（4V，3I）”→“确定”。如表 9-20 所示进行各测试项目设置。

表 9-20 测试项目设置

NR	幅值	触发条件	测试项目	选择
1	$U_a=U_b=U_c=57.74V$ $I_a=0$	时间触发 输出时间 5s	常态 1	√
2	$U_a=20V$，$I_a=15.75A$	开入量触发	故障态 1	√
3	$U_a=U_b=U_c=57.74V$ $I_a=0$	时间触发 输出时间 5s	常态 2	√
4	$U_a=20V$，$I_a=14.25A$	开入量触发	故障态 2	√
5	$U_a=U_b=U_c=57.74V$ $I_a=0$	时间触发 输出时间 5s	常态 3	√
6	$U_a=20V$，$I_a=10.5A$	开入量触发	故障态 3	√
7	$U_a=U_b=U_c=57.74V$ $I_a=0$	时间触发 输出时间 5s	常态 4	√
8	$U_a=20V$，$I_a=9.5A$	开入量+时间触发 输出时间 5s	故障态 4	√

(1) 常态1及故障态1设置，如图9-48所示。

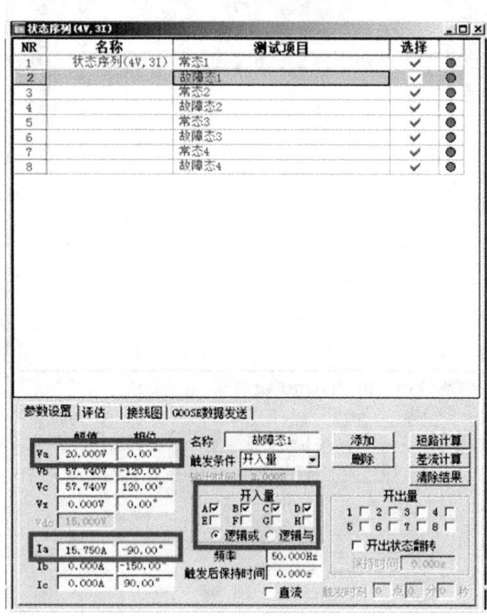

图9-48 测试设置（状态1）

(2) 常态2及故障态2设置，如图9-49所示。

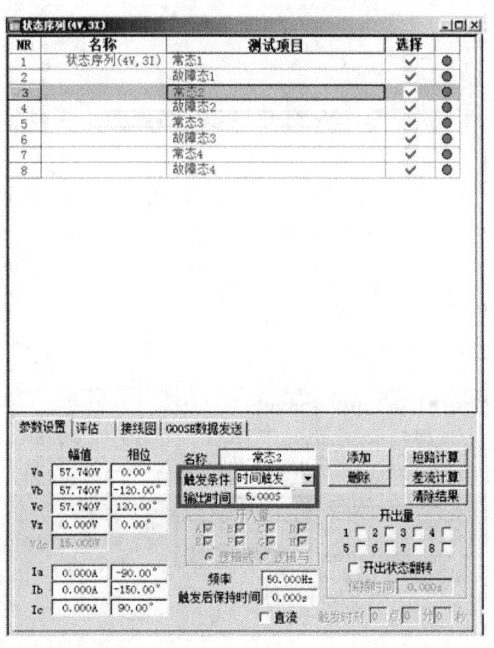

图9-49 测试设置（状态2）

(3) 常态3及故障态3设置，如图9-50所示。

(4) 常态4及故障态4设置，如图9-51所示。

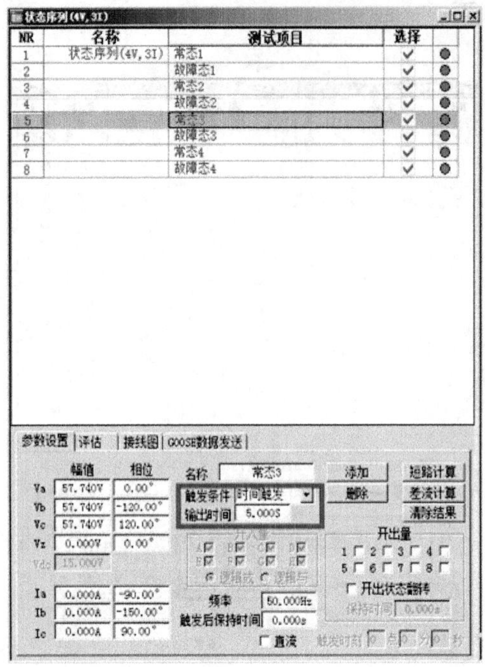
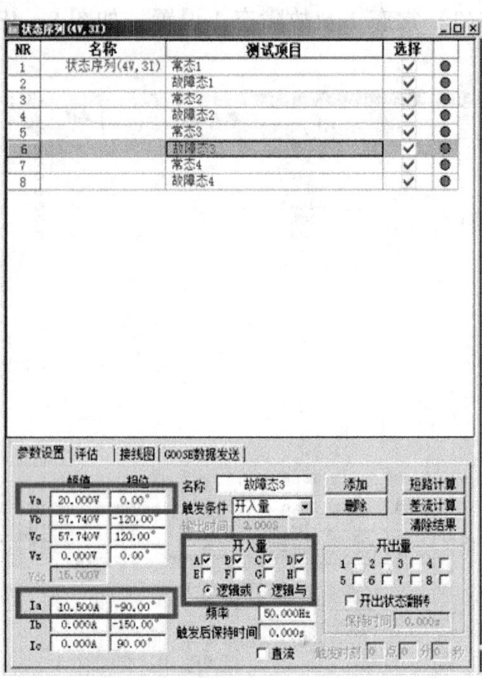

图 9-50 测试设置（状态 3）

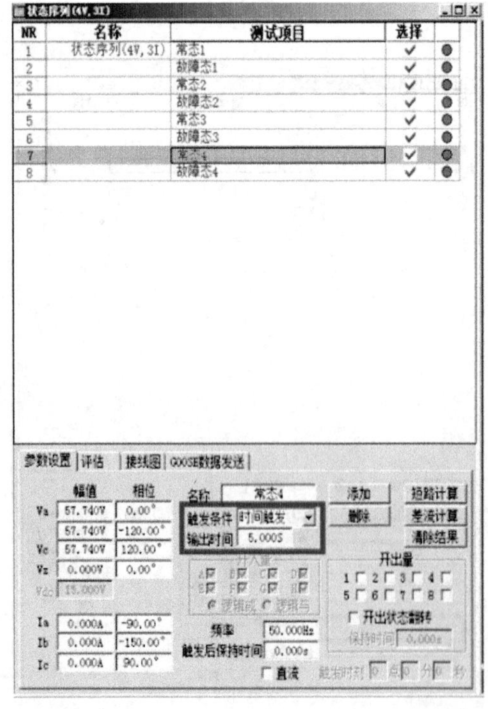
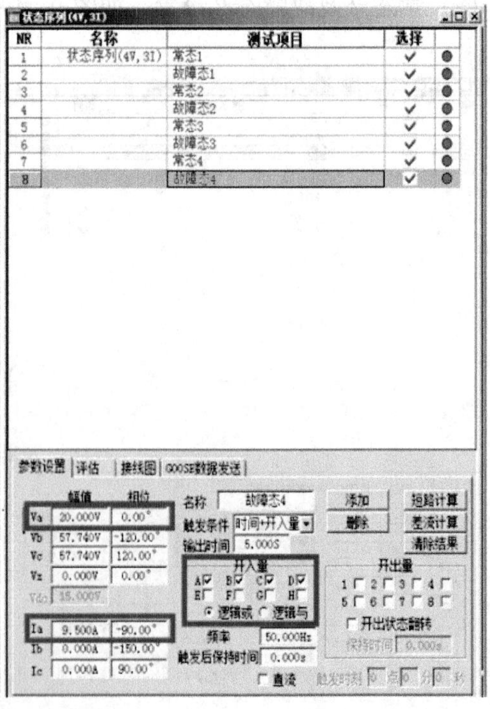

图 9-51 测试设置（状态 4）

6. 试验结果

在以上设置全部确认完成后，按下 F2 进行测试，得出如图 9-52 的测试结果（注意：

整定值、通用参数及开关量都不改动）。T_A 为高压侧断路器跳闸时间；T_B 为中压侧断路器跳闸时间；T_C 为低压侧断路器跳闸时间；T_D 为中压侧母联断路器跳闸时间。

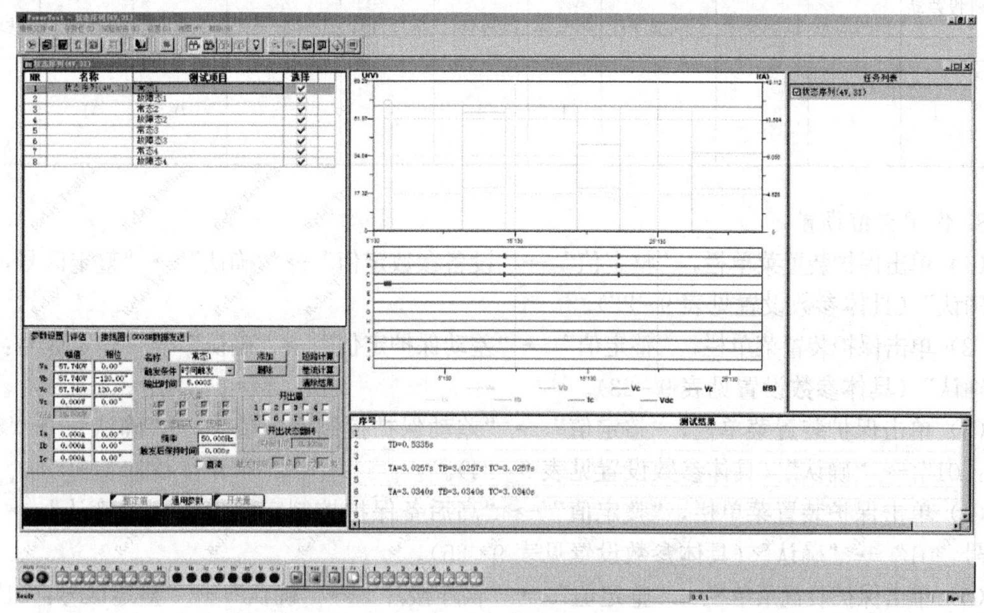

图 9-52　测试结果

9.2.4　变压器高—低侧比率差动测试

1. 接线方案

测试仪 CH1 口接装置插件 NR1122A 的 Rx1 口。

测试仪 CH2 口接装置插件 NR1122A 的 Rx1 口。

测试仪 FiberC 口接装置插件 NR1126A 的 Rx、Tx 口，如图 9-53 所示。

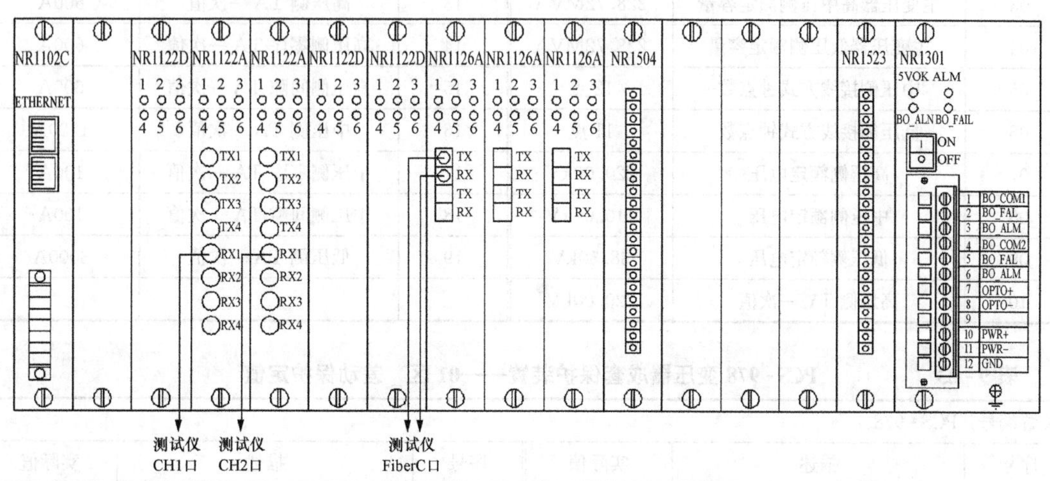

图 9-53　测试接线图

2. 硬连接片设置

按表 9-21 在保护屏上进行硬连接片设置。

表 9-21 变压器高—低侧差动比例试验_硬连接片设置

投检修	投差动	投高压侧相间后备	投高压侧接地零序	投高压侧不接地零序	退高压侧电压	投中压侧相间后备	投中压侧接地零序	投中压侧不接地零序	退中压侧电压	投低压侧后备	退低压侧电压
0	1	1	1	1	1	1	1	1	0	1	1

3. 保护定值设置

(1) 单击保护装置菜单栏，“整定值”→“设备参数定值”→“确认”→“整定区号：01”→“确认”(具体参数设置见表 9-22)。

(2) 单击保护装置菜单栏，“整定值”→“差动保护定值”→“确认”→“整定区号：01”→“确认”(具体参数设置见表 9-23)。

(3) 单击保护装置菜单栏，“整定值”→“差动保护控制字定值”→“确认”→“整定区号：01”→“确认”(具体参数设置见表 9-24)。

(4) 单击保护装置菜单栏，“整定值”→“高后备保护控制字定值”→“确认”→“整定区号：01”→“确认”(具体参数设置见表 9-25)。

(5) 单击保护装置菜单栏，“整定值”→“软连接片”→“确认”→“整定区号：01”→“确认”(具体参数设置见表 9-26)。

表 9-22 PCS-978 系列变压器成套保护装置——01 区_设备参数定值

装置编号：PCS-978

序号	描述	实际值	序号	描述	实际值
01	定值区号	1	11	中压侧 TV 一次值	110.00kV
02	被保护设备	PCS-978	12	低压侧 TV 一次值	38.5kV
03	主变压器高中压侧额定容量	228.72MVA	13	高压侧 TA 一次值	600A
04	主变压器低压侧额定容量	228.72MVA	14	高压侧零序 TA 一次值	600A
05	中压侧接线方式钟点数	12 点	15	高压侧间隙 TA 一次值	600A
06	低压侧接线方式钟点数	11 点	16	中压侧 TA 一次值	1200A
07	高压侧额定电压	220.00kV	17	中压侧零序 TA 一次值	100A
08	中压侧额定电压	110.00kV	18	中压侧间隙 TA 一次值	100A
09	低压侧额定电压	38.50kV	19	低压侧 TA 一次值	3000A
10	高压侧 TV 一次值	220.00kV			

表 9-23 PCS-978 变压器成套保护装置——01 区_差动保护定值

装置编号：PCS-978

序号	描述	实际值	序号	描述	实际值
01	纵差差动速断电流定值	4.00I_e	03	2 次谐波制动系数	0.15
02	纵差保护启动电流定值	0.30I_e			

表 9 - 24　PCS - 978 变压器成套保护装置——01 区 _ 差动保护控制字定值

装置编号：PCS - 978

序号	描述	实际值	序号	描述	实际值
01	纵差差动速断	1	03	2 次谐波制动	1
02	纵差差动保护	1	04	TA 断线闭锁差动保护	0

表 9 - 25　PCS - 978 变压器成套保护装置——01 区 _ 高后备保护控制字定值

装置编号：PCS - 978

序号	描述	实际值	序号	描述	实际值
01	复压过电流Ⅰ段指向母线	0	06	零序过电流Ⅰ段 1 时限	0
02	复压闭锁过电流Ⅰ段 1 时限	0	07	零序过电流Ⅰ段 2 时限	0
03	复压闭锁过电流Ⅰ段 2 时限	0	08	零序过电流Ⅱ段	0
04	复压闭锁过电流Ⅱ段	0	09	间隙保护	0
05	零序过电流Ⅰ段指向母线	0	10	高压侧失灵经主变跳闸	0

表 9 - 26　PCS - 978 变压器成套保护装置——01 区 _ 软连接片

装置编号：PCS - 978

序号	描述	实际值	序号	描述	实际值
01	远方修改定值	0	11	跳低压侧 1 支路断路器 GOOSE 软连接片	1
02	主保护	1	12	跳低压侧 2 支路断路器 GOOSE 软连接片	1
03	高压侧后备保护	0	13	跳高压侧母联 _ GOOSE 软连接片	1
04	中压侧后备保护	0	14	跳中压侧母联 _ GOOSE 软连接片	1
05	低压侧后备保护	0	15	跳低分段 1 _ GOOSE 软连接片	1
06	低光纤 1 退出	0	16	跳低分段 2 _ GOOSE 软连接片	1
07	光纤 3 退出	1	17	闭中备投 _ GOOSE 软连接片	1
08	光纤 5 退出	0	18	闭低备投 1 _ GOOSE 软连接片	1
09	跳高压侧断路器 GOOSE 软连接片	1	19	闭低备投 2 _ GOOSE 软连接片	1
10	跳中压侧断路器 GOOSE 软连接片	1	20	跳备用 _ GOOSE 软连接片	1

注意：如“报警灯”亮时，选择主菜单→“本地命令”→“光纤延时确认”→“确认”。

4. SV 设置

选择“Power Test”→“设置”→“系统/IEC 配置”。

（1）系统参数设置→测试仪类型：PWF 数字式测试仪；数字报文类型：IEC 60044 - 8（南瑞），如图 9 - 54 所示。

（2）“SMV”→“IEC 60044 - 7/8 报文”→“采样值报文：标准”→“被测装置采样率：4kHz”→“波特率：2.5Mbps”→“第二组”→检查 12 个通道和映射→“应用”→“确认”，如图 9 - 55 所示。

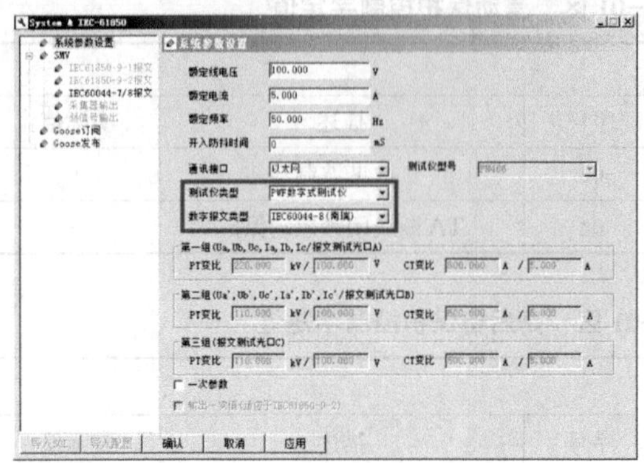

图 9-54 系统参数设置

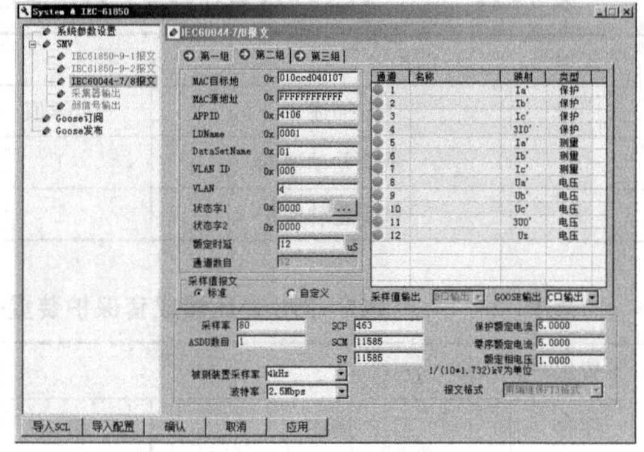

图 9-55 SMV 中的报文参数设置

5. GOOSE 订阅

(1) 选择“Power Test”→“设置”→“系统/IEC 配置”→“GOOSE 订阅”→“导入 SCL”→“南京工程学院_20160504.scd”，如图 9-56 所示。

(2) 选择“IED”→“TV2201A”—“1 号变压器保护”→“GOOSE Outputs”→“控制块列表”中“序号 0”→“确定”，如图 9-57 所示。

图 9-56 导入 SCL

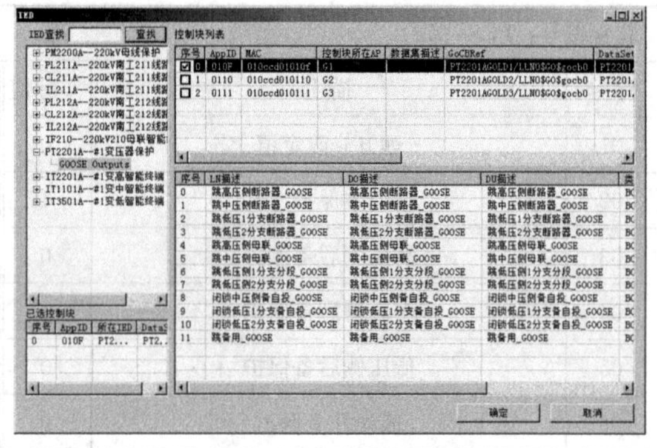

图 9-57 选择 IED

(3) 进行相应的 GOOSE 绑定（注意：应先解除后绑定）→“应用”→“确认”，如图 9-58 所示。

该项测试 GOOSE 绑定方案见表 9-27。

表 9-27 GOOSE 绑定方案

序号	描述	绑定	行号	序列
1	跳高压侧断路器	A	1	1
2	跳中压侧断路器	B	2	1
3	跳低压侧断路器	C	3	1
6	跳中压侧母联	D	6	1

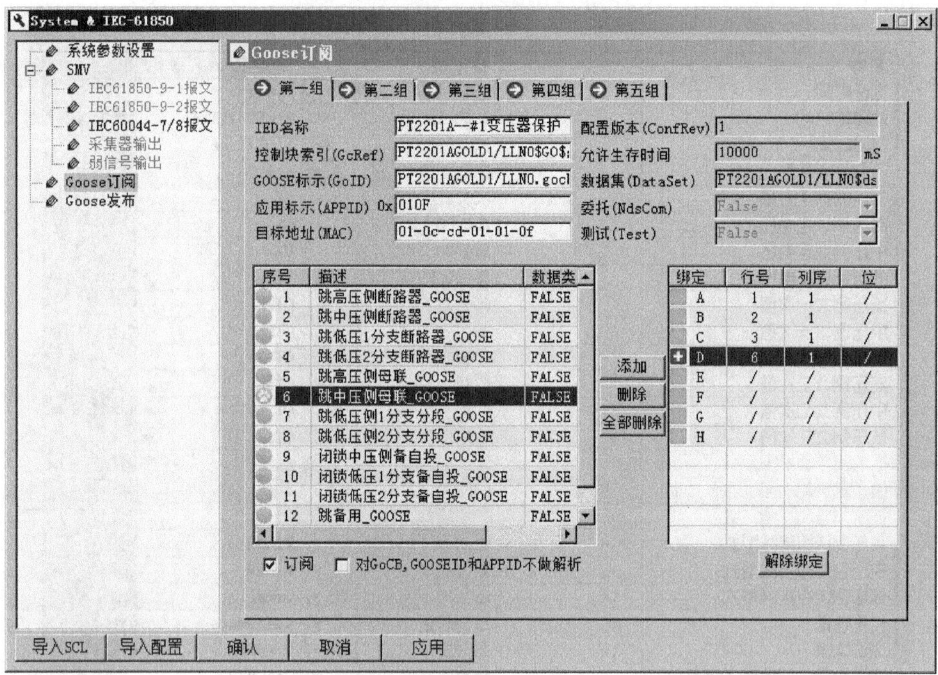

图 9-58　GOOSE 绑定

6. 测试方法

选择“Power Test”→“专项测试”→“差动（6×*I*）”→“确定”。

（1）整定值设置，如图 9-59 所示。

整定值

名称	整定值	变量名
定值整定方式	标幺值	Axis
基准电流选择	高侧额定二次电流	InSel
基准电流（其它）	5.000A	Inom
差动速断电流定值	4_In或A	Isd
差动动作电流门槛值	0.3_In或A	Icdqd
比率制动特性拐点数	两个拐点	LineNumber
比率制动特性拐点1电流	0.5_In或A	Ip1
比率制动特性拐点2电流	6_In或A	Ip2
基波比率制动特性斜率1	0.2	Kid0
基波比率制动特性斜率2	0.500	Kid1
基波比率制动特性斜率3	0.75	Kid2
二次谐波制动系数	0.150	Kxb
五次谐波制动系数	0.110	Kxb5

图 9-59　整定值设置

（2）通用参数设置，如图 9-60 所示。

（3）开关量设置，如图 9-61 所示（确认全部开关量都开放）。

通用参数

名称	整定值	变量名
准备时间	0.500秒	PreTime
故障前时间	1.000秒	PreFaultTime
故障时间	0.500秒	FaultTime
各侧平衡系数	自动计算	Kcal
变压器额定容量	228.720_MVA	SN
高压侧额定电压	220.00_kV	Uh
中压侧额定电压	110.00_kV	Um
低压侧额定电压	38.50_KV	Ul
高压侧CT一次值	600_A	CTPh
中压侧CT一次值	1200_A	CTPm
低压侧CT一次值	3000_A	CTPl
高压侧CT二次值	5_A	CTSh
中压侧CT二次值	5_A	CTSm
低压侧CT二次值	5_A	CTSl
高压侧差动平衡系数	1.000	Kph
中压侧差动平衡系数	0.938	Kpm
低压侧差动平衡系数	0.637	Kpl
高压侧绕组接线型式	Y	WindH
中压侧绕组接线型式	Y	WindM
低压侧绕组接线型式	△	WindL
校正选择	△侧校正	AngleMode
测试绕组	高-低	WindSide
测试绕组之间角差（钟点数）	11点	ConnMode
平衡系数计算	不考虑绕组接线型式	JXFactor
搜索方法	二分法	SearchMode
CT极性	两侧指向变压器	IdEqu
制动方程	Ir=(|I1|+|I2|*K2..	Equation
K1	2	K1
K2	1	K2
测试相	A,B,C	Phase
测试精度	0.010	Reso
Uz	57.740V	Vz

确认　取消(Exit键)　定值导入　定值导出　读取定值

图 9-60　通用参数设置

开关量

名称	整定值	变量名
开入A	开放	KA
开入B	开放	KB
开入C	开放	KC
开入D	开放	KD
开入E	开放	KE
开入F	开放	KF
开入G	开放	KG
开入H	开放	KH
开入逻辑	逻辑或	Logic
开出1状态	打开	Out1
开出2状态	打开	Out2
开出3状态	打开	Out3
开出4状态	打开	Out4

图 9-61　开关量设置

7. 试验结果

(1) 比率制动系数测试（只勾选测试项目1～6，其对应6个关键点）如图9-62所示。

模板文件(F)　任务栏(T)　试验报告(R)　设置(S)　视图(W)　帮助(H)

通用:差动(6xI)

NR	名称	测试项目	选择	
1	差动(6xI)	启动电流	✓	+
2		比率制动系数一	✓	+
3		比率制动系数一	✓	+
4		比率制动系数二	✓	+
5		比率制动系数二	✓	+
6		速断电流	✓	+
7		2次谐波制动系数		○
8		五次谐波制动系数		○
9		动作时间(Ir=1 A,Id=5 A)		○
10		动作时间(Ir=2 In,Id=3 In)		○

图9-62　比率制动系数试验设置

注意：图9-62中最后一列中“+”表示数据合理，“-”表示数据不合理。

在以上设置全部确认完成后，按下F2进行测试，得出如图9-63的测试结果。

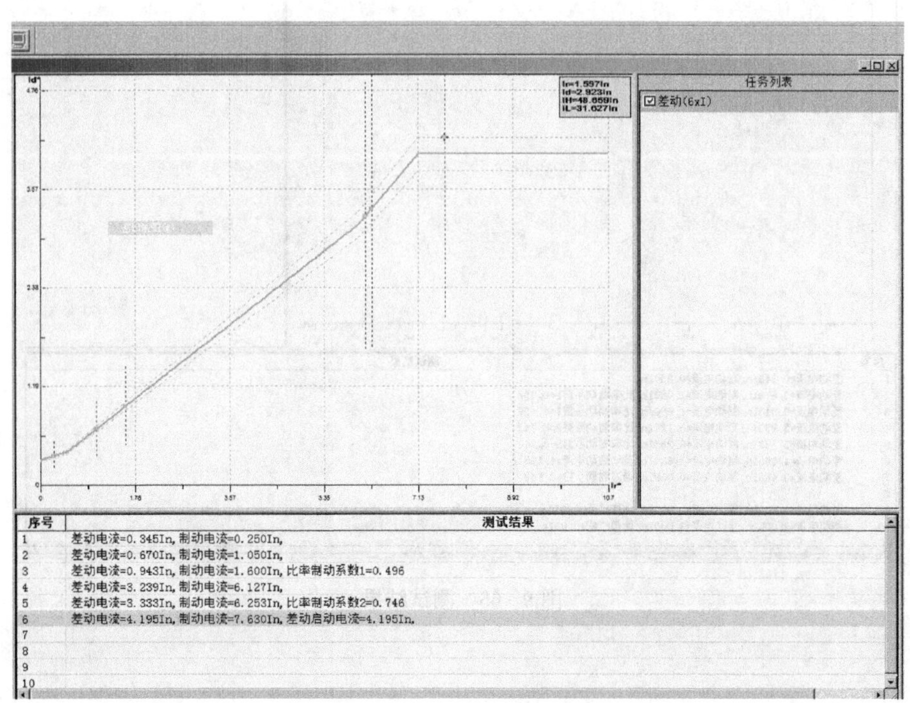

序号	测试结果
1	差动电流=0.345In, 制动电流=0.250In,
2	差动电流=0.670In, 制动电流=1.050In,
3	差动电流=0.943In, 制动电流=1.600In, 比率制动系数1=0.496
4	差动电流=3.239In, 制动电流=6.127In,
5	差动电流=3.333In, 制动电流=6.253In, 比率制动系数2=0.746
6	差动电流=4.195In, 制动电流=7.630In, 差动启动电流=4.195In.
7	
8	
9	
10	

图9-63　测试结果

(2) 动作时间测试。先将前面勾选的1～6测试项目去掉，再勾选7、9、10（注意在勾选测试项目7时，将其差动电流系数改为1.55），如图9-64所示。

按下F2得出如图9-65所示的测试结果。

PowerTest - 通用:差动(6xI)

模板文件(F) 任务栏(T) 试验报告(R) 设置(S) 视图(W) 帮助(H)

通用:差动(6xI)

NR	名称	测试项目	选择	
1	差动(6xI)	启动电流		✚
2		比率制动系数一		✚
3		比率制动系数一		✚
4		比率制动系数二		✚
5		比率制动系数二		✚
6		速断电流		✚
7		2次谐波制动系数	✓	✚
8		五次谐波制动系数		○
9		动作时间(Ir=1 In, Id=5 In)	✓	
10		动作时间(Ir=2 In, Id=3 In)	✓	

图 9-64　动作时间测试项目选择

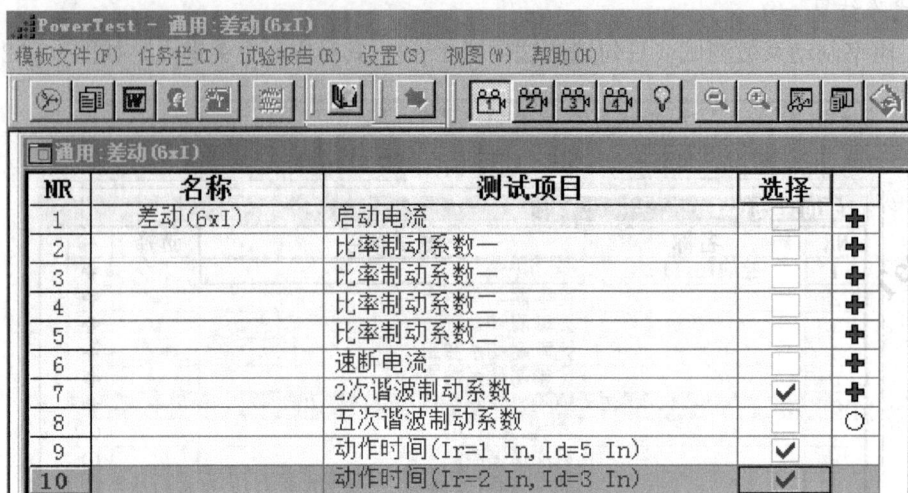

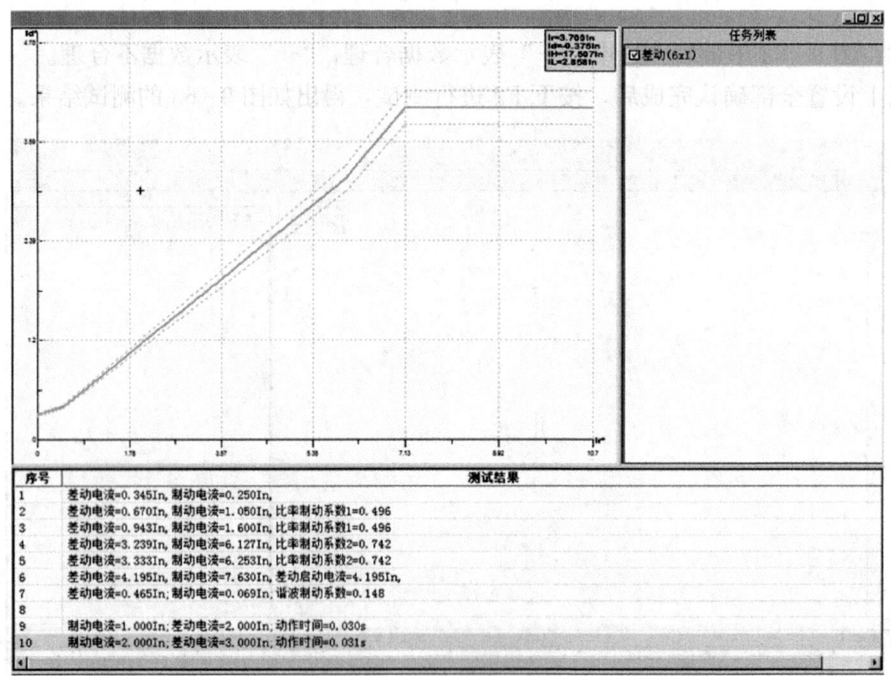

图 9-65　测试结果

附录 A　智能变电站测试仪器简介

智能变电站常用测试仪器包括光数字保护测试仪、合并单元测试仪、网络报文记录分析仪或便携式数字录波器、网络测试仪、光功率计、光衰减器、激光笔、光电转换器、客户端软件（用于报文解析和发送）等。现选择 7 个较为常用的仪器给出简单的介绍。

A.1　光数字继电保护测试仪

A.1.1　概述

1. 光数字继电保护测试仪简述

光数字继电保护测试仪可以模拟合并单元（MU）按照 IEC 61850 - 9 - 2 或 IEC 60044 - 7/8（FT3）帧格式传送采样值，也可模拟电流互感器、电压互感器变换后的弱信号模拟量输出，通过订阅、发布 GOOSE 报文或接收、输出开关量硬触点信息，对数字式保护装置、智能电表等智能电子设备进行闭环测试。测试仪将电压、电流量按照 IEC 61850 协议打包并实时传送到被测设备，而被测对象的动作信号通过测试仪的开关量输入触点或 GOOSE 报文传输到测试仪，测试仪按照一定的试验方式实时改变输出量的幅值和相位，实现保护装置、合并单元、智能终端的闭环测试。

光数字继电保护测试仪与常规测试仪的区别主要表现在以下两点。

（1）光数字继电保护测试仪没有功率输出单元。常规测试仪以模拟量的方式输出电压、电流信号，因此需要将运算结果通过功率输出单元转换成电压、电流信号输出。而光数字继电保护测试仪以光信号的方式输出电压、电流信号，数据运算完毕后经过 CPU 按照一定的格式组成报文发送即可，省去了功率输出单元。

（2）光数字继电保护测试仪需要配置报文参数。常规测试仪输出电压、电流信号时，可以很直观地观测到信号传输的路径，切换输出路径时只需要调整接线即可。光数字继电保护测试仪输出的电压、电流信号存在于光数字报文中，报文格式是预先约定好的，报文中数据的排列顺序也在 SCD 文件中做出了规定。数字式测试仪需要根据这些信息配置报文参数，这样保护、测控等装置才能正确地接收并解析报文，从而获得电压、电流数据。

2. 光数字继电保护测试仪的分类及特点

光数字继电保护测试仪分为传统式和便携式两种。

传统式数字测试仪主要特点是接口齐全、测试模块完善，能够完成各类保护试验测试，但是体积较大、需要外接电源供电。传统式数字式测试仪应提供较多的测试模块，除了常规测试仪所包含的测试模块外，还包含针对智能变电站测试需求的模块，如报文异常测试、智能终端动作时间测试等。

便携式数字测试仪则刚好相反，体积小、自带电池供电，但是接口少、测试模块不全。便携式数字式测试仪因其体积小，人机界面操作受限等因素的限制，使得这类测试仪的功能比传统数字式测试仪的功能要少很多，但是至少应包含报文发送和解析功能。报文发送功能中应具备电压电流和状态序列两个功能模块，以满足普通测试需求。报文解析功能中应具备SV和GOOSE报文解析功能，最好能够提供核相和极性校核等功能，以适应智能变电站的需求。

两种类型的测试仪特点鲜明，功能互补，可以根据不同的场合选择合适的类型。

A.1.2 硬件介绍

以北京博电新力电气股份有限公司的PNF800系列智能测试仪为例进行介绍。

1. 型号配置

目前PNF800系列智能测试仪提供PNF801、PNF802、PNF803、PNF804四种型号供客户选择。这四种型号的配置描述见表A-1。

表A-1 型号及配置

型号	光以太网口	输出用光串口	电以太网口	是否脱机
PNF801	8对	8个	1个	否
PNF802	8对	8个	2个	是
PNF803	6对	6个	1个	否
PNF804	6对	6个	2个	是

2. 设计用途

由上位机Power Test For PNF/ZF软件控制测试仪输出，软件可在WindowsXP、Vista和Win7上运行。测试仪采用10/100M以太网接口与上位PC机连接。对于脱机的测试仪（PNF802、PNF804）也可通过其内置工控机中的软件直接联机。

测试仪的工作方式如下。

方式1：输入的电压、电流为数字量（满足IEC 61850-9-1、IEC 61850-9-2、FT3格式），开入、开出采用硬触点连接。

方式2：输入的电压、电流为数字量（满足IEC 61850-9-1、IEC 61850-9-2、FT3格式），跳、合闸等状态量采用GOOSE传递。

方式3：输入的电压、电流为弱信号模拟量，开入、开出采用硬触点连接。

方式4：输入的电压、电流为弱信号模拟量，开入、开出采用GOOSE报文传递。

3. 装置特点

（1）6/8路光纤通信接口，可收发IEC 61850-9-1/2帧格式的采样值、GOOSE，满足国家电网、南方电网技术要求。

（2）每组光纤通信接口可同时发送6组采样值、15组GOOSE，接收12组GOOSE，收IEEE 1588报文，满足对组网方式的测试。

（3）发送SV（IEC 61850-9-2）时，采样值离散度优于±80ns，满足国家电网±10μs要求。

（4）第1路～6/8路光纤通信接口可用于接收光功率测量。

（5）6/8路独立的IEC 60044-7/8（FT3）规范的采样值输出口，满足国家电网公司最新技术要求。

（6）6/8路模拟采集器输出IEC 60044-8串行报文，可用于测试MU装置。

（7）12路独立可配置的弱信号模拟量输出端子，可用于测试弱信号输入的保护。

(8) 自动解析保护模型文件（SCD、ICD、CID、NPI），实现对采样值、采样通道信息、GOOSE 信息的自动配置。

(9) 采样值、GOOSE 配置信息可以进行保存、反复调用。

(10) 虚拟端子测试功能，可对 GOOSE 通信链路进行检查。

(11) GOOSE 探测功能，实现 GOOSE 信息自动配置。

(12) 采样值探测功能，实现采样值报文分析与异常报文统计，实时显示通道波形。

(13) 异常报文的模拟（抖动、丢帧、错序、数据异常、品质异常、失步等）。

(14) GOOSE 报文异常的模拟（丢帧、重发、变位后 SqNum 不为 0、报文存活时间无效、时间品质故障等），也可对智能终端进行 SOE 测试。

(15) 软件可同保护装置直接通信，通过 MMS 读取保护定值、采样值、报告等信息。

(16) 具有 GPS、IRIG-B、IEEE 1588 同步对时功能。

(17) 测试仪可自动获取上位机 IP，将测试仪本身 IP 改为与上位机同一网段，无须手动修改 IP。

4. PNF801、PNF803 硬件介绍

以 PNF801 的前后面板结构为例进行说明，PNF803 前面板中光以太网通信接口数量为 6 对、FT3 输出接口为 6 对，其他结构与 PNF801 相同。

PNF801 测试仪前面板示意图如图 A-1 所示，后面板示意图如图 A-2 所示。前面板和后面板各部分功能定义见表 A-2。

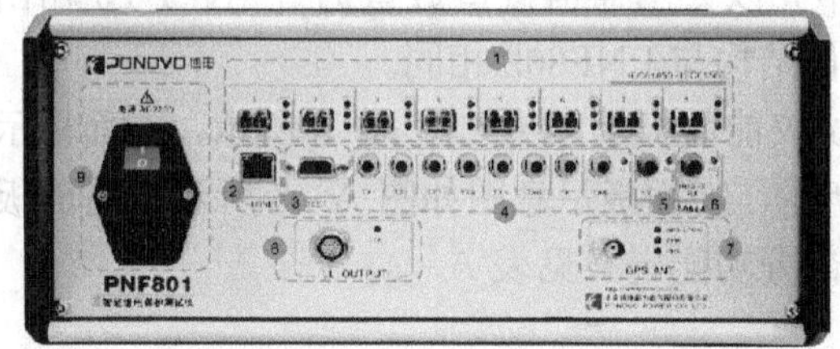

图 A-1　PNF801 前面板示意图

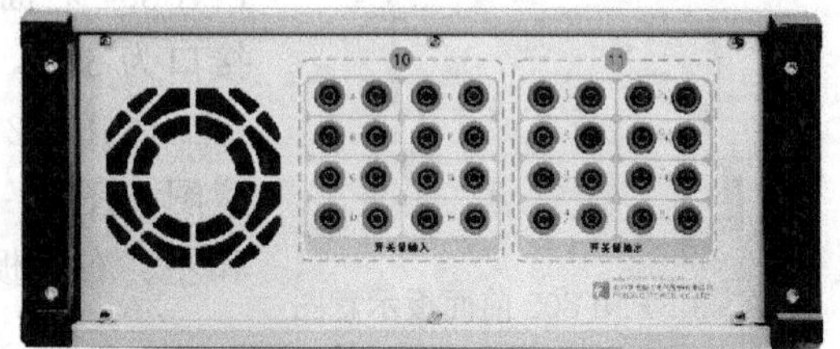

图 A-2　PNF801 后面板示意图

表 A-2　　PNF801 前后面板端子功能定义表

序号	名称	功能	
1	1、2…8	8 对光以太网通信接口用于传输 IEC 61850-9-1/2 报文、GOOSE 报文、1588 报文	光纤插座：TX（发送），RX（接收） SPD 指示灯：装置上电后，若光纤通信接口初始化正常，Link 灯点亮 Rx/Tx 指示灯：当有数据交换时，指示灯点亮（Rx 为接收，Tx 为发送） 当装置接收到 IEEE 1588 后 Tx 灯 1s 闪 1 次
2	ETHERNET	以太网通信接口	
3	TEST	测试仪厂家使用调试接口	
4	TX1…TX8	FT3 输出	8 路 FT3 格式的光纤通信接口，输出 FT3 格式的采样值报文，当有数据交换时，旁 Tx 指示灯常亮

续表

序号	名称	功能	
5	RX	FT3 输入	1 路 FT3 格式的光纤通信接口，接收 FT3 格式的采样值报文，当有数据交换时，旁 Rx 指示灯常亮
6	IRIG-B RX	B 码接收	接收 IRIG-B 光 B 码同步时钟信号 开机第一次运行软件后，如收到 IRIG-B 码后旁 Rx 指示灯常亮
7	GPS ANT	GPS 脉冲同步信号外接天线接口，内置 GPS	GPS LOCK：当接收到的 GPS 信号有效时，灯点亮 PPM：每分钟闪烁一次 PPS：每秒钟闪烁一次
8	LL OUTPUT	12 路弱信号模拟量输出，当有模拟量输出时，Tx 指示灯常亮	
9	电源 AC220V	上方为：电源开关 中间为：抽屉样式的熔断器护盖，内置一工作熔断器、一备用熔断器 下方为：电源插座	
10	开关量输入	8 路开关量输入	
11	开关量输出	8 路开关量输出	

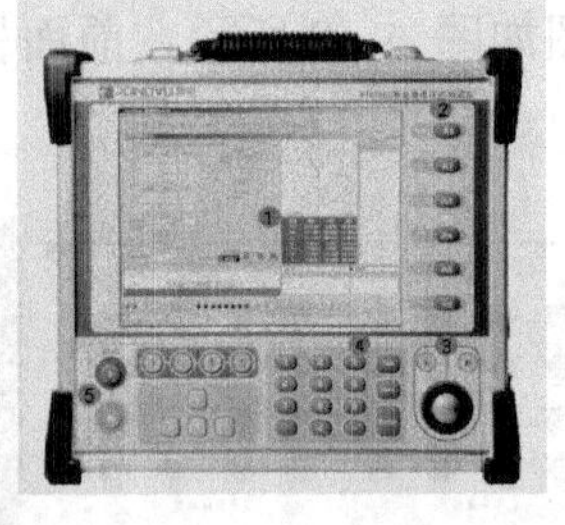

图 A-3　PNF802 前面板示意图

5. PNF802、PNF804 硬件介绍

以 PNF802 的前面板及左、右面板结构为例进行说明，PNF804 右面板中光以太网通信接口数量为 6 对、FT3 输出接口为 6 对，其他结构与 PNF802 相同。

PNF802 测试仪前面板示意图如图 A-3 所示，右面板示意图如图 A-4 所示，左面板示意图如图 A-5 所示。前面板和左、右面板各部分功能定义见表 A-3。

表 A-3　　PNF802 面板端子功能定义表

序号	名称	功能	
1	10.4 寸液晶显示屏	用于显示软件界面，以便进行人机交互的操作	
2	操作快捷键	A1	循环切换下图中的各属性页 参数设置 | 开关量定义 | 接线图 | 采样值 | GOOSE发布 | SV异常模拟 | 虚端子测试
		A2	对“参数设置”……“虚端子测试”，“整定值”“通用参数”“开关量”界面中的各参数框进行依次切换
		A3	对“参数设置”……“GOOSE 数据发送”，“整定值”“通用参数”“开关量”界面中的复选框类型的参数进行选择，如 Vc, Va
		A4	对应打开和关闭“整定值”界面，关闭时相当于“确认”按钮的操作
		A5	对应打开和关闭“通用参数”界面，关闭时相当于“确认”按钮的操作
		A6	对应打开和关闭“开关量”界面，关闭时相当于“确认”按钮的操作

续表

<table>
<tr><th>序号</th><th>名称</th><th colspan="2">功　　能</th></tr>
<tr><td>3</td><td>鼠标</td><td colspan="2">包括轨迹球和左右选择按钮，功能类似于计算机鼠标</td></tr>
<tr><td>4</td><td>键盘按键</td><td colspan="2">该嵌入键盘中各个按键功能同外接大键盘中相应键功能，该嵌入键盘包括：
“0～9”十个数字键、“.”小数点键、“－”负号键
“Tab”切换键：切换 Windows 窗口的焦点
“<—”退格键：删除当前光标前字符
“Enter”回车键</td></tr>
<tr><td rowspan="7">5</td><td rowspan="7">操作快捷键</td><td></td><td>Exit 功能键：在所有界面（测试界面；整定值、通用参数、开关量；矢量图等工具栏）下，其功能相当于“”功能</td></tr>
<tr><td></td><td>软键盘：可以启动或关闭软键盘</td></tr>
<tr><td></td><td>系统报告：可在试验结束后打开系统报告</td></tr>
<tr><td></td><td>Word 报告：可在试验结束后打开 Word 格式报告</td></tr>
<tr><td></td><td>向上、下、左、右方向键，等同于大键盘中“↑”“↓”“←”“→”键的功能</td></tr>
<tr><td>RUN</td><td>运行按钮：在软件界面打开的情况下，单击后软件运行</td></tr>
<tr><td>STOP</td><td>软件停止键：在软件运行的情况下，单击后软件停止</td></tr>
<tr><td>6</td><td>开关量输入</td><td colspan="2">8 路开关量输入</td></tr>
<tr><td>7</td><td>开关量输出</td><td colspan="2">8 路开关量输出</td></tr>
<tr><td>8</td><td>电源 AC 220V</td><td colspan="2">上方为：电源开关
中间为：抽屉样式的保险护盖，内置一工作保险、一备用保险
下方为：电源插座</td></tr>
<tr><td>9</td><td>ETHERNET</td><td>以太网通信接口</td><td>PC：用于连接电脑，通过电脑中的上位机软件控制测试仪输出
RELAY：用于跟保护装置通信，读取保护装置的 MMS 报文</td></tr>
<tr><td>10</td><td>USB 口</td><td colspan="2">可用于外接鼠标、键盘或是 U 盘等</td></tr>
<tr><td>11</td><td>GPS ANT</td><td>GPS 脉冲同步信号外接天线接口，内置 GPS</td><td>GPS LOCK：当接收到有效的 GPS 信号，灯点亮
PPM：每分钟闪烁一次
PPS：每秒钟闪烁一次</td></tr>
<tr><td>12</td><td>接地端子</td><td colspan="2">用于测试仪的接地</td></tr>
<tr><td>13</td><td>LL OUTPUT</td><td colspan="2">12 路弱信号模拟量输出，当有模拟量输出时，Tx 指示灯常亮</td></tr>
<tr><td>14</td><td>TEST</td><td colspan="2">测试仪厂家使用调试接口</td></tr>
</table>

续表

序号	名称		功能
15	TX1…TX8	FT3 输出	8 路 FT3 格式的光纤通信接口，输出 FT3 格式的采样值报文，当有数据交换时，旁 Tx 指示灯常亮
16	1、2…8	8 对光以太网通信接口用于传输 IEC 61850-9-1/2 报文、GOOSE 报文、1588 报文	光纤插座：TX（发送），RX（接收） SPD 指示灯：装置上电后，若光纤通信接口初始化正常，LInk 灯点亮 Rx/Tx 指示灯：当有数据交换时，指示灯点亮（Rx 为接收，Tx 为发送） 当装置接收到 IEEE 1588 后 Tx 灯 1s 闪 1 次
17	RX	FT3 输入	1 路 FT3 格式的光纤通信接口，接收 FT3 格式的采样值报文，当有数据交换时，旁 Rx 指示灯闪烁
18	IRIG-B RX	B 码接收	接收 IRIG-B 光 B 码同步时钟信号 开机第一次运行软件后，如收到 IRIG-B 码后旁 Rx 指示灯常亮

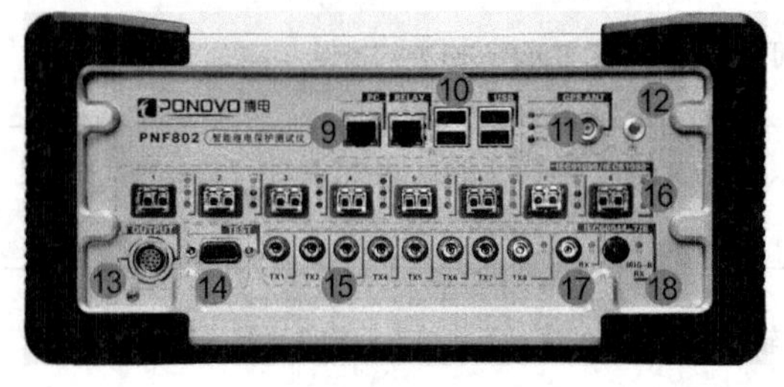

图 A-4　PNF802 右面板示意图

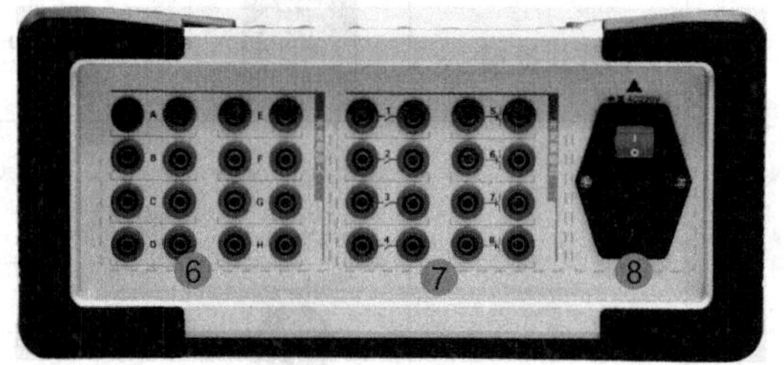

图 A-5　PNF802 左面板示意图

A.2　合并单元测试仪

A.2.1　概述

合并单元（MergIng UnIt）为智能电子设备提供一组时间同步（相关）的电流和电压采样值。其主要功能是通过汇集（或合并）多个互感器的输出信号，获取电力系统电流和电压瞬时值，并以确定的数据品质传输到电力系统电气测量和继电保护设备。介于其承载着电力系统二次设备前端数据采集、合并、转换的重要功能，故对合并单元（MergIng UnIt）的功能及性能的有效测试，成为智能站测试工作的一个重要环节。

PNI302 型智能装置测试仪是一款为合并单元专项测试而开发的测试工具。针对现阶段智能站实际工程的设计及建设的差异，该装置可对电子式互感器输入、电磁型互感器输入、电子式及电磁型互感器混合输入的合并单元进行全面而有效的测试。继而满足各种实际工程中的合并单元测试需求。

A.2.2　主要功能

1. 准确度测试

在不变动任何接线的情况下，可一次性完成 MU 输出的所有电压、电流通道的幅值误差、相位误差、频率误差、复合误差的测试，并对测出的结果自动评估给出合格与否的结论。

2. 报文响应时间测试

可对报文响应时间及响应时间误差（绝对延时）进行测试。

3. 采样值、GOOSE报文异常分析及统计

可对采样值丢包、错序、重复、失步、采样序号错、品质异常、通信超时恢复次数、通信中断恢复次数等影响合并单元正常工作的异常进行实时分析及统计。

可对GOOSE变位次数、TEST变位次数、Sq丢失、Sq重复、St丢失、St重复、编码错误、存活时间无效、通信超时恢复次数、通信中断恢复次数等影响合并单元正常工作的异常进行实时分析及统计。

4. 采样值报文帧间隔统计

以优于40ns硬件打时标准确度对报文的采样间隔进行实时统计。

5. 时钟性能测试

提供时钟测试仪的功能，可对合并单元的对时准确度、守时准确度进行高精准测试。

6. 电压并列、切换功能测试

可通过GOOSE报文或硬触点发送隔离开关位置，完成合并单元的电压并列、电压切换功能的测试。

7. 采样值报文波形显示

对采样值报文可绘制成实时波形，用于分析电流、电压的幅值、相位等。

8. 电压、电流误差导致的功率计量误差测试

含有功功率、无功功率、视在功率、功角、功率因数的理论值、实测值、误差值。

9. 采样值报文、GOOSE报文解析

对合并单元输出的采样值报文、GOOSE报文进行解析。

A.2.3 硬件面板图及技术参数

1. 装置面板图

正视、左视及右视图分别如图A-6～图A-8所示。

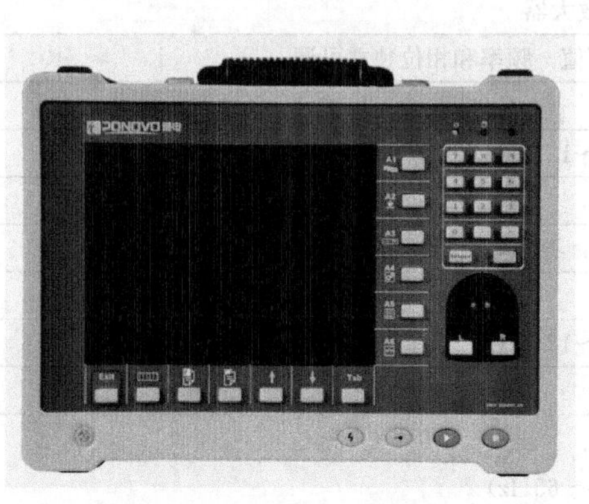

图A-6 PNI302正视图

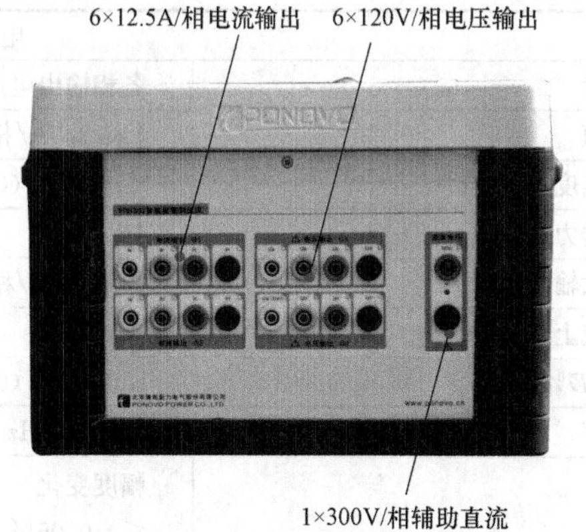

图A-7 PNI302左视图

2. 技术特点

(1) 可适用于各种合并单元的全面测试。电子式互感器数字量输入的合并单元、电子式

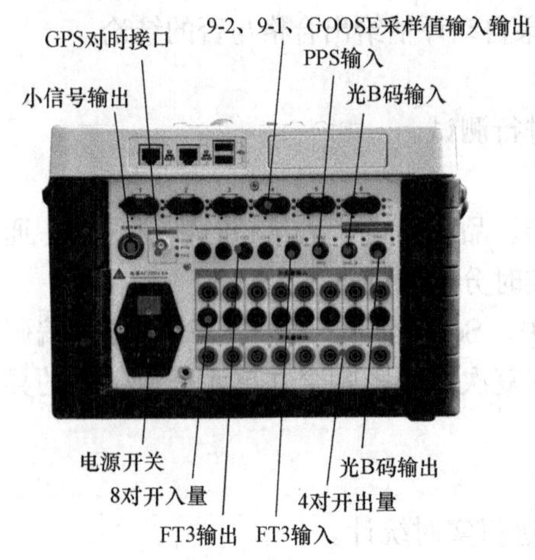

图 A-8 PNI302 右视图

互感器模拟小信号输入的合并单元、常规互感器模拟量输入的合并单元及混合输入的合并单元均可以被测试。

（2）高准确度模拟量输出。

模拟常规互感器输出的 6 路电流、6 路电压通道，其输出准确度优于 0.05%。

模拟电子式互感器输出的 12 路小信号电压输出，其输出准确度优于 0.05%。

（3）对准确度测试（角差、比差等），支持同步法、插值法两种测试模式。针对合并单元现场实际使用情况，接收装置对组网口数据采用同步法数据计算模式，对点对点口数据采用插值法计算模式。为保证合并单元组网模式及点对点模式下，准确度的绝对准确，PNI302 可支持同步法、插值法两种测试模式对准确度的测试。

（4）高准确度的报文时标准确度。装置通过 FPGA 对收到的数字报文进行高准确度硬件打时标，对合并单元的采样值报文的发送离散度进行精确的计算的统计。硬件时标准确度优于 40ns。

（5）高准确度合并单元延时测试。装置提供两种模式的合并单元延时测试方法，使得测试结果准确度更高。

（6）可模拟时钟测试仪。可模拟时钟测试仪对合并单元的对时误差，守时误差进行精准的测试。

（7）可对数字报文进行实时解析，并以电气量参数的形式直观显示。

3. 技术参数

PNI302 技术参数包括电流放大器、电压放大器及通用参数。见表 A-4～表 A-6。

表 A-4　　PNI302 电流放大器技术参数

电流放大器	
设置	各相输出电流幅值，频率和相位独立可调
幅值	6×12.5A/相
准确度	±0.05%（0.2～12.5A），＜0.1mA（0.05～0.2A）
分辨力	1mA
最大输出功率 P_{max}	6×12.5A/相时，≥80VA/相；3×25A/相时，≥160VA/相
电流上升下降时间	＜100μs
THD%	≤0.05%（0.2～12.5A）
频率	1Hz～1kHz
幅频特性	幅度变化 ≤±0.05%（45～65Hz） ≤±0.2%（10～45Hz，65～450Hz） ≤±0.5%（450～1000Hz）
输出时间	＜5A/相，连续输出；5～12.5A/相，＞180s
异常工况报警	过载、失真、开路自动检测并告警

表 A-5　电压放大器技术参数

电压放大器	
设置	各相输出电压幅值，频率和相位独立可调
幅值	6×120V/相
准确度	±0.05%（4～120V），<2mV（0.5～4V）
分辨力	1mV（0.2～10V），10mV（10～120V）
最大输出功率 P_{max}	≥60VA/相，3×120V/相时 ≥30VA/相，6×120V/相时
电流上升下降时间	<100μs
THD%	≤0.05%（10～120V）
频率	1Hz～1kHz
幅频特性	幅度变化 ≤±0.05%（45～65Hz） ≤±0.2%（10～45Hz，65～450Hz） ≤±0.5%（450～1000Hz）
输出时间	额定条件下，连续输出
组件安全	过载、失真、短路自动检测并告警
电流、电压同步误差	≤10μs

表 A-6　通用技术参数

通用参数	
1. 频率	
正弦信号	1～1000Hz
准确度	<0.5mHz（1～65Hz） <5mHz（65～450Hz） <10mHz（450～1000Hz）
分辨率	0.0001Hz
输出特性	能叠加 2～13 次任意幅值（小于额定值）的谐波及直流
2. 相位	
相角范围	0°～359.9°
准确度	±0.05°
分辨率	0.01°
3. 直流电流输出	
幅值	3×0～10A
准确度	±5mA（0.2～1A），±0.5%（1～10A）
分辨力	1mA（0.2～10A）
P_{max}	300W（30A，10V）
4. 辅助直流电压输出	
幅值	1×300V/相

续表

通用参数	
准确度	0.5%（5～300V）
最大输出功率 P_{max}	88W（110V），110W（220V），110W（300V）
5. 弱信号模拟量输出（可选件）	
输出通道	12 路
设置范围	AC：0～7Vrms（有效值）
最大输出电流	1mA
准确度	＜0.1mV（0.01～0.2Vrms） ＜0.05%（0.2～7 Vrms）
幅频特性	幅度变化≤±0.1%～0.5%（1Hz～1kHz）
分辨力	250μV
谐波失真度 *THD*%	＜0.05%
6. IEC 61850 测试接口	
IEC 61850-9-1/2/2LE	LC 接口，3 对
7. IEC 60044 测试接口	
IEC 60044-7/8 发送	ST 接口，3 只
IEC 60044-7/8 接收	ST 接口，1 只
8. 同步接口	
GPS 接口	内置 GPS 芯片，需要外接 GPS 天线（天线为选件）
光 B 码发送	ST 接口，2 只
光 B 码接收	ST 接口，1 只
同步脉冲接收	ST 接口，1 只，外接 PPS 电光转换器可接收电平脉冲
9. 开关量输入	
数量	8 对
开入特性	8 路可单独设置为空触点或带电位触点，带电位触点可单独设置翻转电平
采样频率	10kHz
时间分辨率	100μs
最大测量时间	1.50×10⁵s
计时误差	±1ms（0.001～1s） ±0.1%（1～1.50×10⁵s）
防抖动时间设置范围（软件设置）	0～25ms
电气隔离	8 对开入电气隔离
门槛阻抗参数（设为空触点）	3～5kΩ
门槛电压参数（带电位触点）	10～250V 可设置
10. 开关量输出	
数量	4 对
类型	1－2 空触点（响应时间＜5ms） 3－4 快速触点（响应时间＜100μs）

续表

通用参数	
交流容量	V_{max}：220V（AC）/I_{max}：0.5A
直流容量	V_{max}：250V（DC）/I_{max}：0.5A
11. 供电电源	
额定电压	220V（AC），220V（DC）
允许电压	176～253V（AC），200～380V（DC）
额定频率	50Hz
允许频率	40～60Hz
电流	6A（max）
12. 箱体尺寸与重量	
390mm×210mm×287mm——（$W \times H \times D$）15kg	

A.3 网络测试仪

网络测试仪通常也称专业网络测试仪或网络检测仪，是一种可以检测OSI模型定义的物理层、数据链路层、网络层运行状况的便携、可视的智能检测设备，主要适用于局域网故障检测、维护和综合布线施工中，网络测试仪的功能涵盖物理层、数据链路层和网络层。

随着网络的普及化和复杂化，网络的合理架设和正常运行变得异常重要，而保障网络的正常运行必须要从两个方面着手：其一，网络施工质量直接影响网络的后续使用，所以施工质量不容忽视，必须严格要求，认真检查，防患于未然；其二，网络故障的排查至关重要，直接影响网络的运行效率，必须追求高效率、短时间。因此，网络检测辅助设备在网络施工和网络维护工作中变得越来越重要。

网络测试仪的使用可以极大地降低网络管理员排查网络故障的时间，可以提高综合布线施工人员的工作效率，加速工程进度和工程质量。该类设备在国外应用已经很普遍，是网络检测和网络施工过程中必不可少的工具，相对于国外，国内的使用范围还很有限，以设备租用和人工替代为主，主要原因是国内用户对该类产品的认识度还不够，对网络故障的敏感度不高。网络测试仪厂商既有福禄克、安捷伦和理想等国外公司也有信而泰、中创信测、奈图尔等国内公司。国内企业中，信而泰的iTester系列功能最强大，该仪器不仅在同维、瑞斯康达、腾达、博达、NEC等网络设备制造企业规模应用，也应用于电力科学研究院等科研院所。

网络测试仪的分类：

（1）网络测试仪按网络传输介质可以分为：无线网络测试仪和有线网络测试仪两类。

（2）网络测试仪按功能可以分为：线缆检测仪、多功能网络测试仪和网络性能测试仪。

（3）网络测试仪按用途可以分为：网络施工设备和网络维护设备。

其中，多功能网络测试仪是比较常见的网络检测工具，可以说是网络检测的多面手，多功能网络测试仪通常被定义为一种网络维护工具，当然这也不妨碍它在工程中的实用性。顾名思义，由于该类产品都是多功能集成型，所以产品档次没有明显的差别，大致都包括以下一些功能：① 电缆诊断；② POE 测试；③ 识别端口；④ 扫描线序；⑤ 定位线缆；⑥ 链路识别；⑦ Ping；⑧ 数据管理。

网络测试仪的使用范围：

（1）局域网管理。随着网络的飞速发展，网络的稳定和安全在企事业单位里变得举足轻重，网络管理员的责任也随之加重，繁重的网络故障也将随之而来，网络测试仪正是这样一种能为网络管理员排忧解难的好帮手。

（2）综合布线。在网络布线施工中，检测网线接通质量和长度和网线端口定位是一件烦琐的工作，网络测试仪可以帮助施工人员快速而准确地做出判断。

（3）数据中心。数据中心的网络畅通处于举足轻重的地位，网络测试仪可以帮助网络维护人员快速定位故障所在。

（4）宽度业务。用户宽带故障是最让宽带业务公司头疼的问题，是否快速解决故障和网络的稳定运行直接影响到公司的形象和信誉，网络测试仪是技术支持人员的必备工具。

（5）网络机房。机房出故障是很频繁的，配备网络测试仪可以减少管理员排查故障的时间。

A.4 光功率计

光功率计（OPM，Optical Power Meter）是指用于测量绝对光功率或通过一段光纤的光功率相对损耗的仪器。在光纤系统中，测量光功率是最基本的，就像电子学中的万用表；在光纤测量中，光功率计是常用仪表。通过测量发射端机或光网络的绝对功率，一台光功率计就能够评价光端设备的性能。用光功率计与稳定光源组合使用，则能够测量连接损耗、检验连续性，并帮助评估光纤链路的传输质量。

要选择适合的光功率计，应该注意以下几点：

（1）选择最优的探头类型和接口类型；

（2）校准准确度和制造校准程序，与现场的光纤和接头要求范围相匹配；

（3）确定型号与现场要求的测量范围和显示分辨率相一致；

（4）具备直接插入损耗测量的 dB 功能。

A.4.1 光功率计原理

光功率计由五部分组成，即光探测器、程控放大器和程控滤波器、A/D 转换器、微处理器及控制面板与数码显示器。

被测光由 PIN 光探测器检测转换为光电流，由后续斩波稳定程控放大器将电流信号转换成电压信号，即实现 I/U 转换并放大，经程控滤波器滤除斩波附加分量及干扰信号后，送至 A/D 转换器，变成相应于输入光功率电平的数字信号，由微处理器（CPU）进行数据处理，再由数码显示器显示其数据。CPU 可根据注入光功率的大小自动设置量程状态和滤波器状态。同时，可由面板输入指令（通过 CPU）控制各部分完成指定工作。不注入光的情况下，可指令仪器自动调零。

A.4.2 光功率计的面板说明

（1）POWER：电源开关。

（2）W/dBm：对数或线性测量方式转换开关按键。每按一次此键，显示方式在“W”和

"dBm"之间切换，并且数码显示窗右侧相应的指示器发光。

(3) dB (REL)：相对测量按键。按下，其数码显示窗右侧相应的指示器发光，可进行光功率的相对测量，参考光功率值即为按此键时的输入光功率值 P_{ref}，第二次测量的光功率显示值是相对于 P_{ref} 的相对值。按"W/dBm"键便解除了此测量方式。

(4) λSET：波长选择键。按一下此键，其上方指示器发光，指示仪器当前处于波长选择状态，并在数码显示窗显示其选择波长，并且右方"nm指示器"发光，示意单位为纳米。此时，面板上其他控制键，除"MEAS"和"RMT"外，均不起作用。

(5) MEAS：测量键。正常测量期间，上方指示器发光。

(6) ZERO：调零键。按一下此键，仪器便自动调零，并且上方指示器发光，直到调零结束，指示器不发光。自动调零期间，面板上的其他控制键，除"MEAS"和"RMT"外，均不起作用。

(7) AVG：平均功能键。其上方指示器发光时，自动进行多次测量，并进行平均处理，显示其平均值。指示器不发光时，不进行平均处理。

(8) RH：量程保持键。其上方的指示器发光为量程保持状态，不发光为自动量程状态。

(9) 数码显示窗：5位LED数码显示窗口。显示光功率测量值或者（在波长选择期间）波长数。

(10) OPTICAL INPUT：被测光输入口。

A.4.3 光功率计的使用方法

1. 开机

打开电源开关后，仪器开始自检，点亮所有的发光器件，然后进入初始状态。仪器的初始状态一般如下。

(1) 测量方式：dBm。

(2) 测量波长：1310nm。

(3) 量程 (RH)：自动方式。

(4) 调零 (ZERO)：关。

(5) 平均 (AVG)：关。

2. 测量准备

将测试光缆连接线接好。

测量之前，先要设定测量波长，按"λSET"键，其上方指示器发光，此时，"数码显示窗"(10) 显示其对应的波长数 (nm)，每按一次该键，改变一个选定波长，同时在"数码显示窗"(10) 显示出来，其值可以在850、980、1300、1310、1480、1550nm之间循环，选定最后显示的波长，同时转入测量状态。

3. 测量

(1) 一般测量。仪器在测量状态下，可以根据使用者的习惯和测试特点选择测量数据的显示方式为"dBm"或"W"，用按"W/dBm"键来完成，每按一次键，显示方式按"dBm"或"W"交换一次。这两种方式都是显示数据的绝对值，"dBm"是以1mW为基准的对数表示值。

(2) 相对测量"dB (REL)"。如果希望得到相对测量数据，如损耗测量等，可用按

“dB（REL）”键来实现。先按一般测量方式（dBm）测量（得到初始值），接着按一次“dB（REL）”键（就以按键时的当前测量值为参考点），再去测量变化了的光功率数据，则显示数据是以上一次测量的初始值为参考点的相对“dB”数。

4. 显示方式

一般光功率测量显示方式有 W、dBm 和 dB（REL）三种，即线性显示方式、对数显示方式和相对显示方式。

（1）线性显示方式（W）。这种方式以 W（瓦）为单位度量光功率大小的绝对值表示。“W”是光功率的基本度量单位，$1W=1\times10^3mW=1\times10^6\mu W=1\times10^9nW=1\times10^{12}pW$。

（2）对数显示方式（dBm）。其是以光功率值的对数值来表示光功率值，单位为 dB（分贝）。“dBm”是以 1 mW 为参考点的功率绝对值表示方法，单位为“dBm”，即 1mW 对应 0dBm。

dBm 与 mW 的换算为

$$P_{dBm}=10\times\lg(P_W\div 1mW)$$

式中 P_{dBm}——以 dBm 为单位的功率值；

P_W——以 mW 为单位的功率值。

（3）相对显示方式［dB（REL）］。这种方式显示是以第一次的测量值 P_{1dBm} 为参考点，按“dB（REL）”键后（参考相对测量），再进行第二次测量，其值为 P_r，则有

$$P_r=P_{2dBm}-P_{1dBm}$$

式中 P_r——相对测量读数，dB；

P_{1dBm}——第一次测量读数，dBm；

P_{2dBm}——以 1mW 为参考点时的读数，即相当于“dB（REL）”键上方指示器不发光，dBm。

仪器在相对测量状态下自动完成上式运算，直接读数即为 P_r，单位为 dB。

A.4.4 光功率计的使用条件及注意事项

1. 使用条件

（1）有发光的光源（设备光源发口或者传送光源的光路）。

（2）测试光纤（要有连接光源和光功率计的接头，接头不匹配的话需要相应的转换器）。

（3）光衰（如果光功率很高的情况）。

2. 注意事项

（1）测试前必须对被测光波长、光功率大小有一定了解。必须选择仪器的正确测量波长，才能得到正确的测量结果。切勿使输入的光功率超过本仪器测量范围的上限，波长不对（特别是波长比 1100nm 更短或比 1550nm 更长）时，输入光功率很强，仪器也显示不出来，过强的光功率会烧毁仪器的光探测器。在不确定光功率（有可能很高）的情况下，先将光衰接在光源或光功率计上，一端即可。然后光源和光功率计用光纤连接好，打开光功率计，按“λ”符号调整对应波长，显示出的值加上光衰的值就是光功率，如果测出的光功率不是很高的话，建议把光衰取下再测试一次。

（2）传输距离是以每千米光纤衰耗多少算出的，大多是 0.5dB/km。用最小传输距离除以 0.5，就是能接收的最大光功率，如果接收的光功率高于这个值，光收发器可能会被烧

坏。用最大传输距离除以 0.5，就是灵敏度，如果接收的光功率低于这个值，链路可能会不通。

（3）电源最好有接地线，并且必须保证输入电源电压在仪器要求的范围内。

（4）如果遇到供电系统的突变干扰，主机显示可能发生异常，面板上的按键不起作用，应尽快关机，确保供电系统电源电压正常后，再重新开机工作。

（5）光功率输入口必须连接好，准确定位，否则测量结果可能是不正确的。

（6）光纤测试 TX 与 RX 必须分别测试，在单纤情况下由于仅使用一纤所以只需测试一次。

A.5 光衰减器

1. 简介

光衰减器是一种非常重要的纤维光学无源器件，它可按用户的要求将光信号能量进行预期地衰减，常用于吸收或反射掉光功率余量、评估系统的损耗及各种测试中。

一种插入光路中可使光信号功率按设定要求衰减的光器件。用它来调节光通信系统或测试系统所传输的光信号的功率，使系统达到良好的工作状态。也常用以检测光接收机的灵敏度和动态范围。

光衰减器可分为固定型衰减器、分级可调型衰减器、连续可调型衰减器、连续与分级组合型衰减器等。其主要性能参数是衰减量和准确度。

通常在玻璃基片上蒸发或溅射金属膜或采用有高吸收作用的掺杂玻璃制成衰减片。通过控制镀膜厚度或控制玻璃的掺杂量及其厚度的方法来获得所需的衰减量。也有用两段光纤对接时的耦合损耗来制成衰减器的。

2. 特点

光衰减器要求质量轻、体积小、准确度高、稳定性好、使用方便等。它可以分为固定式、分级可变式、连续可调式几种。

3. 光衰减器分类

（1）位移型光衰减器。

（2）衰减片型光衰减器。

（3）智能型光衰减器。

4. 光衰减器工作原理简介

不同类型的光衰减器原理不同，分别简单介绍如下。

（1）位移型光衰减器的工作原理。位移型光衰减器利用光纤的衰减量随其对中准确度而变化的原理，有意在对接光纤时，使光纤之间发生一定位移，从而达到衰减一定光能量的目的，位移型光衰减器，制作时可采用横向位移法和纵向位移法。

位移型固定衰减器可分为转换器式和变换器式两类。

1）转换器式光固定衰减器。转换器式光固定衰减器性能稳定，两端均为转换器接口，衰减量分 5、10、15、20、25 dB 五种，使用极为方便，可直接与各类型连接器配合使用，仅需将连接器中的转换器取下，换上同型号光衰减器，即可达到衰减光信号的目的，根据不同的端口，有如下几种类型。

转换器式：FC型、SC型、ST型。

固定衰减器：FC-SC型、FC-ST型、SC-ST型。

2）变换器式光固定衰减器。变换器式光固定衰减器的一端为连接器插头，另一端为转换器端口。其性能稳定，衰减量分5、10、15、20、25 dB五种。使用时，仅需在连接器处插入同型号变换式光衰减器，即可在线路中达到衰减光信号的目的，根据不同的端口，有下列几种类型：SC-FC型、ST-FC型、SC-ST型。

（2）衰减片型光衰减器。衰减片型光衰减器直接将具有吸收特性的衰减片，固定在光路中来达到衰减光信号目的。衰减片采用吸收型玻璃片或在玻璃基片上镀吸收膜的方法来制作。衰减片型光衰减器可分为步进式双轮可变光衰减器和连续可变衰减器。

1）步进式双轮可变光衰减器。步进式双轮可变光衰减器的结构如图A-9所示。采用准直器出射的平行光路，光路中插入了两个具有固定衰减量的衰减圆盘，每个衰减圆盘上分别装有0、5、10、15、20、25dB六个衰减片，通过旋转这两个圆盘，使两个圆盘上的不同衰减片相互组合，即可获得5、10、15、20、25、30、35、40、45、50dB的十挡衰减量。当然，如果想获得其他衰减范围的步进式衰减器，只要对衰减盘上的滤光片及位置做相应的改变，便可很容易地达到预期目的。

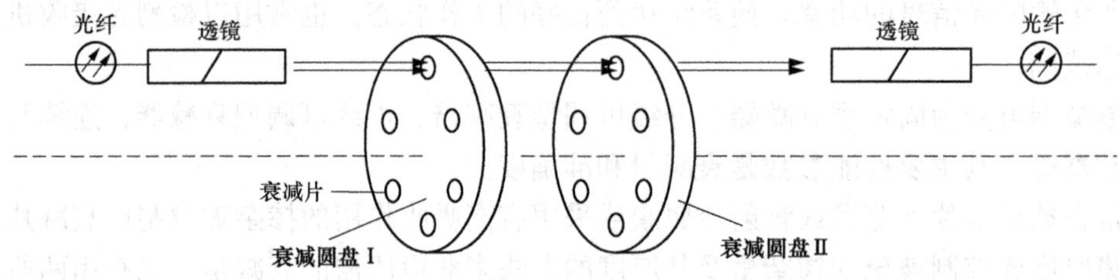

图A-9　步进式双轮可变光衰减器结构图

2）连续可变光衰减器。连续可变光衰减器总体结构和工作原理同双轮步进式可变光衰减器的相似。但它是由一块步进衰减片和一片连续变化的衰减片组合而成，步进衰减片的衰减量为0、10、20、30、40、50dB六挡，连续变化衰减盘的衰减量为0～15dB，因此，总的衰减量调节范围为：0～65dB。这样，通过步进衰减片的粗挡和可变衰减片的细挡的共同作用，即可达到连续衰减光能量的目的。

（3）智能型光衰减器。步进式双轮及双轮连续式可变光衰减器的工艺很成熟，性能也很稳定，使用极普遍，但由于采用了机械旋钮调节衰减量、刻度盘读数等方法，影响了准确度。而智能型光衰减器则可以克服这种不足。它通过电路控制微型电机，带动齿条，使滤光片平移，再将数据编码盘检测到的实际衰减量信号反馈到电路中进行修正，从而达到自动驱动、自动检测和显示光衰减量的目的。因此，智能型光衰减器具有准确度高、衰减量连续可调、体积小、便于携带、使用简单方便的特点。智能光衰减器的衰减单元与前面衰减器相比，除滤光片改用全程连续变化中性滤光片外，衰减单元中其他元件均一样。由于所用滤光片的吸收效率随滤光片的平移方向呈线性变化，所以，当电机沿着垂直于光路的方向带动滤光片移动时，就达到了衰减光信号的目的。

A.6 光电转换器

光电转换器（又名光纤收发器），有百兆光纤收发器和千兆光纤收发器之分，是一种快速以太网，其数据传输速率达1Gbps，仍采用CSMA/CD的访问控制机制并与现有的以太网兼容，在布线系统的支持下，可以使原来的快速以太网平滑升级并能充分保护用户原来的投资。千兆网技术已成为新建网络和改造的首选技术，由此对综合布线系统的性能要求也提高。光电转换器有工业级的也有商用型的，一般商用型的参数指标较低，范围较窄；工业级的性能更优，适用于工业环境。

千兆以太网的标准由IEEE 802.3制定，目前有IEEE 802.3z和IEEE 802.3ab两个布线标准。其中IEEE 802.3ab是基于双绞线的布线标准，使用4对5类UTP，最大传输距离为100m。而IEEE 802.3z是基于光纤通道的标准，使用的规范有三种。

（1）1000Base-LX规范。该规范为长距离使用的多模和单模光纤的参数。其中多模光纤传输距离为300～550m，单模光纤的传输距离为3000m。该规范要求使用价格相对昂贵的长波激光收发器。

（2）1000Base-SX规范。该规范为短距离使用的多模光纤的参数，使用多模光纤和低成本的短波CD（compact Disc）或VCSEL激光器，其传输距离为300～550m。

（3）1000BASE-CX规范。使用短距离的屏蔽双绞线STP，其传输距离为25m，主要用于在配线间使用短跳线电缆把高性能的服务器和高速外设相连。

光电转换器包括以下接口。

（1）RJ45接口：10/100BaseT（X）或10/100/1000BaseT（X）自动适应。

（2）光纤接口：1000Base-SX/CX/LHX/EX（SFP插槽、LC接头）。

（3）LED指示灯：电源，端口状态，10/100/1000M。

A.7 故障录波器与网络报文记录分析装置

A.7.1 故障录波器

1. 概述

电力系统故障录波器已经成为电力系统记录动态过程必不可少的设备，其主要任务是记录大扰动如短路故障、系统振荡、频率崩溃、电压奔溃等引起的系统电压、电流及其导出量，如系统有功功率、无功功率及系统频率的变化全过程。

智能变电站采用数字化录波器，技术特点主要体现在如下几个方面：

（1）全面支持IEC 61850协议；

（2）采样数据同步；

（3）故障录波启动技术；

（4）数据存储技术。

智能变电站中，因为合并单元的使用，所以在站控层设备中不再存在传统的电流电压采样二次回路和信号二次回路，故障录波装置也必须适应智能变电站的发展。目前智能变电站的故障录波器和网络报文分析记录仪部分功能重叠，都是用于监视、记录、分析数字化变电站中的所有交互的报文信息，同时也可以应用于需要记录、分析网络报文的场所，在智能电网的建设中有着重要的作用。多采用分布式架构设计，可以根据接入量使用多个采集单元，同时配有集中管理单元，将各个采集单元的数据进行合成。

2. 故障录波器的功能

（1）信息显示。

1）实时告警信息。通过故障录波器可以显示接入装置的采样告警、GOOSE 告警、MMS 告警、PTP 告警及其他告警，并可以查看告警的详细信息，包括告警发生的时间、具体装置、告警类型、告警次数等信息。为了方便查看需要的事件，可以通过协议类型过滤、过滤设置来实现。协议类型分为采样事件、GOOSE 事件、MMS 事件、PTP 事件及其他事件。过滤设置分为装置过滤和告警类型过滤。

2）暂态录波。可显示当前装置的最新暂态录波信息，并可以查看暂态录波的故障简报，内容包括设备名称，启动时间、故障类型、故障前电流电压、故障后电流电压、测距数据等信息，方便用来进行事故分析使用。

3）单一 IED 设备监视。可以监视设备当前的每一个光口的光功率、装置的温度、电平值、GOOSE 网的通信状态等，并可以查询这些数据、状态的历史记录，方便对此设备的运行情况进行状态评估。

4）实时流量信息。可显示端口各种协议流量，包括 SV 实时流量，GOOSE 的实时流量等，可以根据各协议特点结合端口流量来判断网络是否正常。具体标准可以参考表 A-7。并可以抓取每个端口的实时报文进行存储分析。

表 A-7　　流量判断标准

SV 流量	9-1、9-2 数据流量，正常时流量是稳定不变的
GOOSE 流量	GOOSE 数据流量，正常时流量一般是在 1Mbps 以下，断路器动作时流量会突增
MMS 流量	MMS 协议流量，正常时流量比较小，变电站故障时会增大
PTP 流量	1588 校时数据流量，正常时流量比较稳定且很小
其他流量	除上述协议以外的协议流量

5）装置接收到的实时 SV 采样数据，GOOSE 数据。可以实时显示故障录波器每一个采样控制块，GOOSE 控制块的配置情况，以及是否接收到该采样数据或者 GOOSE 数据。

6）实时波形。可以实时显示各个通道的波形，用户可以定制显示波形的有效值、一次有效值、相角值、直流分量、谐波分量和波形刷新时间等数据。

7）暂态录波文件、稳态录波文件、原始报文、历史告警检索。可以按特点的条件检索暂态录波文件、稳态录波文件、原始报文、历史告警，分析运行情况。

（2）波形分析。故障录波装置中都安装有波形分析软件，打开所需分析的波形文件，可以切换波形的显示值。可以显示波形有效值、波形一次有效值、波形相角值、各条通道与第一条通道的相角差等。对波形可以进行横向或者纵向的拉伸放缩，方便观察波形的形状细节。还可以对波形进行相量分析，谐波分析，功率分析。

利用通道合并可以将不同通道的电流、电压波形合并到一起进行分析比较，对事故分析提供有效的帮助。

A.7.2　网络报文记录分析装置

1. 概述

由于智能变电站的迅速发展，变电站站控层、间隔层及过程层的通信网络报文已经成为变电站智能设备间信息交互和共享的主要方式。智能设备和通信网络的健康状况将直接影响整个智能变电站的通信，网络报文的发送端、接收端及通信网络异常或故障均可能导致电力系统重大事故。数字式故障录波装置只能记录电压、电流发生突变而引起的保护动作，不能分析由于某个智能单元出现故障，或者报文记录有误等导致保护的误动或拒动等，也不能记录间隔层与变电站层之间的事件。因此，需要对网络报文进行有效的监视、记录和诊断，提前发现通信网络的薄弱环节和故障设备，预防电力系统事故的发生。当电力系统故障发生时，不仅需要对网络原始报文进行记录，还需要将网络报文进行解析，还原为对电力系统一次设备故障波形及二次设备动作行为的记录，便于事故发生后进行分析和快速查找故障原因。

2. 硬件结构

典型的网络报文分析记录仪硬件系统由报文采集单元、暂态录波单元和管理单元组成。如图 A-10 所示。报文采集单元可独立工作，也可以与暂态录波单元一对一联合工作实现暂态录波功能；单个管理单元可以管理最多 32 个报文采集单元和暂态录波单元。如就地系统不需要人机交互，则可以采用移动式管理单元（如使用便携式计算机）；运行参数设置好以后，报文采集单元和暂态录波单元可脱离管理单元独立运行。

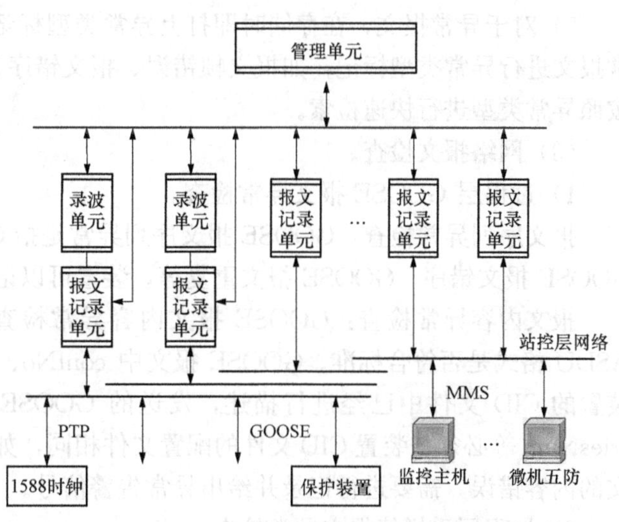

图 A-10　网络报文分析记录仪硬件结构

（1）报文采集单元。实现对过程层或站控层网络报文的原始采集，同时对报文实时分析和告警，对每个报文均做标记存储，标记内容包括精确到微秒的接收时间和实时检查出的报文异常。

（2）暂态录波单元。实现波形的暂态启动录波，支持所有常规录波器的启动判据，包括突变、相越限、序量越限、频率、开关量等，并具有单端测距功能。

（3）管理单元。实现系统的人机接口，具有数据提取，原始报文分析、暂态波形分析、分析报表打印、运行参数设置、运行状态监视等功能。

3. 功能

（1）网络状态诊断。

1）网络端口通信超时（中断）报警。当报文采集单元的某个有流量的网络端口在指定时间内没有收到任何流量，则给出网络端口通信超时（中断）的告警。

2）网络流量统计和流量异常报警。可以实现对网络端口流量统计和报文分类流量统计，当某类恒定流量的报文（如采样值）流量变化超过一定比例（增加或减少），系统会报告该分类流量的突增或突减告警。

3）网络流量分类。变电站网络主要分为三类报文：采样值报文、GOOSE 报文、MMS 报文。网络记录分析仪按照报文类别分别对报文进行流量统计。

（2）网络报文记录。

1）可以记录流经报文采集单元网络端口的所有原始报文，对特定的有逻辑关系的报文（如采样值报文、GOOSE 报文、IEEE 1588 报文等）进行实时解码诊断。

2）GOOSE 报文的顺序记录：GOOSE 报文每发送一次，报文顺序号依次增加，此时将 GOOSE 报文按照发送顺序号进行依次记录。

3）采样值报文顺序记录：采样值报文发送时，每帧报文都带有一个顺序号，记录时按照采样值报文的帧序号进行依次记录。

4）异常事件顺序记录：GOOSE 报文或采样值报文帧格式错误等异常报文按照事件顺序进行记录。

5）对于异常报文，在存储时即打上异常类型标记，以方便快速检索和提取。记录的异常报文进行异常类型标记，如报文帧错误、报文错序、报文重复、报文超时等。检索时可以按照异常类型进行快速检索。

（3）网络报文检查。

1）过程层 GOOSE 报文异常检查。

报文序列异常检查：GOOSE 报文序列异常是指 GOOSE 报文超时、GOOSE 报文丢帧、GOOSE 报文错序、GOOSE 报文重复等，装置可以记录后可以分析网络的一些异常情况。

报文内容异常检查：GOOSE 报文内容异常检查是指检查 GOOSE 报文的 APDU 和 ASDU 格式是否符合标准。GOOSE 报文中 confNo、goRef、datSet、entriesNum 等参数在装置的 CID 文件中已经进行描述，发送的 GOOSE 报文的 confNo、goRef、datSet、entriesNum 等必须与装置 CID 文件的配置文件相同，如果不一致，则说明发送的 GOOSE 报文的内容错误，需要进行记录并给出异常告警信号。

2）过程层采样值报文异常检查。

报文序列异常检查：检查的异常状态包括超时、丢帧、错序、重复等，装置可以记录后可以分析网络的一些异常情况。

报文内容异常检查：检查的内容包括 APDU 和 ASDU 格式是否符合标准；confNo、svID、datSet、entriesNum 等参数是否与配置文件一致等。

3）站控层 MMS 报文异常检查。站控层网络的 MMS 报文异常一般指 MMS 报文是否符合每种服务定义的报文格式，如果与每种服务定义的报文格式不相符合，则需要进行报错。

（4）故障波形记录及分析。

1）电压电流波形记录。对过程层网络的采样值报文进行解析，提取瞬时采样点的值，进行傅氏计算及判启动计算。当电力系统发生故障时，达到故障启动条件，则以 COMTRADE 格式对故障发生时的采样值和开关量进行存储记录，用图形分析软件实现系统故障波形的显示和分析。

2）二次设备动作行为记录。对过程层网络的 GOOSE 报文进行解析，提取 GOOSE 报文的开关量状态信息，当开关量状态发生改变时，则对接入的采样值报文和 GOOSE 报文进行解析，并以 COMTRADE 格式对故障发生时的采样值和开关量进行存储记录，用图形分析软件实现系统故障波形的显示和分析。

3）波形分析功能。装置记录的暂态波形数据可以输出，使用波形分析软件，能实现单端测距、双端测距、谐波分析、阻抗分析、功率分析、向量分析、差流分析、变压器过激磁分析、非周期分量分析等高级分析功能。

（5）数据检索、提取和转换。

1）按照时间段、报文类型、报文特征（如异常标记、APPID）等条件检索并提取报文列表，以 HEX、波形、图表等形式显示报文内容。

2）按照时间段进行检索，比如提取某个时间段的所有报文。

3）按照报文类型进行检索，比如只需要检索采样值报文或者 GOOSE 报文或者 MMS 报文。

4）按照报文特征进行检索，比如通过异常标记进行检索，如报文超时异常标记，可以检索超时的所有报文。

5）按照故障类型进行故障录波文件检索，比如某间隔 A 相故障、B 相故障等。

6）按照时间段进行故障录波文件检索，比如提取某个时间段的故障录波文件。

7）原始报文数据可导出成 PCAP 格式，用于在 Ethereal 和 Wireshark 等流行网络报文抓包软件中分析。

8）采样值报文可直接导出成 COMTRADE 格式文件，用于直观的波形分析。

9）采样值报文可直接导出成 csv 格式，用于在 Excel 表格软件中分析。

10）暂态录波数据以 COMTRADE 格式存储，也可以导出为 csv 格式，便于在 Excel 表格软件中分析使用。

A.7.3　故障录波与网络报文记录分析集成装置

故障录波器的数据来源于变电站的过程层网络；网络报文记录分析装置的数据除了过程层网络之外，还要监视站控层网络。由于两者数据的同源性，在变电站故障录波器和网络报文记录分析装置的配置就有了两种方式。

（1）分别配置故障录波器和网络报文记录分析装置将故障录波器和网络报文记录分析装置合成一个装置。

（2）故障录波器和网络报文记录分析装置合成一个装置。后一种装置也称为网络报文记录分析系统或变电站通信在线监视系统。

附录B　常规变电站调试案例

B.1　RCS-941A型线路保护装置

B.1.1　交流回路试验

1. PRC41A-02线路保护柜设置

(1) 在液晶屏幕主画面按“▲”键进入主菜单。

(2) 按“▼”键选择“4. 整定值”。

(3) 按“▼”键选择“3. 连接片定值”。将所有软连接片控制字均置“0”后，按“确认”键显示“输入口令”界面。依次按“+”“◀”“▲”“−”键。每按一次键盘，液晶显示由“•”变为“*”，当显示四个“*”时再按“确认”键后自动返回上一子菜单（“4. 整定值”的下设子菜单）。

(4) 按“▼”键选择“1. 保护状态”。

(5) 按“▼”键选择“1. DSP采样值”。此时液晶屏幕显示为$\begin{cases} U_A=0V \\ U_B=0V \\ U_C=0V \\ U_X=0V \\ I_A=0A \\ I_B=0A \\ I_C=0A \\ I_0=0A \\ I_2=0A \\ f=50Hz \end{cases}$

(6) PRC41A-02线路保护柜设置到此结束。待K10系列继电保护测试仪参数设置完成后，开始试验。

2. 测试方法（使用K10系列继电保护测试仪）

(1) 在系统主界面选择“交流试验”（单击即可）。

(2) 参数设置如图B-1所示。

(3) 单击“开始试验”后，自动弹出系统提示框：“是否开始交流试验?”，选择“是”。

(4) 此时PRC41A-02线路保护柜上的液晶屏幕显示DSP采样值为$\begin{cases} U_A=56.95V \\ U_B=56.7V \\ U_C=56.75V \\ U_X=0.01V \\ I_A=5A \\ I_B=5.03A \\ I_C=5.04A \\ I_0=0A \\ f=50.01Hz \end{cases}$

（5）单击“停止试验”。

（6）按“＋手动加”设置电流参数，如图 B-2 所示。

（7）单击“开始试验”后自动弹出系统提示框：“是否开始交流试验?”，选择“是”。

（8）此时 PRC41A-02 线路保护柜上的液晶屏幕显示 DSP 采样值为

$$\begin{cases}U_A=57.95\text{V}\\U_B=57.7\text{V}\\U_C=57.85\text{V}\\U_X=0.01\text{V}\\I_A=6.02\text{A}\\I_B=6.13\text{A}\\I_C=6.14\text{A}\\I_0=0\text{A}\\f=50.01\text{Hz}\end{cases}$$

前三相电压

	始值(V)	相位(°)	频率(Hz)	终值(V)	步长(V)
UA	57.74	0.000	50.000	80.000	1.000
UB	57.74	240.000	50.000	80.000	1.000
UC	57.74	120.000	50.000	80.000	1.000
Ux	0.000	0.000	1.000	120.000	1.000

前三相电流

	始值(V)	相位(°)	频率(Hz)	终值(A)	步长(A)	
IA	5.000	0.000	50.000	10.000	0.1000	√
IB	5.000	240.000	50.000	10.000	0.1000	√
IC	5.000	120.000	50.000	10.000	0.1000	√

后三相电压

	始值(V)	相位(°)	频率(Hz)	终值(V)	步长(V)
UA					
UB					
UC					

后三相电流

	始值(V)	相位(°)	频率(Hz)	终值(A)	步长(A)
IA					
IB					
IC					

变量选择　○幅值　○相位　○频率　□六相电流　□保持输出

图 B-1　交流回路试验参数设置

（9）单击“停止试验”。

（10）按“－手动减”设置电流参数，如图 B-3 所示。

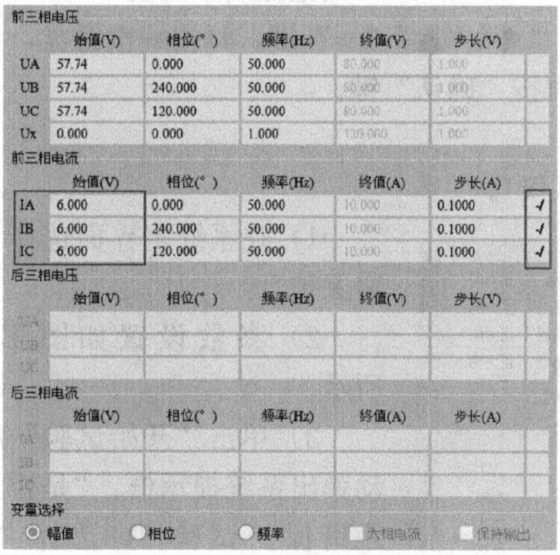

前三相电压

	始值(V)	相位(°)	频率(Hz)	终值(V)	步长(V)
UA	57.74	0.000	50.000	80.000	1.000
UB	57.74	240.000	50.000	80.000	1.000
UC	57.74	120.000	50.000	80.000	1.000
Ux	0.000	0.000	1.000	120.000	1.000

前三相电流

	始值(V)	相位(°)	频率(Hz)	终值(A)	步长(A)	
IA	6.000	0.000	50.000	10.000	0.1000	√
IB	6.000	240.000	50.000	10.000	0.1000	√
IC	6.000	120.000	50.000	10.000	0.1000	√

后三相电压

	始值(V)	相位(°)	频率(Hz)	终值(V)	步长(V)
UA					
UB					
UC					

后三相电流

	始值(V)	相位(°)	频率(Hz)	终值(A)	步长(A)
IA					
IB					
IC					

变量选择　○幅值　○相位　○频率　□六相电流　□保持输出

图 B-2　电流参数设置（一）

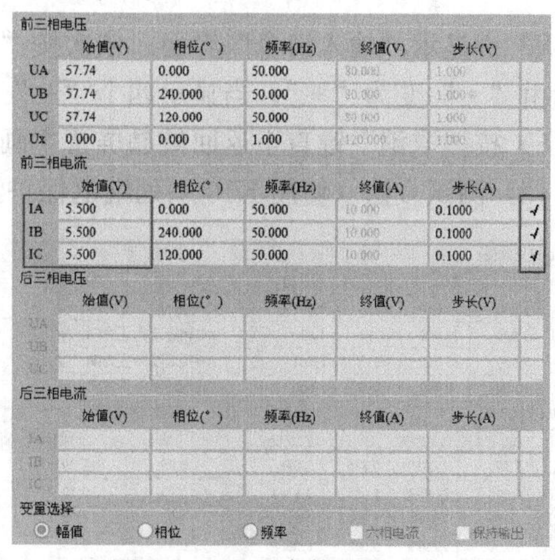

前三相电压

	始值(V)	相位(°)	频率(Hz)	终值(V)	步长(V)
UA	57.74	0.000	50.000	80.000	1.000
UB	57.74	240.000	50.000	80.000	1.000
UC	57.74	120.000	50.000	80.000	1.000
Ux	0.000	0.000	1.000	120.000	1.000

前三相电流

	始值(V)	相位(°)	频率(Hz)	终值(A)	步长(A)	
IA	5.500	0.000	50.000	10.000	0.1000	√
IB	5.500	240.000	50.000	10.000	0.1000	√
IC	5.500	120.000	50.000	10.000	0.1000	√

后三相电压

	始值(V)	相位(°)	频率(Hz)	终值(V)	步长(V)
UA					
UB					
UC					

后三相电流

	始值(V)	相位(°)	频率(Hz)	终值(A)	步长(A)
IA					
IB					
IC					

变量选择　○幅值　○相位　○频率　□六相电流　□保持输出

图 B-3　电流参数设置（二）

（11）单击“开始试验”后自动弹出系统提示框：“是否开始交流试验?”，选择“是”。

（12）此时 PRC41A-02 线路保护柜上的液晶屏幕显示 DSP 采样值为

$$\begin{cases}U_A=57.95\text{V}\\U_B=57.7\text{V}\\U_C=57.85\text{V}\\U_X=0.01\text{V}\\I_A=5.62\text{A}\\I_B=5.53\text{A}\\I_C=5.54\text{A}\\I_0=0\text{A}\\f=50.01\text{Hz}\end{cases}$$

(13) 单击“停止试验”。

(14)“交流回路试验”到此结束。

B.1.2 距离保护试验

1. 距离Ⅰ段保护

(1) 硬连接片：投“保护跳闸”“重合闸”“投距离”。

(2) PRC41A-02线路保护柜设置。

1) 在液晶屏幕主画面按“▲”键进入主菜单。

2) 按“▼”键选择“4. 整定定值”。

3) 按“▼”键选择“2. 保护定值”。控制字修改为
{投Ⅰ段接地距离：1
投Ⅰ段相间距离：1
投重合闸：1
投重合闸不检：1
其他控制字均置0
后，按“确认”键显示“输入口令”界面。依次按“+”“◀”“▲”“-”键。每按一次键盘，液晶显示由“•”变为“*”，当显示四个“*”时再按“确认”键后自动返回上一子菜单。

4) 按“▼”键选择“3. 连接片定值”。控制字修改为
{投距离保护连接片：1
其他控制字均置0
后，按“确认”键显示“输入口令”界面。依次按“+”“◀”“▲”“-”键。每按一次键盘，液晶显示由“•”变为“*”，当显示四个“*”时再按“确认”键。

5) 按“取消”键直至返回液晶屏幕主画面。

(3) 测试方法（使用K10系列继电保护测试仪）。

相间阻抗定值

	ZZ(Ω)	Zθ(°)	ZR(Ω)	ZX(Ω)
Ⅰ	3.000	75.010	0.776	2.898
Ⅱ	5.000	74.998	1.294	4.830
Ⅲ	7.000	75.000	1.812	6.761
Ⅳ	10.000	59.999	5.000	8.660

故障类型

√	A相接地	正方向	√		B相接地	正方向	√
	C相接地	正方向	√		AB相接地	正方向	√
	BC相短路	正方向	√		CA相接地	正方向	√
	AB相短路	正方向	√		BC相接地	正方向	√
	CA相短路	正方向	√		三相短路	正方向	√

接地阻抗定值

	ZZ(Ω)	Zθ(°)	ZR(Ω)	ZX(Ω)
Ⅰ	3.000	75.010	0.776	2.898
Ⅱ	4.000	74.998	1.035	3.8364
Ⅲ	5.000	75.000	1.294	4.830
Ⅳ	10.000	59.999	5.000	8.660

相间接地等阻抗

短路阻抗倍数

	Ⅰ段	Ⅱ段	Ⅲ段	Ⅳ段
	0.95	1.20	0.95	1.05
√	0.70	0.70	0.70	0.95
	1.05	1.00	1.00	1.00
	0.05	0.05	0.00	0.00

基本参数

额定电压(V)：	57.74	额定频率(Hz)：	50.000
负荷电流(A)：	0.000	故障时间(s)：	4.000
负荷相位(°)：	0.000	合闸延时(s)：	1.000
故障前时间(s)：	10.000	断开延时(s)：	0.010
短路起始角(°)：	0.000 √	防抖动时间(ms)：	15
故障性质：	瞬时性 √	叠加非周期分量	
故障启动方式：	自启动 √		

图B-4 距离Ⅰ段保护试验参数设置

1) 在系统主界面选择“距离保护”。

2) 参数设置如图B-4所示。

3) 单击“开始试验”后自动弹出系统提示框：“是否开始距离保护试验?”，选择“是”（有些情况仍会自动弹出“系统提示”框：“电压大于80V或电流大于10A，是否重载输出?”，选择“是”）。

4) 等待试验结束。

5) 该试验结束后会自动弹出系统提示框：“试验结束，是否保存报告?”，选择“是”。此时自动弹出“设置报告序号”窗口，自定义报告序号。

6)“距离Ⅰ段保护试验”到此结束。

(4) 试验结果。

1）指示灯：
- 1.“TV断线”灭
- 2.“合位”灭/“跳闸、跳位”亮
- 3.“充电、跳位”灭/“重合闸、合位”亮
- 4.“TV断线”亮
- 5.“充电”亮

注意：PRC41A-02线路保护装置指示灯的初始状态是：
- “运行”亮
- “TV断线”亮
- “通道异常”亮
- “跳闸”灭
- “重合闸”灭
- “跳位”灭
- “合位”灭
- “Ⅰ母”灭
- “Ⅱ母”灭

2）K10系列继电保护测试仪右下角显示“试验结果（Ω，ms）”，如下所示。

故障类型	故障方向	故障阻抗	跳A	跳B	跳C	重合	永跳
A相接地	正方向	2.100	35.0	35.0	35.0	1082.8	—

3）PRC41A-02线路保护柜上的液晶屏幕的主画面滚动显示：
- 1.距离Ⅰ段动作 00025ms
- 2.重合闸动作 01073ms
- 3.故障测距结果 A 0018.9km

（5）打印报告。

1）在PRC41A-02线路保护柜上的液晶屏幕主画面按“▲”键进入主菜单。

2）按“▼”键选择“3.打印报告”。

3）按“▼”键选择“2.动作报告”。

4）按“+”或“−”选择要打印的报告序号（有可能找不到在测试仪上所自定义的报告序号，其实在PRC41A-02线路保护柜打印动作报告的界面最初所显示的那个序号即为在测试仪上所自定义保存的报告序号）。按“确认”键确认打印。此时PRC41A-02线路保护柜上的液晶屏幕显示“正在打印中…”

2.距离Ⅱ段保护

（1）硬连接片：投“保护跳闸”“重合闸”“投距离”。

（2）PRC41A-02线路保护柜设置。

1）在液晶屏幕主画面按“▲”键进入主菜单。

2）按“▼”键选择“4.整定值”。

3）按“▼”键选择“2. 保护定值”。控制字修改为{投Ⅱ段接地距离：1；投Ⅱ段相间距离：1；投重合闸：1；投重合闸不检：1；其他控制字均置0}后，按“确认”键显示“输入口令”界面。依次按“＋”“◀”“▲”“－”键。每按一次键盘，液晶显示由“•”变为“*”，当显示四个“*”时再按“确认”键后自动返回上一子菜单。

4）按“▼”键选择“3. 连接片定值”。控制字修改为{投距离保护连接片：1；其他控制字均置0}后，按“确认”键显示“输入口令”画面。依次按“＋”“◀”“▲”“－”键。每按一次键盘，液晶显示由“•”变为“*”，当显示四个“*”时再按“确认”键。

5）按“取消”键直至返回液晶屏幕主画面。

（3）测试方法（使用K10系列继电保护测试仪）。

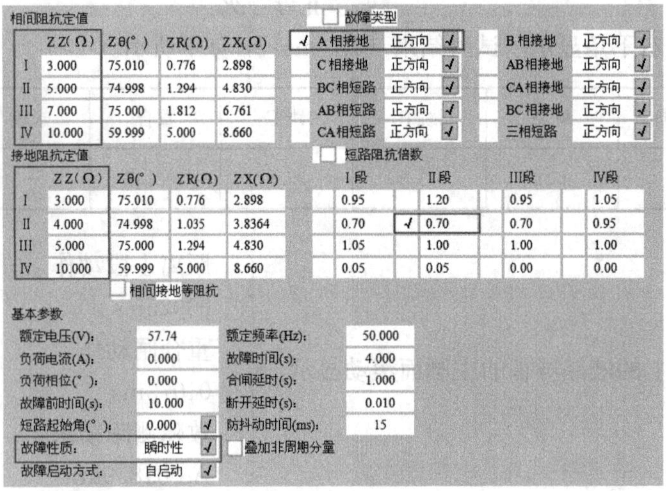

图B-5　距离Ⅱ段保护试验参数设置

1）在系统主界面选择“距离保护”。

2）参数设置如图B-5所示。

3）单击“开始试验”后自动弹出系统提示框：“是否开始距离保护试验?”，选择“是”。

4）等待试验结束。

5）该试验结束后会自动弹出系统提示框：“试验结束，是否保存报告?”，选择“是”。此时自动弹出“设置报告序号”窗口，自定义报告序号。

6）“距离Ⅱ段保护试验”到此结束。

（4）试验结果。

1）指示灯：
1. “TV断线”灭
2. “合位”灭/“跳闸、跳位”亮
3. “充电、跳位”灭/“重合闸、合位”亮
4. “TV断线”亮
5. “充电”亮

2）K10系列继电保护测试仪右下角显示“测试结果（Ω，ms）”，如下所示。

故障类型	故障方向	故障阻抗	跳A	跳B	跳C	重合	永跳
A相接地	正方向	2.800	529.5	529.5	529.5	1591.1	—

3）PRC41A－02 线路保护柜上的液晶显示屏的主画面滚动显示：

- 1. 距离Ⅱ段动作 00522ms
- 2. 重合闸动作 01588ms
- 3. 故障测距结果 A 0028. 3km

（5）打印报告。

1）在液晶屏幕主画面按“▲”键进入主菜单。

2）按“▼”键选择“3. 打印报告”。

3）按“▼”键选择“2. 动作报告”。

4）按“＋”或“－”选择要打印的报告序号。按“确认”键确认打印。此时 PRC41A－02 线路保护柜上的液晶屏幕显示“正在打印中…”

3. 距离Ⅲ段保护

（1）硬连接片：投“保护跳闸”“重合闸”“投距离”。

（2）PRC41A－02 线路保护柜设置。

1）在液晶屏幕主画面按“▲”键进入主菜单。

2）按“▼”键选择“4. 整定值”。

3）按“▼”键选择“2. 保护定值”。控制字修改为

- 投Ⅲ段接地距离：1
- 投Ⅲ段相间距离：1
- 投重合闸：1
- 投重合闸不检：1
- 其他控制字均置 0

后，按“确认”键显示“输入口令”界面。依次按“＋”“◀”“▲”“－”键。每按一次键盘，液晶显示由“•”变为“＊”，当显示四个“＊”时再按“确认”键后自动返回上一子菜单。

4）按“▼”键选择“3. 连接片定值”。控制字修改为

- 投距离保护连接片：1
- 其他控制字均置 0

后，按“确认”键显示“输入口令”。依次按“＋”“◀”“▲”“－”键。每按一次键盘，液晶显示由“•”变为“＊”，当显示四个“＊”时再按“确认”键。

5）按“取消”键直至返回液晶屏幕主画面。

（3）测试方法（使用 K10 系列继电保护测试仪）。

1）在系统主界面选择“距离保护”。

2）参数设置如图 B－6 所示。

3）单击“开始试验”后自

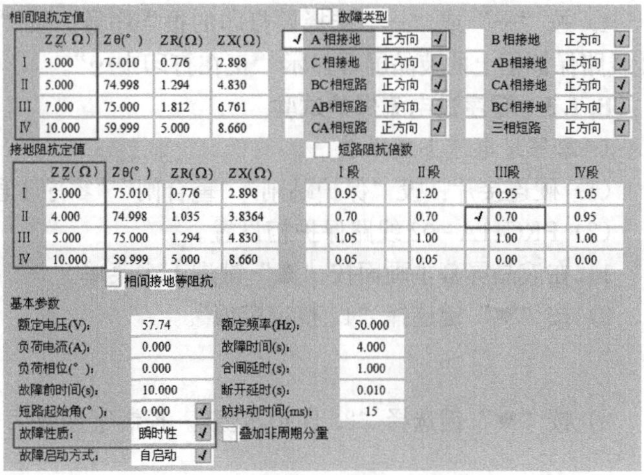

图 B－6　距离保护Ⅲ段试验参数设置

动弹出系统提示框："是否开始距离保护试验?"，选择"是"。

4）等待试验结束。

5）该试验结束后会自动弹出系统提示框："试验结束，是否保存报告?"，选择"是"。此时自动弹出"设置报告序号"窗口，自定义报告序号。

6）"距离Ⅲ段保护试验"到此结束。

（4）试验结果。

1）指示灯：
1. "TV断线"灭
2. "合位"灭/"跳闸、跳位"亮
3. "充电、跳位"灭/"重合闸、合位"亮
4. "TV断线"亮
5. "充电"亮

2）K10系列继电保护测试仪右下角显示"测试结果（Ω，ms)"，如下所示。

故障类型	故障方向	故障阻抗	跳A	跳B	跳C	重合	永跳
A相接地	正方向	3.500	2024.5	2024.5	2024.5	3072.3	—

3）PRC41A-02线路保护柜上的液晶显示屏的主画面滚动显示：
1. 距离Ⅲ段动作 01038ms
2. 重合闸动作 02068ms
3. 故障测距结果 A 0028.3km

（5）打印报告。

1）在液晶屏幕主画面按"▲"键进入主菜单。

2）按"▼"键选择"3. 打印报告"。

3）按"▼"键选择"2. 动作报告"。

4）按"＋"或"－"选择要打印的报告序号。按"确认"键确认打印。此时PRC41A-02线路保护柜上的液晶屏幕显示"正在打印中…"。

B.1.3 零序过电流保护试验

1. 零序过电流Ⅰ段保护

（1）硬连接片：投"保护跳闸""重合闸""零序Ⅰ段"。

（2）PRC41A-02线路保护柜设置。

1）在液晶屏幕主画面按"▲"键进入主菜单。

2）按"▼"键选择"4. 整定定值"。

3）按"▼"键选择"2. 保护定值"。控制字修改为
投Ⅰ段零序方向：1
投重合闸：1
投重合闸不检：1
其他控制字均置0
后，按"确认"键显示"输入口令"界面。依次按"＋""◀""▲""－"键。每按一次键盘，液晶显示由

“•”变为“*”，当显示四个“*”时再按“确认”键后自动返回上一子菜单。

4）按“▼”键选择“3. 连接片定值”。控制字修改为{投零序Ⅰ段连接片：1
其他控制字均置0}后，按“确认”键显示“输入口令”界面。依次按“+”“◀”“▲”“-”键。每按一次键盘，液晶显示由“•”变为“*”，当显示四个“*”时再按“确认”。

5）按“取消”键直至返回液晶屏幕主画面。

（3）测试方法（使用K10系列继电保护测试仪）。

1）在系统主界面选择“零序保护”。

2）参数设置如图B-7所示。

3）单击“开始试验”后自动弹出系统提示框：“是否开始零序Ⅰ段保护试验?”，选择“是”。

4）等待试验结束。

5）试验结束后会自动弹出系统提示框：“试验结束，是否保存报告?”，选择“是”。此时自动弹出“设置报告序号”窗口，自定义报告序号。

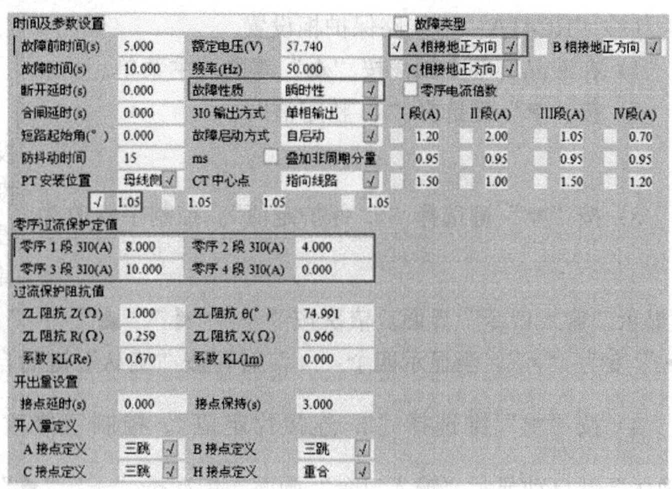

图B-7　零序过电流Ⅰ段保护试验参数设置

6）“零序过电流Ⅰ段试验”到此结束。

（4）试验结果。

1）指示灯：
1. “TV断线”灭
2. “合位”灭/“跳闸、跳位”亮
3. “充电、跳位”灭/“重合闸、合位”亮
4. “TV断线”亮
5. “充电”亮

2）K10系列继电保护测试仪右下角显示“测试结果”，如下所示。

故障类型	故障方向	故障阻抗	跳A	跳B	跳C	重合	永跳
A相接地	正方向	6.300	41.7	41.7	41.7	1085.8	—

3）PRC41A-02线路保护柜上的液晶显示屏的主画面滚动显示：
1. 零序过电流Ⅰ段动作
00027ms
2. 重合闸动作
01035ms
3. 故障测距结果
A 008.3km

（5）打印报告。

1）在液晶屏幕主画面按“▲”键进入主菜单。

2）按“▼”键选择“3. 打印报告”。

3）按“▼”键选择“2. 动作报告”。

4）按“+”或“-”选择要打印的报告序号。按“确认”键确认打印。此时 PRC41A-02 线路保护柜上的液晶屏幕显示“正在打印中…”

2. 零序过电流Ⅱ段保护

（1）硬连接片：投“保护跳闸”“重合闸”“零序Ⅱ段”。

（2）PRC41A-02 线路保护柜设置。

1）在液晶屏幕主画面按“▲”键进入主菜单。

2）按“▼”键选择“4. 整定值”。

3）按“▼”键选择“2. 保护定值”。控制字修改为{投Ⅱ段零序方向：1；投重合闸：1；投重合闸不检：1；其他控制字均置 0}后，按“确认”键显示“输入口令”界面。依次按“+”“◀”“▲”“-”键。每按一次键盘，液晶显示由“•”变为“*”，当显示四个“*”时再按“确认”键后自动返回上一子菜单。

4）按“▼”键选择“3. 连接片定值”。控制字修改为{投零序Ⅱ段连接片：1；其他控制字均置 0}后，按“确认”键自动显示“输入口令”画面。依次按“+”“◀”“▲”“-”键。每按一次键盘，液晶显示由“•”变为“*”，当显示四个“*”时再按“确认”键。

5）按“取消”键直至返回液晶屏幕主画面。

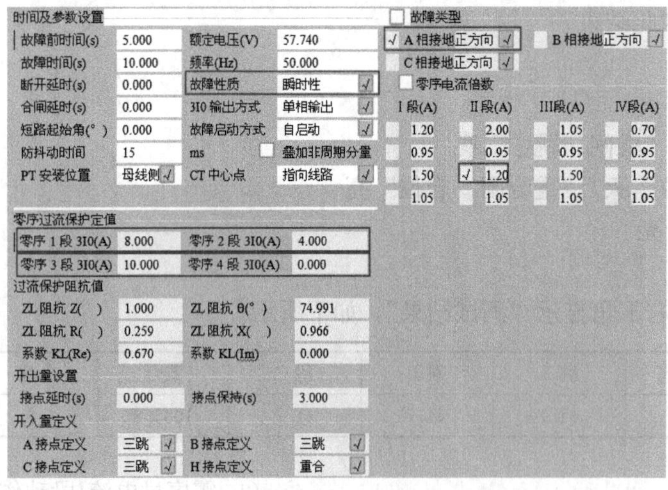

图 B-8　零序过电流Ⅱ段保护试验参数设置

（3）测试方法（使用 K10 系列继电保护测试仪）。

1）在系统主界面选择“零序保护”。

2）参数设置如图 B-8 所示。

3）单击“开始试验”后自动弹出系统提示框：“是否开始零序Ⅱ段保护试验?”，选择“是”。

4）等待试验结束。

5）试验结束后会自动弹出系统提示框：“试验结束，是否保存报告?”，选择“是”。此时自动弹出“设置报告序号”窗口，自定义设置报告序号。

6）“零序过电流Ⅱ段保护试验”到此结束。

（4）试验结果。

1）指示灯：
1. “TV断线”灭
2. “合位”灭/“跳闸、跳位”亮
3. “充电、跳位”灭/“重合闸、合位”亮
4. “TV断线”亮
5. “充电”亮

2）K10系列继电保护测试仪右下角显示“测试结果”，如下所示。

故障类型	故障方向	故障阻抗	跳A	跳B	跳C	重合	永跳
A相接地	正方向	4.800	530.2	530.2	530.2	1576.3	—

3）PRC41A-02线路保护柜上的液晶显示屏的主画面滚动显示：
1. 零序过电流Ⅱ段动作 00527ms
2. 重合闸动作 01535ms
3. 故障测距结果 A 008.3km

（5）打印报告。

1）在液晶屏幕主画面按“▲”键进入主菜单。

2）按“▼”键选择“3. 打印报告”。

3）按“▼”键选择“2. 动作报告”。

4）按“＋”或“－”选择要打印的报告序号。按“确认”键确认打印。此时，PRC41A-02线路保护柜上的液晶屏幕显示“正在打印中…”

3. 零序过电流Ⅲ段保护

（1）硬连接片：投“保护跳闸”“重合闸”“零序Ⅲ段”。

（2）PRC41A-02线路保护柜设置。

1）在液晶屏幕主画面按“▲”键进入主菜单。

2）按“▼”键选择“4. 整定值”。

3）按“▼”键选择“2. 保护定值”。控制字修改为
投Ⅲ段零序方向：1
投重合闸：1
投重合闸不检：1
其他控制字均置0
后，按“确认”键显示“输入口令”界面。依次按“＋”“◀”“▲”“－”键。每按一次键盘，液晶显示由“•”变为“*”，当显示四个“*”时再按“确认”键后自动返回上一子菜单。

4）按“▼”键选择“3. 连接片定值”。控制字修改为
投零序Ⅲ段连接片：1
其他控制字均置0
后，按“确认”键显示“输入口令”界面。依次按“＋”“◀”“▲”“－”键。每按一次键盘，液晶显示由“•”变为“*”，当显示四个“*”时再按“确认”键。

5）按“取消”键直至返回液晶屏幕主画面。

（3）测试方法（K10系列继电保护测试仪）。

1）在系统主界面选择“零序保护”。

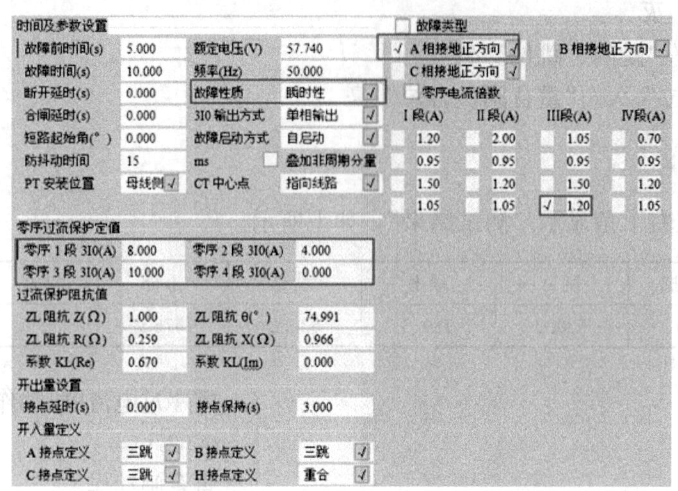

图 B-9　零序过电流Ⅲ段保护试验参数设置

2）参数设置如图 B-9 所示。

3）单击“开始试验”后自动弹出系统提示框：“是否开始零序Ⅲ段保护试验?”，选择“是”。

4）等待试验结束。

5）试验结束后会自动弹出系统提示框：“试验结束，是否保存报告?”，选择“是”。此时自动弹出“设置报告序号”窗口，自定义报告序号。

6）“零序过电流Ⅲ段保护”到此结束。

（4）试验结果。

1）指示灯：
1. “TV 断线”灭
2. “合位”灭/“跳闸、跳位”亮
3. “充电、跳位”灭/“重合闸、合位”亮
4. “TV 断线”亮
5. “充电”亮

2）K10 系列继电保护测试仪右下角显示“测试结果”，如下所示：

故障类型	故障方向	故障阻抗	跳 A	跳 B	跳 C	重合	永跳
A 相接地	正方向	3.600	10.23	10.23	10.23	2076.3	—

3）PRC41A-02线路保护柜上的液晶显示屏的主画面滚动显示：
1. 零序过电流Ⅲ段动作 01021ms
2. 重合闸动作 02035ms
3. 故障测距结果 A 0002.5km

（5）打印报告。

1）在液晶屏幕主画面按“▲”键进入主菜单。

2）按“▼”键选择“3. 打印报告”。

3）按“▼”键选择“2. 动作报告”。

4）按“＋”或“－”选择要打印的报告序号。按“确认”键确认打印。此时 PRC41A-02 线路保护柜上的液晶屏幕显示“正在打印中…”。

4. 零序过电流Ⅳ段保护

（1）硬连接片：投“保护跳闸”“重合闸”“零序Ⅳ段”。

（2）PRC41A-02线路保护柜。

1）在液晶屏幕主画面按“▲”键进入主菜单。

2）按“▼”键选择“4. 整定值”。

3）按“▼”键选择“2. 保护定值”。控制字修改为

- 投Ⅳ段零序方向：1
- 投重合闸：1
- 投重合闸不检：1
- 其他控制字均置0

后，按“确认”键显示“输入口令”界面。依次按“+”“◀”“▲”“−”键。每按一次键盘，液晶显示由“•”变为“*”，当显示四个“*”时再按“确认”键后自动返回上一子菜单。

4）按“▼”键选择“3. 连接片定值”。控制字修改为

- 投零Ⅳ段连接片：1
- 其他控制字均置0

后，按“确认”键显示“输入口令”界面。依次按“+”“◀”“▲”“−”键。每按一次键盘，液晶显示由“•”变为“*”，当显示四个“*”时再按“确认”键。

5）按“取消”键直至返回液晶屏幕主画面。

（3）测试方法（K10系列继电保护测试仪）。

1）在系统主界面选择“零序保护”。

2）参数设置皆如图B-10所示。

3）单击“开始试验”后自动弹出系统提示框：“是否开始零序Ⅳ段保护试验?”，选择“是”。

4）等待试验结束。

5）试验结束后会自动弹出系统提示框：“试验结束，是否保存报告?”，选择“是”。此时自动弹出“设置报告序号”窗口，自定义报告序号。

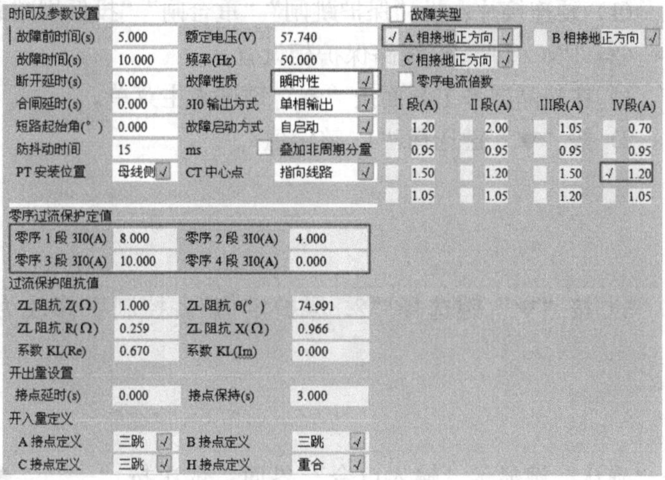

图B-10 零序过电流Ⅳ段保护试验参数设置

6）“零序过电流Ⅳ段保护试验”到此结束。

（4）试验结果。

1）指示灯：

1. “TV断线”灭
2. “合位”灭/“跳闸、跳位”亮
3. “充电、跳位”灭/“重合闸、合位”亮
4. “TV断线”亮
5. “充电”亮

2）K10系列继电保护测试仪右下角显示“测试结果”，如下所示：

故障类型	故障方向	故障电流	跳A	跳B	跳C	重合	永跳
A相接地	正方向	1.200	15.22	15.22	15.22	2576.3	—

3）PRC41A - 02线路保护柜上的液晶显示屏的主画面滚动显示：
1. 零序过电流Ⅳ段动作
01520ms
2. 重合闸动作
02566ms
3. 故障测距结果
A 0002.5km

（5）打印报告。

1）在液晶屏幕主画面按“▲”键进入主菜单。

2）按“▼”键选择“3. 打印报告”。

3）按“▼”键选择“2. 动作报告”。

4）按“+”或“−”选择要打印的报告序号。按“确认”键确认打印。此时PRC41A - 02线路保护柜上的液晶屏幕显示“正在打印中…”。

B.1.4 低周保护试验

（1）硬连接片：投“保护跳闸”“重合闸”“投低周减载”。

（2）PRC41A - 02线路保护柜设置。

1）在液晶屏幕主画面按“▲”键进入主菜单。

2）按“▼”键选择“4. 整定值”。

3）按“▼”键选择“2. 保护定值”。控制字修改为
低周低压闭锁定值：60V
低周保护低频定值：49.5V
低周滑差闭锁定值：3Hz/s
投低周保护：1
投重合闸：1
投重合闸不检：1
其他控制字均值0
后，按“确认”键显示“输入口令”界面。依次按“+”“◀”“▲”“−”键。每按一次键盘，液晶显示由“•”变为“*”，当显示四个“*”时再按“确认”键后自动返回上一子菜单。

4）按“▼”键选择“3. 连接片定值”。控制字修改为
投低周保护连接片：1
其他控制字均置0
后，按“确认”键显示“输入口令”界面。依次按“+”“◀”“▲”“−”键。每按一次键盘，液晶显示由“•”变为“*”，当显示四个“*”时再按“确认”键。

5）按“取消”键直至返回液晶屏幕主画面。

（3）测试方法（使用K10系列继电保护测试仪）。

1）在系统主界面选择“低周减载”。

2）参数设置如图B - 11所示。

3）单击“开始试验”后自动弹出系统提示框：“是否开始零序Ⅰ段保护试验?”，选择“是”。

4）等待试验结束。

5）试验结束后会自动弹出系统提示框：“试验结束，是否保存报告?”，选择“是”。此时自动弹出“设置报告序号”窗口，自定义报告序号。

6）“低周保护试验”到此结束。

（4）试验结果。

1）指示灯：“充电”灭/“跳闸、跳位”亮。

2）PRC41A-02线路保护柜上的液晶显示屏的主画面滚动显示：{低周保护动作
22999ms

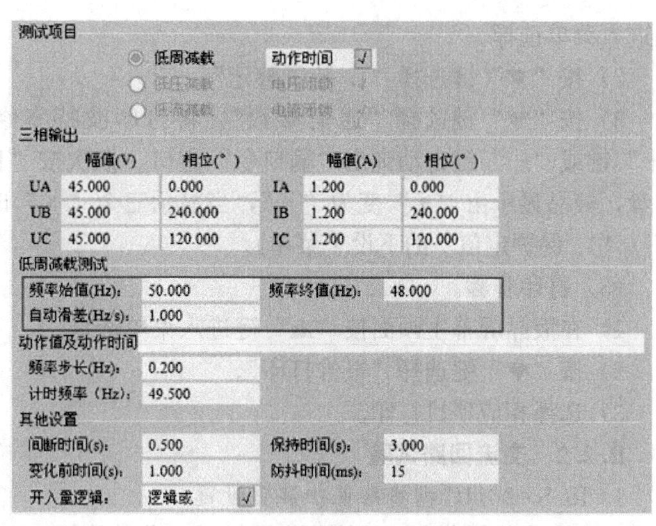

图B-11 低周保护试验参数设置

（5）打印报告。

1）在液晶屏幕主画面按“▲”键进入主菜单。

2）按“▼”键选择“3. 打印报告”。

3）按“▼”键选择“2. 动作报告”。

4）按“+”或“-”选择要打印的报告序号。按“确认”键确认打印。此时PRC41A-02线路保护柜上的液晶屏幕显示“正在打印中…”。

B.2 RCS-9611C型线路保护装置

B.2.1 试验前准备工作

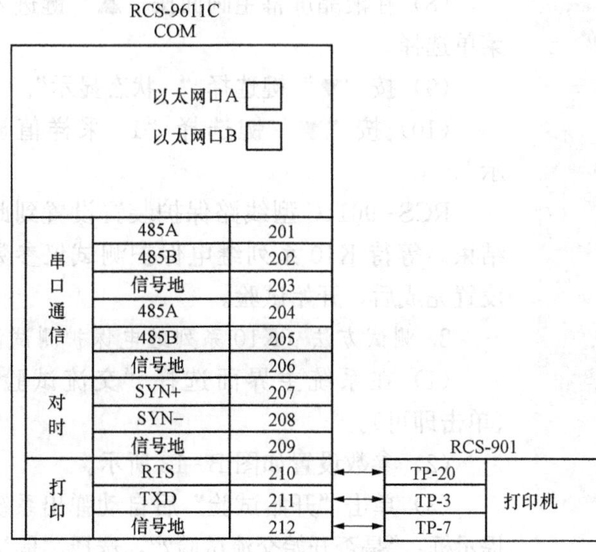

图B-12 RCS-9611C与RCS-901的打印机连接示意图

1. RCS-9611C型与RCS-901系列线路保护装置打印机的连接

连接示意图如图B-12所示。

2. 查看并修改波特率

（1）查询设备RCS-9011C的波特率。

1）在液晶屏幕主画面按“▲”键进入菜单选择。

2）按“▼”键选择“1. 装置整定”。

3）按“▼”键选择“整定定值”，查看打印波特率为4800。

（2）查看并修改RCS-9611C中的波特率。

1）在液晶屏幕主画面按“▲”

键进入菜单选择。

2）按“▼”键选择“1. 装置整定”。

3）按“▼”键选择“通信参数”，将打印波特率修改为0。操作步骤为：首先，按“+”键或“—”键自动弹出“输口令”窗口。依次按“▶”键输入口令“001”。每按一次键盘，液晶显示由“•”变为“*”，当显示三个“*”时再按“确认”键自动返回上一界面（“1. 保护定值”的下设子菜单）。

（3）打印步骤。

1）在液晶屏幕主画面按“▲”键进入菜单选择。

2）按“▼”键选择“报告打印”。

3）选择相应项目打印。

B.2.2 交流回路试验

1. RCS-9611C型线路保护装置设置

（1）在液晶屏幕主画面按“▲”键进入菜单选择。

（2）按“▼”键选择“1. 装置整定”。

（3）按“▼”键选择“1. 保护定值”。

（4）首先，按“+”键或“—”键自动弹出“输口令”窗口。依次按“▶”键输入口令“001”。每按一次键盘，液晶显示由“•”变为“*”，当显示三个“*”时再按“确认”键自动返回上一界面（“1. 保护定值”的下设子菜单）。将所有控制字均置0后按“确认”键（此时指示灯“运行”灭）。

（5）按“▼”键选择“5. 软连接片修改”。

（6）首先，按“+”键或“—”键自动弹出“输口令”窗口。依次按“▶”键输入口令“001”。每按一次键盘，液晶显示由“•”变为“*”，当显示三个“*”时再按“确认”键自动返回上一界面。将所有软连接片控制字均置0后按“确认”键。

（7）按“复位”键。等待装置重启，指示灯“运行”亮。

（8）在液晶屏幕主画面按“▲”键进入菜单选择。

（9）按“▼”键选择“. 状态显示”。

（10）按“▼”键选择“1. 采样值显示”。

RCS-9611C型线路保护装置设置到此结束。等待K10系列继电保护测试仪参数设置完成后，开始试验。

2. 测试方法（K10系列继电保护测试仪）

（1）在系统主界面选择“交流试验”（单击即可）。

（2）参数设置如图B-13所示。

（3）单击“开始试验”后自动弹出系统提示框：“是否开始交流试验?”，选择“是”。

（4）此时RCS-9611C液晶屏幕采样值

前三相电压

	始值(V)	相位(°)	频率(Hz)	终值(V)	步长(V)	
UA	57.74	0.000	50.000	80.000	1.000	
UB	57.74	240.000	50.000	80.000	1.000	
UC	57.74	120.000	50.000	80.000	1.000	
Ux	0.000	0.000	1.000	120.000	1.000	

前三相电流

	始值(V)	相位(°)	频率(Hz)	终值(A)	步长(A)	
IA	6.000	0.000	50.000	10.000	0.1000	√
IB	6.000	240.000	50.000	10.000	0.1000	√
IC	6.000	120.000	50.000	10.000	0.1000	√

后三相电压

	始值(V)	相位(°)	频率(Hz)	终值(V)	步长(V)	
UA						
UB						
UC						

后三相电流

	始值(V)	相位(°)	频率(Hz)	终值(A)	步长(A)	
IA						
IB						
IC						

变量选择

幅值 相位 频率 六相电流 保持输出

图B-13 交流回路试验参数设置

显示为
$$\begin{cases} I_A=5.94\text{A} & \angle U_A I_A=0.02^\circ \\ I_B=5.93\text{A} & \angle U_B I_B=0.02^\circ \\ I_C=5.95\text{A} & \angle U_C I_C=0.02^\circ \\ I_0=0.02\text{A} & \angle U_A U_B=120^\circ \\ U_A=57.5\text{V} & \angle U_B U_C=120^\circ \\ U_B=57.47\text{V} & \angle U_C U_A=120^\circ \\ U_C=57.42\text{V} & \angle U_X I_A=0^\circ \\ U_{AB}=99.57\text{V} & \angle U_0 I_0=0^\circ \\ U_{BC}=99.59\text{V} & \angle I_A I_B=120^\circ \\ U_{CA}=99.59\text{V} & \angle I_B I_C=120^\circ \\ U_1=57.6\text{V} & \angle I_C I_A=120^\circ \\ U_2=0\text{V} & \angle U_A I_{AM}=0^\circ \\ U_0=0.1\text{V} & \angle U_C I_{CM}=0^\circ \\ U_X=0\text{V} & \end{cases}$$

（5）单击“停止试验”。

（6）按“+手动加”设置电流参数，如图B-14所示。

（7）单击“开始试验”后自动弹出系统提示框：“是否开始交流试验?”，选择“是”。

（8）此时RCS-9611C液晶屏幕采样值显示为
$$\begin{cases} I_A=6.48\text{A} & \angle U_A I_A=2^\circ \\ I_B=6.49\text{A} & \angle U_B I_B=2^\circ \\ I_C=6.48\text{A} & \angle U_C I_C=2^\circ \\ I_0=0.02\text{A} & \angle U_A U_B=120^\circ \\ U_A=58.00\text{V} & \angle U_B U_C=120^\circ \\ U_B=57.94\text{V} & \angle U_C U_A=120^\circ \\ U_C=57.92\text{V} & \angle U_X I_A=0^\circ \\ U_{AB}=100.42\text{V} & \angle U_0 I_0=0^\circ \\ U_{BC}=100.36\text{V} & \angle I_A I_B=120^\circ \\ U_{CA}=100.35\text{V} & \angle I_B I_C=120^\circ \\ U_1=58.06\text{V} & \angle I_C I_A=120^\circ \\ U_2=0\text{V} & \angle U_A I_{AM}=0^\circ \\ U_0=0.07\text{V} & \angle U_C I_{CM}=0^\circ \\ U_X=0\text{V} & \end{cases}$$

（9）单击“停止试验”。

（10）按“-手动”设置电流参数，如图B-15所示。

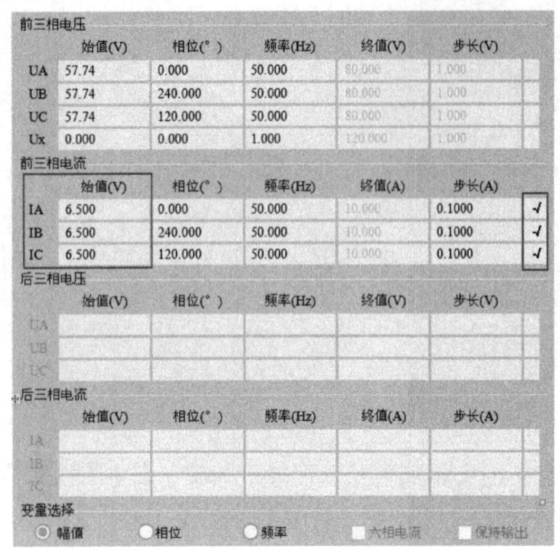

前三相电压

	始值(V)	相位(°)	频率(Hz)	终值(V)	步长(V)
UA	57.74	0.000	50.000	80.000	1.000
UB	57.74	240.000	50.000	80.000	1.000
UC	57.74	120.000	50.000	80.000	1.000
Ux	0.000	0.000	1.000	120.000	1.000

前三相电流

	始值(V)	相位(°)	频率(Hz)	终值(A)	步长(A)	
IA	6.500	0.000	50.000	10.000	0.1000	√
IB	6.500	240.000	50.000	10.000	0.1000	√
IC	6.500	120.000	50.000	10.000	0.1000	√

后三相电压

	始值(V)	相位(°)	频率(Hz)	终值(V)	步长(V)
UA					
UB					
UC					

后三相电流

	始值(V)	相位(°)	频率(Hz)	终值(A)	步长(A)
IA					
IB					
IC					

变量选择 ◎幅值 ○相位 ○频率 □六相电流 □保持输出

图 B-14 电流参数设置（一）

前三相电压

	始值(V)	相位(°)	频率(Hz)	终值(V)	步长(V)
UA	57.74	0.000	50.000	80.000	1.000
UB	57.74	240.000	50.000	80.000	1.000
UC	57.74	120.000	50.000	80.000	1.000
Ux	0.000	0.000	1.000	120.000	1.000

前三相电流

	始值(V)	相位(°)	频率(Hz)	终值(A)	步长(A)	
IA	5.500	0.000	50.000	10.000	0.1000	√
IB	5.500	240.000	50.000	10.000	0.1000	√
IC	5.500	120.000	50.000	10.000	0.1000	√

后三相电压

	始值(V)	相位(°)	频率(Hz)	终值(V)	步长(V)
UA					
UB					
UC					

后三相电流

	始值(V)	相位(°)	频率(Hz)	终值(A)	步长(A)
IA					
IB					
IC					

变量选择 ◎幅值 ○相位 ○频率 □六相电流 □保持输出

图 B-15 电流参数设置（二）

（11）单击“开始试验”后自动弹出系统提示框：“是否开始交流试验?”，选择“是”。

（12）此时 RCS-9611C 液晶屏幕采样值显示为

$$\begin{cases} I_A=5.48\text{A} & \angle U_A I_A=2° \\ I_B=5.47\text{A} & \angle U_B I_B=2° \\ I_C=5.48\text{A} & \angle U_C I_C=2° \\ I_0=0\text{A} & \angle U_A U_B=120° \\ U_A=57.92\text{V} & \angle U_B U_C=120° \\ U_B=57.86\text{V} & \angle U_C U_A=120° \\ U_C=57.83\text{V} & \angle U_X I_A=0° \\ U_{AB}=100.28\text{V} & \angle U_0 I_0=0° \\ U_{BC}=100.36\text{V} & \angle I_A I_B=120° \\ U_{CA}=100.37\text{V} & \angle I_B I_C=120° \\ U_1=58.06\text{V} & \angle I_C I_A=120° \\ U_2=0\text{V} & \angle U_A I_{AM}=0° \\ U_0=0.07\text{V} & \angle U_C I_{CM}=0° \\ U_X=0\text{V} & \end{cases}$$

（13）单击“停止试验”。

（14）“交流回路试验”到此结束。

B.2.3 过电流保护试验

1. 过电流Ⅰ段保护试验

（1）RCS-9611C 型线路保护装置设置。

1）在液晶屏幕主画面按“▲”键进入菜单选择。

2）按“▼”键选择“1. 装置整定”。

3）按“▼”键选择“1. 保护定值”。

4）首先，按“＋”键或“－”键自动弹出“输口令”窗口。依次按“▶”键输入口令“001”。每按一次键盘，液晶显示由“•”变为“∗”，当显示三个“∗”时后按“确认”键自动返回上一界面。控制字修改为

- 过电流Ⅰ段定值：7A
- 过电流Ⅰ段时间：0s
- 过电流Ⅱ段时间：0.5s
- 过电流Ⅰ段投入：1
- 复压闭锁过电流Ⅰ段：1
- 方向闭锁过电流Ⅰ段：1
- 重合闸投入：1
- 其他控制字均置0

后，按“确认”键自动返回上一子菜单（此时指示灯“运行”灭）。

5）按“▼”键选择“5. 软连接片修改”。

6）首先，按“＋”键或“－”键自动弹出“输口令”窗口。依次按“▶”键输入口令“001”。每按一次键盘，液晶显示由“•”变为“∗”，当显示三个“∗”时按“确认”键自动返回上一界面。控制字修改为

- 过电流Ⅰ段软接片：1
- 重合闸连接片：1
- 其他控制均置0

后，按“确认”键。

7）按“复位”键，等待装置重启，指示灯“运行”亮。

（2）测试方法（使用K10系列继电保护测试仪）。

1）在系统主界面选择“状态序列”。

2）参数设置，如图B-16～图B-19所示。

3）单击“开始试验”后自动弹出系统提示框：“是否开始过电流保护试验?”，选择“是”。

4）等待试验结束。

5）试验结束会后自动弹出系统提示框：“试验结束，是否保存报告?”，选择“是”。此时自动弹出“设置报告序号”窗口，自定义报告序号。

6）“过电流Ⅰ段保护试验”到此结束。

状态1设置

电流电压值

	幅值(V)	相位(°)	频率(Hz)		幅值(A)	相位(°)	频率(Hz)
UA	57.740	0.000	50.000	IA	0.000	0.000	50.000
UB	57.740	240.00	50.000	IB	0.000	180.00	50.000
UC	57.740	120.00	50.000	IC	0.000	0.000	50.000

参数设置

故障类	任意方式	故障电流(A)	0.000
额定电压(V)	57.740	频率(Hz)	50.000
状态时间(S)	2.000	Ux输出设置	任意值
Ux输出幅值(V)	0.000	Ux输出相位(°)	0.000
试验触发方式	时间触发	开入量逻	逻辑或

短路阻抗

阻抗Z(Ω)	0.000	阻抗θ(°)	0.000
阻抗R(Ω)	0.000	阻抗X(Ω)	0.000
系数KL(Re)	0.670	系数KL(Im)	0.000

【状态1】	状态2	状态3	状态4
状态5	状态6	状态7	状态8

参数设置

试验状态	4	接点反转参考	上一个状态
开出量保持(s)	5.000	防抖动时间(ms)	15

图B-16　过电流Ⅰ段保护试验参数设置（一）

状态2设置

电流电压值

	幅值(V)	相位(°)	频率(Hz)		幅值(A)	相位(°)	频率(Hz)
UA	13.336	120.00	50.000	IA	8.000	30.000	50.000
UB	57.740	0.000	50.000	IB	0.000	180.00	50.000
UC	57.740	240.00	50.000	IC	0.000	60.00	50.000

参数设置

故障类	A相接地	故障电流(A)	8.000
额定电压(V)	57.740	频率(Hz)	50.000
状态时间(S)	0.4	Ux输出设置	任意值
Ux输出幅值(V)	57.74	Ux输出相位(°)	0.000
试验触发方式	时间触发	开入量逻	逻辑或

短路阻抗

阻抗Z(Ω)	1.000	阻抗θ(°)	90.000
阻抗R(Ω)	0.000	阻抗X(Ω)	1.000
系数KL(Re)	0.667	系数KL(Im)	0.000

状态1	【状态2】	状态3	状态4
状态5	状态6	状态7	状态8

参数设置

试验状态	4	接点反转参考	上一个状态
开出量保持(s)	5.000	防抖动时间(ms)	15

图B-17　过电流Ⅰ段保护试验参数设置（二）

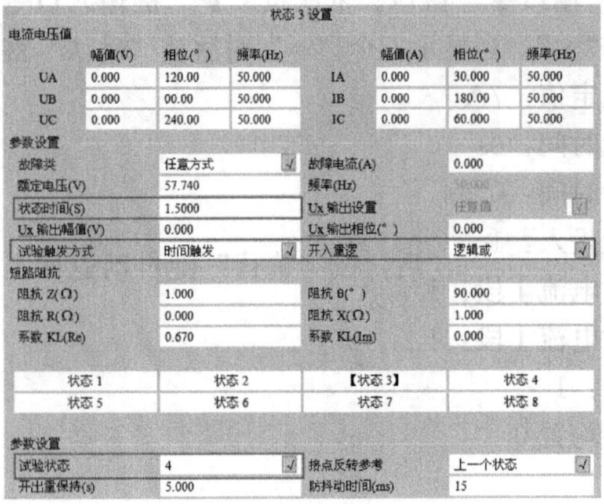

图 B-18　过电流Ⅰ段保护试验参数设置（三）

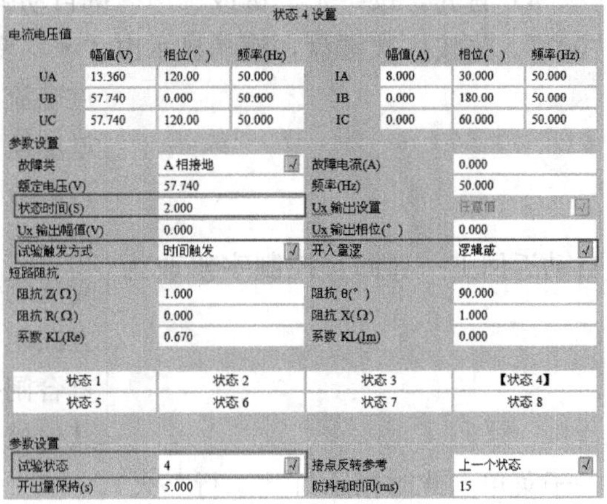

图 B-19　过电流Ⅰ段保护试验参数设置（四）

（3）试验结果。

1）指示灯：

1. “合位”灭/“跳闸、跳位”亮
2. “跳位”灭/“重合、合位”亮
3. “合位”灭/“跳位”亮
4. “报警”亮
5. “报警”灭

注意：RCS-9611C 指示灯的初始状态是：

- “运行”亮
- “报警”灭
- “跳闸”灭
- “重合”灭
- “跳位”灭
- “合位”亮

2）K10 系列继电保护测试仪右下角显示“测试记录”，如下所示：

状态项	动作时间（ms）	状态项	动作时间（ms）
状态 1	0.0	状态 3	1029.9
状态 2	42.3	状态 4	34.0

3）RCS-9611C 液晶显示屏的主画面滚动显示：

- A　I_{max}　008.04A
- 过电流Ⅰ段动作　重合闸动作

4）动作报告如下：

086.00	15-10-16　09：46：27：640		整组启动
086.01	15-10-16　09：46：27：656	AB　I_{max}　00.804　A	过电流Ⅰ段动作
086.02	15-10-16　09：46：29：648		重合闸动作

2. 过电流Ⅱ段保护试验

(1) RCS-9611C型线路保护装置设置。

1) 在液晶屏幕主画面按“▲”键进入菜单选择。

2) 按“▼”键选择“1. 装置整定”。

3) 按“▼”键选择“1. 保护定值”。

4) 首先，按“＋”键或“－”键自动弹出“输口令”窗口。控制字修改为
{过电流Ⅱ段定值：4A
过电流Ⅱ段时间：0.5s
过电流Ⅱ段投入：1
复压闭锁过电流Ⅱ段：1
方向闭锁过电流Ⅱ段：1
重合闸投入：1}
后，按“确认”键自动返回上一子菜单（此时指示灯“运行”灭）。

5) 按“▼”键选择“5. 软连接片修改”。

6) 首先，按“＋”键或“－”键自动弹出“输口令”窗口。依次按“▶”键输入口令“001”。每按一次键盘，液晶显示由“·”变为“*”，当显示三个“*”时按“确认”键自动返回上一界面。控制字修改为
{过电流Ⅱ段软连接片：1
重合闸连接片：1
其他控制字均置0}
后，按“确认”键自动返回上一子菜单。

7) 按“复位”键，等待装置重启，指示灯“运行”亮。

(2) 测试方法（使用K10系列继电保护测试仪）。

1) 在系统主界面选择“状态序列”。

2) 参数设置，如图B-20～图B-23所示。

状态1设置

电流电压值

	幅值(V)	相位(°)	频率(Hz)		幅值(A)	相位(°)	频率(Hz)
UA	57.740	0.000	50.000	IA	0.000	0.000	50.000
UB	57.740	240.00	50.000	IB	0.000	180.00	50.000
UC	57.740	120.00	50.000	IC	0.000	0.000	50.000

参数设置			
故障类	任意方式	故障电流(A)	0.000
额定电压(V)	57.740	频率(Hz)	50.000
状态时间(S)	2.000	Ux输出设置	任意值
Ux输出幅值(V)	0.000	Ux输出相位(°)	0.000
试验触发方式	时间触发	开入量逻	逻辑或
短路阻抗			
阻抗Z(Ω)	0.000	阻抗θ(°)	0.000
阻抗R(Ω)	0.000	阻抗X(Ω)	0.000
系数KL(Re)	0.670	系数KL(Im)	0.000

【状态1】	状态2	状态3	状态4
状态5	状态6	状态7	状态8

参数设置			
试验状态	4	接点反转参考	上一个状态
开出量保持(s)	5.000	防抖动时间(ms)	15

图B-20　过电流Ⅱ段保护试验参数设置（一）

状态2设置

电流电压值

	幅值(V)	相位(°)	频率(Hz)		幅值(A)	相位(°)	频率(Hz)
UA	13.336	120.00	50.000	IA	8.000	30.000	50.000
UB	57.740	0.000	50.000	IB	0.000	180.00	50.000
UC	57.740	240.00	50.000	IC	0.000	60.00	50.000

参数设置			
故障类	A相接地	故障电流(A)	8.000
额定电压(V)	57.740	频率(Hz)	50.000
状态时间(S)	1.500	Ux输出设置	任意值
Ux输出幅值(V)	57.74	Ux输出相位(°)	0.000
试验触发方式	时间触发	开入量逻	逻辑或
短路阻抗			
阻抗Z(Ω)	1.000	阻抗θ(°)	90.000
阻抗R(Ω)	0.000	阻抗X(Ω)	1.000
系数KL(Re)	0.667	系数KL(Im)	0.000

状态1	【状态2】	状态3	状态4
状态5	状态6	状态7	状态8

参数设置			
试验状态	4	接点反转参考	上一个状态
开出量保持(s)	5.000	防抖动时间(ms)	15

图B-21　过电流Ⅱ段保护试验参数设置（二）

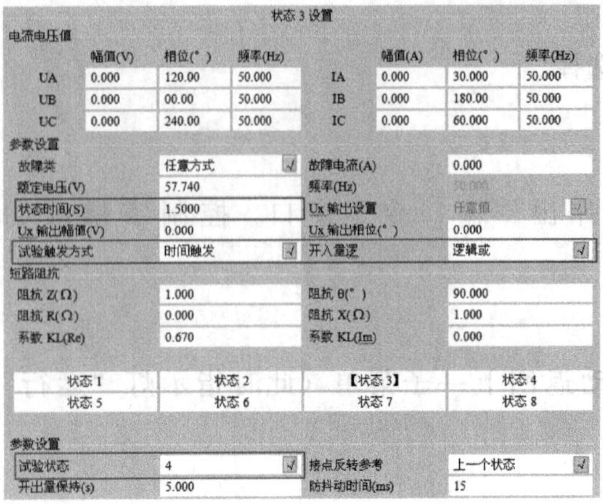

图 B-22 过电流Ⅱ段保护试验参数设置（三）

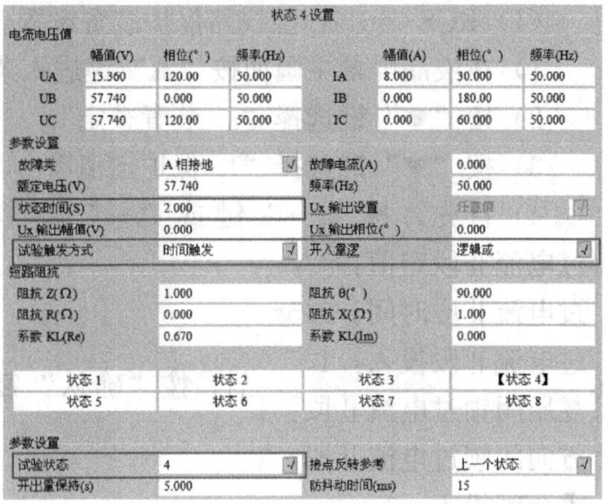

图 B-23 过电流Ⅱ段保护试验参数设置（四）

3）单击“开始试验”后自动弹出系统提示框：“是否开始过电流保护试验?”，选择“是”。

4）等待试验结束。

5）试验结束后会自动弹出系统提示框：“试验结束，是否保存报告?”，选择“是”。此时自动弹出“设置报告序号”窗口，自定义报告序号。

6）“过电流Ⅱ段保护试验”到此结束。

（3）试验结果。

1）指示灯：

1. “合位”灭/“跳闸、跳位”亮
2. “跳位”灭/“重合、合位”亮
3. “合位”灭/“跳位”亮
4. “报警”亮
5. “报警”灭

2）RCS-9611C液晶显示屏的主画面滚动显示：

1. 整组启动
2. A I_{max} 004.98A
过电流Ⅱ段动作 重合闸动作

3）动作报告如下：

087.00	15-10-16 09：48：23：108		整组启动
087.01	15-10-16 09：48：23：613	AB I_{max} 004.98 A	过电流Ⅱ段动作
087.02	15-10-16 09：48：23：265		重合闸动作

3. 过电流Ⅲ段保护（定时限）试验

（1）RCS-9611C型线路保护装置设置。

1）在液晶屏幕主画面按“▲”键进入菜单选择。

2）按“▼”键选择“1. 装置整定”。

3）按“▼”键选择“1. 保护定值”。

4）首先，按“＋”键或“－”键自动弹出“输口令”窗口。依次按“▶”键输入口令“001”。每按一次键盘，液晶显示由“•”变为“＊”，当显示三个“＊”时按“确认”键自动返回上一界面。控制字修改为：过电流Ⅱ段投入：1；重合闸投入：1。按“确认”键自动返回上一子菜单（此时指示灯“运行”灭）。

5）按“▼”键选择“5. 软连接片修改”。

6）首先，按“＋”键或“－”键自动弹出“输口令”窗口。依次按“▶”键输入口令“001”。每按一次键盘，液晶显示由“•”变为“＊”，当显示三个“＊”时按“确认”键自动返回上一界面。控制字修改为 {过电流Ⅲ段软连接片：1；其他控制字均置0} 后，按“确认”键。

7）按“复位”键，等待装置重启，指示灯“运行”亮。

（2）测试方法（使用K10系列继电保护测试仪）。

1）在系统主界面选择“交流试验”。

2）参数设置，如图B-24所示。

3）单击“开始试验”后自动弹出系统提示框：“是否开始交流试验?”，选择“是”。

4）等待试验结束。

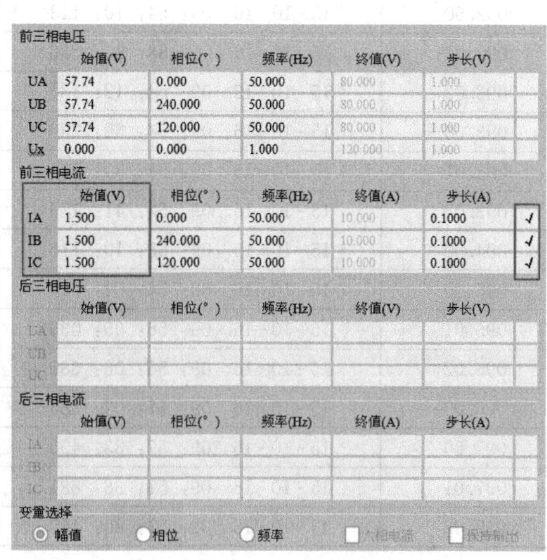

图B-24 过电流Ⅲ段保护（定时限）试验参数设置

注意：该试验不会自动结束试验。当K10系列继电保护右下角显示测试结果时方可手动点击“结束试验”（在手动“结束试验”之前切记不要去“模拟断路器屏”合闸）。

（3）试验动作报告如下：

088.00	15-10-16 09：50：02：680		整组启动
088.01	15-10-16 09：50：03：685	BC I_{max} 001.98 A	过电流Ⅲ段动作
088.02	15-10-16 09：50：05：334		重合闸动作

4. 过电流Ⅲ段保护（反时限）试验

注意：RCS-9611C装置操作步骤同上，测试仪操作只需更改故障电流进行试验即可。

例：记录在故障电流分别为15、10、8、6、4、3、2A时的保护动作时间，做出时限动作特性$I-t$图。试验动作报告如下：

089.00	15-10-16 09：51：24：436		整组启动
089.01	15-10-16 09：51：24：650	BC I_{max} 009.94 A	过电流反时限动作
089.02	15-10-16 09：51：26：301		重合闸动作
090.00	15-10-16 09：52：04：595		整组启动
090.01	15-10-16 09：52：04：696	BC I_{max} 015.05 A	过电流反时限动作
090.02	15-10-16 09：52：06：348		重合闸动作

续表

091.00	15-10-16 09：53：39：270		整组启动
091.01	15-10-16 09：53：39：596	BC I_{max} 007.97 A	过电流反时限动作
091.02	15-10-16 09：53：41：248		重合闸动作
092.00	15-10-16 09：54：10：113		整组启动
092.01	15-10-16 09：54：10：686	BC I_{max} 005.97 A	过电流反时限动作
092.02	15-10-16 09：54：12：337		重合闸动作
093.00	15-10-16 09：54：38：250		整组启动
093.01	15-10-16 09：54：39：525	BC I_{max} 004.00 A	过电流反时限动作
093.02	15-10-16 09：54：41：175		重合闸动作
094.00	15-10-16 09：55：10：716		整组启动
095.00	15-10-16 09：56：02：747		整组启动
095.01	15-10-16 09：56：05：039	BC I_{max} 002.99 A	过电流反时限动作
095.02	15-10-16 09：56：06：689		重合闸动作
096.00	15-10-16 09：57：02：384		整组启动
097.00	15-10-16 09：57：33：455		整组启动
097.01	15-10-16 09：57：38：831	BC I_{max} 001.99 A	过电流反时限动作
097.02	15-10-16 09：57：40：480		重合闸动作

B.2.4 零序过电流保护试验

1. 零序过电流Ⅰ段保护

（1）RCS-9611C型线路保护装置设置。

1）在液晶屏幕主画面按“▲”键进入菜单选择。

2）按“▼”键选择“1. 装置整定”。

3）按“▼”键选择“1. 保护定值”。

4）首先，按“+”键或“−”键自动弹出“输口令”窗口依次按“▶”键输入口令“001”。每按一次键盘，液晶显示由“•”变为“*”，当显示三个“*”时按“确认”键自动返回上一界面。控制字修改为
零序Ⅰ段定值：6A
零序Ⅱ段时间：0.5s
零序过电流Ⅰ段投入：1
重合闸投入：1
其他控制字均置0
后，按“确认”键自动返回上一子菜单（此时指示灯“运行”灭）。

5）按“▼”键选择“5. 软连接片修改”。

6）首先，按“+”键或“−”键自动弹出“输口令”窗口。依次按“▶”键输入口令“001”。每按一次键盘，液晶显示由“•”变为“*”，当显示三个“*”时按“确认”键自动返回上一界面。控制字修改为
零序Ⅰ段软连接片：1
重合闸软连接片：1
其他控制字均置0
后，按“确认”键。

7）按“复位”键。等待装置重启，指示灯“运行”亮。

（2）测试方法（K10系列继电保护测试仪）。

1）在系统主界面选择“零序保护”。

2）参数设置，如图B-25所示。

时间及参数设置

故障前时间(s)	5.000	额定电压(V)	57.740
故障时间(s)	10.000	频率(Hz)	50.000
断开延时(s)	0.000	故障性质	瞬时性 √
合闸延时(s)	0.000	3I0输出方式	单相输出 √
短路起始角(°)	0.000	故障启动方式	自启动 √
防抖动时间	15 ms	叠加非周期分量	
PT安装位置	母线侧 √	CT中心点	指向线路 √

故障类型

√ A相接地正方向 √　B相接地正方向 √　C相接地正方向 √

零序电流倍数

	Ⅰ段(A)	Ⅱ段(A)	Ⅲ段(A)	Ⅳ段(A)
	1.20	2.00	1.05	0.70
	0.95	0.95	0.95	0.95
	1.50	1.00	1.50	1.20
√	1.05	1.05	1.05	1.05

零序过流保护定值

零序1段3I0(A)	8.000	零序2段3I0(A)	4.000
零序3段3I0(A)	10.000	零序4段3I0(A)	0.000

过流保护阻抗值

ZL阻抗Z(Ω)	1.000	ZL阻抗θ(°)	74.991
ZL阻抗R(Ω)	0.259	ZL阻抗X(Ω)	0.966
系数KL(Re)	0.670	系数KL(Im)	0.000

开出量设置

接点延时(s)	0.000	接点保持(s)	3.000

开入量定义

A接点定义	三跳 √	B接点定义	三跳 √
C接点定义	三跳 √	H接点定义	重合 √

图B-25　零序过电流Ⅰ段保护试验参数设置

3）单击“开始试验”后自动弹出系统提示框：“是否开始零序保护试验?”，选择“是”。

4）等待试验结束。

5）该试验结束会后自动弹出系统提示框：“试验结束，是否保存报告?”，选择“是”。此时自动弹出“设置报告序号”窗口，自定义报告序号。

6）“零序过电流Ⅰ段保护试验”到此结束。

（3）试验结果。

1）指示灯：
- 1．“合位”灭/“跳闸、跳位”亮
- 2．“跳位”灭/“重合、合位”亮

2）RCS-9611C液晶显示屏的主画面滚动显示：
- I_0　　006.23A
- 零序Ⅰ段动作　重合闸动作

3）动作报告如下：

078.00	15-10-16　08：59：33：905		整组启动
078.01	15-10-16　08：59：33：921	I_0　006.23　A	零序Ⅰ段动作
078.02	15-10-16　08：59：33：572		重合闸动作

2．零序过电流Ⅱ段保护

（1）RCS-9611C型线路保护装置设置。

1）在液晶屏幕主画面按“▲”键进入菜单选择。

2）按“▼”键选择“1．装置整定”。

3）按“▼”键选择“1．保护定值”。

4）首先，按“+”键或“-”键自动弹出“输口令”窗口。依次按“▶”键输入口令“001”。每按一次键盘，液晶显示由“·”变为“*”，当显示三个“*”时按“确认”键自

动返回上一界面。控制字修改为
- 零序Ⅱ段定值：4A
- 零序Ⅱ段时间：0.5s
- 零序过电流Ⅱ段投入：1
- 重合闸投入：1

后，按“确认”键自动返回上一子菜单（此时指示灯“运行”灭）。

5）按“▼”键选择“5. 软连接片修改”。

6）首先，按“＋”键或“－”键自动弹出“输口令”窗口。依次按“▶”键输入口令“001”。每按一次键盘，液晶显示由“•”变为“＊”，当显示三个“＊”时按“确认”键自动返回上一界面。控制字修改为
- 零序Ⅱ段软连接片：1
- 重合闸软连接片：1
- 其他控制字均置0

后，按“确认”键。

7）按“复位”键。等待装置重启，指示灯“运行”亮。

（2）测试方法（K10系列继电保护测试仪）。

1）在系统主界面选择“零序保护”。

2）参数设置，如图B-26所示。

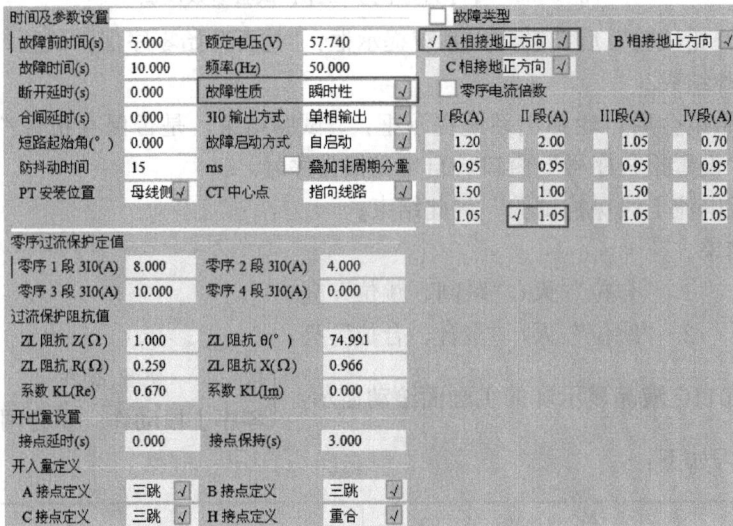

时间及参数设置

故障前时间(s)	5.000	额定电压(V)	57.740
故障时间(s)	10.000	频率(Hz)	50.000
断开延时(s)	0.000	故障性质	瞬时性 √
合闸延时(s)	0.000	3I0输出方式	单相输出 √
短路起始角(°)	0.000	故障启动方式	自启动 √
防抖动时间	15	ms	叠加非周期分量
PT安装位置	母线侧 √	CT中心点	指向线路 √

故障类型：√ A相接地正方向 √；B相接地正方向 √；C相接地正方向 √

零序电流倍数

Ⅰ段(A)	Ⅱ段(A)	Ⅲ段(A)	Ⅳ段(A)
1.20	2.00	1.05	0.70
0.95	0.95	0.95	0.95
1.50	1.00	1.50	1.20
1.05	√ 1.05	1.05	1.05

零序过流保护定值

零序1段3I0(A)	8.000	零序2段3I0(A)	4.000
零序3段3I0(A)	10.000	零序4段3I0(A)	0.000

过流保护阻抗值

ZL阻抗Z(Ω)	1.000	ZL阻抗θ(°)	74.991
ZL阻抗R(Ω)	0.259	ZL阻抗X(Ω)	0.966
系数KL(Re)	0.670	系数KL(Im)	0.000

开出量设置

接点延时(s)	0.000	接点保持(s)	3.000

开入量定义

A接点定义	三跳 √	B接点定义	三跳 √
C接点定义	三跳 √	H接点定义	重合 √

图B-26　零序过电流Ⅱ段保护试验参数设置

3）单击“开始试验”后自动弹出系统提示框：“是否开始零序保护试验?”，选择“是”。

4）等待试验结束。

5）该试验结束后会自动弹出系统提示框：“试验结束，是否保存报告?”，选择“是”。此时自动弹出“设置报告序号”窗口，自定义报告序号。

6）“零序过电流Ⅱ段保护试验”到此结束。

（3）试验结果。

1）指示灯：
- 1.“合位”灭/“跳闸、跳位”亮
- 2.“充电、跳位”灭/“重合、合位”亮

2）RCS-9611C液晶显示屏的主画面滚动显示：

I_0　　004.20A

零序Ⅱ段动作　重合闸动作

3）动作报告如下：

079.00	15-10-16　09：05：56：473		整组启动
079.01	15-10-16　09：05：56：979	I_0　004.20　A	零序Ⅱ段动作
079.02	15-10-16　09：05：56：630		重合闸动作

3. 零序过电流Ⅲ段保护

（1）RCS-9611C型线路保护装置设置。

1）在液晶屏幕主画面按“▲”键进入菜单选择。

2）按“▼”键选择“1. 装置整定”。

3）按“▼”键选择“1. 保护定值”。

4）首先，按“+”键或“-”键自动弹出“输口令”窗口。依次按“▶”键输入口令“001”。每按一次键盘，液晶显示由“·”变为“*”，当显示三个“*”时按“确认”键自动返回上一界面。控制字修改为

零序Ⅲ段定值：1A

零序Ⅲ段时间：1.5s

零序过电流Ⅲ段投入：1

重合闸投入：1

其他控制字均置0

后，按“确认”键自动返回上一子菜单（此时指示灯“运行”灭）。

5）按“▼”键选择“5. 软连接片修改”。

6）首先，按“+”键或“-”键自动弹出“输口令”窗口。依次按“▶”键输入口令“001”。每按一次键盘，液晶显示由“·”变为“*”，当显示三个“*”时按“确认”键自动返回上一界面。控制字修改为

零序Ⅲ段软连接片：1

重合闸软连接片：1

其他控制字均置0

后，按“确认”键。

7）按“复位”键。等待装置重启，指示灯“运行”亮。

（2）测试方法（使用K10系列继电保护测试仪）。

1）在系统主界面选择“零序保护”。

2）参数设置，如图B-27所示。

3）单击“开始试验”后自动弹出系统提示框：“是否开始零序保护试验?”，选择“是”。

4）等待试验结束。

5）该试验结束后会自动弹出系统提示框：“试验结束，是否保存报告?”，选择“是”。此时自动弹出“设置报告序号”窗口，自定义报告序号。

6）“零序过电流Ⅲ段保护试验”到此结束。

（3）试验结果。

1）指示灯：

1.“合位”灭/“跳闸、跳位”亮

2.“充电、跳位”灭/“重合、合位”亮

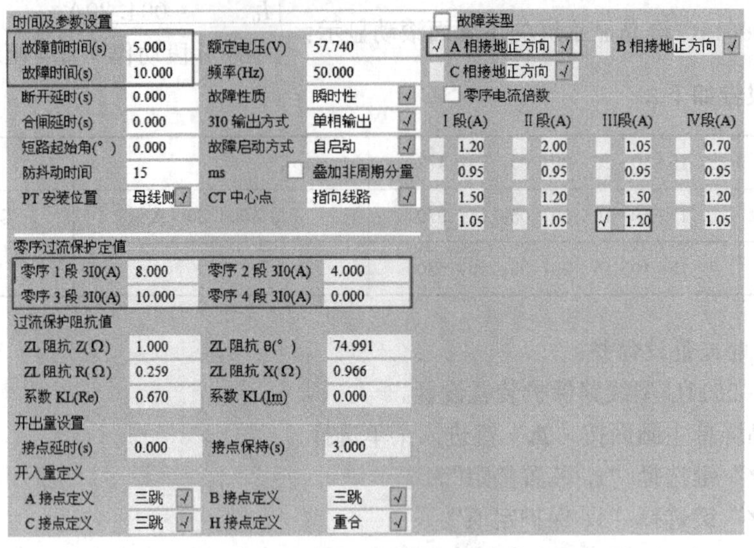

图 B-27 零序过电流Ⅲ段保护试验参数设置

2）RCS-9611C 液晶显示屏的主画面滚动显示：
$\begin{cases} I_0 \quad 001.05\text{A} \\ \text{零序Ⅲ段动作} \quad \text{重合闸动作} \end{cases}$

3）动作报告如下：

080.00	15-10-16 09：09：32：129		整组启动
080.01	15-10-16 09：09：33：134	I_0 001.05 A	零序Ⅲ段动作
080.02	15-10-16 09：09：34：785		重合闸动作

B.2.5 低周保护试验

1. RCS-9611C 型线路保护装置设置

（1）在液晶屏幕主画面按"▲"键进入菜单选择。

（2）按"▼"键选择"1. 装置整定"。

（3）按"▼"键选择"1. 保护定值"。

（4）首先，按"+"键或"−"键自动弹出"输口令"窗口。依次按"▶"键输入口令"001"。每按一次键盘，液晶显示由"•"变为"*"，当显示三个"*"时按"确认"键自动返回上一界面。控制字修改为
$\begin{cases} \text{低周保护低频定值：49.5Hz} \\ \text{低周保护低压闭锁定值：40V} \\ \text{DF/DT 闭锁定值：3Hz/s} \\ \text{低周保护投入：1} \\ \text{DF/DT 闭锁投入：1} \\ \text{其他控制字均置"0"} \end{cases}$
后，按"确认"键自动返回上一子菜单（此时指示灯"运行"灭）。

（5）按"▼"键选择"5. 软连接片修改"。

（6）首先，按"+"键或"−"键自动弹出"输口令"窗口。依次按"▶"键输入口令"001"。每按一次键盘，液晶显示由"•"变为"*"，当显示三个"*"时按"确认"键自

动返回上一界面。控制字修改为{低周保护连接片：1；其他控制字均置 0}后，按“确认”键。

（7）按“复位”键。等待装置重启，指示灯“运行”亮。

2. 测试方法（使用 K10 系列继电保护测试仪）

（1）在系统主界面选择“低周减载”。

（2）参数设置，如图 B-28 所示。

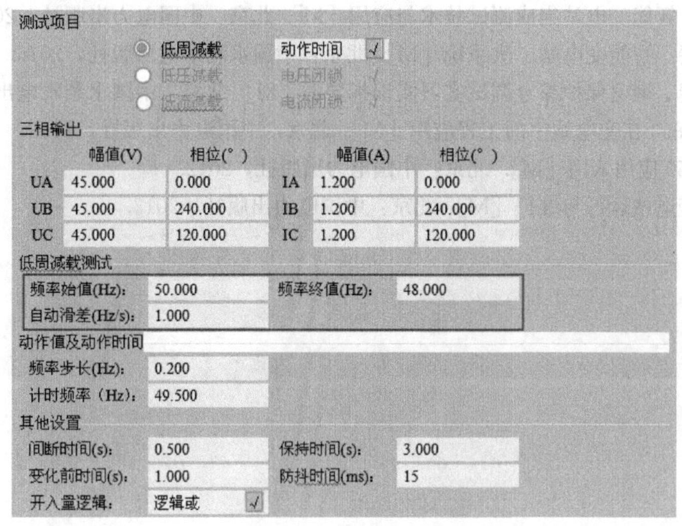

图 B-28　低周保护试验参数设置

（3）单击“开始试验”后自动弹出系统提示框：“是否开始低周减载试验?”，选择“是”。

（4）等待试验结束。

（5）该试验结束后会自动弹出系统提示框：“试验结束，是否保存报告?”，选择“是”。此时自动弹出“设置报告序号”窗口，自定义报告序号。

（6）“低周保护试验”到此结束。

3. 试验结果

（1）指示灯：1.“合位”灭/“跳闸、跳位”亮。

（2）K10 系列继电保护测试仪右下角显示“试验结果”，如下所示：

动作值（Hz）	0.480
动作时间（ms）	1045.3

（3）RCS-9611C 线路保护装置上的液晶显示屏的主画面滚动显示：{1. 整组启动；2. 低周减载动作；F　048.00Hz}

（4）动作报告如下：

081.00	15-10-16　09：20：08：849		整组启动
081.01	15-10-16　09：20：24：552	F　048.00　Hz	低周减载动作

参 考 文 献

[1] 刘振亚．智能电网技术［M］. 北京：中国电力出版社，2010.
[2] 曹团结，黄国方．智能变电站继电保护技术与应用［M］. 北京：中国电力出版社，2013.
[3] 袁宇波，高磊．智能变电站集成测试技术与应用［M］. 北京：中国电力出版社，2013.
[4] 芮新花，赵珏斐．智能变电站二次系统［M］. 北京：中国水利水电出版社，2016.
[5] 芮新花，赵珏斐．继电保护综合调试实习实训指导书［M］. 北京：中国水利水电出版社，2010.
[6] 陈安伟．IEC 61850 在变电站中的工程应用［M］. 北京：中国电力出版社，2012.
[7] 何磊．IEC 61850 应用入门［M］. 北京：中国电力出版社，2012.
[8] 宋庭会．智能变电站运行与维护［M］. 北京：中国电力出版社，2013.